SPSS
统计分析与实验指导
◀视频教学版▶

杨维忠 编著

清华大学出版社
北京

内 容 简 介

本书精选 95 个专业范例，覆盖 90% 以上的统计模型，以实验教程的形式讲解如何以 SPSS 为工具，解决各种统计分析问题。

全书共 13 章。第 1 章介绍 SPSS 基本操作及其统计分析常用功能；第 2～13 章通过 48 个实验介绍如何在 SPSS 中高效完成统计分析工作：描述性统计分析、均值比较与检验、方差分析、相关分析、回归分析、非参数检验、聚类分析、距离分析与判别分析、因子分析与主成分分析、生存分析以及信度分析等统计分析过程。

对于每一个实验，都从"原理、目的与要求、内容及数据来源、操作指导、结论"5 个方面进行讲解；章后精选 50 个上机练习，供读者操作练习；同时提供全程语音讲解的多媒体教学文件和 SPSS 统计范例所需的原始素材文件，供读者自行下载。

本书重实践兼理论，涉及自然科学和社会科学的各个领域，不仅有助于读者理解统计学方法和模型的适用问题，还为读者提供了一个即查即用的实例工具手册，适合高等院校相关专业本科生、研究生以及从事统计分析和决策等领域的读者学习参考。

图书在版编目（CIP）数据

SPSS 统计分析与实验指导：视频教学版/杨维忠编著. —北京：清华大学出版社，2020.2（2022.1重印）
ISBN 978-7-302-54949-9

Ⅰ. ①S… Ⅱ. ①杨… Ⅲ. ①统计分析—软件包 Ⅳ. ①C819

中国版本图书馆 CIP 数据核字（2020）第 025506 号

责任编辑：夏毓彦
封面设计：王　翔
责任校对：闫秀华
责任印制：杨　艳

出版发行：清华大学出版社
    网　　　址：http://www.tup.com.cn，http://www.wqbook.com
    地　　　址：北京清华大学学研大厦 A 座　　　　　　邮　　编：100084
    社 总 机：010-62770175　　　　　　　　　　　邮　　购：010-62786544
    投稿与读者服务：010-62776969，c-service@tup.tsinghua.edu.cn
    质量反馈：010-62772015，zhiliang@tup.tsinghua.edu.cn
印 装 者：三河市铭诚印务有限公司
经　　销：全国新华书店
开　　本：190mm×260mm　　　　印　　张：22　　　　字　　数：581 千字
版　　次：2020 年 4 月第 1 版　　　　　　　　　　印　　次：2022 年 1 月第 3 次印刷
定　　价：69.00 元

产品编号：084890-01

前　　言

统计学的起源可以追溯至 18 世纪甚至更早，但其主要的发展是在 19 世纪末和 20 世纪初才真正开始。随着科学技术迅猛发展，社会发生了巨大变化，统计学也进入了快速发展时期。

一般而言，我们可以把统计问题分成两类：描述统计和推断统计。简单地说，任何对数据（即样本）的处理导致预测或推论总体的统计称为推断统计。反之，如果我们的兴趣只限于手头现有的数据，而不准备把结果用来推断整体则称为描述统计。

从理论层面上说，统计学的理论基础是概率论和数理统计。统计学运用数学工具，记录数据产生的过程，描述概率分布，进行推定，作假定检验，形成了一个比较完整的理论体系。在应用层面，随着社会经济的发展，要求统计学提供更多的统计方法，也要求统计学能提供更有效的调查整理、分析资料的方法，这就促使了社会科学统计的大发展，现在很多社会科学统计的方法比如问卷调查等已经成为社会科学研究的重要手段。

在科学技术飞速发展的今天，统计学广泛吸收和融合相关学科的新理论，不断开发应用新技术和新方法，深化和丰富了统计学传统领域的理论与方法，并拓展了新的领域，今天的统计学已展现出更加强有力的生命力。

SPSS 是最为优秀的统计软件之一，深受各行业用户的青睐。为满足广大读者学习和掌握统计分析方法的需求，本书以 SPSS 25.0 版本为基准，以应用实例为主线，以实验操作步骤和结果解释为主要内容，辅以简略明了的理论阐释，详细介绍了各种广泛应用、经典或现代的统计学模型和分析方法。

全书共分 13 章。第 1 章是关于 SPSS 的概述，介绍 SPSS 软件操作的基本知识，数据文件的建立和编辑以及如何使用帮助等内容。第 2 章介绍运用 SPSS 进行描述性统计的方法和步骤，这是进行更高级的统计分析所必须的第一步。第 3 章是关于均值比较分析的内容，这是判断样本是否来自同一总体的经典方法。第 4 章介绍相关分析与回归分析，这是经典统计学分析的主要手段之一，特别是回归分析几乎成为应用统计学的标准范式。第 5 章介绍列联表分析和对数线性模型，这两者都是处理定性数据的标准工具。第 6 章是关于方差分析的内容，这是处理变量间关系问题的经典方法。第 7 章是关于因子分析和主成分分析，两者联系密切，但又有不同，都是对高维复杂数据进行降维简化的重要工具。第 8 章介绍聚类分析的主要方法，这其实蕴含了一种从数据角度看问题的数据挖掘思想，也就是单纯从数据本身特征中提取相似性，然后将大量样本聚集成有限的便于分析的某几类，这是现代多元统计分析的主要工具之一。第 9 章是关于判别分析和距离分析，判别分析作为一种样本分类方法具有十分重要的应用，而距离分析则更是多元统计分析的核心，因为多元统计分析中根据距离概念的不同定义形成了多种截然不同的分析方法。第 10 章介绍信度分析和尺度分析，两者主要应用在对统计调查问卷的评估方面，是实务操作中很重要的工具。第 11 章介绍 SPSS 时间序列分析的主要内容，时间序列是信号处理、系统分析、生物统计、医学统计、计量经济等领域的主要分析对象，因此这一章介绍的方法在各个领域都有着广泛的应用。第 12 章是关于生存分析的内容，这是现代统计学中十分重要的一种分析方法，虽然诞生于对生存数据的分析，但已广泛应用于多个领域。最后一章介绍非参数检验方法的内容，非参模型是相对于参数模型来说的，非参数方法具有计算简便、稳健性等特点，因此早已成为统计分析的标准范式之一。

本书从需要进行数据分析的角度出发，结合作者多年的 SPSS 使用经验，在详细介绍软件操作的同时，注意将相应的基本统计学知识融入其中。另外，本书中的各章不仅详细介绍了实例的具体操作和操作结果分析，而且还配有一定数量的上机练习供读者学习使用。读者只需按照书中介绍的步骤进行实际操作，相信很快就能完全掌握本书的内容。

本书由杨维忠以 SPSS 25.0 版本主持编写，书中保留了已出版的基于早期 SPSS 版本的写作成果，延续作者冯国生、吕振通、胡博等人的写作思路和风格，基于 SPSS 25.0 新版本，以理论讲解和案例指导相结合的方式深入浅出地介绍了 SPSS 的主要功能和实际应用；另一方面在写作中突出重点，针对于一些重点和常用的分析方法，不仅在 SPSS 窗口操作方面给予指导，而且对于数据的适用性、假设条件的满足性、相关联的其他 SPSS 操作过程等都进行了介绍，使得读者在使用 SPSS 软件进行操作时，不仅知其然也知其所以然，不仅能够进行操作，也能够选择最为合适的方法进行最为恰当的操作。总之，相对于早期版本，本书的知识更为全面、实用性也更强。版本升级后的内容更加充实、实用，不仅可作为大专院校统计、经济管理、数学、教育、生物、医学、心理学等专业的实用统计分析实验教材，也可作为统计工作者、科技工作者、工程技术人员以及经济管理人员参考用书。

本书在编写过程中吸纳了前人的研究成果。在对相关内容的介绍上，充分学习参考了 SPSS 官方网站公开的 PDF 格式帮助文档，在文中都有引用提及。在此一并表示感谢！

由于作者水平有限，书中的错误或不当之处在所难免，诚恳地欢迎各位同行专家和广大读者批评指正，并提出宝贵的意见。

本书提供了多媒体教学视频和统计范例所需的原始数据文件，读者可扫描下方的二维码获取。

如果在下载过程中出现问题，请电子邮件联系 booksaga@126.com，邮件主题为"SPSS 统计分析与实验指导（视频教学版）"。

作　者

2020 年 1 月

目　　录

第 1 章

SPSS 概述

  SPSS 是 Statistical Package for the Social Science（社会科学统计软件包）的简称，是一种集成化的计算机数据处理应用软件。1968 年，美国斯坦福大学 H. Nie 等三位大学生开发了最早的 SPSS 统计软件，并于 1975 年在芝加哥成立了 SPSS 公司。迄今为止，SPSS 已有 50 余年的成长历史，全球约有 25 万家产品用户，广泛分布于通信、医疗、银行、证券、保险、制造、商业、市场研究、科研、教育等多个领域。1994~1998 年间，SPSS 公司陆续购并了 SYSTAT、BMDP 等公司，由原来单一的统计产品开发转向为企业、教育科研及政府机构提供全面的信息统计决策支持服务。伴随 SPSS 服务领域的扩大和深度的增加，2000 年 SPSS 公司决定将其全称更改为 Statistical Product and Service solutions（统计产品与服务解决方案）。IBM 公司于 2009 年 7 月 28 日宣布用 12 亿美元收购 SPSS。如今 SPSS 的最新版本为 25.0，而且更名为 IBM SPSS Statistics。

  目前，世界上非常著名的数据分析软件是 SAS 和 SPSS。SAS 是为专业统计分析人员设计的，功能强大，灵活多样，为专业人士所喜爱。而 SPSS 是为广大的非专业人士设计的，操作简便，好学易懂，简单实用，因而很受非专业人士的青睐。此外，与 SAS 软件相比，SPSS 主要面向社会科学研究领域，因而更广泛应用于教育科学研究，是国外教育科研人员必备的科研工具。根据百度词条中关于 SPSS 的解释，在国际学术界有条不成文的规定，即在国际学术交流中，凡是用 SPSS 软件完成的计算和统计分析，可以不必说明算法，由此可见其影响之大和信誉之高。1988 年，中国高教学会首次推广了这种软件，SPSS 已经成为国内教育科研人员最常用的工具之一。SPSS 软件具有以下特点：

- 集数据录入、数据编辑、数据管理、统计分析、报表制作以及图形绘制为一体，自带 11 种类型 136 个函数。SPSS 提供了从简单的统计描述到复杂的多因素统计分析方法，如数据的探索性分析、统计描述、列联表分析、二维相关、秩相关、偏相关、方差分析、非参数检验、多元回归、生存分析、协方差分析、判别分析、因子分析、聚类分析、非线性回归、Logistic 回归等。功能非常强大，可针对整体的大型统计项目提供完善的解决方案。

- 工作界面友好完善、布局合理且操作简便，大部分统计分析过程可以借助鼠标，通过菜单命令的选择、对话框的参数设置，点击功能按钮来完成，不需要用户记忆大量的操作命令。菜单分类合理，并且可以灵活编辑菜单及设置工具栏。
- 具有完善的数据转换接口，可以方便地与 Windows 的其他应用程序进行数据共享和交换。既可以读取 Excel、FoxPro、Lotus 等电子表格和数据软件产生的数据文件，也可以读取 ASCII 数据文件。
- 提供强大的程序编辑能力和二次开发能力，可满足高级用户完成更为复杂的统计分析任务的需要，具有丰富的内部函数和统计功能。
- 具有强大的统计图表绘制和编辑功能，尤其是三维统计图绘制功能十分突出，图形美观大方，输出报告形式灵活、编辑方便易行。
- 附带丰富的数据资料实例和完善的实用指南，为用户学习掌握软件的使用方法提供更多的方便。软件启动后，用户可直接上网访问 SPSS 公司的主页获得更多的帮助和信息。

本章主要介绍 SPSS 的启动与退出、SPSS 中的窗口及其组成以及 SPSS 如何对数据进行管理等，使读者对 SPSS 软件包有一个初步的认识，方便后面的学习。

1.1　SPSS 的启动与退出

启动 SPSS（本书采用的是 SPSS 25.0）后，将弹出如图 1-1 所示的启动对话框，该对话框提供了选择进入 SPSS 的各种方式。

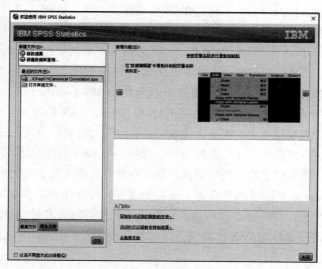

图 1-1　启动对话框

该对话框中包含以下几个选项。

- 新建文件：选择其中的"新数据集"选项并单击下方的"打开"按钮将打开数据编辑器窗口，如图 1-2 所示，可以在此输入数据，建立新数据集；选择其中的"新建数据库查询"选项并单击下方的"打开"按钮将打开"数据库向导"对话框，如图 1-3 所示，可将诸如 DBF 格式文件、XLS

格式的 Excel 文件、SQL 等非 SPSS 格式的数据库文件转换成 SPSS 数据文件。

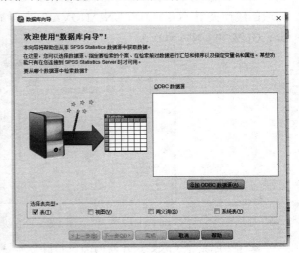

图 1-2　数据编辑器窗口　　　　　　　　　　图 1-3　"数据库向导"对话框

- 最近的文件：列表框中列出了操作者近期打开过的 SPSS 数据文件，选择其中的数据文件名称将会实现对相关数据文件的快速启动。选择"打开其他文件"选项并单击下方的"打开"按钮将显示"打开"对话框，如图 1-4 所示。

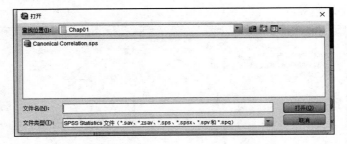

图 1-4　"打开"对话框

- 新增功能：列表框中展示了 SPSS 25.0 较以往版本的新增功能，单击◀或▶按钮可以实现各个新增功能的切换查看。图 1-5 展示了 SPSS 25.0 新增的"使用变量名称进行复制和粘贴"功能。在 SPSS 25.0 的"数据编辑器"对话框中，操作者可以直接复制并粘贴变量名称或标签。

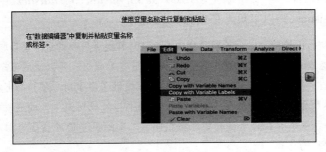

图 1-5　"使用变量名称进行复制和粘贴"功能

图 1-6 展示了 SPSS 25.0 新增的"高级统计功能"。SPSS 25.0 新版软件增加了非常受欢迎的

高级统计功能的大部分增强功能。在混合线性模型（混合）和广义线性混合模型（genlin 混合）、一般的线性模型（GLM）和 UNIANOVA 等方面都有增强，将高级统计分析扩展到混合、genlin 混合、GLM 和 UNIANOVA。

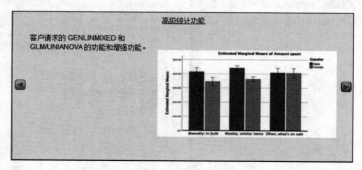

图 1-6　"高级统计"功能

图 1-7 展示了 SPSS 25.0 新增的"贝叶斯统计信息"功能。贝叶斯统计数据正变得非常流行，因为它绕过了标准统计数据带来的许多误解。贝叶斯没有使用 p 值拒绝或不拒绝零假设，而是对参数设置了不确定性，并从所观察到的数据中获取所有相关信息。SPSS 25.0 新版软件执行新的贝叶斯统计函数，包括回归、方差分析和 T 检验等。SPSS 25.0 对贝叶斯统计数据的方法是独一无二的，因为 SPSS 25.0 的贝叶斯程序和其标准统计测试一样容易运行。只需单击几次，就可以运行贝叶斯回归、成对关联、T 检验等。

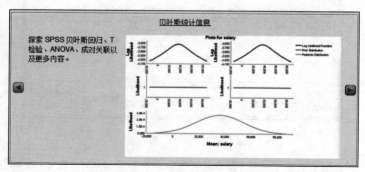

图 1-7　"贝叶斯统计信息"功能

根据 SPSS 官方网站简体中文帮助文档《IBM_SPSS_Advanced_Statistics》中的描述，从 SPSS 25.0 开始，IBM SPSS Statistics 为以下贝叶斯统计提供支持。

- 单样本和双样本 T 检验："贝叶斯单样本推论"过程提供用于通过描述后验分布特征对单样本和双样本配对 T 检验进行贝叶斯推论的选项。当具有正态数据时，可以使用正态先验来获取正态后验。
- 二项比例检验："贝叶斯单样本推论: 二项"过程提供了用于对二项分布执行贝叶斯单样本推论的选项。有关参数为 π，它表示在一定数量的试验中导致成功或失败的成功概率。注意，每个试验彼此独立，并且概率 π 在每个试验中保持相同。二项随机变量可被视为固定数量的独立 Bernoulli（伯努利）试验的总和。
- 泊松分布分析："贝叶斯单样本推论": 泊松过程提供了对泊松分布执行贝叶斯单样本推论的选项。泊松分布是罕见事件的有用模型，它假设在较小时间间隔内，事件发生的概率与等待时间的长短成正比。在得出对泊松分布的贝叶斯统计推断时，将使用伽玛分布族中的共轭先验。

- 相关样本：贝叶斯相关样本推论设计与贝叶斯单样本推论在配对样本处理方面非常相似。用户可以成对指定变量名称，然后对均值差进行贝叶斯分析。

- 独立样本 T 检验："贝叶斯独立样本推论"过程为使用组变量定义两个不相关组提供了选项，并对两组均值差执行贝叶斯推论。用户可以使用不同方法估算贝叶斯因子，也可以通过假设方差已知或未知的情况下来表征所需的后验分布。

- 成对相关性（Pearson）：Pearson（皮尔逊）相关系数的贝叶斯推论测量的是两个标度变量之间的线性关系，它们联合服从二元（维）正态分布。关于相关系数的常规统计推断已经得到了广泛的讨论，其实践早已在 IBM SPSS Statistics 中提供。有关 Pearson 相关系数的贝叶斯推论的设计允许用户通过估算贝叶斯因子和描述后验分布特征来得出贝叶斯推论。

- 线性回归：有关线性回归的贝叶斯推论是定量建模中广泛使用的一种统计方法。线性回归是一种基本的标准方法，研究人员可以使用多个变量值来解释或预测标度结果的值。贝叶斯单变量线性回归是在贝叶斯推论的上下文中进行统计分析的一种线性回归方法。

- 单因子方差分析（One-Way ANOVA）：贝叶斯单因子方差分析过程通过单因子（独立）变量生成对定量因变量的单向方差分析。方差分析用于检验数个均值相等的假设。SPSS Statistics 支持贝叶斯因子、共轭先验和无信息先验。

- 对数线性回归：用于检验两个因子的独立性的设计需要两个分类变量来构造列联表，并对行-列关联进行贝叶斯推论。用户可以通过假设不同的模型来估算贝叶斯因子，并通过模拟相互作用项的同时置信区间来描述所需后验分布的特征。

图 1-8 展示了 SPSS 25.0 新增的"语法列编辑方式"功能。SPSS 25.0 新版软件可以同时编辑多行并沿着行向下粘贴数据。用户可以使用语法编辑器快捷方式更快地编写、编辑和格式化语法，例如可以加入行、重复行、删除行、删除空行、上下移动行，以及修剪前导或尾随空格等。

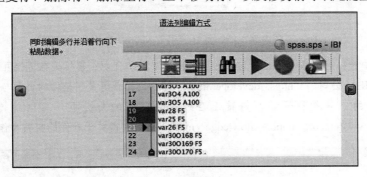

图 1-8 "语法列编辑方式"功能

图 1-9 展示了 SPSS 25.0 新增的"以惊人的速度创建美观的图表"功能。SPSS 25.0 新版软件提供了图表构建器，也就是图表的模板。需要说明和强调的是，新版软件默认的模板非常漂亮，使得用户可以在不对默认模板进行任何设置和修改的情况下，也能输出非常具有可视性的图表。用户除了可以选择模板单击创建发布质量图表外，还可以在"图表构建器"界面中快速定制和更改图表颜色、标题和模板。

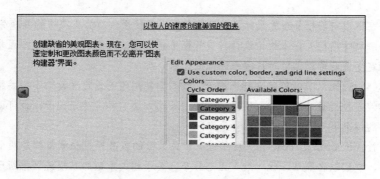

图 1-9 "以惊人的速度创建美观的图表"功能

图 1-10 展示了 SPSS 25.0 新增的"图表现在能够更好地用于 Microsoft Office"功能。SPSS 25.0 新版软件允许用户可以直接将图表复制为 Microsoft Office 图形对象，进而便于用户在 Microsoft Office 中处理图表。这一新增功能是创造性的，使得 SPSS 与众多用户广泛使用的 Microsoft Office 软件实现了完美融合。从更加通俗的角度去解释这一功能，就是说 SPSS 25.0 新版软件输出的图表，用户可以不用在原始输出界面进行编辑修改，而是可以直接保存到 Word、Excel、PowerPoint 中，再依据用户在 Microsoft Office 中的操作习惯进行修改。

图 1-10 "图表现在能够更好地用于 Microsoft Office"功能

- 入门：用户选择此列表框中的"访问社区以获取支持和资源"链接，在连接互联网的前提下，可以跳转至 IBM 公司的"https://developer.ibm.com"，进而获得关于软件的资源与支持；用户选择此列表框中的"从教程开始"链接，在连接互联网的前提下，可以跳转至 IBM 公司的"https://www.ibm.com/support/knowledgecenter"，进而获得关于软件的相关操作规程。

注　意

在启动对话框底部有一个"以后不再显示此对话框"复选框，若选中该复选框，则以后启动 SPSS 时将不再显示该对话框，而是直接进入 SPSS 数据编辑窗口。

关于 SPSS 的退出，有以下几种方法。

- 选择"文件 | 退出"命令，如图 1-11 所示。
- 双击 SPSS 窗口左上角的 图标，或者右键单击标题栏的任何位置，从弹出的快捷菜单中选择"关闭"命令，如图 1-12 所示。

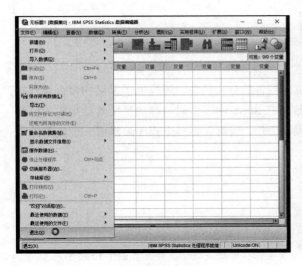

图 1-11　退出 SPSS

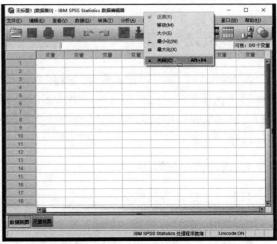

图 1-12　关闭 SPSS

- 单击窗口右上角的 ✕ 按钮。
- 使用快捷键 Alt+F4。

1.2　SPSS 窗口介绍

1.2.1　数据编辑器窗口

在图 1-1 所示的启动对话框中选择"新数据集"项，并且单击下方的"打开"按钮将显示数据编辑器窗口，如图 1-13 所示。

数据编辑器窗口是 SPSS 默认的启动画面，用户可以在这里建立、读取、编辑数据文件，进行统计分析工作，主要包括以下几个部分。

- 标题栏：显示当前工作文件的名称。
- 菜单栏：显示 SPSS 的所有菜单命令。
- 工具栏：排列系统默认的标准工具图标按钮。
- 状态栏：位于 SPSS 窗口底部，反映当前工作状态。当用户将光标置于不同区域或进行不同操作时将显示不同的内容。
- 数据编辑栏：也称数据输入栏，用户通过键盘输入的数据首先在这里显示。
- 数据显示区域：该区域是一个二维表格，显示编辑确认的数据。

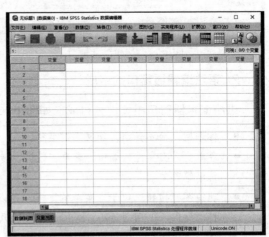

图 1-13　SPSS 数据编辑器窗口

- 数据/变量视图切换按钮：这里可以选择数据视图或变量视图，关于变量视图将在后面专门介绍。

1.2.2 语法窗口

SPSS 不仅为我们提供了良好的数据编辑环境和完备的分析功能，还提供了灵活的命令及程序的编辑与执行功能，这些都可以在语法窗口中实现。在 SPSS 的很多对话框中都可转至指定的语法窗口，在语法窗口中输入 SPSS 的命令或完整的程序语句，也可以将多个程序编辑成一个完整的程序，以便一次运行。

1. 语法窗口的激活

打开一个语法窗口的方法有以下两种。

- 选择"文件 | 新建 | 语法"命令，新建一个语法窗口，如图 1-14 所示。
- 选择"文件 | 打开| 语法"命令，可打开一个事先保存的语法程序文件，如图 1-15 所示。

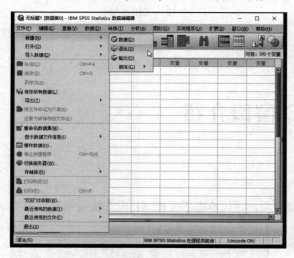
图 1-14　新建语法窗口

图 1-15　打开语法程序文件

2. 语法编辑器窗口的组成

语法编辑器窗口由 5 部分组成，如图 1-16 所示。

- 标题栏：显示当前工作文件的名称。
- 菜单栏：有文件、编辑、查看、数据、转换、分析、图形、实用程序、运行、工具、扩展、窗口、帮助等菜单项。
- 功能图标按钮：位于主菜单的下方，可以简化操作的功能图标按钮，包括打开文件、保存文件、打印文件、调用对话框、删除或恢复上次操作、定位数据、定位观测、显示变量信息、查找、运行、使用集合、语句帮助、指定当前语句窗口等。
- 语法编辑区：图标按钮下方的空白区。在编辑区可以输入、修改 SPSS 命令语句，构成 SPSS 程序。
- 状态栏：位于窗口的最下面一行。

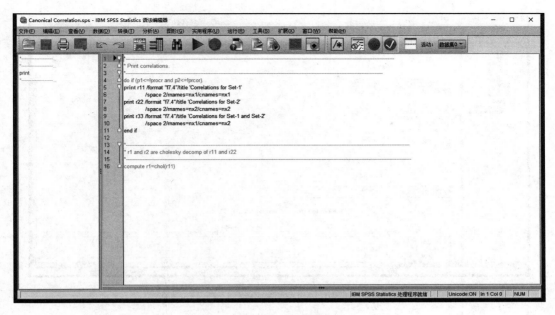

图 1-16　语法编辑器窗口

3. 语法窗口的主要功能

语法窗口的绝大多数菜单命令与数据编辑器窗口相同,用户可以在此窗口自行编写 SPSS 语法程序,通过运行菜单命令执行程序语句从而实现统计分析任务。也可以将编写的语法文件保存起来,语法文件的扩展名为 ".sps"。语法窗口的主要功能和操作方法如下:

- 选择"编辑｜粘贴"命令可以把 SPSS 过程的命令语句及各选项对应的子命令语句,按照 SPSS 语言的语法组成一个或若干个完整的程序粘贴到主语句窗口中。
- 在语法窗口中,可以用键盘输入 SPSS 程序,其中每个过程语句均以圆点"."结束。
- 用"编辑"菜单项中的各种功能可以编辑窗口中的程序。
- 用"文件"菜单项中的各种功能可以把窗口中的程序作为文件保存到磁盘中或关闭该窗口。也可以调入已经存放在磁盘中的另一个程序文件,或独占该窗口或与已经存在于该窗口中的程序合并为一个程序作业,以便一次运行。当使用鼠标选择一个完整的程序后,单击▶按钮,就把该窗口中选中的程序提交系统执行。
- 如果语法窗口中有多个过程语句,要执行其中的某一个过程,就可以先用鼠标或键盘选择相应的语句,使之呈现反白显示,单击▶按钮提交系统执行。

1.2.3　结果输出窗口

SPSS 的结果输出窗口用于显示统计分析结果、统计报告和统计图表等信息。此外,执行命令时产生的新变量信息和运行产生错误时的警告信息也是在这个窗口中显示,如图 1-17 所示。

1. 结果输出窗口的激活

打开一个结果输出窗口的方法有以下两种。

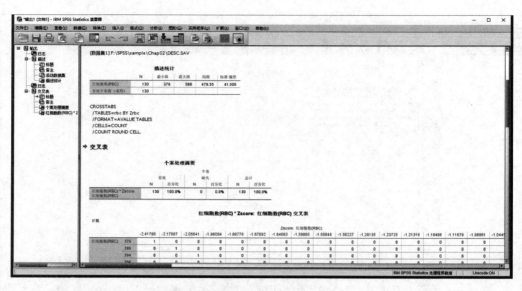

图 1-17　结果输出窗口

- 选择"文件 | 新建 | 输出"命令，新建一个输出窗口，如图 1-18 所示。
- 选择"文件 | 打开 | 输出"命令，打开一个事先保存的结果输出文件，如图 1-19 所示。

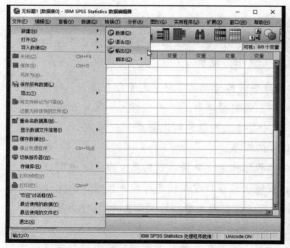

图 1-18　新建结果输出窗口

图 1-19　打开结果输出文件

2. 结果输出窗口的组成

结果输出窗口（见图 1-17）除了标题栏外，还包括以下几个部分。

（1）菜单栏

包括文件、编辑、查看、数据、转换、插入、格式、分析、图形、实用程序、扩展、窗口、帮助等菜单项，其中分析、图形、实用程序、窗口、帮助中的功能项与数据编辑器窗口中的功能项基本相同。

- "文件"菜单项比数据编辑器窗口增加了关闭、导出、页面设置、打印预览等命令项。

- "编辑"菜单项比数据编辑器窗口增加了选择、全部选中、选择性粘贴、粘贴到后面等命令项。
- "查看"菜单项包括显示、隐藏、展开、折叠、大纲大小及大纲字体等命令项。
- "插入"菜单项包括分页符、清除分页符、新建标题、新建页面标题、新建文本等命令项。

（2）工具栏

由各种功能图标按钮组成，是各种常用功能命令的快捷操作方式。

（3）输出文本窗口

图标按钮行下方右半边是一个文本窗口，在执行指定的操作或分析程序时，该窗口被激活。该窗口显示输出信息，包括输出标题、文本、表格和统计图。在该窗口中可以通过鼠标、键盘和"编辑"菜单项的各种功能进行编辑。

（4）输出导航窗口

导航窗口是浏览输出信息的导航器，位于图标按钮行下方的左半边，以树形结构列出输出信息的提纲。

（5）状态行

位于结果输出窗口的最下面，用鼠标指向任意一个区，就会显示该区域的功能解释。

1.3　SPSS 菜单操作简介

在上一节中，我们介绍了 SPSS 各种窗口的菜单，这里简单介绍一下几个菜单的使用方法。

1. 标题栏操作

标题栏位于应用程序窗口的顶部，显示当前正在编辑文件的文件名，标题栏左侧为控制按钮，右侧为最小化、最大化（或还原）和关闭按钮。用户还可以用鼠标拖动标题栏来移动窗口的位置。

2. 使用下拉菜单

SPSS 为用户提供了符合 Windows 操作习惯的下拉式菜单，展开下拉菜单及选择菜单项的方法与其他软件的操作基本一致，有些菜单项后面有"…"符号，表明选中该项后会显示一个对话框；有些菜单项后面有 ▶ 符号，表明该选项还包含下一级子菜单；有些菜单项呈灰色，表明在当前条件下此功能不能使用。

3. 弹出快捷菜单

在窗口的任意位置右击后，SPSS 会根据当前系统状态及光标位置显示相应的快捷菜单。图 1-20 所列的项目是系统判断的用户最有可能用到的命令。

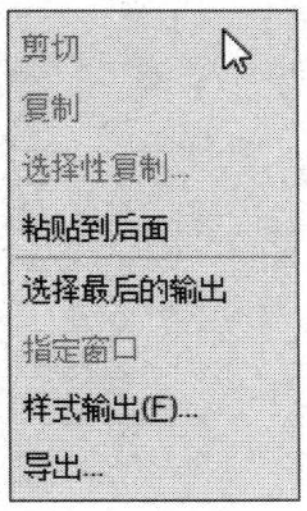

剪切
复制
选择性复制…
粘贴到后面
选择最后的输出
指定窗口
样式输出(F)…
导出…

图 1-20　快捷菜单

4. 编辑工具栏

SPSS 的工具栏可根据用户需要进行调整。右键单击工具栏的任何一处，在弹出的快捷菜单中选择"定制"命令，弹出"显示工具栏"对话框，如图 1-21 所示。单击"窗口"下面的下拉按钮，选择需要进行调整的窗口，然后在"工具栏"列表框中选择某一窗口类型，如数据编辑器，再单击"编辑"按钮，弹出"编辑工具栏"对话框，如图 1-22 所示。左侧为类别，右侧为左侧所选菜单包含的工具，只要将所需要的工具图标拖至下方的定制工具栏即可，同时也可以将不需要的工具图标拖出定制工具栏。

图 1-21 "显示工具栏"对话框　　　　　　　图 1-22 "编辑工具栏"对话框

5. 编辑菜单

选择"视图｜菜单编辑器"命令，打开"菜单编辑器"对话框，如图 1-23 所示。这里可对菜单进行编辑，比如将 Windows 下的其他外部应用程序、SPSS 的语法程序、脚本程序添加到 SPSS 的菜单中，就可以直接在菜单中启动这些程序了。

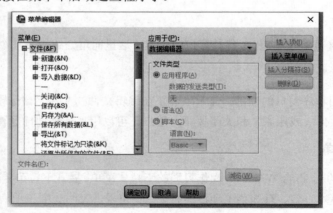

图 1-23 "菜单编辑器"对话框

1.4　数据文件的建立

在统计工作中，通过统计调查或试验搜集来的数据资料要借助计算机进行分析，首先必须将这些数据资料输入计算机，建立数据文件，这是进行统计分析的基础工作。在 SPSS 中，数据文件的建立包括变量的建立和属性的设定及观测值的输入，而第一步就是设定数据文件中涉及的各个变量的属性，完成了变量的设定就可以进入下一步观测值的输入工作了。

1.4.1　SPSS 的数据文件

在 SPSS 中，我们可以通过执行"文件｜打开｜数据"命令选择要打开的数据文件，如图 1-24 所示。在"文件类型"下拉列表框中列出了 SPSS 能够读取的文件类型。关于这些数据类型的基本信息如表 1-1 所示。

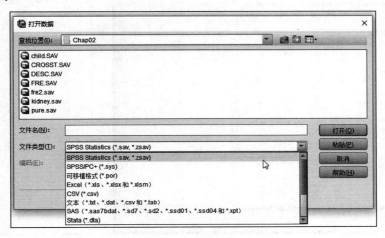

图 1-24　"打开数据"对话框

表1-1　数据类型表

文件类型及扩展名	简单说明
SPSS (*. sav，*. zsav)	SPSS 数据文件
SPSS/PC+ (*. sys)	SPSS 早期版本数据文件
可移植格式 (*. por)	SPSS 便携式数据文件
Excel (*. xls, *. xlsx, *. xlsm)	Excel 文件
CSV (*. csv)	CSV 格式数据文件
文本文件 (*.txt, *.dat, *.csv, *.tab)	文本文件
SAS (*. sas7bdat、*. sd7, *.sd2, *.ssd01, *.ssd04, *.xpt)	SAS 数据文件
Stata(*.dta)	Stata 数据文件
dBase(*.dbf)	dBase 数据库文件
Lotus(*. w*)	Lotus 格式数据文件
SYLK(*.slk)	符号链接格式文件

本书只介绍后缀名为".sav"的文件，其他类型的文件将不在本书中介绍。下面我们打开一个具体的数据文件，在图 1-24 的文件列表中选择文件 child.sav，单击"打开"按钮，读取数据，如图 1-25 所示。从数据文件的外观上看，数据区的单元格里都有一个具体的数据。无论它表现为数字、文字、日期或符号，都将它们统称为数据，在变量列的顶端以确定的名称显示出来。单击任何一个有数据的单元格时，该单元格被一个黑框突显出来，称此单元格为选定单元格或活动单元格，同时这个单元格里的数据会显示在数据输入栏中，表明可对这个数据进行编辑操作，选定单元格中

数据对应的观测值序号和变量名称时，则它们会同时显示在数据输入栏左侧的状态栏里。使用窗口右侧或下方的滚动条按钮可以滚动屏幕，观察更多的变量和数据。

当需要特别处理或了解某变量或观测值的情况时，单击相关变量名或观测值序号，则对应的变量列或观测值行以置亮的形式突显，称这列（或行）为选中列（或行），选择列变量和选择行变量分别如图 1-26 和图 1-27 所示。

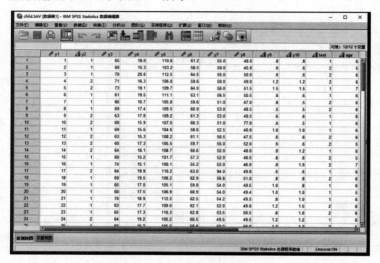

图 1-25 child.sav 数据文件　　　　　　　　　　图 1-26 选择列变量

1	1	1	65	18.0	110.6	61.2	55.0	48.0	.8	.8	1	6
2	2	1	60	15.3	103.2	58.5	50.0	45.8	.6	.6	2	5
3	3	1	70	20.6	112.5	64.5	55.0	50.0	.6	.6	2	6
4	4	2	71	16.3	106.8	59.6	50.0	49.0	1.2	1.2	1	6
5	5	2	73	19.1	109.7	64.0	56.0	51.5	1.5	1.5	1	7
6	6	1	61	19.5	111.1	63.1	56.5	50.5	.6	.6	1	6
7	7	1	66	16.7	105.8	59.6	51.0	47.0	.8	.5	2	6
8	8	1	69	17.4	109.5	60.9	53.0	48.5	.5	.5	2	6
9	9	2	63	17.8	109.2	61.3	53.0	49.5	.6	.6	1	6
10	10	2	69	15.9	107.0	60.3	51.0	77.0	.6	.5	1	6
11	11	1	69	15.6	104.6	58.6	52.5	40.9	1.0	1.0	1	6

图 1-27 选择行变量

1.4.2 变量与观测值

建立数据文件的目的是为了对数据文件中的研究对象的数量特征进行分析，揭示其内在的变化规律。掌握准确、全面的数据资料是统计分析的基础，这直接关系到统计分析的结果。因此，建立一个科学、合理、精炼的数据文件是非常重要的。SPSS 的数据文件里包括变量、观测值等，首先来介绍这些基本概念。

1. 变量

SPSS 中的变量与统计学中的变量概念是一致的。对个体而言，它表示统计标志；对总体而言，它表示统计指标。SPSS 变量具有以下属性：变量名、变量类型、变量标签、值标签、变量格式宽度、单元格对齐格式、缺失值及测度方式等。下面进行简要介绍。

（1）变量名

变量名，即变量名称，定义一个变量首先应当为它命名，SPSS 中变量命名的规则如下：

- SPSS 变量的变量名不能超过 64 个字符。
- 首字符必须是字母、中文或特殊符号"@""$"或"#"。
- 变量名中不能出现"?"" "" !"" -"" +"" ="" *"和空格。
- 末字符不能为"."和" "。
- 名称不能与 SPSS 的保留字相同。SPSS 的保留字有 AND、BY、EQ、GE、GT 、LT、NE、NOT、OR、TO、WITH 和 ALL。
- 系统不区分变量名中的大小写字母。

（2）变量类型

SPSS 变量有 3 种基本类型：数值型、字符型和日期型。系统默认的变量宽度为 8（包括小数点或字母在内的数字总数为 8），小数点位数为 2，如 12345.56、Student、1.25E-08 皆为符合要求的变量值。如果要改变系统默认的变量宽度，则可以执行"编辑 | 选项"命令重新设置。

- 数值变量值就是平常的数字书写格式，带逗点型的数值变量，其变量值的整数部分自右向左每 3 位加一个逗点作为分隔符，用圆点作小数点；带圆点型的数值变量，其变量值的整数部分自右向左每 3 位加一个圆点作为分隔符，而用逗点作小数点；科学记数法中表示指数的字母用 E，也可用 D，甚至不用，如 2.35E2、2.35E+2、2.35D2，2.35+2 都表示 235，均显示为 2.4E+02。
- 日期型变量值的显示格式非常多，无论选定哪一种具体的格式，输入时都可以使用"/"和"-"作为分隔符，显示时系统会按定义的格式输出。
- 字符型变量的值是一串字符，使用时需特别注意，定义变量名时字母大小写是不加以区分的，但输入字符型变量值（即字符串）时，系统对大写字母和小写字母则是严格加以区分的，需要注意的是，字符型变量不参与运算。

（3）变量标签

变量标签是对变量名的附加说明。在许多情况下，SPSS 中不超过 8 个字符的变量名，不足以表达变量的含义。而利用变量标签就可以对变量的意义作进一步的解释和说明。特别地，在 Windows 中文系统下还可以附加中文标签，这给不熟悉英文的用户带来很大方便。例如，定义变量名 Car，可以加注标签"汽车"。给变量加了标签以后，在数据窗口操作时，当鼠标箭头指向一个变量的时候，变量名称的下方就会立即显示出它的标签。

（4）值标签

值标签或标签值，是对变量的可能取值附加的进一步说明，通常仅对类型（或分类）变量的取值指定值标签。

（5）变量格式宽度

变量格式宽度是指在数据窗口中变量所占据的单元格的列宽度。应该注意，定义变量类型时指定的宽度和定义变量格式宽度是有区别的。定义变量格式宽度应当综合考虑变量宽度和变量名所占的宽度，一般取其较大的一个作为定义该变量格式宽度时可取的最小值。

（6）单元格对齐格式

在数据窗口中，变量值在单元格的显示有左、中、右之分，一般情况下，对数值型变量默认的对齐方式为右对齐，字符型变量默认的对齐方式为左对齐，用户可以自行决定对齐方式。

（7）缺失值

搜集研究对象的有关统计资料是统计工作的基础，但是在具体工作时，总难免会发生一些失误。例如，需要观测的现象没有观测到，或者由于不慎遗失了原始记录，或者由于登记的疏忽导致记录错误。总之，会因种种原因造成统计资料的残缺、遗漏和差错。统计中把那些没有观测到，或没有记录到或者记录结果有明显错误的数值称为缺失值。例如，在调查小麦亩产量时，记录到某地的平均亩产为 4580 公斤，如此高的产量显然违背普通常识，这个数据应属于错误的数据，统计分析中使用了这样的数据必然导致错误的分析结果。SPSS 提供了处理这些缺失值的功能，以便在统计分析中排除它们。在 SPSS 中，对数值型变量，系统默认的缺失值为 0，而对字符型变量，系统默认的缺失值为空格。用户可以自定义缺失值，例如在处理小麦亩产量数据资料时，可以把数值大于 1500 公斤的数据标记为缺失值。

（8）测度方式

统计学中，所谓测度是指按照某种法则给现象、事物或事件分派一定的数字或符号，通过测度来刻画事物的特征或属性。例如，对人进行测度，其属性或特征有性别、年龄、身高、体重、职业等。可以用 58 公斤标识某人的体重，用 172 厘米标识身高，用 1（男）或 2（女）标识性别。

2. 观测值

统计学中指出，构成总体的单位具有各种各样的特征，将这些特征的名称称为"标志"。如某工厂的全体职工组成一个总体，该厂的每个职工为一个总体单位，他们都有姓名、性别、民族、体重、身高、工资等，这些反映职工特征的名称称为标志，这些标志又区分为数量型标志（可用数量来表示的，如体重、身高、工资等）和品质型标志（不能用数量表示的，如性别、民族等）。对每一个职工进行观察，都可以记录到每个标志的一组资料，这组资料在统计学中称为标志的标志表现，对不同的职工将记录到互不相同的资料，体现了标志的变异性，因此，笼统地称各个特征为变量。如果把对一个职工各种特征的观察视为一个，便可得到反映这个职工具体特征的一组观测值，这一组观测值在 SPSS 中称为一个案例。数据窗口的二维表格中的一行用来存放一组观测值。因此，把数据窗口的每一行就当作为一个案例，表中第 m 行第 n 列交叉点处的单元格中的数值视为第 m 个单位的第 n 个变量的变量值。

1.4.3 在 SPSS 中定义变量

在建立数据文件之前首先要定义变量，在 SPSS 中，我们需要在"变量视图"窗口中定义变量，如图 1-28 所示。

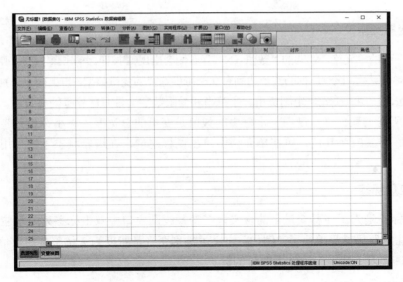

图 1-28　变量视图窗口

定义变量的步骤如下。

1. 定义变量名

将光标置于"名称"一列的空单元格中,单击单元格后输入变量名。例如输入"性别",回车后在同一行各单元格中自动输出了该变量的默认属性,如图 1-29 所示。变量的默认属性值如下:

- 类型:默认类型为数值型。
- 宽度:默认长度为 8。
- 小数:默认小数位数为 2。
- 标签:用户自定义。
- 值:用户自定义。
- 缺失:用户自定义。
- 列:变量在数据视图中所占列宽默认为 8 个英文字符宽。
- 对齐:默认右对齐。
- 度量标准:用户自定义。

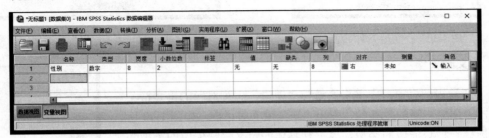

图 1-29　定义变量名

如果默认的属性与要定义的变量属性不符,就可以在各属性单元格中设置所需要的变量属性。显然,默认属性与变量"性别"的属性有很大差别。

2. 定义变量类型

单击类型一列的单元格，默认的"数值（N）"右侧会出现■按钮。单击■按钮，弹出"变量类型"对话框，如图 1-30 所示。该对话框的左半边列有 9 种可供选择的变量类型，自上而下分别为数字、逗号、点、科学记数法、日期、美元、定制货币、字符串和受限数字（带有前导零的整数）。

单击选择所需类型。"宽度"文本框中的数值是变量的总宽度，"小数位数"文本框中显示的是小数位数。若要改变其值，可在单元格中单击鼠标左键，在编辑状态下输入用户认为合适的数字。

3. 定义变量标签

定义变量标签是为了注释变量名的含义，在变量视图窗口中双击标签列中相应的单元格，输入注释即可，注意要尽量简单明了。例如，定义了性别变量是宽度为 2 位整数的数值型变量，可以给出中文标签，输入"性别"，作为变量的标签。

4. 定义变量取值标签

单击"值"列中相应的单元格，该单元格右侧出现■按钮。单击■按钮，弹出"值标签"对话框，如图 1-31 所示。在"值"文本框中输入变量值，在"标签"文本框中输入对该值含义解释的标签。单击"添加"按钮，一个值标签就被加入到第三个框（值标签清单）。例如，在定义性别变量的过程中，数值 1 表示男性，数值 2 表示女性，则先在第一个"值"文本框中输入"1"，在第二个"标签"文本框中输入"男"，单击"添加"按钮，列表框中增加了一个值标签，显示"1.00=男"。利用同样的方法定义第二个值标签，清单中显示"2.00=女"，值标签定义完成。确认定义的变量标签和值标签正确无误后单击"确定"按钮，返回变量视图窗口。

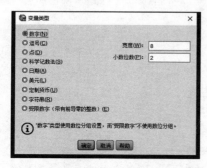

图 1-30　"变量类型"对话框

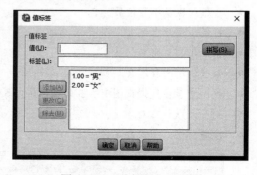

图 1-31　"值标签"对话框

5. 定义缺失值

在"变量视图"窗口中单击变量与"缺失"一列对应的单元格，然后单击单元格右侧的■按钮，弹出"缺失值"对话框，如图 1-32 所示。先选择一种缺失值的类型，再进行具体的定义。缺失值的类型共有 3 种：

图 1-32　"缺失值"对话框

- 无缺失值。该选项是系统的默认状态，如果当前变量的值测试、记录完全正确，没有遗漏，则可选择此项。

- 离散缺失值。选择这种方式定义缺失值，可以在下面的 3 个矩形框中输入 3 个可能出现在相应变量中的缺失值，也可以少于 3 个。在进行统计分析时系统遇到这几个值，则作为缺失值处理。例如，对于性别变量，如果定义了用 1 表示男，用 2 表示女，则值为 0、3、4 都被认为是非法的。如果将这 3 个值分别输入到 3 个矩形框中，当数据文件中出现这几个数据时，系统将按缺失值处理。
- 范围加上一个可选的离散缺失值。选择此项后，除了"下限"和"上限"文本框外，还有一个"离散值"文本框，这里即可设置范围以外的一个值。例如，如果定义变量身高的值中输入的错误数据有 1.40、1.90、1.95 和 2.03，而且在 1.90~2.03 之间没有正确的身高测试值，正确值在大于 1.40 和小于 1.90 的范围内，则可选择此种定义缺失值的方式。在"下限"文本框中输入 1.90，在"上限"文本框中输入 2.03，在"离散值"文本框中输入 1.40。如果这样仍不能把所有的非法值包括在内，则要在数据文件中查出错误数据进行修改，使其成为系统缺失值。或者在语法窗口中利用程序语句解决定义缺失值的问题。

6. 定义变量的显示格式

定义变量的显示格式分为两个部分：

- 定义显示时的列宽度。在"变量视图"窗口中单击"列"一列的单元格，再单击出现的上下箭头按钮，即可增加或减少列宽度值。
- 定义显示时的对齐方式。在"变量视图"窗口中，"对齐"列中显示的是默认的对齐方式。对于数值型变量，系统默认是右对齐；对于字符型变量，系统默认是左对齐。如果要改变默认的对齐方式，可单击"对齐"列中相应的单元格，在下拉列表中进行选择。有 3 种可选择的方式：左、右、居中。

7. 定义变量的测度类型

"测量"列单元格中显示的是变量的默认测度方式，比如变量"性别"的测度方式是标度。如果要改变默认的测度类型，则可单击"测量"列中相应的单元格，展开下拉列表，如图 1-33 所示。在下拉列表中有 3 个可选择的类型。

- 标度：对等间隔测度的变量或表示比值的变量选择此项，如身高、体重。
- 有序：对其值表示顺序的变量选择此项，如比赛名次、职务、职称等，可以是数值型变量，也可以是字符型变量。
- 名义：对分类变量选择此项，可以是数值型变量，也可以是字符型变量。例如，变量值是对所喜欢的颜色的回答，或是表示宗教信仰、党派等的变量。

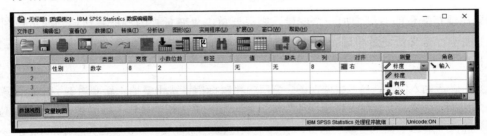

图 1-33　选择测度类型

经过上述操作，即完成对一个变量的属性参数的定义，所有变量名及其属性都显示在"变量视图"窗口中。重复上述操作，可以定义其他变量的属性参数。如果对定义的属性满意，则单击窗口左下角的"数据视图"标签，切换到"数据视图"窗口，开始输入数据。下一节将详细介绍录入数据的方法，等数据全部录入完成，数据文件就建立起来了。

1.5　数据的录入和编辑

当所有的变量都设定完成后，就建立起了数据文件的"框架"，下一步是将数据文件的"内容"—— 观测值录入。数据录入在整个统计分析工作中占有重要的地位，录入的速度和精确度至关重要，精确而快速地录入数据无疑会大大加快整个统计分析工作的进程。本节将详细介绍 SPSS 中数据录入和编辑的操作方法与步骤。

1.5.1　数据的录入

录入数据的操作方法有许多种，可以定义一个变量就输入这一个变量的值（纵向进行），也可以在定义完所有变量后，按观测值来输入（横向进行）。

输入数据的操作方法是：单击选中的单元格，该单元格被激活，边框加黑。二维表格的上方左侧显示选定单元格的观测值号和变量名，在单元格中输入的数据显示在右侧的编辑栏中。输入后按回车键或按向下移动光标键，然后输入同列下一个单元格数据；按 Tab 键，则移动到右面的单元格。需要注意的是，输入单元格的变量值必须与事前定义的变量类型一致。如果变量为数值型，在单元格中输入字符，系统将拒绝接受；如果变量为字符型，在单元格中输入数值，系统将这个数字视为字符。

1.5.2　数据的编辑

实际工作中由于各种因素的影响，往往难以做到百分之百的准确，录入数据出现错误是常有的事情。为了尽可能地保证数据的准确，需要对已经建立的数据文件进行编辑、修正、补充或删除等工作。

1. 数据文件中加入新变量

如果在现存变量的右侧增加一个变量，则只要单击"变量视图"标签转换到变量视图，在变量表最下面一行定义新变量即可。如果想把新变量放在已经定义的变量之间，则是插入一个变量。步骤如下：

01 先确定插入位置，在"数据视图"窗口中将鼠标指针置于要插入新变量的列中的任意单元格上，再单击鼠标左键，或者在"变量视图"窗口中用鼠标单击新变量要占据的那一行的任意位置。

02 选择"编辑｜插入变量"命令，在选定的位置之前插入一个变量名为 Var0000n 的变量，其中 n 是系统给的变量序号。原来占据此位置的变量及其后的变量依次后移。

03 切换到"变量视图"窗口中,对插入的变量定义属性,包括更改变量名,然后切换到"数据视图"窗口输入该变量的数据。

2. 数据文件中加入新观测值

观测值的排列次序可以借助排序功能进行调整。如果需要插入一个观测值,则可以将光标置于要插入观测值的一行的任意单元格中,选择"编辑 | 插入个案"命令。结果在选中该行之上增加一个空行,可以在此行上输入该观测值的各变量值。

3. 变量和观测值的移动、复制和删除

在"数据视图"窗口中选择要移动的对象后,选择"编辑 | 剪切"命令找到插入位置,然后选择"编辑 | 粘贴"命令,就可以将剪贴板中的变量(或观测值)粘贴到空变量(或空观测值)的位置上了。

观测值可以复制,但变量不能复制,因为变量不允许同名。要复制观测值,只要把上述步骤中的"剪切"改为"复制"命令即可。

删除变量或观测值,只需选择要删除的对象后,选择"编辑 | 清除"命令即可。

4. 按观测值序号查找单元格

当文件中有许多观测值或变量时,可以按观测值序号来查找单元格数据。先打开一个 SPSS 25.0 自带的数据文件 car_sales.sav,如图 1-34 所示。

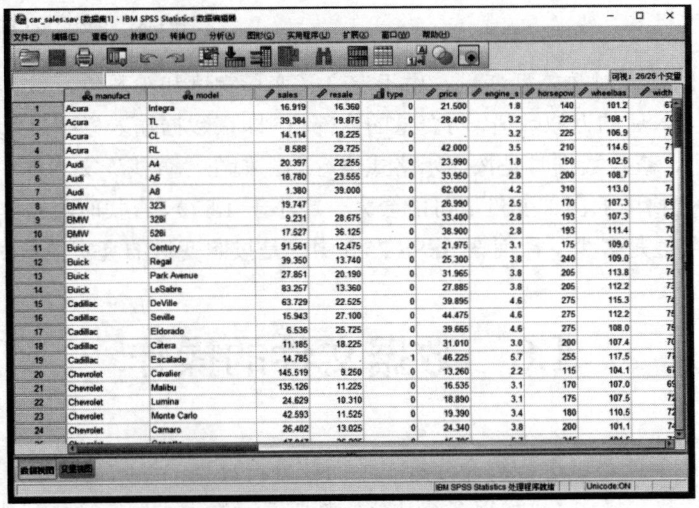

图 1-34 数据文件 car_sales.sav 中的部分数据

如需查看序号为 129 的样本观测值的资料,操作步骤如下:

01 选择"编辑 | 转到个案"命令,弹出"转到"对话框,如图 1-35 所示,在"转到个案号"文本框中输入 129。

02 单击"跳转"按钮,129 号观测值将置于数据区域的顶端,如图 1-36 所示。

图 1-35 "转到"对话框

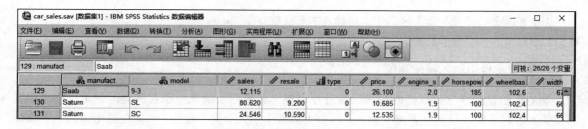

图 1-36　观测值查找结果

5. 按变量值查找数据

如果要查找当前工作文件中某变量的一个变量值，那么可以按照下面的方法查找。仍以图 1-33 中给出的数据 car_sales.sav 为例，假如需要查看变量 manufact 为 Ford 的变量值，操作步骤如下：

01 选中变量 manufact 的任意单元格，选择 "编辑｜查找" 命令，弹出 "查找和替换-数据视图" 对话框，如图 1-37 所示。

02 在 "查找" 文本框中输入要查找的变量值 Ford，单击 "查找下一个" 按钮，如果找到这个值，则定位到该变量值所在的单元格。如果需要进一步查询，则继续单击 "查找下一个" 按钮；如果查找中未发现要找的变量值，系统将通报用户 "Ford Not found"。

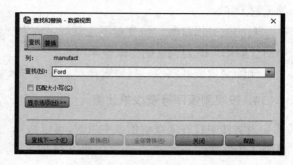

图 1-37　按变量值查找数据

最后需要说明的是，对数值型变量，由于定义了变量宽度和小数位，数据文件的单元格中显示的数值是经四舍五入后的近似数值，与变量的内部值（即在数据输入栏中显示的数值）是不同的。在 SPSS 早期版本中，查找数据时是按显示格式进行的，如在 "查找" 文本框中输入 1.87（实际上显示值为 1.87 的单元格中的内部变量值可能会大于或小于 1.87），查找时会找到所有值显示为 1.87 的变量（不管其内部值是多少），而在 SPSS 25.0 中却是按照变量的真实数值来查找的。

1.6　数据文件的操作

建立数据文件之后就可以进行统计分析了，而在分析过程中经常需要根据统计分析的目的对数据文件本身进行调整和操作，比如很多统计分析都需要对数据按照某项指标进行排序，或者对数据进行转置。本节将介绍在 SPSS 中一些常见的数据文件操作方法。

1.6.1　分类整理

将观测值按照统计分析的具体要求进行合理地分类整理是数据文件整理的重要工作，下面来介绍观测值分类整理的方法和步骤，还是以 car_sales.sav 数据文件为例。

01 选择"数据｜个案排序"命令，弹出"个案排序"对话框，如图 1-38 所示。在左侧变量框中选择一个或几个分类变量，单击 按钮将其选入"排序依据"列表框中，其意义是将按照这个变量对观测值进行分类整理。分类整理是按每一个变量层叠分类整理。

02 在"排列顺序"选项组中选择排序方式，如对某分类变量选择升序，则在"排序依据"选项组里该变量名之后用"--"线连接升序；如选择降序，则该变量名之后用"--"线连接降序，分类变量的排序方式可以不同。

03 以上选择确定后，单击"确定"按钮返回数据窗口，分类排序结果显示于数据窗口内。此外，对字符串变量进行排序，大写字母将优先于小写的同一字母。如果在我们引用

图 1-38　"排序个案"对话框

的数据文件中本来有一个"序号"变量，它的值为自然数顺序，按照某些分类变量进行排序后，要将文件恢复到原来的顺序，则可以再用"序号"变量作为分类变量执行观测值分类。如果文件缺少这样一个变量，则经过分类的文件将不能恢复原状。SPSS 的许多系统数据文件中都包含一个代表观测量序号的"id"变量，它可以起到这个作用。

1.6.2　数据转置

利用数据的转置功能可以将原数据文件中的行、列进行互换，将观测值转变为变量，将变量转变为观测值。转置的结果是系统将创建一个新的数据文件，并且自动建立新的变量名显示各新变量列。数据转置的步骤如下：

01 首先任意打开一个数据文件，例如打开 car_sales.sav 文件，选择"数据｜转置"命令，打开"转置"对话框，如图 1-39 所示。从左侧变量框中选择要进行转置的变量并将其选入"变量"列表框中。再从左侧变量框中选择一个变量，用它的值作为转置后的新变量名，一般选择具有相异观测值的变量。如果选择的是数值型变量，则转置后的变量名以字母 V 开头，后面接上原数值。需要指出的是，字符型变量不能进行转置。如果不选择变量移到"名称变量"文本框中，则系统将自动给转置后的新变量赋予 Var001、Var002 等类似变量名。

02 单击"确定"按钮，弹出如图 1-40 所示的"提示"对话框，提示用户"未选择转置某些变量。未转置的变量将丢失"。

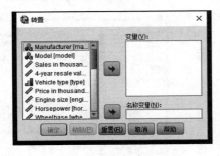

图 1-39　"转置"对话框

图 1-40　"提示"对话框

03 单击"确定"按钮，随即转置后的新文件将取代原数据文件出现在数据窗口中。需要注意的是，如果将原变量列表中的全部变量都选择进行转置，则系统不会弹出该提示框。

1.6.3 数据合并

在实际处理数据的工作中，有时需要将两个结构相同或某些部分结构相同的数据文件合并成一个文件，比如将一个公司中两个部门的员工信息表合并为一个信息表，这时就需要对数据文件进行合并。SPSS 中的数据合并分为两种：一种是观测值的合并（纵向合并），也就是将两个有相同变量但不同观测值的数据合并；另一种是变量的合并（横向合并），也就是将描述同一组观测样本的不同变量及其观测值合并为一个数据文件，新的数据文件包含所有合并前的各个数据的变量。

1. 纵向合并

纵向合并将增加观测量，即把一个外部文件中与原文件具有相同变量的观测量增加到当前工作文件中。这种合并要求两个数据文件至少具有一个属性相同的变量，即使它们的变量名不同。"纵向合并"的操作方法与对话框的设置如下，仍以 car_sales.sav 数据文件为例。

01 选择"数据｜合并文件｜添加个案"命令，弹出"添加个案至 car_sales.sav"对话框，如图 1-41 所示。

单击"浏览"按钮，弹出"添加个案：读取文件"对话框，如图 1-42 所示。

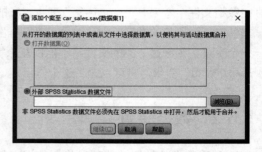

图 1-41 "添加个案至 car_sales.sav"对话框

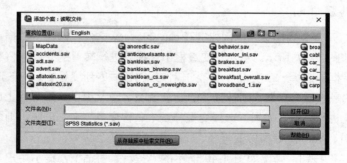

图 1-42 "添加个案：读取文件"对话框

选定数据文件（此处以 SPSS 25.0 自带的"accidents.sav"为例），选中后单击"打开"按钮返回到如图 1-41 所示的"添加个案至 car_sales.sav"对话框，再单击"继续"按钮，弹出"添加个案自……"对话框，如图 1-43 所示。

- "非成对变量"列表框：列出两个文件中的不成对变量，即变量名和变量类型不匹配的变量，其中用"*"标记的属于工作文件，用"+"标记的属于外部文件，带"<"者为字符型变量。

图 1-43 "添加个案自……"对话框

- "新的活动数据集中的变量"列表框：列出两个数据文件中变量名和变量类型都匹配的相同变量。
- "指示个案源变量"复选框：将在合并后的文件中建立一个名为"source0l"的变量，此变量仅有 0 和 1 两个值，分别标记观测量属于当前工作文件或外部文件。

02 两个数据文件的变量如果类型相同，变量名不同，则将两者同时选中，然后单击"配对"按钮，将它们移至"新的活动数据集中的变量"列表框中。

合并后的新文件变量列中二者的观测值被合并在一起。如果要为"非成对变量"列表框中的变量重命名，可选中它并单击"重命名"按钮，打开"重命名"对话框，输入新名称，单击"继续"按钮返回主对话框。

对"非成对变量"列表框中分属两个文件的变量配对时，要求二者必须具有相同的变量类型。变量宽度可以不同，但是属于工作文件的变量宽度应大于或等于外部文件中的变量宽度。若情况相反，则合并后外部文件被合并的观测量中相应的观测值可能不显示，而是在单元格里以若干"*"号加以标记。

03 如果要让变量名和类型变量均不匹配的变量出现在新数据文件中，则可以选中它，然后单击 ⬅ 按钮将其移到"新的活动数据集中的变量"列表框中即可。设置完成后单击"确定"按钮，执行合并就可以得到合并后的数据文件了。需要注意的是，如果将"非成对变量"列表框中的分属两个文件的类型不同的变量配对，则在合并后的新文件里这两个变量都将不会出现。

2. 横向合并

横向合并即增加变量，是指将一个外部文件中的若干变量添加到当前工作文件中。这种合并要求两个数据文件必须具有一个共同的关键变量，而且这两个文件中的关键变量还具有一定数量的相等的观测量数值。所谓关键变量，指的是两个数据文件中变量名、变量类型、变量值排序完全相同的变量。此处仍以 SPSS 25.0 自带的 car_sales.sav 数据文件为例，"横向合并"的操作步骤如下：

01 打开需要增加变量的数据文件 car_sales.sav，选择"数据|合并文件|添加变量"命令，弹出"变量添加至 car_sales.sav"对话框，如图 1-44 所示。

图 1-44 "变量添加至 car_sales.sav"对话框

单击"浏览"按钮，弹出"添加变量：读取文件"对话框，如图 1-45 所示。

图 1-45 "添加变量：读取文件"对话框

选定数据文件（此处以 SPSS 25.0 自带的"car_insurance_claims.sav"为例），选中后单击"打开"按钮返回到"添加个案至 car_sales.sav"对话框，再单击"继续"按钮，弹出"变量添加自……"对话框，如图 1-46 所示。

02 单击"变量"选项卡，在"排除的变量"列表框中，列出的是外部文件与工作文件中重复的同名变量；"包含的变量"列表框中，列出的是进入新的工作文件变量，分别用"+"和"*"来标记。根据需要设置完成后单击"确定"按钮，就可以将两个数据文件合并成一个新的数据文件了。

对话框选项设置/说明

如果两个文件含有相等的观测量，而且分类排序顺序一致，一一对应，则无需指定关键变量，直接单击 OK 按钮进行合并即可。

如果两个文件含有数目不等的观测量，而且分类排序顺序不一致或没有一一对应关系，则需在合并之前先对数据文件按关键变量进行升序排序，在"排除的变量"列表框中选择一个关键变量，移至"键变量"列表框中。

---

03 单击"合并方法"选项卡，如图 1-47 所示。

图 1-46 "变量"选项卡　　　　　　　图 1-47 "合并方法"选项卡

- "基于文件顺序的一对一合并"单选按钮：这是按关键变量匹配观测量的系统默认选项。表示按照"选择查找表"列表框中列示的顺序将两个数据文件的所有观测量合并。合并结果：凡关键变量值相等的合并为一个观测量，如果在对方文件找不到相等的关键变量值，就可以合并为一个独立的观测量，即在新文件中单独作为一个观测量（相当于增加一个观测量），而缺少的变量值作为缺失值。
- "基于键值的一对一合并"单选按钮：表示将非活动数据文件作为关键表，即只将外部数据文件中与活动数据集中对应变量值相同的观测量并入新的数据文件。
- "基于键值的一对多合并"单选按钮：表示合并后保留当前外部文件中的观测量，且只有当前工作文件中与外部文件关键变量值相等的观测量才被合并到新文件中。

04 以上选项确认后，单击"确定"按钮，提交系统运行。如果两个文件事先没有按关键变量进行升序排序，则合并可能会失败，系统将发出警告。

1.7　变　量　转　换

在统计分析中，很多时候需要对变量值进行转换，达到统计分析的要求再进行分析，比如在回归分析中经常要对数据进行对数化处理，也就是将原数据转换为取对数后的数据。另外，有时需要根据现有数据列生成新的数据列，比如在处理时间序列问题时经常需要得到滞后一阶或多阶的时间序列数据，此时也需要用到变量转换。

1.7.1　变量计算

建立的数据文件中包含的数据可能来自统计调查的原始测量结果，统计分析要通过研究变量之间的关系来揭示现象的内在数量规律。例如，统计学中大量相对指标的指标值是不可能通过实际测量得到的，而需要利用有联系的变量的比值计算出来，计算所得的数值就成为新变量的观测值。SPSS 提供了强大的计算变量功能，新变量的计算可以借助计算变量功能来完成。利用"计算变量"命令计算新变量的步骤如下：

01 打开数据文件，选择"转换｜计算变量"命令，打开"计算变量"对话框，如图 1-48 所示。

02 输入计算表达式。使用计算器板或键盘将计算表达式输入到"数字表达式"列表框中。表达式中需要用到的 SPSS 函数可从函数组中选择，用鼠标双击或单击"函数和特殊变量"列表框左侧的箭头按钮，将选中的函数移入表达式栏。这时，栏中函数的自变量和参数用"?"表示，自变量必须选用当前工作文件中的变量，可以从左侧变量清单栏中选择，选中后用鼠标双击以便将它输入到表达式中。

03 定义新变量及其类型。在"目标变量"文本框中输入目标变量名，它可以是一个新变量名，也可以是已经定义的变量名，甚至可以是表达式中使用的自变量本身。单击"类型和标签"按钮，弹出"计算变量：类型和标签"对话框，如图 1-49 所示。

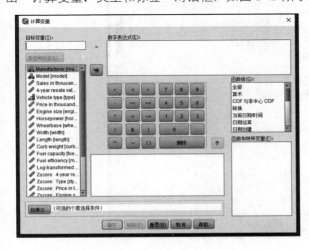

图 1-48　"计算变量"对话框

图 1-49　"计算变量：类型和标签"对话框

对话框选项设置/说明

对于标签的设置有以下两种方式：

- 标签：可以在该文本框中给目标变量添加自定义的标签。
- 将表达式用作标签：使用计算目标变量的表达式作为标签，这有利于统计分析时清晰地了解新变量的意义及运算关系。

在该对话框中，还可以对新变量的类型及宽度进行选择。选择确认后，单击"继续"按钮，返回"计算变量"对话框。

04 条件表达式（如果...）及其对话框的使用。有时候，仅仅需要对一些符合某些特定条件的自变量的观察值进行计算。例如，在记录某年级 7 班和 8 班学生成绩的数据文件中，我们只需要了解 7 班女同学的学习情况，需要计算她们各门功课的平均成绩，即须选择满足条件"sex=0 & class=7"（即 7 班的女同学）的观测值来计算。当条件表达式"sex=0"和"class=7"同时为真时，将计算出 7 班女同学的平均成绩。使条件表达式为假的或缺失的观测量就不会计算这个值，对应于这些观测量，新变量的值为系统缺失值。在"计算变量"对话框中单击"如果..."按钮，弹出"计算变量: If 个案"对话框，如图 1-50 所示。

05 单击"继续"按钮对设定的条件表达式加以确认，返回"计算变量"对话框。条件表达式的建立规则是：条件表达式中至少要包括一个关系运算符，也可以使用逻辑运算符，并且可以通过关系（或逻辑）运算符连接多个条件表达式。各项选择确认后，单击"确定"按钮，系统将根据表达式和条件计算新变量的值，并且将其结果显示到数据窗口的工作文件中。

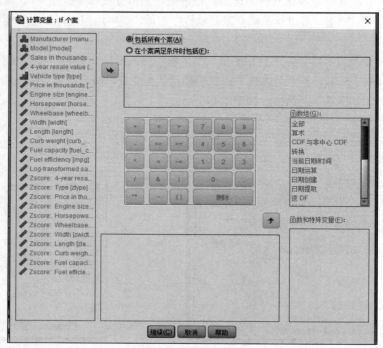

图 1-50 "计算变量: If 个案"对话框

1.7.2　生成新的时间序列

时间序列是指观测或记录到的一列按时间顺序排列的统计数据。实际数据的时间序列展示了研究对象在一段时期内发展变化的过程，对时间序列的分析与研究，寻找现象内在的发展变化特征、趋势和规律是统计工作的重要内容之一。根据已有的时间序列数据文件，SPSS 提供了产生新时间序列的功能。根据已有时间序列生成新时间序列的操作步骤如下：

01 任意打开一个时间序列数据文件，以 SPSS 25.0 自带的 stocks.sav 数据文件为例，然后选择"转换｜创建时间序列"命令，弹出"创建时间序列"对话框，如图 1-51 所示。

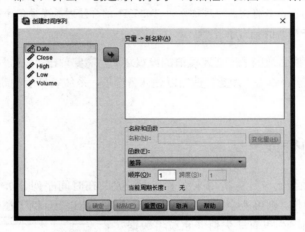

图 1-51　"创建时间序列"对话框

02 从左侧变量框里选择准备产生新时间序列的变量，单击 按钮将其选入"变量→新名称"列表框中，这时"变量→新名称"列表框里显示形如"变量名_1=转换函数简名（变量名 n）"格式的表达式。其中"变量名"为选定变量名或它的前 6 个字符，n 为阶数或跨度。在"名称和函数"选项组中，"名称"文本框中显示系统默认的变量名，重命名后需单击"更改"按钮确认。"函数"下拉列表中显示系统默认的函数差值，"顺序"为 1。如果系统默认的设置符合要求，单击"确定"按钮后，则系统将在数据窗口内显示出默认的新变量依照变差函数计算出来的各变量值，这一列变量值就是新产生的时间序列。

03 如果需要使用其他转换函数计算新变量的值，则可展开"函数"下拉列表进行选择。"函数"下拉列表中包括如下时间序列转换函数。

- 差异函数：产生原变量值序列的相邻值之间的变差，指定顺序框的数值（大于等于 1 的整数），可以计算相应阶的变差。
- 季节性差分函数：适用于具有季节性变动的时间序列，季节变差函数将产生与原时间序列相距一定周期值的观测量之间的变差。
- 中心移动平均函数：将原变量值序列的观测值以指定的跨度计算移动平均，产生移动平均时间序列，如指定跨度值为奇数 n，选择中心移动平均后，产生的新序列首尾将各减少(n-1)/2 个数值；跨度值为偶数 n，选择中心移动平均后，需要将产生的平均值序列的每相邻的两个值再平均一次，产生的新序列首尾将各减少 n/2 个数值。

- 先前移动平均函数：将原变量值序列的观测值以指定的跨度计算移动平均，各平均值顺着时间向前的方向列在新变量列里，产生新的时间序列。新变量列中观测值向前移动的时段长度正好等于指定的跨度值。
- 运行中位数函数：与居中移动平均相同，只不过是将原变量值序列的观测值以指定的跨度确定其中位数，列在新变量列里，产生新的时间序列。
- 累计求和函数：从原变量值序列的第一个值开始逐项累积求和，求和所得到的数值依次作为新变量值，产生新的时间序列。
- 滞后函数和提前函数：分别将原变量值序列的各项观测值按指定的顺序向前和向后平移。对于新变量，将首尾缺少的观测值作为缺失值来对待。
- 平滑函数：使用该函数将按照一种称之为 T4253H 的方法对原变量值序列的各项观测值进行平滑或修匀处理，产生新的时间序列。

04 更改了所选转换函数的顺序或跨度值的设置之后，需要单击"更改"按钮确认，这样新变量栏里的显示结果才能更新。单击"确定"按钮以确认各选项，系统将产生的新时间序列输出到数据窗口中。

1.7.3 缺失值的替换

观测值的缺失往往会给统计分析带来许多麻烦，尤其在时间序列分析中更是如此，时间序列里如果存在缺失的观测值，则可能会导致一些变量的计算不能进行。例如在计算环比发展速度和定基发展速度时，若时间序列里有缺失值（系统将数据文件数值型变量的缺失值视为 0），则计算中会出现 0 做除数的情况，因此有必要对时间序列里的缺失值进行替换，以保证统计计算和分析得以顺利进行。SPSS 25.0 中的缺失值替换功能针对含有缺失值的变量，使用系统提供的替换方法产生一个新的时间序列。这项功能的操作步骤如下：

图 1-52 "替换缺失值"对话框

01 打开一个有缺失值的数据文件，选择"转换 ｜ 替换缺失值"命令，打开"替换缺失值"对话框，如图 1-52 所示。

02 从源变量框中选择含有缺失值且需要替代缺失值的变量移至"新变量"框中，"新变量"框中显示形如"变量名_1=替代的估计方法简名（变量名）"格式的变量转换表达式。其中"变量名"为所选变量的名称或它的前 6 个字符。在"名称和方法"选项组中，"名称"文本框中显示系统默认的变量名，重命名后需单击"变化量"按钮确认；"方法"下拉列表中显示系统默认的序列均值。如果系统默认的设置符合要求，可单击"确定"按钮。系统将依照默认的估计方法计算出估计值，用它替代序列中的缺失值，并将替代后的时间序列作为新变量的观测值显示于数据窗口中。

03 如果要使用其他估计方法计算缺失值的估计值，可在"方法"下拉列表中进行选择。"方法"下拉列表中包括如下估计方法。

- 序列平均值：用整个序列有效数值的平均值作为缺失值的估计值。
- 邻近点的平均值：如果选择此方法，则"邻近点的跨度"下的"数值"和"全部"单选按钮被激活。若选择前者，输入数值指定缺失值上下邻近点的点数，则将这些点数的有效数值的均值作为缺失值的估计值。若邻近点的点数达不到指定的数值，则缺失值仍然保留。若选择后者，则用全部有效观测值的均值作为缺失值的估计值，效果与选用序列平均值法相同。
- 临近点的中间值：选择此法与临近点的平均值一样将用缺失值上下邻近点指定跨度范围内的有效数值或全部有效数值的中位数作为缺失值的估计值。
- 线性插值：对缺失值之前最后一个和其后第一个有效值使用线性插值法计算估计值。如果序列的第一个或最后一个观测值缺失，则不能用这种方法替代这些缺失值。
- 邻近点的线性趋势：对原序列以序号为自变量，以选择变量为因变量求出线性回归方程，再用回归方程计算各缺失值处的趋势预测值，并用预测值作为替代相应的缺失值。当选择的替代方法、数值等项设置进行更换后，都需要单击"更改"按钮确认。

04 新变量名、替代缺失值的估计方法确认以后，单击"确定"按钮，提交系统执行。系统将依照默认的估计方法计算出估计值，用它替代序列中的缺失值，并将替代后的时间序列作为新变量的观测值显示于数据窗口中。

1.8　统计分析报告

前面几节介绍了关于数据文件和变量的一些处理方法，这些都是统计分析的前提，下一步就要进入统计分析的过程了，而在这之前需要对数据有一个定性地了解，比如了解数据的一些基本分布特征等，这就可以通过 SPSS 中的统计分析报告来完成这项工作。

1.8.1　在线分析报告

SPSS 25.0 的在线分析报告可以对一个或几个分类变量的每个分组形成分层的表格，报告分析变量在各组中的相关统计信息，也称为分层报告。这种分层报告的表格具有信息量大、形式简洁、方便查看的特点。在线分析报告的操作步骤如下：

01 打开要进行分析的数据文件，选择"分析|报告|OLAP 立方体"命令，弹出"OLAP 立方体"对话框，如图 1-53 所示。从左侧变量框中选择一个或多个需要分析的变量移至"摘要变量"列表框，同样选择一个或多个分组变量移至分组变量栏。概述变量必须是数值型变量，分组变量应选用分类变量，数值型或短字符型变量均可。

02 单击"统计"按钮，弹出"OLAP 立方：统计"对话框，如图 1-54 所示。"OLAP 立方：统计"对话框由"统计"和"单元格统计"两个列表框组成。左侧的"统计"列表框中，列出了可供选择的各类统计量，右侧"单元格统计"列表框中，列出了子统计量，凡被选入的统计量在输出的分层报告表的单元格中均会显示它们的数值。

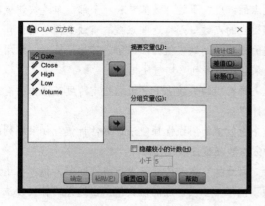

图 1-53 "OLAP 立方体"对话框

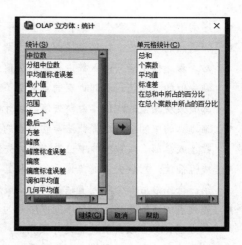

图 1-54 "OLAP 立方：统计"对话框

对话框选项设置/说明

在 SPSS 官方网站的帮助文档《*IBM_SPSS_Statistics_Base*》中，对"OLAP 立方：统计"对话框以及其中涉及的检验方法都进行了权威解释。在"OLAP 立方：统计"对话框中，用户可以为每个分组变量的每个类别中的变量选择下列一个或多个子组统计：总和、个案数、平均值、中位数、分组中位数、平均值标准误差、最小值、最大值、范围、第一个、最后一个、标准差、方差、峰度、峰度标准误差、偏度、偏度标准误差、在总和中所占的百分比、在总个案数中所占的百分比、几何平均值及调和平均值等。统计在"单元格统计"列表框中的显示顺序就是这些统计指标将在输出结果中出现的顺序。还将显示跨所有类别的每个变量的汇总统计。

- 总和（Sum）：所有带有非缺失值的个案的值的合计或总计。
- 平均值（Mean）：集中趋势的测量。算术平均，总和除以个案个数。
- 中位数（Median）：第 50 个百分位，大于该值和小于该值的个案数各占一半。如果个案个数为偶数，那么中位数是个案在以升序或降序排列的情况下最中间的两个个案的平均。中位数是集中趋势的测量，但对于远离中心的值不敏感（这与平均值不同，平均值容易受到少数多个非常大或非常小的值的影响）。
- 第一个（First）：显示在数据文件中遇到的第一个数据值。
- 最后一个（Last）：显示在数据文件中遇到的最后一个数据值。
- 几何平均值（Geometric Mean）：数据值的乘积的 n 次根，其中 n 代表个案数目。
- 组内中位数（Grouped Median）：针对编码到组中的数据计算的中位数。例如，如果对于每个 30 年代的年龄数据的值都编码为 35，40 年代的编码为 45，依次类推，那么组内中位数是由已编码的数据计算得出的。
- 调和平均值（Harmonic Mean）：在组中的样本大小不相等的情况下用来估计平均组大小。调和平均值是样本总数除以样本大小的倒数总和。
- 峰度（Kurtosis）：有离群值的程度的测量。
- 最大值（Maximum）：数值变量的最大值。

- 最小值（Minimum）：数值变量的最小值。
- N：个案（观察值或记录）的数目。
- 总个案数的百分比：每个类别中的个案总数的百分比。
- 总和的百分比：每个类别中的总和百分比。
- 范围（Range）：数值变量最大值和最小值之间的差；最大值减去最小值。
- 偏度（Skewness）：分布的不对称性测量。正态分布是对称的，偏度值为 0。具有显著的正偏度的分布有很长的右尾。具有显著的负偏度的分布有很长的左尾。作为一个指导，当偏度值超过标准误差的两倍时，将认为不具有对称性。
- 标准差（Standard Deviation）：对围绕平均值的离差的测量。在正态分布中，68% 的个案在平均值的一倍标准差范围内，95% 的个案在平均值的两倍标准差范围内。例如，在正态分布中，如果平均年龄为 45，标准差为 10，那么 95% 的个案将处于 25～65 之间。
- 峰度标准误差（Standard Error of Kurtosis）：峰度与其标准误差的比可用作正态性检验（如果比值小于 -2 或大于 +2，就可以否定正态性）。大的正峰度值表示分布的尾部比正态分布的尾部要长一些；负峰度值表示比较短的尾部（变为像框状的均匀分布尾部）。
- 平均值标准误差（Standard Error of Mean）：取自同一分布的样本与样本之间的平均值之差的测量。它可以用来粗略地将观察到的平均值与假设值进行比较（如果差与标准误差的比值小于 -2 或大于 +2，就可以判定两个值不同）。
- 偏度标准误差（Standard Error of Skewness）：偏度与其标准误差的比可用作正态性检验（如果比值小于-2 或大于+2，就可以否定正态性）。大的正偏度值表示长右尾，极负值表示长左尾。
- 方差（Variance）：对围绕平均值的离差的测量，值等于与平均值的差的平方和除以个案数减 1。度量方差的单位是变量本身的单位的平方。

---

03 选定统计量后，单击"继续"按钮返回"OLAP 立方体"对话框。单击"差值"按钮，弹出"OLAP 立方体：差值"对话框，如图 1-55 所示。该对话框用于设置主对话框中选择的概述变量之间及分组变量各个分组之间的百分数差和算术差。

图 1-55　"OLAP 立方体：差值"对话框

对话框选项设置/说明

"摘要统计的差值"选项组中有 3 个选项。

- 无：系统默认选项，不计算差值。
- 变量之间的差值：计算变量对之间的差值。选择该选项之前，必须在主对话框中选择至少两个概述变量。
- 组间差值：计算由分组变量定义的组对之间的差值。选择该选项之前，必须在主对话框中选择一个或多个分组变量。

"差值类型"选项组中有两个选项。

- 百分比差值：计算百分数差，即输出一配对变量中的第一个变量值减去第二个变量值的差值与第二个变量值的百分比。
- 算术差值：计算算术差，即输出一配对变量中的第一个变量值减去第二个变量值的绝对差。

"变量之间的差值"选项组只有在"摘要统计的差值"选项组中选中"变量之间的差值"单选按钮时，才可被激活。从"变量"和"减变量"下拉列表中分别选择一个变量配对，在"百分比标签"和"算术标签"文本框中输入配对计算的差值在输出表中的标签（可以为默认），单击 ➡ 按钮，将其移入"对"列表框中。单击"删除对"按钮可以将配对变量移出该列表框。最下面的是"个案组间差值"选项组，其中的选项与"变量之间的差值"选项组中的选项几乎完全相同，这里就不再赘述了。

04 全部选项确认后，单击"继续"按钮回到"OLAP
立方体"对话框。

05 单击"标题"按钮，弹出"OLAP 立方体：标题"
对话框，如图 1-56 所示。"标题"列表框中是要输出的分层
报告的标题。在"文字说明"列表框中输入相关文本，如
制表时间、制表人姓名、单位名称等，对报告的内容作进
一步的说明。这些文本将显示在分层报告表的下方，最后
单击"继续"按钮，返回主对话框，单击"确定"按钮，
提交系统执行。

图 1-56   "OLAP 立方体：标题"对话框

1.8.2 观测值概述

SPSS 的观测量概述功能允许用户对文件中的全部观测量或部分观测量进行概述。其操作步骤
如下：

01 打开所需要分析的数据文件，选择"分析 | 报告 | 个案摘要"命令，弹出"个案摘要"对话
框，如图 1-57 所示。

02 单击"统计"按钮，弹出"摘要报告：统计"对话框，该对话框与图 1-54 完全相同，这里
不再赘述，只是要注意在"单元格统计"列表框中，系统默认的统计量仅有"个案数"选项。

03 单击"选项"按钮，弹出"选项"对话框，如图 1-58 所示。

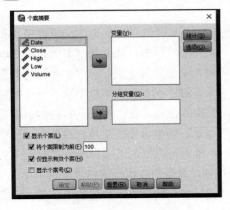

图 1-57 "个案摘要"对话框

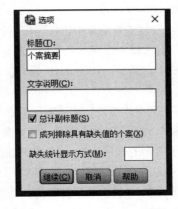

图 1-58 "选项"对话框

对话框选项设置/说明

从左侧变量框中选择一个或几个需要进行概述的变量，单击 按钮将其选入"变量"列表框中，再利用同样的方法选择分组变量将其选入"分组变量"列表框中。对话框左下方有 4 个选项。

- 显示个案：选中该复选框，其下方的 3 个并列选项才会被激活，且在输出表中显示参与概述的观测量序号；若不选中该复选框，则输出表中仅显示文件中全部观测量按各分组变量计算的统计量值。
- 将个案限制为前：在其后的文本框中输入数字（系统默认的数字为 100，若不改动，则系统只选择前 100 个观测值进行统计概述）。
- 仅显示有效个案：将缺失值排除在外。
- 显示个案号：将被选中的观测量在文件中的序号也显示在概述表中。

对话框选项设置/说明

该对话框中的"标题"列表框和"文字说明"列表框的意义与图 1-56 中完全相同，下面有 3 个选项。

- 总计副标题：输出的概述表中显示各分组的总和。
- 成列排除具有缺失值的个案：将概述变量的缺失值全部予以排除。
- 缺失统计显示方式：可在其后的文本框中输入字符、文字或短语来标记缺失值。需要注意的是，如果选择此选项，则在主对话框中是不能选择仅显示有效个案选项的。

---

04 各选项确认以后，单击"继续"按钮返回主对话框，单击"确定"按钮提交系统执行。

1.8.3 按行概述观测值

观测量按行概述报告过程的操作步骤如下：

01 打开需要处理的数据文件，选择"分析｜报告｜按行报告摘要"命令，弹出"报告：行摘要"对话框，如图 1-59 所示。

02 从左侧变量清单中选择要报告的变量，单击 ➡ 按钮移至"数据列变量"列表框中。在"数据列变量"列表框中选择一个变量，单击"格式"按钮，将弹出"报告：某变量（本例选中 Date）的数据列格式"对话框，如图 1-60 所示。在"列标题"中输入变量的列标题，在"列标题对齐"下拉列表中选择标题对齐方式，其中的对齐方式有左、右和中心。在"列宽"文本框中输入一个数值指定列宽。"值在列中的位置"选项组中的选项用于指定列内变量的位置，在"相对于右侧的偏移量"下的"偏移量"文本框中输入数值，作为变量或值标签的缩进量。如果选中的变量为数值型，该项显示为"相对于右侧的偏移量"，则从右开始缩进。若选中的变量为字符型，该项显示为"相对于左侧的偏移量"，则从左侧开始缩进。选中"在列中居中"单选按钮，变量值或值标签将位于列中央。在"列内容"选项组中，"值"表示变量值，是系统默认选项；"值标签"输出显示变量的值标签。完成后单击"继续"按钮，返回"报告：行摘要"对话框。

图 1-59 "报告：行摘要"对话框

图 1-60 "报告：Date 的数据列格式"对话框

03 "显示个案"复选框，表示在输出的行报告中，各分组的所有观测值也全部列出，这将使得表的规模庞大。如果想将缺失值标识出来，则应选择此复选框。选中"预览"复选框，将根据当前的各个选择项产生一页预览表，单击"确定"按钮可以查看待输出的报告效果。

04 从左侧变量清单中选择分组变量移至"分界列变量"列表框。在"分界列变量"列表框中选中一个变量，则下面的"摘要""选项""格式"3 个按钮均被激活。单击"摘要"按钮，弹出"报告：…的摘要行"对话框，如图 1-61 所示，进行相应的设置后，单击"继续"按钮，返回"报告：行摘要"对话框。

05 单击"选项"按钮，弹出"报告：…的分界选项"对话框，如图 1-62 所示。

图 1-61 "报告：…的摘要行"对话框

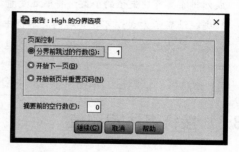

图 1-62 "报告：…的分界选项"对话框

对话框选项设置/说明

"页面控制"选项组下有 3 个单选按钮。

- 分界前跳过的行数：在其后的文本框中输入 0~20 之间的一个数值 k，输出时各分组之间插入 k 个空行。
- 开始下一页：是按每组一页，页码连续的格式输出报告。
- 开始新页并重置页码：是按每组一页，在新的一页开始时列置概述变量，并重置页码的格式输出。

最下面是"摘要前的空行数"文本框，输入 0~20 之间的一个数值 k，输出时在各分组的标签值与概述报告之间插入 k 个空行。

06 单击"继续"按钮回到"报告：行摘要"对话框。单击"格式"按钮，弹出"报告：分界格式"对话框，此对话框与图 1-60 中变量数据格式的设置基本相同，在该对话框中可以为分组变量进行类似的设置。

07 在"报告：行摘要"对话框中，"排序顺序"选项组中的两个单选按钮用于确定分组变量输出时的顺序，"升序"是将按分组变量值的升序输出，"降序"则是按降序输出。对于"数据已排序"复选框，如果数据文件经过了分类，则可以选择，SPSS 就不再对数据进行分类排序。如果在首次运行报告过程时文件中的数据尚未进行分类排序，则不选择，运行报告过程后，系统将按选定的分组变量对数据自动进行分类。

08 在"报告：行摘要"对话框中单击"摘要"按钮，弹出"报告：最终摘要行"对话框，它与图 1-60 所示对话框的选项完全相同，可以根据需要选择统计量对全部数据输出行概述报告。单击"选项"按钮，弹出"报告：选项"对话框，设置缺失值处理方式及输出页码，如图 1-63 所示。

图 1-63　"报告：选项"对话框

对话框选项设置/说明

"报告：选项"对话框中有 3 个选项。

- 成列排除具有缺失值的个案：可以决定是否排除含有缺失值的观测值。
- 缺失值显示方式：在其后的文本框中输入一个符号（只能是一个字符或数字，系统默认的符号为"."），用于在输出报告中标记缺失值。
- 起始页码：在其后的文本框中输入 0~99999 之间的一个整数值作为首页页码，默认值为 1。

09 单击"继续"按钮回到"报告：行摘要"对话框。单击"布局"按钮，弹出"报告：布局"对话框，如图 1-64 所示。

对话框选项设置/说明

"页面布局"选项组包括以下几个选项。

- 页面开始行号：设置输出报告页的起始行数，默认时，起始行从 1 开始。
- 结束行号：设置输出报告页的结束行数，结束行数必须大于起始行数。
- 页面开始列号：设置输出报告页的起始列数，默认时，起始列从 1 开始。
- 结束列号：设置输出报告页的结束列数，结束列数必须大于起始列数。
- 页边距内对齐：设置输出报告页码的左、中、右对齐方式。

"页面标题和页脚"选项组包括以下几个选项。

- 标题后的行数：设置报告标题与报告首行之间的空行数。
- 页脚前的行数：设置报告脚注与报告之间的空行数。

"列标题"选项组包括以下几个选项。

- 标题加下画线：为标题添加下画线。
- 标题后的行数：设置列标题与报告首行之间的空行数。
- 垂直对齐：设置列标题对齐方式，如选"顶端"，则各列标题顶部成一线对齐。如果选择"底端"，则各列标题底部成一线对齐，这也是系统默认的对齐方式。

"分界列"选项组包括以下几个选项。

- 所有分界都在第一列：所有的分值都显示在第一列中。
- 每次分界时的缩进：如果所有分组变量都排在第一列，那么对不同水平的分组变量，系统会根据设定的数值向右缩进，默认的缩进量为 2 个空格。

"数据列行与分界标签"选项组包括如下几个选项。

- 自动垂直对齐：在摘要报告中，第一个统计量自动排在分组变量值之后。如果报告中要输出观测量值，即在观测量按行概述对话框中选中"显示个案"选项，则第一个观测值将列在分组变量值的同一行。
- 显示在同一行：第一个统计量排在分组变量值的同一行且隐藏它的标题，在列表报告中，第一个观测值将排在分组变量值的同一行。
- 显示在标签下方：设置分组变量值与统计量之间的空白行数。

设置完成后单击"继续"按钮回到"报告：行摘要"对话框。

🔟 单击"标题"按钮，弹出"报告：标题"对话框，如图 1-65 所示。在对话框右侧的上下栏中可为报告设置多达 10 行的标题和脚注，可以直接输入也可以从源变量清单中选择变量作为标题或脚注。当输入完一行的标题或脚注后，单击"下一页"按钮，接着输入下一行。如需要修改前面输入的文本，单击"上一页"按钮即可。第 m 页码标题行，共 n 行，表示标题的当前行是 n 行中的第 m 行。左下角的"特殊变量"列表框里有两个特殊的变量：DATE（日期）和 PAGE（页码），也可以作为标题和脚注内存使用，如选择 DATE 为脚注，程序运行当日的日期将自动列入输出报告的脚注中。

⓫ 全部设置完成后单击"继续"按钮回到"报告：行摘要"对话框，然后单击"确定"按钮，提交给计算机执行。

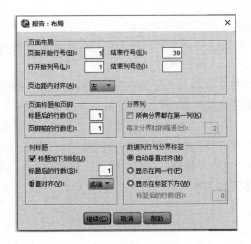

图 1-64　"报告：布局"对话框

图 1-65　"报告：标题"对话框

1.8.4　按列概述观测值

观测量列概述报告主要用来生成按列显示统计量计算结果的报告，同时也可以用它完成许多统计计算。观测量列概述报告的操作步骤如下：

01 打开数据文件，选择"分析｜报告｜按列报告摘要"命令，弹出"报告：列摘要"对话框，如图 1-66 所示。从左侧变量清单中选择要报告的变量，单击 ➡ 按钮移到"数据列变量"列表框中。选中变量在栏内的显示形式为"变量：合计"，是系统默认的形式。单击"摘要"按钮，弹出"报告：…的摘要行"对话框，如图 1-67 所示，在对话框中为选中的列变量指定一个概述统计量，各统计量意义与图 1-60 中各项相同，这里就不再赘述。

02 单击"继续"按钮回到"报告：列摘要"对话框，"数据列变量"列表框中此时显示为"变量：选定统计量"的形式。在"数据列变量"列表框中选择一个概述变量，单击"格式"按钮，弹出"报告：…的数据列格式"对话框，如图 1-68 所示。

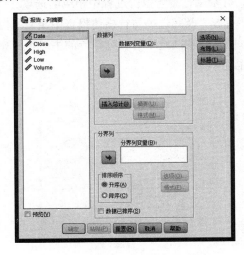

图 1-66　"报告：列摘要"对话框

图 1-67　"报告：…的摘要行"对话框

在"列标题"列表框内输入列标题，从"列标题对齐"下拉列表中选择标题的对齐格式，在"列宽"文本框中输入数值指定列宽。"值在列中的位置"选项组中的选项，意义也与观测量按行概述中所述完全一样。

03 在"报告：列摘要"对话框中，当两个或更多的变量移入"数据列变量"列表框后，需要对选中变量进行某种算术运算，如和、差、积、商等，单击"插入总计"按钮，此时"数据列变量"列表框里出现名为"总计"的新变量，接着单击"摘要"按钮，弹出"报告：摘要列"对话框，如图 1-69所示。从左侧"数据列"列表框中选择两个列变量移入"摘要列"列表框中，在展开的"摘要函数"下拉列表中选择摘要函数。选定"摘要"函数后，单击"继续"按钮，返回"报告：列摘要"对话框，"数据列变量"列表框中的新列变量变为"总计：概述函数名称"。

图 1-68　"报告：...的数据列格式"对话框

图 1-69　"报告：摘要列"对话框

04 在左侧变量框中选择分组变量移至"分界列变量"列表框中，在其中选择一个分组变量，单击"选项"按钮，弹出"报告：...的分界选项"对话框，如图 1-70 所示，进行相应的设置后，单击"继续"按钮，返回"报告：列摘要"对话框。

05 在"报告：列摘要"对话框中单击"选项"按钮，弹出"报告：选项"对话框，如图 1-71所示。

在"总计"选项组中选中"显示总计"复选框，则"标签"文本框被激活，输入"总计"标签。其余选项为缺失值的处理与标记方式、页码设置，可参见行概述报告过程中相应的选项。"报告：列摘要"对话框中另外两个功能按钮"布局"和"标题"及其选项与行概述报告中相应的内容完全一致，这里不再赘述了。"报告：列摘要"对话框中其他功能选项与行列报告的主对话框相应选项相同。最后，单击"确定"按钮，提交计算机运行。

图 1-70　"报告：...的分界选项"对话框

图 1-71　"报告：选项"对话框

1.9　统计分析功能概述

升级到 25.0 版本以后，SPSS 的统计分析功能变得更加完整、系统和全面，主要体现在以下 11 个方面。需要提示的是，部分分析模块中功能有重叠，或者说对于一种分析方法可以通过多个模块中相关命令操作来实现。

- 描述统计分析模块：频数、描述、集中趋势和离散趋势分析、分布分析与查看、正态性检验与正态转换、均值的置信区间估计；在描述分析或探索分析方面包括频率分析（Frequencies）、描述性分析（Deives）、探索分析（Explore）、列联表（交叉表）分析（Crosstabs）、TURF 分析（Total Unduplicated Reach and Frequency，累积不重复到达率和频次分析）、比率统计（Ratio Statistics）、P-P 图（P-P Plots，Proportion-Proportion Plot）、Q-Q 图（Q-Q Plots，Quantile-Quantile Plot）等。
- 贝叶斯统计分析模块：单样本正态、单样本二项式、单样本泊松、相关样本正态、独立样本正态、Pearson 相关性、线性回归、单因子方差分析（ANOVA）、对数线性模型。
- 比较平均值分析模块：均值比较、单样本 T 检验、独立样本 T 检验、配对样本 T 检验、单因子方差分析。
- 回归分析模块：自动线性建模（Automatic Linear modeling）、线性回归（Linear Regression）、曲线估计（Curve Estimation）、部分最小平方回归、二元 Logistic 回归（Binary Logistic Regression）、多元 Logistic 回归（Multinomial Logistic Regression）、有序回归（Ordinal Regression）、概率单位法（Probit，Probability Unit）、非线性回归（Nonlinear Regression）、权重估计法（Weight Estimation）、两步最小二乘回归（2-Stage Least Squares Regression）及最优标度回归。
- 非参数检验分析模块：单样本非参数检验（One-Sample Nonparametric Tests）、两个或更多独立样本非参数检验（Two or More Independent Samples Nonparametric Tests）、两个或更多相关样本非参数检验（Two or More Related Samples Nonparametric Tests）、卡方检验（Chi-Square Test）、二项检验（Binomial Test）、游程检验（Runs Test）、单样本 Kolmogorov-Smirnov 检验（One-Sample Kolmogorov-Smirnov Test）；两独立样本非参数检验（Two-Independent-Samples Test）：Mann-Whitney U 检验（Mann-Whitney U Test）、Moses 极端反应检验（Moses Extreme Reactions Test）、Kolmogorov-Smirnov Z 检验（Kolmogorov-Smirnov Z test）、Wald-Wolfowitz 游程检验（Wald-Wolfowitz Runs Test）；多个独立样本非参数检验（Tests for Several Independent Samples）：Kruskal-Wallis H 检验（Kruskal-Wallis H Test）、中位数检验（Median Test）和 Jonckheere-Terpstra 检验（Jonckheere-Terpstra Test）；两相关样本非参数检验（Two-Related-Samples Tests）：Wilcoxon 符号秩检验（Wilcoxon Signed Ranks Test）、符号检验（Signed Test）、McNemar 检验（McNemar Test）和边际同质性检验（Marginal Homogeneity Test）；多个相关样本非参数检验（Test for Several Related Samples）：Friedman 检验（Friedman Test）、Kendall W 检验（Kendall's W Test）和 Cochran Q 检验（Cochran's Q Test）。
- 多重响应分析模块：交叉表、频数表。
- 分类与降维分析模块：K-means 聚类分析、分级聚类分析、两步聚类分析、快速聚类分析、因子分析、主成分分析、判别分析。

- 标度分析模块：可靠性分析（Reliability Analysis）、多维尺度分析（Multidimensional Scaling Analysis, ALSCAL）和多维邻近尺度分析（Multidimensional Scaling Analysis, PROXSCAL）及多维展开分析（Multidimensional Unfolding Analysis, PREFSCAL）。

- 一般线性模型分析模块与广义线性模型分析模块：单变量方差分析（Univariate Analysis of Variance）、多元方差分析（Multivariate Analysis of Variance）、重复测量方差分析（Repeated Measures Analysis of Variance）、方差分量分析（Variance Components Analysis）、广义线性模型（Generalized Linear Models）、广义估计方程（Generalized Estimating Equations）、混合模型（Mixed Models）、线性混合模型（Linear Mixed Models）、广义线性混合模型（Generalized Linear Mixed Models）、对数线性模型（Loglinear）、一般对数线性分析（General Loglinear Analysis）、Logit 对数线性分析模型（Logit Loglinear Analysis）、选择对数线性分析模型（Model Selection Loglinear Analysis）。

- 生存分析模块：寿命表（Life Tables）、Kaplan-Meier 法（Kaplan-Meier）、Cox 回归（Cox Regression）和含时间依赖协变量的 Cox 回归（Time-Dependent Cox Regression）。

- 报告分析模块：各种报告、记录摘要、图表功能（分类图表、条型图、线型图、面积图、高低图、箱线图、散点图、质量控制图、诊断和探测图等）。

1.10 SPSS 帮助系统

1.10.1 帮助菜单的帮助系统

单击窗口的"帮助"菜单就可以展开系统"帮助"菜单，以获得多项帮助，如图 1-72 所示，不同的选项提供不同内容的帮助。

1. SPSS Support

选择"帮助 | 主题 |SPSS Support"命令，将进入 IBM SPSS 的 SPSS Support 帮助网页，如图 1-73 所示。在该页面中用户可以根据自身研究学习需要，在菜单栏中单击相应的选项，即可从 IBM SPSS 官方网站获得最新、最权威的帮助支持。

图 1-72 "帮助"菜单

图 1-73 SPSS Support

2. SPSS 论坛网页

选择"帮助 | 主题 | SPSS 论坛"命令,将进入 IBM SPSS 的 SPSS 论坛网页,如图 1-74 所示。读者可以在 SPSS 的官方论坛,就 SPSS 软件使用、SPSS 相关操作技能等问题或知识展开提问及相互交流。

图 1-74 SPSS 论坛网页

3. PDF 格式帮助文档

选择"帮助 | 主题 | PDF 格式的文档"命令,将进入 IBM SPSS 的 PDF 格式帮助文档网页,如图 1-75 所示。需要特别说明和强调的是,本帮助非常有效,读者不仅可以对这些 PDF 格式的文档网页进行浏览,也可以对这些文档进行下载和打印,从而系统而深入地对相关知识和操作进行学习。

图 1-75 PDF 格式帮助文档网页

在图 1-75 所示的 PDF 格式帮助文档网页中,读者可以依据自身的语言习惯找到最为适合自己的 PDF 格式帮助文档,比如需要浏览、下载和打印简体中文格式的 PDF 格式帮助文档,就可以找到 Simplified Chinese 文档进行单击,如图 1-76 所示。

单击"Simplified Chinese"选项后,即可弹出如图 1-77 所示的网页,在该网页中用户可以浏览、下载和打印简体中文格式的 PDF 格式帮助文档,包括 IBM SPSS 基本统计分析、IBM SPSS 高级统计分析、IBM SPSS 预测、IBM SPSS 缺失值处理、IBM SPSS 回归分析、IBM SPSS 决策树分析等一系列内容。

需要说明和强调的是,加强对 PDF 格式帮助文档的学习,对于用户掌握 SPSS 的操作技能非常重要。

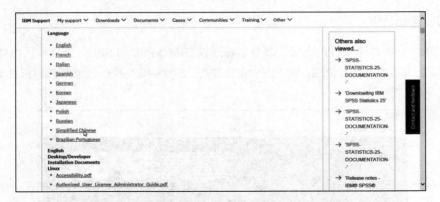

图 1-76　PDF 格式帮助文档网页"Simplified Chinese"选项

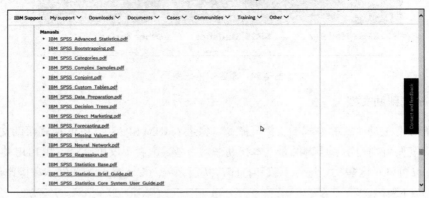

图 1-77　简体中文的 PDF 格式帮助文档列表

1.10.2　右键帮助系统

在任意一个 SPSS 对话框的变量表中右击一个变量，将弹出快捷菜单，如图 1-78 所示。

注意该菜单中除了常见的复制和粘贴之外，还有以下几项：①描述统计；②网格字体；③变量信息，选择这一项，将弹出"变量"对话框，给出变量的详细信息，包括"值标签"下拉列表，如图 1-79 所示。这些帮助信息有助于选择分析变量。

图 1-78　变量右键快捷菜单　　　　　　　　　　图 1-79　"变量"对话框

上 机 练 习

练习 1-1　定义变量练习

为下列变量指定其类型、测度水平，并为适合定义值标签的变量定义相应的值标签（a：公交公司年载客量，b：每天上网的小时数，c：某市的行政区划，d：某地每日的平均气温，e：对待电视节目中武打片的态度，f：10~11 时内到汽车站候车人数，g：血液中白细胞数量，h：库存物资种类，i：某市日啤酒消耗量，j：运动会比赛项目）。

练习 1-2　转置练习

试对一个数据文件的部分变量和全部变量作转置练习，指出：

（1）在转置后的文件中，系统产生的新变量有何特征？
（2）文件转置后原来文件中的变量的哪些信息将会丢失？

练习 1-3　概述报告练习

编辑一个班级学生信息的数据文件，定义下列变量：Id（学号）、Name（姓名）、Sex（性别）、Group（学习小组）、Math（数学考试成绩）、English（英语考试成绩）等，输入数据，然后做如下工作：

（1）以变量 Math 和 English 作为概述变量，以 Sex 和 Group 作为分组变量，并选择若干描述统计量，输出关于这两门功课考试情况的分析报告。
（2）使用观测量概述功能，按照 Sex 或 Group 作为分组变量，分别输出两门功课考试成绩的观测量概述报告。
（3）使用行概述和列概述功能，分别输出两门功课考试成绩的观测量概述报告。

第 2 章

描述性统计分析

在对数据进行统计分析的时候，首先要对数据进行描述性统计分析，这样我们就可以对感兴趣的变量的分布特征及内部结构获得一个直观地感性认识，以决定采用何种分析方法，更深入地揭示变量的统计规律。SPSS 25.0 中的描述统计命令包括一系列的分析功能，如频率、描述、探索、交叉表、比率图等，这些分析的结果（统计量和图形）有助于我们了解数据的分布特征。

实验 2-1   频数分析

| 素材文件：sample/Chap02/fre.sav |
| 多媒体教学文件：视频/实验 2-1.mp4 |

⟩ 实验基本原理

对数据中的单个变量进行频数分析是了解数据的第一步，一般要通过简单的频数分析达到下面几个目的。

- 了解变量取值的一般特征。比如哪些数值出现的频率最高？变量取值的大致范围是什么？
- 考察数据是否符合要进行的统计分析的假设。比如样本数足够大吗？每个变量的观测值是否合理？
- 评估数据的质量。比如有多少缺失值，或者有多少数据录入错误？

SPSS 25.0 中的频数分析过程是用来分析单个变量基本频数统计特征的有力工具，它可以用来分析多种类型的变量，并能产生多种统计量及图形。

实验目的与要求

实验目的：通过本次实验熟悉 SPSS 中频数分析的过程，了解常见频数统计量的含义，如均值、中位数、众数、最大值、最小值、偏度、峰度等，能够使用此过程对数据进行基本的频数分析。

实验要求：理解各个频数统计量的计算方法，并能解释这些统计量在实际问题中所反映的事实。通过频数分析加深对要分析数据特征的了解，在实际操作中能熟练地对数据进行基本的频数分析。

实验内容及数据来源

本次实验使用的数据来自数据文件 fre.sav，里面记录了 100 名健康成年人的血清总蛋白含量（serum，克/升），共有 100 个样本观测值和一个属性变量 serum（血清蛋白总含量），图 2-1 给出了部分数据。我们实验的内容是对血清总蛋白含量这个变量进行频数分析并绘制直方图，从而初步了解这 100 名健康成年人的血清中蛋白含量的统计特征。

	serum
1	74.3
2	78.8
3	68.8
4	78.0
5	70.4
6	80.5
7	80.5
8	69.7
9	71.2
10	73.5
11	79.5
12	75.6
13	75.0
14	78.8

图 2-1　fre.sav 数据集的部分数据

实验操作指导

实验的操作步骤如下：

01 选择"文件｜打开｜数据"命令，打开 fre.sav 数据表。

02 选择"分析｜描述统计｜频率…"命令，弹出"频率"对话框，在左侧变量框中选择"血清总蛋白"变量，单击 ➡ 按钮将其选入右侧的"变量"列表框中，如图 2-2 所示。

03 单击"统计"按钮，弹出"频率：统计"对话框。该对话框中有很多频数统计量可以选择，分为百分位值、集中趋势、离散和表示后验分布 4 部分，每一部分都有若干统计量，在实际工作中我们可以根据需要选用。在本次实验中，为了尽可能完整地展示 SPSS 的分析功能，我们把除"百分位数"之外所有的统计量都选上，如图 2-3 所示。

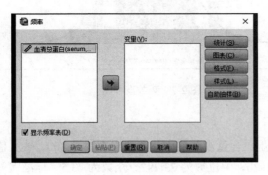

图 2-2　"频率"对话框

图 2-3　"频率：统计"对话框

04 单击"继续"按钮回到"频率"对话框。单击"图表"按钮，弹出"频率：图表"对话框，选中"直方图"单选按钮，并选中"在直方图中显示正态曲线"复选框，如图 2-4 所示。

05 单击"继续"按钮回到"频率"对话框。单击"格式"按钮，弹出"频率：格式"对话框。将"排序方式"选为"按值的升序排序"，将"多个变量"选为"比较变量"，这样输出结果就会在一个表中显示所有变量的统计结果。最后选中"排除具有多个类别的表"复选框，这样当频数表的分类超过 n 时，就不显示频数表。还可以设置"最大类别数"，系统默认值为 10，如图 2-5 所示。

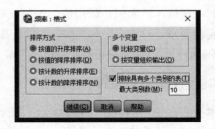

图 2-4 "频率：图表"对话框 　　　　　　　　图 2-5 "频率：格式"对话框

06 单击"继续"按钮回到"频率"对话框，单击"确定"按钮，进入计算分析。

计算机运行完成后会得到分析结果，如图 2-6 和图 2-7 所示。

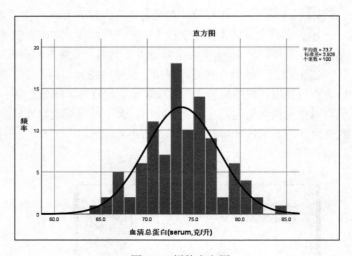

图 2-6 频数统计量汇总表 　　　　　　　　　　图 2-7 频数直方图

实验结论

从图 2-6 所示的 100 名健康成年人的血清总蛋白含量观测值中，有效样本数为 100、缺失值个数为 0、平均值为 73.696、平均值标准误差为 0.3926、中位数为 73.792、众数为 73.5、标准偏差为 3.9264、方差为 15.417、偏度为 0.039、偏度标准误差为 0.241、峰度为 0.071、峰度标准误差为 0.478、范围为 20.0、最小值为 64.3、最大值为 84.3、总和为 7369.6，另外还得到了等距为 10 的百分位数。

关于有效样本数、缺失值、平均值、平均值标准误差、中位数、众数、标准偏差、方差等统计量很常见，不需要特别说明和解释。其他统计量方面，偏度是对分布偏斜方向及程度的测度，测量偏斜的程度需要计算偏态系数。偏态系数如果为正，就表示分布为右偏；偏态系数如果为负，就表示分布为左偏，本例中计算的偏度为 0.039，表明数据分布存在很小程度的右偏。峰度是频数分布曲线与正态分布相比较，顶端的尖峭程度，统计上常用四阶中心矩测定峰度。当计算的峰度恰好等于 3 时，说明数据分布曲线为正态分布；当计算的峰度小于 3 时，说明数据分布曲线为平峰分布；当计算的峰度大于 3 时，说明数据分布曲线为尖峰分布，本例中计算的峰度为 0.071，表明数据分布曲线为平峰分布。关于百分位数，如果将一组数据排序，并计算相应的累计百分位，则某一百分位所对应数据的值就称为这一百分位的百分位数。常用的有四分位数，是指将数据分为四等份，分别位于 25%、50% 和 75% 处的分位数。百分位数适合于定序数据及更高级的数据，不能用于定类数据，百分位数的优点是不受极端值的影响。本例中 50% 的分位数为 73.792，说明将数据按大小排序后，位于中间的数值为 73.792，与中位数一致。

直方图的意义是更加直观地展示数据的分布特征，在直方图中显示正态曲线意味着数据分布与正态分别进行直观地比较。从图 2-7 中的直方图中可以看出，本例数据的高峰在 75 左右，两侧频数逐渐减小且基本呈对称分布。

实验 2-2　描述统计量

| 素材文件：sample/Chap02/desc.sav |
| 多媒体教学文件：视频/实验 2-2.mp4 |

⟩ 实验基本原理

描述性统计分析要对调查总体所有变量的数据做统计性描述，主要包括数据的频数分析、数据的集中趋势分析、数据离散程度分析、数据的分布及一些基本的统计图形。读者不难发现这个过程与上次实验中讲的频数分析过程有些重复的地方。但是，在 SPSS 25.0 中，当我们仅需了解统计量的数值时，使用描述统计命令计算更加简便、快捷。

⟩ 实验目的与要求

实验目的：通过本次实验掌握 SPSS 中描述性统计的操作步骤，能够解释输出结果表中的各个描述性统计量的统计学含义及所代表的实际含义，能通过这个过程了解数据的基本特征和结构，从而为更复杂的统计分析做好准备。

实验要求：在 SPSS 中完成描述性统计的全部过程，认真思考描述性统计的必要性和重要性，熟悉各个统计量的计算方法和步骤，通过输出的结果来描述数据的基本特征。

⟩ 实验内容及数据来源

本次实验使用的数据是一组医学数据，它记录了某地区 130 名正常男子血液中的红细胞数（RBC，万/mm），图 2-8 给出了部分数据。本实验的内容是对这 130 名正常男子血液中的红细胞数进行描述性统计分析。

	rbc
1	379
2	457
3	519
4	486
5	428
6	467
7	537
8	498
9	445
10	588

图 2-8　数据集 desc.sav 的部分数据

⟩ 实验操作指导

实验的操作步骤如下：

01 选择"文件｜文件｜数据"命令，打开 desc.sav 数据表。

02 选择"分析｜描述统计｜描述"命令，弹出"描述"对话框，在左侧变量框中选择"红细胞数（RBC）"，单击 ➡ 按钮将其选入右侧的"变量"列表框中，同时在下方选中"将标准化值另存为变量"复选框，如图 2-9 所示。

03 单击"选项"按钮，打开"描述：选项"对话框，如图 2-10 所示。同时选中"平均值"和"总和"复选框，将"离散"选项组中的"标准差""最小值""方差""最大值""范围"及"标准误差平均值"复选框全部选中，并选中"表示后验分布的特征"选项组中的"峰度"和"偏度"复选框。最下面的是"显示顺序"选项组，可以选择"变量列表""字母""按平均值的升序排序"或"按平均值的降序排序"，在这里我们选择"变量列表"，也可以选择其他显示方式。

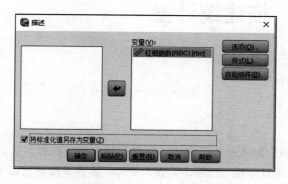

图 2-9 "描述"对话框

图 2-10 "描述：选项"对话框

04 单击"继续"按钮回到"描述"对话框，单击"确定"按钮，进入计算分析。

计算机运行完成后得到分析结果，如图 2-11 所示。

	N 统计	范围 统计	最小值 统计	最大值 统计	合计 统计	均值 统计	均值 标准 误差	标准 偏差 统计	方差 统计	偏度 统计	偏度 标准 错误	峰度 统计	峰度 标准 错误
红细胞数(RBC)	130	209	379	588	62316	479.35	3.640	41.506	1722.773	.011	.212	-.140	.422
有效个案数（成列）	130												

图 2-11 描述统计量

⟩ 实验结论

从图 2-11 可以看出，130 名正常成年男子血液中红细胞数观察样本数（N）为 130、范围统计为 209、最小值统计为 379、最大值统计为 588、合计统计为 62316、均值统计为 479.35、均值的标准错误（同标准误差）为 3.640、标准偏差统计为 41.506、方差统计为 1722.773、偏度统计为 0.011、偏度的标准错误（同标准误差）为 0.212、峰度统计为-0.140、峰度的标准错误（同标准误差）为 0.422。这些统计量都是描述性统计中最基本的统计量，在以后更复杂、更高级的统计分析中处处会用到这些基本知识，读者务必要熟悉它们的含义。关于数据分布偏度、峰度的概念在实验 2-1 中详细介绍过，这里不再赘述。本例中偏度统计为 0.011，表明数据有很小程度的右偏；峰度统计为 -0.140，表明数据分布曲线为平峰分布。另外，我们注意到在数据视图窗口出现了一列新的数据 Zrbc，如图 2-12 所示。产生这一结果的原因是我们在前面操作中选中了"将标准化值另存为变量"复选框，SPSS 将变量 rbc 的数据进行了 Z 标准化，并且将标准化后的数据另存为了 Zrbc。

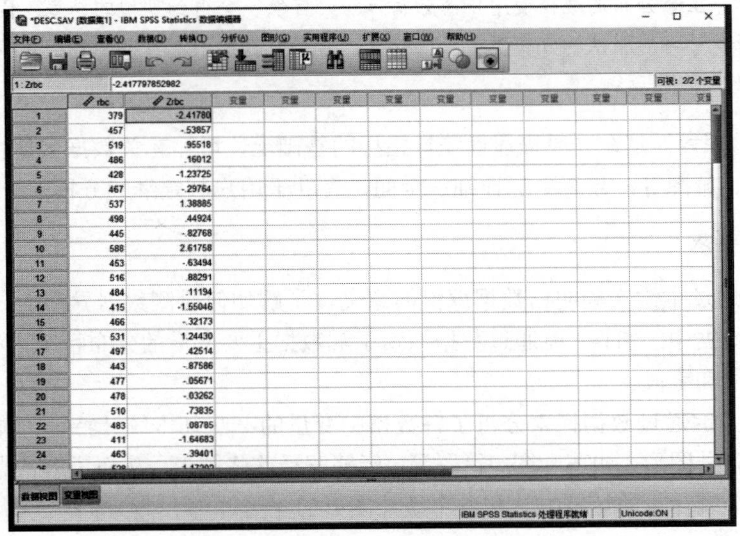

图 2-12 新产生的 Zrbc 变量

　　Z 标准化得分是某一数据与平均数的距离以标准差为单位的测量值。Z 标准化的数据绝对值越大，说明它离平均数越远。标准化值不仅能表明各原始数据在一组数据分布中的相对位置，而且能在不同分布的各组原始数据间进行比较，同时还能接受代数方法的处理。因此，标准化值在统计分析中起着十分重要的作用。本例中，第一条数据的 Z 标准化得分为 -2.41780，说明该正常成年男子血液中红细胞数要低于平均值，并且距离平均值的距离要远于第二条数据（Z 标准化得分为 -0.53857）；第三条数据的 Z 标准化得分为 0.95518，说明该正常成年男子血液中红细胞数要高于平均值，并且距离平均值的距离要远于第四条数据（Z 标准化得分为 0.16012）。

实验 2-3　数据探索

| 素材文件：sample/Chap02/child.sav |
| 多媒体教学文件：视频/实验 2-3.mp4 |

实验基本原理

　　数据探索是统计分析中非常重要的一步，可以帮助我们决定选择哪种统计方法进行数据分析，这是因为我们在搜集到数据并建立数据文件后，并非立即投入统计分析，数据结构、数据中隐含的内在统计规律等尚不清楚，需要对数据进行考察或探索。数据探索的目的主要有以下两点：

- 检查或发现数据中的错误：载入数据文件的数据不能保证都是准确无误的，需要检查一下其中有无异常数值，找出这些异常值，并分析这些数值产生的原因，决定是否可以剔除或修改。异常值主要包括错误数据、与绝大多数数值相比过大或过小的数据等。数据中包含的异常数据必然会影响分析结果，掩盖变量变化的真实规律和特征。
- 探索变量变化的分布特征：不同的随机变量服从不同的分布规律，需要采用不同的统计方法。例如，来自非正态分布的数据使用正态分析方法，自然不会得到期望的结果。因此，需要通过数据的探索对变量可能服从的分布类型加以确定。通过数据探索，可以使我们获得对变量统计规律的初步认识。

SPSS 中的"探索"是在一般描述性统计指标的基础上，增加有关数据其他特征的文字与图形描述，如茎叶图、箱图等，显得更加详细、全面，有助于用户制定继续分析的方案。

❯ 实验目的与要求

实验目的：通过本次实验明白数据探索的意义，了解如何检测数据异常的一般方法，从而能从中判断并修正数据中的错误；能通过数据探索了解数据主要变量的分布特征，为下一步的统计分析选择合适的方法和手段。

实验要求：能够通过数据探索分析了解数据中变量的一些基本统计特征；能通过数据探索绘制数据中变量的各种图形，如茎叶图、箱图等；能够解释这些图形，从而了解数据中各个变量的分布特征；了解各个统计量的计算方法和各个统计图形的含义。

❯ 实验内容及数据来源

本次实验使用的数据文件是 child.sav，这个数据集记录了 97 名儿童的性别、身高等属性特征，数据中共有 97 个样本观测值，12 个变量属性，图 2-13 给出了部分数据。12 个属性变量分别表示儿童的编号（y1）、性别（y2）、月龄（y3）、体重（y4，kg）、身高（y5，cm）、坐高（y6，cm）、胸围（y7，cm）、头围（y8，cm）、左眼视力（y9）、右眼视力（y10）、血检（test）、年龄（age）。实验的内容是对这个数据中的身高变量（y5，cm）进行探索性分析。

	y1	y2	y3	y4	y5	y6	y7	y8	y9	y10	test	age
1	1	1	65	18.0	110.6	61.2	55.0	48.0	.8	.8	1	6
2	2	1	60	15.3	103.2	58.5	50.0	45.8	.6	.6	2	5
3	3	1	70	20.6	112.5	64.5	55.0	50.0	.6	.6	2	6
4	4	2	71	16.3	106.8	59.6	50.0	49.0	1.2	1.2	2	6
5	5	2	73	19.1	109.7	64.0	56.0	51.5	1.5	1.5	1	7
6	6	1	61	19.5	111.1	63.1	56.5	50.5	.6	.6	1	6
7	7	1	66	16.7	105.8	59.6	51.0	47.0	.8	.5	2	6
8	8	1	69	17.4	109.5	60.9	53.0	48.5	.5	.5	2	6
9	9	2	63	17.8	109.2	61.3	53.0	49.5	.6	.6	1	6
10	10	2	69	15.9	107.0	60.3	51.0	77.0	.6	.5	1	6
11	11	1	69	15.6	104.6	58.6	52.5	40.9	1.0	1.0	1	6
12	12	2	63	15.3	108.2	61.1	50.5	47.5	.6	.6	2	6
13	13	2	60	17.3	105.5	59.7	55.0	52.0	.6	.6	2	5
14	14	2	64	16.1	108.7	60.6	52.0	48.0	.8	1.2	1	6
15	15	1	60	15.2	101.7	57.3	52.0	46.5	.6	.6	2	5
16	16	1	74	15.1	100.1	55.2	52.0	46.0	.8	1.0	2	7
17	17	2	64	19.9	110.9	63.0	94.0	49.8	.6	.6	1	6
18	18	1	69	19.5	108.2	62.9	56.8	51.0	.8	.8	2	6

图 2-13 child.sav 数据集的部分数据

▶ 实验操作指导

实验的操作步骤如下：

01 选择"文件 | 打开 | 数据"命令，打开 child.sav 数据表。

02 选择"分析 | 描述统计 | 探索"命令，弹出"探索"对话框，如图 2-14 所示。在左侧变量框中选择"身高，cm [y5]"，单击 ➡ 按钮将其选入右侧的"因变量列表"列表框中，这是因为我们要分析的变量是身高，如果要分析多个变量，则可以把要分析的所有变量都移至

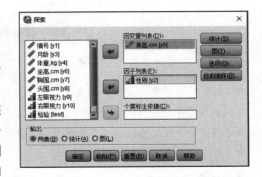

图 2-14 "探索"对话框

"因变量列表"列表框中。然后在左侧的变量框中选择"性别 [y2]"，单击 ➡ 按钮移入右侧的"因子列表"列表框中，我们把性别作为因子变量是为了分析性别的差异对身高差异的解释程度和解释能力。

对话框选项设置/说明

注意"因子列表"下方有一个"个案标注依据"，可以从左侧的变量框中选择变量作为标识变量。选择标识变量的作用在于，当系统在数据探索时发现了奇异值，便可利用标识变量加以标记，以便用户查找这些奇异值。如果不选择，则系统默认以编号（x1）作为标识变量。在"探索"对话框左下方有一个"输出"选项组，其中有 3 个单选按钮。

- 统计：此功能处于激活状态（"图"单选按钮关闭），输出时仅显示描述统计量表。
- 图：此功能处于激活状态（"统计量"单选按钮关闭），输出时只显示图形。
- 两者：选择此项，则两者同时显示，这是系统默认的选项。这里我们选择"两者"（统计与图）。

---

03 单击"统计"按钮，打开"探索：统计"对话框，如图 2-15 所示。

对话框选项设置/说明

该对话框中有 4 个复选框：描述、M-估计量、离群值、百分位数。

- 描述：输出结果显示平均值、中位数、5% 调整平均数等描述统计量的值。其中"平均值的置信区间"将显示总体均值的 95% 置信区间，95% 为系统默认的置信概率，可以改变此数值，范围是 1~99。
- M-估计量：输出的结果显示几种描述集中趋势的估计量。
- 离群值：显示 5 个最高与最低的观测值，并显示变量标识。
- 百分位数：显示第 5、10、25、50、75、90 及 95 百分位数。

这里选中"描述"和"百分位数"两个复选框并将"平均值的置信区间"设置为 95%。

---

04 单击"继续"按钮回到"探索"对话框。单击"图"按钮，打开"探索：图"对话框，如图 2-16 所示。

对话框选项设置/说明

"箱图"选项组中有以下 3 个选项。

- **因子级别并置**：将每个因变量对于不同分组的箱图并列显示，以利于比较各组在因变量同一水平上的差异。
- **因变量并置**：根据因子变量每个分组单独产生箱形图，各因变量的箱形图并排排列。
- **无**：将不显示任何箱形图。

这里选择"因子级别并置"，因为我们想要比较的是各组变量在同一水平上的差异。"描述图"选项组中有两种图形可选："茎叶图"和"直方图"。"含检验的正态图"复选框可以显示正态图和去趋势正态概率图。

"含莱文检验的分布-水平图"选项组中有以下 4 个选项。

- **无**：不进行莱文检验。
- **幂估算**：将产生四分位数间距的自然对数与所有单元格中位数的自然对数的散布图。
- **转换后**：可以选择相应的幂次，产生转换后数据的散布图。
- **未转换**：产生原始数据的散布图。

这里选择"无"，因为我们要分析的变量是单变量，不需要进行散布水平的莱文检验。

---

05 单击"继续"按钮回到"探索"对话框。单击"选项"按钮，弹出"探索：选项"对话框，如图 2-17 所示。

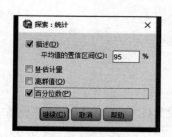

图 2-15 "探索：统计"对话框　　图 2-16 "探索：图"对话框　　图 2-17 "探索：选项"对话框

对话框选项设置/说明

"缺失值"选项组用来设置缺失值的处理方法。

- **成列排除个案**：在所有分析中剔除因变量或因子变量中含有缺失值的个案。
- **成对排除个案**：在分析时剔除此分析中含有的缺失值的个案。
- **报告值**：将因子变量中含有缺失值的样本作为一个独立的分类处理，在结果中产生一个附加分类。

这里选择"成列排除个案"，当然也可以选择"成对排除个案"或"报告值"。

---

06 单击"继续"按钮回到"探索"对话框，单击"确定"按钮，进行计算分析。

计算机运行完成后得到结果如图 2-18~图 2-22 所示。

> **实验结论**

图 2-18 给出了个案的处理结果，里面包含了一些数据的基本的信息，如有效值、缺失值、合计等，这个表比较简单，结果很明显，这里就不赘述了。

个案处理摘要

		个案					
		有效		缺失		总计	
	性别	个案数	百分比	个案数	百分比	个案数	百分比
身高,cm	1-男	50	100.0%	0	0.0%	50	100.0%
	2-女	46	100.0%	0	0.0%	46	100.0%

图 2-18　案例处理结果总结

图 2-19 给出了描述性统计量表，统计量为分析变量 y5（身高）按 y2（性别）分组后的描述统计量。从上到下分别为平均值、平均值的 95%置信区间的上限/下限、5%剪除后平均值、中位数、方差、标准偏差、最小值、最大值、全距、四分位距、偏度和峰度。标准错误为标准误差值，依次为平均值、偏度和峰度的标准误差。

描述

性别			统计	标准 错误
身高,cm 1-男	平均值		109.886	.8759
	平均值的 95% 置信区间	下限	108.126	
		上限	111.646	
	5% 剪除后平均值		109.731	
	中位数		109.100	
	方差		38.363	
	标准 偏差		6.1938	
	最小值		100.0	
	最大值		125.0	
	全距		25.0	
	四分位距		7.9	
	偏度		.510	.337
	峰度		-.397	.662
2-女	平均值		109.896	.8508
	平均值的 95% 置信区间	下限	108.182	
		上限	111.609	
	5% 剪除后平均值		109.849	
	中位数		109.450	
	方差		33.300	
	标准 偏差		5.7706	
	最小值		99.3	
	最大值		122.3	
	全距		23.0	
	四分位距		7.4	
	偏度		.146	.350
	峰度		-.448	.688

图 2-19　描述性统计量

图 2-20 和图 2-21 给出了男女两组儿童身高数据的直方图，从图中我们可以看到男童的身高分布左右不均匀，与正态分布的图形差距较大；女童的身高分布左右比较平均，比较接近正态分布。

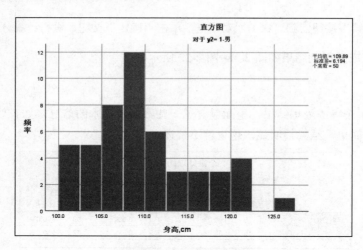

图 2-20　男童身高直方图

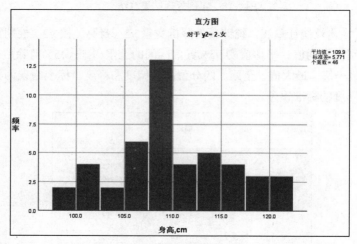

图 2-21　女童身高直方图

图 2-22 给出了箱图。箱图是按分组变量值并列显示，其结构包括以下几个部分。

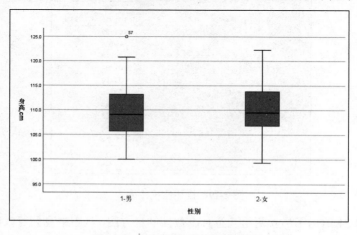

图 2-22　不同性别身高的箱形图

- 矩形框：为箱图主体。箱的上边线和下边线纵值之差称为箱长，也称为 "内四分位限"，它包含了变量约 50%的数值，箱体矩形框上、中、下三条平行线依次表示变量的 75%、50%、25%分位数。
- 触须线：中间的竖线，它向上和向下触及的两条横线分别表示变量本体的最大值和最小值。
- 奇异值：位于箱本体上下用圆圈标记的点，指从箱的上下边缘算起，对应的变量值超过箱长的 1.5 倍的那些值。
- 极端值：系统默认用星号标记，它们指从箱的上下边缘算起，其对应的变量值超过箱长的 3 倍以上。

从图 2-22 可以看出，在左侧箱图中编号为 57 的儿童的身高属于奇异值，这个数超过了 125，针对这个奇异值，我们需要返回原始数据进行修正处理。注意箱形图的上方有两个茎叶图（见图 2-23）。

```
身高,cm 茎叶图:                        身高,cm 茎叶图:
y2 = 1-男                             y2 = 2-女

频率     Stem & 叶                    频率     Stem & 叶

 10.00    10 . 0000133334             2.00     9 . 99
 20.00    10 . 55555666788888999999    6.00     10 . 002224
  9.00    11 . 000112234             19.00     10 . 5556677788999999999
  6.00    11 . 667899                 9.00     11 . 000222334
  4.00    12 . 0000                   7.00     11 . 5556789
  1.00 极值   (>=125)                  3.00     12 . 002

主干宽度:   10.0                      主干宽度:   10.0
每片叶:     1 个案                    每片叶:     1 个案
```

图 2-23　茎叶图

首先解释一下，茎叶图由 3 部分组成：最左侧的一列为频率；中间小数点左侧一列数值称为 "Stem（茎）"，茎表示数值的整数部分；右侧一列称为 "Leaf（叶）"，叶部分的每一个数字表示数值的小数部分。倒数第二行为 Stem width（主干宽度），这里两张茎叶图的茎宽都为 10；最后一行 Each leaf（每片叶）表示每片叶子代表的观测量，这里两张图中的观测量都是 1，表示的是一片叶子代表一个观测量，这样我们可以看到其实茎叶图是另一种形式的频率分布图。需要注意的是，第一张茎叶图（代表男童的身高）的倒数第三行显示了大于 125 的极端值（Extremes）的个数是 1，第二张茎叶图（代表女童的身高）没有极端值（Extremes）。

实验 2-4　比率统计分析

| 素材文件：sample/Chap02/child.sav |
| 多媒体教学文件：视频/实验 2-4.mp4 |

⊙ 实验基本原理

比率统计分析能够对连续型变量的比率进行多种描述性统计分析。在 SPSS 中的比率分析过程将给出两个连续型变量之比的描述性统计表，以反映两个变量数量上的对比关系和一致性，产生的统计量包括比率的中位数、均值、置信区间、加权平均值、离散系数等各种描述性统计量。

实验目的与要求

实验目的：通过本次实验学习比率统计分析的方法和实现步骤；了解比率统计分析的分析对象，并与其他描述性统计分析的分析对象作比较，从而认识比率统计分析的意义。

实验要求：认真体会比率统计分析的含义和在实际工作中的优势，学会计算主要的比率统计分析的统计量并了解其含义，如 AAD（Average Absolute Deviation，比率平均绝对偏差）、COD（Coefficient Of Dispersion，比率离散系数）、PRD（Price-Related Differential，比率价格相对差别）、Median centered COV（中位数-中心变异系数）等。能够在实际工作中熟练应用比率统计方法对数据中感兴趣的比率进行分析。

实验内容及数据来源

本次实验使用的是实验 2-3 中的数据 child.sav，这个数据的基本特征，如样本观测数和变量属性已在前面介绍过，这里不再赘述。我们要做的是按年龄（age）变量分组，然后对坐高（y6, cm）与身高（y5,cm）进行比率统计分析。

实验操作指导

实验的操作步骤如下：

01 选择"文件｜打开｜数据"命令，打开 child.sav 数据表。

02 选择"分析｜描述统计｜比率"命令，弹出"比率统计"对话框，如图 2-24 所示。在左侧变量框中选择"坐高,cm［y6］"，单击 按钮将其选入右侧的"分子"列表框中；用同样的方法选择"身高,cm［y5］"，单击 按钮移至"分母"列表框中；再把"年龄［age］"选入"组变量"列表框中。注意"组变量"下面的"按组变量排序"，可以选择按"升序"或"降序"。对话框左下方的两个选项："显示结果"指的是分析结束后直接把结果显示出来，这是系统默认的选项；"将结果保存到外部文件"，如果选择的话，则需要设置保存的路径。

03 单击"统计"按钮，打开"比率统计：统计"对话框，如图 2-25 所示。

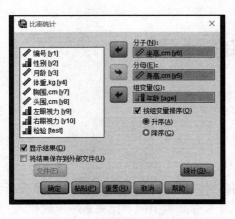

图 2-24 "比率统计"对话框

图 2-25 "比率统计：统计"对话框

对话框选项设置/说明

"集中趋势"选项组中有中位数、平均值、加权平均值、置信区间等选项，这些基本描述性统计量的含义前面都已介绍过，这里不再赘述。"离散"选项组中有一些描述观测值分散程度的统计量。

- AAD（比率平均绝对偏差，Average Absolute Deviation）：是指中位数的比率绝对偏差总和除以比率的总个数。
- COD（比率离散系数，Coefficient Of Dispersion）：表示平均绝对偏差占中位数的百分比。
- PRD（比率价格相对差别，Price-Related Differential）：表示比率平均数除以比率加权平均数的值。
- 中位数居中 COV（通常意义下的变异系数）：指的是标准差除以均值。
- 平均值居中的 COV：平均值居中的变异系数是将标准差表示为平均值百分比的结果。

另外，还有常用的标准差、范围、最小值及最大值。

"集中指标"测量的是比率落在指定区间的比例。

- 介于两个比例之间：可以设置"低比例"和"高比例"。
- 中位数百分比之内：根据中位数的百分比指定一个隐含的区间，输入的数值为 0~100 之间，区间下限为（1-0.01×数值）×中位数，上限为（1+0.01×数值）×中位数。

在本例中，选中"集中趋势"选项组中的"中位数""平均值"和"加权平均值"复选框，以及"离散"选项组中的 COD、PRD、"中位数居中 COV""标准差""范围""最小值"及"最大值"复选框。

04 最后单击"继续"按钮回到"比率统计"对话框，单击"确定"按钮，进入计算分析。

计算机运行完成后得到结果如图 2-26 和图 2-27 所示。

个案处理摘要		计数	百分比
年龄	5（周岁）	17	17.7%
	6（周岁）	51	53.1%
	7（周岁）	28	29.2%
总体		96	100.0%
排除		1	
总计		97	

图 2-26 个案处理摘要

坐高,cm/身高,cm 的比率统计

分组	均值	中位数	加权平均值	最小值	最大值	标准 偏差	范围	价格相关差	离差系数	差异系数 中位数居中
5（周岁）	.570	.569	.570	.554	.613	.015	.058	1.000	.017	2.6%
6（周岁）	.564	.564	.564	.544	.582	.009	.037	1.000	.014	1.7%
7（周岁）	.559	.557	.559	.540	.583	.012	.043	1.000	.018	2.2%
总体	.564	.563	.563	.540	.613	.012	.073	1.000	.017	2.1%

图 2-27 坐高/身高的比率统计量汇总表

实验结论

图 2-26 是案例处理的结果总结，显示了各年龄组的比率个数与占总数的百分比。图 2-27 给出了所有的统计量计算结果，比率（坐高/身高）均值表明，7 岁年龄组最小（0.559），5 岁年龄组最大（0.570）；比率中位数（Median）表明 7 岁年龄组最小（0.557），5 岁年龄组最大（0.569），符合儿童的生长发育规律：下半身高占总身高的比例随着年龄的增长而增大。另外，从差异系数-

中位数居中（Median-Centered Coefficient Of Variation）可见 6 岁年龄组最小，为 1.7%；5 岁年龄组与 7 岁年龄组分别为 2.6%或 2.2%。

上 机 练 习

练习 2-1　血清胆固醇频数分布分析

| 素材文件：sample/Chap02/fre2.sav |
| 多媒体教学文件：视频/练习 2-1、2-2.mp4 |

某地 101 例 30~90 岁健康男子血清总胆固醇含值（x，mmol/L）测定结果被记录在数据文件 fre2.sav 中，试进行频数分布分析并绘制直方图。

练习 2-2　血清胆固醇常规统计分析

某地 101 例健康男子血清总胆固醇值测定结果如表 2-1 所示，请绘制频数表、直方图，计算均数、标准差、变异系数、中位数以及 2.5 与 97.5 的百分位数。

表 2-1　健康男子血清总胆固醇值

4.77	3.37	6.14	3.95	3.56	4.23	4.31	4.71	5.69	4.12	4.56	4.37
5.39	6.30	5.21	7.22	5.54	3.93	5.21	4.12	5.18	5.77	4.79	5.12
5.20	5.10	4.70	4.74	3.50	4.69	4.38	4.89	6.25	5.32	4.50	4.63
3.61	4.44	4.43	4.25	4.03	5.85	4.09	3.35	4.08	4.79	5.30	4.97
3.18	3.97	5.16	5.10	5.86	4.79	5.34	4.24	4.32	4.77	6.36	6.38
4.88	5.55	3.04	4.55	3.35	4.87	4.17	5.85	5.16	5.09	4.52	4.38
4.31	4.58	5.72	6.55	4.76	4.61	4.17	4.03	4.47	3.40	3.91	2.70
4.31	4.58	5.72	6.55	4.76	4.61	4.17	4.03	4.47	3.40	3.91	2.70
5.18	6.14	3.24	4.90	3.05							

练习 2-3　心血管病分组变量探索性分析

| 素材文件：sample/Chap02/kidney.sav |
| 多媒体教学文件：视频/练习 2-3.mp4 |

根据一组临床试验资料，该试验以 84 例接受心血管手术的病人为研究对象，其中 42 例患急性肾衰，为病例组；42 例未患急性肾衰，为对照组。实验的数据见本书附赠资源 chap02 文件夹下的"kidney.sav"文件，该数据有 84 个观测样本，18 个属性变量。试对数据中的变量"los（住院天数）"按有无急性肾衰，即分组变量为"type（病例/对照）"进行探索性分析。

练习 2-4　磁疗效果显著性差异分析

用磁场疗法治疗扭挫伤患者 708 人，腰肌劳损患者 347 人，对前者有效（显著与好转）673 例，有效率为 95.06%；对后者有效 312 例，有效率为 89.91%，问用磁场疗法对两组患者治疗的有效率有无差别？数据如表 2-2 所示。

表 2-2　磁场疗法对两种患者的治疗效果

分组	有效例数	无效例数	治疗例数	有效率（%）
扭挫伤	673	35	708	95.06
腰肌劳损	312	35	347	89.92

练习 2-5　检验产品纯度

质量检验部门从某厂生产的 4 种等级产品中随机抽查 18 个样品检测产品的纯度，并与厂家给出的纯度进行比较，数据如表 2-3 所示。

表 2-3　产品纯度检测表

batch	pure	realpure	batch	pure	realpure	batch	pure	realpure
4	0.9670	0.9320	1	0.9812	0.9875	4	0.9695	0.9640
4	0.9640	0.9465	3	0.9805	0.9865	1	0.9833	0.9835
3	0.9760	0.9795	3	0.9810	0.9705	1	0.9832	0.9725
4	0.9650	0.9435	2	0.9815	0.9622	2	0.9822	0.9750
2	0.9775	0.9710	2	0.9822	0.9835	2	0.9815	0.9741
1	0.9815	0.9822	2	0.9816	0.9735	3	0.9795	0.9625

第 **3** 章

均值比较分析

    利用样本对总体的分布特征进行统计推断是统计学的基本任务之一，这种推断常常表现为对总体分布的未知参数进行估计。在所有数字特征中，均值是反映总体一般水平的最重要的特征。调查得来的样本，能否认为是来自于某个确定均值的总体？这就需要比较样本均值与总体均值之间的差异，这类问题属于数理统计学的假设检验问题，其实质仍然可以归结为均值比较问题。对来自于两个或多个总体样本的均值比较，研究各总体之间的差异，例如两个教师分别教两个平行班级的同一门课，比较这两个班学习状况的差异；对纺织厂生产的同一种布匹，在几种不同的温度水平下进行缩水率试验，研究温度对布的缩水率的影响等都属于均值比较问题。均值比较问题是比较常见的统计分析问题，在数理统计中，正态总体的参数估计、参数的假设检验等基本上都属于均值比较问题。SPSS 中提供的"比较均值"命令就是专门来处理这类问题的。

实验 3-1　单样本 T 检验

素材文件：sample/Chap03/shuiyang.sav	
多媒体教学文件：视频/实验 3-1.mp4	

⊙ 实验基本原理

    单样本 T 检验过程（One-Sample T Test）相当于数理统计中的单个总体均值的假设检验，根据样本观测值，检验抽样总体的均值与指定的常数之间的差异程度，即检验零假设 $H_0 : \mu = \mu_0$。设 n 为样本容量，$\overline{X}$ 为样本均值，检验使用 T 统计量，在原假设成立的条件下，T 统计量表达式为：

$$t = \frac{\overline{X} - \mu_0}{S / \sqrt{n}} \sim t(n-1) \ \ 分布$$

其中，$S = \sqrt{\dfrac{1}{n-1}\sum_{1}^{n}(X_t - \overline{X})^2}$ 为标准差。我们检验的目的是推断样本所代表的未知总体的均值与已知总体的均值有无差异。

实验目的与要求

实验目的：通过实验掌握单样本 T 检验的方法和思想，要能够应用这种方法对一组观测数据的均值与总体均值的真值没有显著性差异的假设进行统计检验。

实验要求：了解单样本 T 检验统计量的计算方法和服从的分布性质，能够用 SPSS 中的单样本 T 检验过程对样本数据进行检验，会解释此过程的输出结果中各个统计量的统计含义和实际意义。

实验内容及数据来源

本次实验使用的数据是用某种新测量方法测得的某水域水样中 CaCO3 含量的观测值，数据共有 11 个观测样本，分别代表了 11 次的重复测定，每一个观测值表示的是水样中 CaCO3 含量的观测值。图 3-1 给出了这些数据。这些数据见本书附赠资源 Chap03 文件夹下的 shuiyang.sav。假设我们已知这个水域中 CaCO3 含量的真值为 20.7mg/L，实验的内容则是检验前面这种新测量方法测得的数据的均值是否偏高，从而评价这种新方法的准确性。

	caco3
1	20.99
2	20.41
3	20.10
4	20.00
5	20.91
6	22.60
7	20.99
8	20.41
9	20.00
10	23.00
11	22.00

图 3-1　shuiyang.sav 数据集中的数据

实验操作指导

实验的操作步骤如下：

01 选择"文件｜打开｜数据"命令，打开 shuiyang.sav 数据表。

02 选择"分析｜比较平均值｜单样本 T 检验"命令，弹出"单样本 T 检验"对话框，在左侧变量框中选择"CaCO3（mg/L）"变量，单击 ← 按钮将其选入右侧的"检验变量"列表框中，如图 3-2 所示。注意"检验变量"列表框下面的"检验值"，在该文本框中输入 20.7，这是已知总体均值的真值，我们要做的是将样本观测的样本均值与这个总体均值的差做单样本 T 检验。

03 单击"选项"按钮，打开"单样本 T 检验：选项"对话框，如图 3-3 所示。

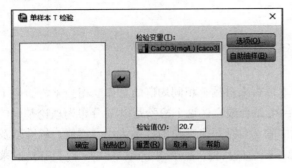

图 3-2　"单样本 T 检验"对话框

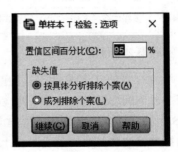

图 3-3　"单样本 T 检验：选项"对话框

对话框选项设置/说明

"置信区间百分比"显示平均数与假设检验值之差的置信区间，默认值为 95%，读者可以输入 1~99 之间的数值作为置信度。

"缺失值"选项组中有两个选项，表示两种缺失值的处理方法。

- 按具体分析排除个案：表示对于每个检验均只使用有效样本，因此检验的样本个数可能不同。
- 成列排除个案：表示只有当所有的检验变量均为有效值的样本才会被分析，所有检验的样本数相等。

由于我们的数据中不含缺失值，因此选择哪一个选项对于本次实验来说结果都是一样的。

04 单击"继续"按钮返回"单样本 T 检验"对话框，单击"确定"按钮，进入计算分析。

计算机运行完成后得到结果，如图 3-4 和图 3-5 所示。

> **实验结论**

图 3-4 给出了样本的几个简单的描述性统计量，包括样本数（N）、平均值、标准偏差及标准误差平均值，从这里我们看到这些观测值的均值为 21.0373，稍稍大于总体均值的真值 20.7。

图 3-5 给出了检验结果，T 统计量的值为 1.064，双侧显著性水平的 P 值（Sig.（双尾））为 0.312，大于 0.05，也就是说在 0.05 的显著性水平下我们不能认为该法测得的均值偏高，这个结果也同样可以从差分的 95%置信区间中看到，我们的样本观测值的均值 21.0373 与真值 20.7 之差落在区间-0.3692~1.0438 之间，所以可以认为这种新的测量方法测得的样本均值没有偏高。

单样本统计			
	个案数	平均值	标准 偏差	标准 误差平均值
CaCO3(mg/L)	11	21.0373	1.05163	.31708

图 3-4 单样本统计

单样本检验					
				检验值 = 20.7			
	t	自由度	Sig.（双尾）	平均值差值	差值 95% 置信区间 下限	上限
CaCO3(mg/L)	1.064	10	.312	.33727	-.3692	1.0438

图 3-5 单样本 T 检验结果

实验 3-2 独立样本 T 检验

素材文件：sample/Chap03/keshanbing.sav
多媒体教学文件：视频/实验 3-2.mp4

> **实验基本原理**

独立样本的 T 检验用于检验两个独立样本是否来自具有相同均值的总体，相当于检验两个独立正态总体的均值是否相等，即检验 H_0：$\mu_1 = \mu_2$ 是否成立，这个检验是以 T 分布为理论基础的。SPSS 中独立样本的 T 检验过程输出的统计量中除了包括每个变量的样本大小、均值、标准差及均值的标准差这些普通的描述性统计量外，还包括差值的均值、标准误、置信区间、方差齐性的莱文检验及均值相等的合并方差、独立方差的 T 检验统计量等。

需要特别说明和强调的是，并不是所有的数据都适合独立样本 T 检验过程，即便数据适合，也不是在所有情况下都适宜采用独立样本 T 检验过程。在 SPSS 官方网站的帮助文档《IBM_SPSS_Statistics_Base》中，对"独立样本 T 检验"检验方法的应用条件进行了特别指导：数据方面，用户感兴趣的定量变量的值位于数据文件的单独一列中，此过程使用具有两个值的分组变量将个案分成两个组。分组变量可以是数值（诸如 1 和 2，或者 6.25 和 12.5 之类的值），也可以是短字符串（如 yes 和 no）。作为备选方法，用户可以使用定量变量（如年龄）来将个案分成两个组，方法是指定一个分割点（分割点 21 将年龄分成 21 岁以下组和 21 岁及以上组）。假设方面，对于相等方差 T 检验，观察值应是来自具有相等的总体方差的正态分布的独立随机样本。对于不等方差 T 检验，观察值应是来自正态分布的独立随机样本。双样本 T 检验对于偏离正态性是相当稳健的。当以图形方式检查分布时，用户需要检查以确保它们对称且没有离群值。

▶ 实验目的与要求

实验目的：通过本次实验了解独立样本 T 检验的适用范围；理解独立样本的含义；掌握 T 统计量的计算方法和检验的原理；熟悉整个独立样本 T 检验在 SPSS 中的实现步骤和注意事项。

实验要求：熟练使用 SPSS 中的独立样本 T 检验过程对两个或多个独立样本的均值是否有差异进行假设检验，能够解释输出结果中各统计量的含义，能根据方差齐性莱文检验的结果和独立样本 T 检验的结果作出综合判断和解释。

▶ 实验内容及数据来源

本次实验使用的数据是某医学调查机构测得的某克山病区 11 例急性克山病患者与 13 名健康成年人的血磷值（x，mg%），这些调查数据记录在数据集 keshanbing.sav 中，数据中共有 24 个样本观测值，分别代表了患病和健康成年人共 24 个被调查者。另外，数据中有一个属性变量：group（分组）变量表示样本所属的组别，急性克山病患者的值是 1，健康人的值为 2。图 3-6 给出了部分数据，完整的数据见本书附赠资源 Chap03 文件夹下的 keshanbing.sav 文件。本次实验的目的是用独立样本 T 检验过程来分析克山病患者与健康人的血磷值是否有显著性差异。

	group	x
1	1	2.60
2	1	3.24
3	1	3.73
4	1	3.73
5	1	4.32
6	1	4.73
7	1	5.18
8	1	5.58
9	1	5.78
10	1	6.40

图 3-6 keshanbing.sav 数据集的
部分数据

▶ 实验操作指导

实验的操作步骤如下：

01 选择"文件 | 打开 | 数据"命令，打开 keshanbing.sav 数据表。

02 选择"分析 | 比较平均值 | 独立样本 T 检验"命令，弹出"独立样本 T 检验"对话框，在左侧变量框中选择"血磷值（x，mg%）"变量，单击 ➡ 按钮将其选入右侧"检验变量"列表框中，然后在左侧变量框中选择"group"变量，单击 ➡ 按钮将其选入右侧"分组变量"列表框中，如图 3-7 所示。

03 单击"定义组"按钮，弹出"定义组"对话框，如图 3-8 所示。

图 3-7 "独立样本 T 检验"对话框

图 3-8 "定义组"对话框

对话框选项设置/说明

选中"使用指定的值"单选按钮，在"组 1"和"组 2"文本框中分别输入一个数值（可以为小数），那么含有其他数值的个案将不参与统计分析。选中"分割点"单选按钮，输入一个数值，系统可根据此数值将分组变量分为两个数据集，分组变量小于分割点的所有样本分成一组，而大于等于分割点的所有样本分成另外一组。

这里我们在"组 1"中输入 1，在"组 2"中输入 2，表示把第一组作为患克山病的组，第二组作为健康人的组。

---

04 单击"继续"按钮回到"独立样本 T 检验"对话框，单击"确定"按钮，进入计算分析。

计算机运行完成后得到的结果如图 3-9 和图 3-10 所示。

⊙ 实验结论

图 3-9 给出了分组后两个组各自的一些基本的描述性统计量，包括样本数（N）、平均值、标准偏差及标准误差平均值，两组的平均值分别为 4.7109 和 3.3546，标准偏差分别为 1.30298 和 1.30437。

组统计					
	分组(Group)	个案数	平均值	标准 偏差	标准 误差平均值
血磷值(x,mg%)	1-患者	11	4.7109	1.30298	.39286
	2-健康人	13	3.3546	1.30437	.36177

图 3-9 组统计量汇总表

图 3-10 给出了两种检验的结果。

（1）莱文方差等同性检验。F 统计量的值为 0.038，显著性水平的 P 值（Sig.）为 0.847 大于 0.8，可以认为两组的方差没有显著性差异。

（2）平均值等同性 T 检验。由于前面的检验说明方差有等同性，因此这里就取"假定等方差（第一行数据）"的 T 值（2.539）和双尾显著性水平（Sig.（双尾））的 P 值（0.019）。P 值小于 0.05，说明急性克山病患者与健康人的血磷值有显著性差异，患者的血磷值比较高。这一结论与图 3-9 中组统计量汇总表展示的分析结果是一致的，组统计量表明患者的血磷值均值（4.7109）高于健康人的血磷值均值（3.3546）。

独立样本检验

		莱文方差等同性检验		平均值等同性 t 检验						
									差值 95% 置信区间	
		F	显著性	t	自由度	Sig.（双尾）	平均值差值	标准误差差值	下限	上限
血磷值(x,mg%)	假定等方差	.038	.847	2.539	22	.019	1.35629	.53411	.24863	2.46396
	不假定等方差			2.540	21.354	.019	1.35629	.53406	.24678	2.46580

图 3-10　独立样本检验结果

实验 3-3　成对样本 T 检验

素材文件：sample/Chap03/kexiping.sav	
多媒体教学文件：视频/实验 3-3.mp4	

▶ 实验基本原理

成对样本的 T 检验用于检验两个相关的样本是否来自于具有相同均值的正态总体，如果我们假设来自两个正态总体的配对样本为 $(X_1, Y_1), (X_2, Y_2), \dots (X_n, Y_n)$，令 $Di=Xi-Yi$（$i=1, 2, \dots, n$），相当于检验样本 Di（$i=1, 2, \dots, n$）是否来自于均值为零的正态总体，则检验假设 $H_0: \mu = \mu_1 - \mu_2 = 0$。成对样本的 T 检验实际上是先求出每对观测值之差，然后求各差值的均值。检验成对变量是否有显著性差异，其实质就是检验差值的均值与零均值之间差异的显著性，如果差值与零均值没有显著性差异，则表明成对变量均值之间没有显著性差异，注意这个检验使用的同样是 T 统计量，仍然以 T 分布作为其理论基础。

需要特别说明和强调的是，并不是所有的数据都适合于成对样本 T 检验过程，即便数据适合，也不是在所有情况下都适宜采用成对样本 T 检验过程。在 SPSS 官方网站的帮助文档《IBM_SPSS_Statistics_Base》中，对"成对样本 T 检验"检验方法的应用条件进行了特别指导：数据方面，对于每个成对检验，指定两个定量变量（定距测量级别或定比测量级别），对于匹配对或个案控制研究，每个检验主体的响应及其匹配的控制主体的响应必须在数据文件的相同个案中。假设条件方面，每对的观察值应在相同的条件下得到，平均值差值应是正态分布的，每个变量的方差可以相等也可以不等。

▶ 实验目的与要求

实验目的：通过实验了解配对样本 T 检验的意义，对比这种方法和独立样本 T 检验的异同，从而能够在恰当的情形恰当地使用成对样本的 T 检验方法对成对的样本数据进行检验。

实验要求：理解成对样本 T 检验的统计量的计算方法和分布性质；了解成对样本 T 检验的统计量服从 T 分布的原理；熟练运用 SPSS 中的成对样本 T 检验过程对成对样本数据进行检验，并能够对分析结果进行正确地解释。

▶ 实验内容及数据来源

本次实验所用的数据是 10 例矽肺病患者经克矽平治疗前后血液中的血红蛋白量（g/dl），数据中有 10 个样本观测值，代表了 10 个接受治疗的患者；有两个属性变量 x1 和 x2，分别代表的是患者治疗前后的血红蛋白量，图 3-11 给出了该数据，数据文件见本书附赠资源的 Chap03 文件夹下的 "kexiping.sav" 文件。本实验的内容是使用成对样本的 T 检验判断这种治疗对患者的血红蛋白量有没有显著的影响。

	x1	x2
1	11.3	14.0
2	15.0	13.8
3	15.0	14.0
4	13.5	13.5
5	12.8	13.5
6	10.0	12.0
7	11.0	14.7
8	12.0	11.4
9	13.0	13.8
10	12.3	12.0

图 3-11　kexiping.sav 文件的数据

▶ **实验操作指导**

实验的操作步骤如下：

01 选择 "文件｜打开｜数据" 命令，打开 kexiping.sav 数据表。

02 选择 "分析｜比较平均值｜成对样本 T 检验" 命令，弹出 "成对样本 T 检验" 对话框，如图 3-12 所示。

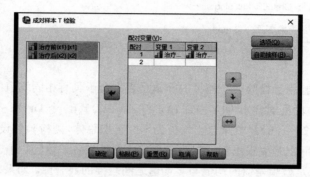

图 3-12　"成对样本 T 检验" 对话框

03 在左侧变量框中同时选中 "治疗前（x1）" 和 "治疗后（x2）" 两个变量，单击 ➡ 按钮将其选入右侧的 "配对变量" 列表框中。注意这里可以引入多个成对样本，每对样本会给出一个 T 检验结果，由于我们只有两个变量，因此只能组成一对成对变量。另外，"选项" 功能和单样本 T 检验的情况相同，这里就不赘述了，需要改变默认设置的读者可以参照实验 3-1 中的方法自行设置。单击 "确定" 按钮，进入计算分析。

计算机运行完成后得到的结果如图 3-13~图 3-15 所示。

▶ **实验结论**

图 3-13 给出了几个基本的配对样本的描述性统计量，包括治疗前后的均值、标准差等，从这里可以直观地看出治疗前后的患者血红蛋白量的均值差别不大（分别为 12.590 和 13.270）。

图 3-14 给出了两配对样本之间的相关系数，相关系数的值为 0.319，说明两组样本值之间的相关性不强，这也从侧面说明治疗前后样本值之间没有很明显的差异。

配对样本统计				
		平均值	个案数	标准 偏差	标准 误差平均值
配对 1	治疗前(x1)	12.590	10	1.6326	.5163
	治疗后(x2)	13.270	10	1.0802	.3416

图 3-13　配对样本统计量

配对样本相关性			
		个案数	相关性	显著性
配对 1	治疗前(x1) & 治疗后(x2)	10	.319	.370

图 3-14　成对样本相关系数

图 3-15 给出了正式的配对检验结果，从图中看到 T 统计量的值为-1.307，双尾显著性水平（Sig.（双尾））的 P 值为 0.224，远大于 0.05，因此我们拒绝原假设，这样可以认为用克矽平治疗矽肺病患者对血红蛋白量没有显著的作用。

配对样本检验

		配对差值							
		平均值	标准 偏差	标准 误差平均值	差值 95% 置信区间 下限	上限	t	自由度	Sig.（双尾）
配对 1	治疗前(x1) - 治疗后(x2)	-.6800	1.6457	.5204	-1.8573	.4973	-1.307	9	.224

图 3-15 成对样本检验结果

实验 3-4 均值（Means）过程检验

素材文件：sample/Chap03/xinyuangongshouru.sav
多媒体教学文件：视频/实验 3-4.mp4

实验基本原理

均值过程检验计算一个或多个自变量类别中因变量的分组均值和相关的单变量统计。本节将对 SPSS 中的均值过程检验及相关操作进行讲解。与前面章节中描述性统计分析相比，若仅仅计算单一组别的均数和标准差，均值过程并无特别之处，但如果用户要求按指定条件分组计算均数和标准差，比如分专业同时分性别计算各组的均数和标准差等，则用均值过程更显简单快捷。另外，均值过程中可以执行单因素方差分析，查看均值是否不同。

实验目的与要求

实验目的：通过实验掌握均值过程检验的方法和思想，能够应用这种方法对不同分类观测数据的均值之间没有显著性差异的假设进行统计检验。

实验要求：了解均值过程检验的统计量的计算方法和服从的分布性质，能够用 SPSS 中的均值过程检验过程对样本数据进行检验，会解释此过程的输出结果中各个统计量的统计含义和实际意义。

实验内容及数据来源

本次实验使用的数据是某地区 36 名新入职员工的年收入数据。这 36 名新入职员工入职的新公司不同，部分员工加入的是 A 公司，另一部分员工加入的是 B 公司，试用均值过程比较分析不同公司的员工之间年收入的差异。图 3-16 给出了这些数据，这些数据见本书附赠资源 Chap03 文件夹下的 xinyuangongshouru.sav。

	编号	所属公司	年收入
1	001	1	83502
2	002	1	109012
3	003	2	90101
4	004	2	91234
5	005	1	78901
6	006	1	67890
7	007	2	88034
8	008	1	84191
9	009	2	109701
10	010	1	90790
11	011	2	91923
12	012	2	79590
13	013	2	68579
14	014	1	88723
15	015	2	82959
16	016	1	108469
17	017	1	89558
18	018	1	90691
19	019	2	78358
20	020	2	67347
21	021	1	87491

图 3-16 xinyuangongshouru.sav 数据集中的数据

> 实验操作指导

实验的操作步骤如下：

01 选择"文件｜打开｜数据"命令，打开 xinyuangongshouru.sav 数据表。

02 选择"分析｜比较平均值｜平均值"命令，弹出"平均值"对话框，然后将"年收入"选入"因变量列表"列表框中，将"所属公司"选入"自变量列表"列表框中，如图 3-17 所示。

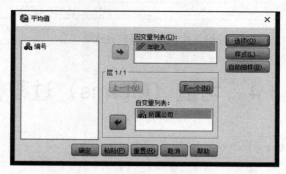

图 3-17 "平均值"对话框

对话框选项设置/说明

- "因变量列表"：该列表框中的变量为要进行均值比较的目标变量，又称为因变量，且因变量一般为度量变量。如要比较两个公司员工年收入的均值是否一致，则员工年收入就是因变量，公司名称就是自变量。

- "自变量列表"：该列表框中的变量为分组变量，又称为自变量。自变量为分类变量，其取值可以为数字，也可以为字符串。一旦指定了一个自变量，"下一个"按钮就会被激活，此时单击该按钮可以在原分层基础上进一步细分层次，也可以利用"上一个"按钮回到上一层次。如果在层 1 中有一个自变量，层 2 中也有一个自变量，那么结果将显示为一个交叉的表，而不是对每个自变量显示一个独立的表。

---

03 单击"选项"按钮，打开"平均值：选项"对话框，如图 3-18 所示。

对话框选项设置/说明

"均值：选项"对话框中主要用于设置输出统计量，包括：

- "统计"：该列表框主要用于存放可供输出的常用统计量，主要包括"中位数""分组中位数""平均值标准误差""总和""最小值""最大值""范围""第一个""最后一个""方差""峰度""峰度标准误差""偏度""偏度标准误差""调和平均值"和"几何平均值"等，这些统计量在"描述统计分析"中均有介绍。

- "单元格统计"：该列表框主要用于存放用户指定要输出的统计量，其主要来源于左侧"统计"列表框。其中，系统默认输出的是"平均值""个案数"和"标准差"，用户可以选择需要输出的统计量，然后单击中间的箭头按钮进入"单元格统计"列表框。

- "第一层的统计"：该选项组主要用于检验第一层自变量对因变量的影响是否显著，主要包括两个复选框。"Anova 表和 Eta"复选框表示对第一层自变量和因变量进行单因素方差分析，然后输出 Anova 表和 Eta 的值；"线性相关度检验"复选框表示对各组平均数进行线性趋势检验，实际上是因变量的均值对自变量进行线性回归，并计算该回归的判决系数和相关系数，该检验仅在自变量有三个以上层次时才能进行。

设置完成后单击"继续"按钮回到"平均值"对话框。如果只进行系统默认设置，可以单击"取消"按钮，也可以返回到"平均值"对话框进行其他设置。

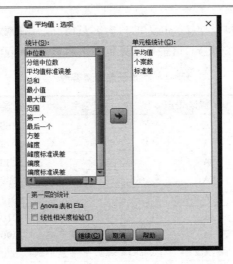

图 3-18 "单样本 T 检验：选项"对话框

04 单击"继续"按钮返回"平均值"对话框，单击"确定"按钮，进入计算分析。

计算机运行完成后得到的结果如图 3-19 和图 3-20 所示。

实验结论

图 3-19 给出了均值过程的案例处理摘要。该图显示了均值过程中的个案数、已经排除的个案数目及总计的数据和相应的百分比，可以看出共有 36 个样本参加分析，没有缺失值记录。

图 3-20 给出了均值比较结果报告。该地区共有 A 公司员工 18 人，其年收入的平均值是 87491.83，标准差是 12016.714；共有 B 公司员工 18 人，其年收入的平均值是 85892.44，标准差是 11704.783。本结果说明该地区不同公司员工的年收入水平有一定的差异，A 公司员工的年收入水平要大于 B 公司。

个案处理摘要

	个案					
	包括		排除		总计	
	个案数	百分比	个案数	百分比	个案数	百分比
年收入 * 所属公司	36	100.0%	0	0.0%	36	100.0%

图 3-19 案例处理摘要

报告

年收入

所属公司	平均值	个案数	标准 偏差
A公司	87491.83	18	12016.714
B公司	85892.44	18	11704.783
总计	86692.14	36	11719.190

图 3-20 均值比较报告

上 机 练 习

练习 3-1 检验不同旅游景点的日游客量之间的差异

| 素材文件：sample/Chap03/youkeliang.sav |
| 多媒体教学文件：视频/练习 3-1.mp4 |

表 3-1 给出了 A、B 两旅游景点近 60 天的日游客量情况，试对数据进行均值过程分析，研究不同旅游景点的日游客量之间的差异。这些数据见本书附赠资源 Chap03 文件夹下的 youkeliang.sav。

表3-1　旅游景点日游客量

编号	旅游景点	日游客量（人次）
1	A	7360
2	A	6479
3	A	5230
4	A	4239
5	A	9012
6	A	10101
7	A	2390
8	A	5630
……	……	……
55	B	4199
56	B	5433
57	B	4552
58	B	3303
59	B	2312
60	B	4199

练习 3-2 检验产品是否符合质量要求

| 多媒体教学文件：视频/练习 3-2.mp4 |

从某厂第一季度生产的两批同型号的电子元件中分别抽取了 15 个和 20 个样品测量它们的电阻（单位：欧姆），以判断各批产品的质量是否合格，数据资料如表 3-2 所示。按质量规定，元件的额定电阻为 0.140 欧姆，假定元件的电阻服从正态分布，根据这两批元件中抽检的样品电阻测量值，用 T 检验过程检验这两批产品是否符合质量要求？

表3-2　样品电阻测量值

	第一批元件样本	第二批元件样本
电阻值	0.140, 0.145, 0.142, 0.145, 0.142, 0.144, 0.145, 0.141, 0,142, 0.144, 0.140, 0.136, 0.144, 0.142, 0.138	0.135, 0.140, 0.142, 0.136, 0.138, 0.140, 0.145, 0.139, 0.144, 0.143, 0.145, 0.137, 0.140, 0.139, 0.145, 0.145, 0.145, 0.144, 0.141, 0.140

练习 3-3　检验两台仪器的测量结果有无显著差异

 多媒体教学文件：视频/练习 3-3.mp4

甲乙两台测时仪同时测量两靶间子弹飞行的时间，测量结果（单位为秒）如下：

（1）仪器甲：12.56 13.62 13.52 11.88 12.35 13.40。

（2）仪器乙：13.61 13.24 14.01 12.78 13.50 12.35 12.69。

假定两台仪器测量的结果服从正态分布，显著性水平为 0.05，问两台仪器的测量结果有无显著差异。

练习 3-4　检验两种轮胎耐磨性的差异

 多媒体教学文件：视频/练习 3-4.mp4

为了比较两种汽车橡胶轮胎的耐磨性，分别从甲乙两厂生产的同规格的前轮轮胎中随机抽取 10 只，将它们配对安装在 10 辆汽车的左右轮上，行驶相同的里程之后，测得轮胎磨损量的数据如表 3-3 所示。试用成对样本 T 检验过程检验两种轮胎的耐磨性之间的差异。

表3-3　轮胎磨损数据

试验序号	1	2	3	4	5	6	7	8	9	10
左轮胎磨损量	490	522	550	501	602	634	766	865	580	632
右轮胎磨损量	493	503	514	478	589	611	698	793	585	605

第4章

相关分析与回归分析

连续性变量的数据是实际工作中经常接触的数据，单独一个连续变量可以用一般的频数表和图示法来分析其特性，或者用均值及标准差等描述性统计量来考察其分布特征。但是，我们在实际工作中所遇到的问题常常涉及两个或两个以上的连续型变量，这就需要讨论两个或两个以上变量之间的关系问题。在统计学上，两个连续型变量的关系多以线性关系进行分析，线性关系分析是用直线方程的原理来估计两个变量关系的强度，比如常见的相关系数就是刻画两个变量线性相关关系的指标：相关系数越大，表示线性关系越强；相关系数越小，表示线性关系越弱，此时可能变量间没有联系，或者是非线性关系。另外，回归分析也是分析变量间关系的一种重要方法，其研究的变量分为因变量与自变量，因变量是随机变量，自变量也称为因素变量，是可以加以控制的变量。当回归分析主要研究变量间线性关系时，称为线性回归分析，否则称为非线性回归分析。回归分析又可按照影响因变量的自变量的个数分为一元线性回归和多元线性回归。在实际工作中，相关分析与回归分析经常一起使用，以分析和研究变量之间的关系。

实验 4-1　两变量相关分析

素材文件：sample/Chap04/kaoshichengji.sav

多媒体教学文件：视频/实验 4-1.mp4

⊙ 实验基本原理

一、相关分析概述

现象与现象直接的依存关系，从数量联系上来看，可以分为两种不同的类型，即函数关系和相关关系。

函数关系是从数量上反映现象间严格的依存关系，即当一个或几个变量取一定的值时，另一个变量有确定值与之相对应。相关关系是现象间不严格的依存关系，即各变量之间不存在确定性的关系。在各种相关关系中，当一个或几个相互联系的变量取一定数值时，与之相对应的另一变量值也相应地发生变化，但其关系值不是固定的，往往按照某种规律在一定的范围内变化。

回归方程的确定系数在一定程度上反映了两个变量之间关系的密切程度，并且确定系数的平方根就是相关系数。但确定系数一般是在拟合回归方程之后计算的，如果两个变量间的相关程度不高，则拟合回归方程便没有意义，因此相关分析往往在回归分析前进行。

二、相关分析分类

现象之间的相关关系按照不同的标志有不同的分类。

（1）按相关的程度划分。现象之间的相关关系可以划分为完全相关、不相关和不完全相关三种。

当一种现象的数量变化完全由另一种现象的数量变化所决定时，称这两种现象间的关系为完全相关；当两种现象彼此互相不影响，其数量变化各自独立时，就成为不相关；当两种现象之间的关系介于完全相关和不相关之间时，就是不完全相关。

由于完全相关可以以方程的方式呈现，因此完全相关便转化为一般意义上的函数关系。通常现象都是不完全相关的，这是相关分析的主要研究对象。

（2）按相关的方向划分。现象之间的相关关系可划分为正相关和负相关。

当一种现象的数量由小变大，另一种现象的数量也相应地由小变大时，这种相关就成为正相关；反之，则成为负相关。需要注意的是，许多现象的正、负相关的关系仅在一定范围内存在。

（3）按相关的形式划分。现象之间的相关关系可划分为线性相关和非线性相关。

相关关系是一种数量关系上不严格的相互依存关系。如果两种相关关系之间的关系大致呈现出线性关系，则称为线性相关；如果两种相关现象之间近似地表现为一条曲线，则称为非线性相关。

（4）按照影响因素的多少划分。现象之间的相关关系可划分为单相关、复相关和偏相关。

单相关是两个变量间的关系，即一个因变量对一个自变量的相关关系，也称简相关；复相关是指三个或三个以上变量之间的关系，即一个因变量对两个或两个以上自变量的相关关系，又称多元相关；偏相关是指某一变量与多个变量相关时，假定其他变量不变，其中两个变量的相关关系。

三、相关系数计算

在统计中，制定相关图或相关表，可以直接判断现象之间大致上呈何种关系的形式，另一种精确描述变量间相关关系的方法是计算变量之间的相关系数。由于相关图和相关表只能感性地反映出变量间的相关关系，因此本书将主要介绍相关系数的计算方法。

对不同类型的变量，相关系数的计算公式也不同。在相关分析中，常用的相关系数主要有 Pearson 简单相关系数、Spearman 等级相关系数和 Kendall 秩相关系数和偏相关系数。Pearson 简单相关系数适用于等间隔测度，而 Spearman 等级相关系数和 Kendall 秩相关系数都是非参测度。一般用 ρ 和 r 分别表示总体相关系数和样本相关系数。

（1）Pearson 简单相关系数

若随机变量 X、Y 的联合分布是二维正态分布，x_i 和 y_i 分别为 n 次独立观测值，则计算 ρ 和 r

的公式分别定义为：

$$\rho = \frac{E[X-E(X)][Y-E(Y)]}{\sqrt{D(X)}\sqrt{D(Y)}} \qquad r = \frac{\sum\limits_{i=1}^{n}(x_i-\bar{x})(y_i-\bar{y})}{\sqrt{\sum\limits_{i=1}^{n}(x_i-\bar{x})^2}\sqrt{\sum\limits_{i=1}^{n}(y_i-\bar{y})^2}}$$

其中，$\bar{x} = \dfrac{1}{n}\sum\limits_{i=1}^{n}x_i$，$\bar{y} = \dfrac{1}{n}\sum\limits_{i=1}^{n}y_i$。

可以证明，样本相关系数 r 为总体相关系数 ρ 的最大似然估计量。

简单相关系数 r 的性质如下：

① $-1 \leqslant r \leqslant 1$，$r$ 绝对值越大，表明两个变量之间的相关程度越强。

② 若 $0 < r \leqslant 1$，则表明两个变量之间存在正相关；若 $r = 1$，则表明变量间存在完全正相关的关系。

③ 若 $-1 \leqslant r < 0$，则表明两个变量之间存在负相关；若 $r = -1$，则表明变量间存在完全负相关的关系。

④ $r = 0$，表明两个变量之间无线性相关。

应该注意的是，简单相关系数所反映的并不是任何一种关系，而仅仅是线性关系。另外，相关系数所反映的线性关系并不一定是因果关系。

（2）Spearman 等级相关系数

等级相关用来考察两个变量中至少有一个为定序变量时的相关系数，如学历与收入之间的关系。它的计算公式如下：

$$r = 1 - \frac{6\sum\limits_{i=1}^{n}d_i^2}{n(n^2-1)}$$

式中，d_i 表示 y_i 的秩和 x_i 的秩之差，n 为样本容量。

（3）Kendall 秩相关系数

Kendall 秩相关系数利用变量秩计算一致对数目 U 和非一致对数目 V，采用非参数检验的方法度量定序变量之间的线性相关关系。其计算公式如下：

$$\tau = (U-V)\frac{2}{n(n-1)}$$

四、相关系数检验

关于总体相关系数 ρ 的假设检验步骤与其他假设检验步骤一致，可以分为以下几步：

（1）提出原假设和备择假设

$$H_0 : \rho = 0$$
$$H_1 : \rho \neq 0$$

（2）构造并计算统计量

根据相关系数的类别不同，使用不同的检验统计量，具体如下：

① Pearson 简单相关系数检验。该相关系数对应的统计量如下：

$$T = \frac{r\sqrt{n-2}}{1-r^2} \sim t(n-2)$$

其中，r 表示 Pearson 简单相关系数值，n 表示样本观测个数。

② Spearman 等级相关系数检验。其小样本情况下对应的统计量如下：

$$T = \frac{r\sqrt{n-2}}{1-r^2} \sim t(n-2)$$

大样本情况下对应的统计量如下：

$$Z = r\sqrt{n-2} \sim N(0,1)$$

其中，r 表示 Spearman 等级相关系数值，n 表示样本观测个数。

③ Kendall 秩相关系数检验。小样本情况下，Kendall 秩相关系数服从 Kendall 分布。大样本情况下，它对应的检验统计量如下：

$$Z = \tau\sqrt{\frac{9n(n-1)}{2(2n+5)}} \sim N(0,1)$$

其中，τ 表示 Kendall 秩相关系数值，n 表示样本观测个数。

（3）比较 p 值和显著性水平 a，作出统计决策

SPSS 软件自动计算得出 p 值。若 p 值小于显著性水平，则拒绝原假设，即认为两个变量之间的相关关系显著；否则，接受原假设，即认为变量之间不存在显著相关性。

实验目的与要求

实验目的：通过本次实验了解两变量相关关系的基本含义；理解为什么相关系数只表示线性相关关系；掌握皮尔逊相关系数的计算公式，同时掌握斯皮尔曼和肯德尔相关性分析的计算机实现；学会通过比较三种相关性分析方法的结果对变量之间的相关关系下比较可靠的结论。

实验要求：理解两变量相关系数的线性性质，对比皮尔逊、斯皮尔曼和肯德尔三种相关性分析方法的区别和联系；熟练掌握 SPSS 中两变量相关分析的方法和步骤，能够对不同的变量性质采用恰当的相关性分析方法进行分析；对于计算机输出的分析结果能够给出恰当的统计学和实际含义的解释。

实验内容及数据来源

本次实验使用的数据是某校学生中随机抽取的 15 位学生的考试成绩，数据共有 15 个样本观测值，代表了 15 位被调查的学生。另外，数据有 5 个属性变量：number（序号）、english（英语成绩）、math（数学成绩）、physics（物理成绩）、technical（工程成绩）。图 4-1 给出了本次实验的部分数据，完整

	number	english	math	physics	technical
1	1	76	75	78	82
2	2	66	65	60	54
3	3	65	76	80	75
4	4	68	86	85	85
5	5	78	80	90	83
6	6	65	75	78	78
7	7	82	85	89	95
8	8	65	70	73	80
9	9	58	82	84	85
10	10	56	75	78	82

图 4-1　数据集 kaoshichengji.sav 中的部分数据

的数据文件可见本书附赠资源 Chap04 文件夹下的 kaoshichengji.sav 文件。本次试验的内容是用两变量相关分析过程分析各科成绩之间是否存在线性相关关系。

⊙ 实验操作指导

实验的操作步骤如下：

01 选择"文件｜打开｜数据"命令，打开 kaoshichengji.sav 数据表。

02 选择"分析｜相关｜双变量…"命令，弹出"双变量相关性"对话框，在左侧变量框中分别选择 english、math、physics、technical 变量，单击 ➡ 按钮，将其选入右侧的"变量"列表框中，如图 4-2 所示。

对话框选项设置/说明

"相关系数"选项组中有 3 个选项，用于计算变量之间的相关系数。

- 皮尔逊：即 Pearson，是两个连续型变量之间的相关系数。
- 肯德尔：即 Kendall，反映两个有序分类变量的一致性。
- 斯皮曼：即 Spearman，是秩相关分析，系统会自动对变量求秩，然后计算其秩分数间的相关系数。

为了介绍全面，我们把三种相关系数都选上。"显著性检验"选项组中有两个选项："双尾"是双尾显著性检验；"单尾"是单尾显著性检验，用于相关关系方向明显时，如身高与体重的相关关系。因为我们所分析的数据相关关系不明显，所以选择"双尾"。最下面的"标记显著性相关性"复选框，选中该复选框后，输出结果中对在显著性水平 0.05 下显著的相关系数用一个星号进行标记，对在显著性水平 0.01 下显著相关的相关系数用两个星号进行标记。

---

03 单击"选项"按钮，弹出"双变量相关性：选项"对话框，如图 4-3 所示。

图 4-2　"双变量相关性"对话框

图 4-3　"双变量相关性：选项"对话框

对话框选项设置/说明

"统计"只能用于皮尔逊相关系数，该选项组中有两个选项。

- 平均值和标准差：显示每个变量的平均值与标准差及非缺失值的样本数。
- 叉积偏差和协方差：显示每对变量的叉积离差矩阵和协方差矩阵。叉积离差等于均值校正变量积的和，是皮尔逊相关系数的分子，协方差为两个变量关系的非标准化测度，等于叉积离差除以 n-1。

为了展示所有结果，我们把两个选项都选中。

"缺失值"选项组中有两个选项。

- 成对排除个案：剔除相关分析中含有缺失值的变量对。由于相关系数是根据特定变量的有效值计算的（每个计算均使用最大信息系数），因此相关系数矩阵的相关系数是根据不同的样本数来计算的。
- 成列排除个案：剔除参加相关分析含有缺失值所有变量的个案。

04 设置完成后单击"继续"按钮回到"双变量相关性"对话框，然后单击"确定"按钮，进入计算分析。

计算机运行完成后得到的结果如图 4-4~图 4-6 所示。

描述统计

	平均值	标准 偏差	个案数
english	68.73	9.699	15
math	76.33	6.510	15
physics	78.80	7.272	15
technical	79.20	9.413	15

图 4-4　描述性统计量

相关性

		english	math	physics	technical
english	皮尔逊相关性	1	.343	.250	.286
	Sig.（双尾）		.211	.368	.301
	平方和与叉积	1316.933	303.333	247.200	365.800
	协方差	94.067	21.667	17.657	26.129
	个案数	15	15	15	15
math	皮尔逊相关性	.343	1	.848**	.650**
	Sig.（双尾）	.211		.000	.009
	平方和与叉积	303.333	593.333	562.000	558.000
	协方差	21.667	42.381	40.143	39.857
	个案数	15	15	15	15
physics	皮尔逊相关性	.250	.848**	1	.764**
	Sig.（双尾）	.368	.000		.001
	平方和与叉积	247.200	562.000	740.400	732.600
	协方差	17.657	40.143	52.886	52.329
	个案数	15	15	15	15
technical	皮尔逊相关性	.286	.650**	.764**	1
	Sig.（双尾）	.301	.009	.001	
	平方和与叉积	365.800	558.000	732.600	1240.400
	协方差	26.129	39.857	52.329	88.600
	个案数	15	15	15	15

**. 在 0.01 级别（双尾），相关性显著。

图 4-5　皮尔逊相关系数矩阵及相关性检验结果

相关性

			english	math	physics	technical
肯德尔 tau_b	english	相关系数	1.000	.211	.111	.219
		Sig.（双尾）	.	.291	.580	.271
		N	15	15	15	15
	math	相关系数	.211	1.000	.761**	.380
		Sig.（双尾）	.291	.	.000	.057
		N	15	15	15	15
	physics	相关系数	.111	.761**	1.000	.372
		Sig.（双尾）	.580	.000	.	.063
		N	15	15	15	15
	technical	相关系数	.219	.380	.372	1.000
		Sig.（双尾）	.271	.057	.063	.
		N	15	15	15	15
斯皮尔曼 Rho	english	相关系数	1.000	.317	.183	.324
		Sig.（双尾）	.	.250	.514	.238
		N	15	15	15	15
	math	相关系数	.317	1.000	.896**	.475
		Sig.（双尾）	.250	.	.000	.073
		N	15	15	15	15
	physics	相关系数	.183	.896**	1.000	.491
		Sig.（双尾）	.514	.000	.	.063
		N	15	15	15	15
	technical	相关系数	.324	.475	.491	1.000
		Sig.（双尾）	.238	.073	.063	.
		N	15	15	15	15

**. 在 0.01 级别（双尾），相关性显著。

图 4-6　肯德尔与斯皮尔曼相关系数矩阵及相关性检验结果

实验结论

图 4-4 给出了基本的描述性统计结果，其中各行数据分别为 4 门功课的平均成绩、样本标准差及样本容量。图 4-5 给出了各门功课的皮尔逊相关系数矩阵及相关性检验的结果，其中每个行变量与列变量交叉单元格处是二者相关统计量的值，如英语成绩与数学、物理、工程成绩之间的相关系

数依次为 0.343、0.250、0.286，虽然英语成绩与这几门理科课程的成绩有一定的正相关关系，但是相关系数普遍较低，说明文理两科之间的差异。数学与物理、工程成绩的相关系数分别为 0.848 和 0.650，物理与工程的相关系数为 0.764，都反映了理科各科成绩之间具有高度的正相关关系。数学与物理的相关系数为 0.848，说明这两门课程具有非常密切的关系。另外，图中双星号标记的相关系数是在显著性水平 0.01 下，说明标记的相关系数是显著的，标记的结果也验证了我们的结论。

图 4-6 给出了肯德尔和斯皮尔曼的相关系数矩阵和相关性检验的结果。注意图中标有双星号的相关系数，这个结果与皮尔逊相关性检验的结果有些差异：在 0.01 的显著性水平下，只有数学和物理之间的相关系数是显著的，而数学与工程、物理与工程的相关系数变成了不显著。因此我们可以说数学与物理的相关关系最强。这说明不同的检验和分析方法的结论可能会有差异，我们在分析过程中要尽量使用多种方法进行分析，谨慎下结论，从而提高分析结果的可靠性。

实验 4-2　偏相关分析

| 素材文件：sample/Chap04/nantong.sav |
| 多媒体教学文件：视频/实验 4-2.mp4 |

▶ 实验基本原理

相关分析通过计算两个变量之间的相关系数分析变量间线性相关的程度。在多元相关分析中，由于受到其他变量的影响，两变量相关系数只是从表面上反映了两个变量的性质，往往不能真实地反映变量间的线性相关程度，甚至会给人们造成相关的假象，因此在某些场合中，简单的两变量相关系数并不是刻画相关关系的本质性统计量。当其他变量被固定，即将它们控制起来以后，给定的任意两个变量之间的相关系数称为偏相关系数。偏相关系数也称净相关分析，它是在控制其他变量的线性影响下分析两变量间的线性相关程度，所采用的工具是偏相关系数。例如在研究身高、体重、肺活量三者的相关关系时，显然肺活量与身高、肺活量与体重均存在一定的正相关关系，但是当我们将体重固定下来，对相同体重的人分析肺活量与身高的关系时，是否仍然具有身高越高，肺活量越大的正相关关系呢？恐怕就不一定了。偏相关分析用于计算变量间的偏相关系数，以利于更准确地判断变量之间的相关关系和相关程度。

从公式来讲，假如有一个 g 控制变量，就称为 g 阶偏相关。假设有 n（$n>2$）个变量 $X_1, X_2, \cdots, X_k$，则任意两个变量 X_i 和 X_j 的 g 阶样本偏相关系数公式为：

$$r_{ij-l_1l_2\cdots l_g} = \frac{r_{ij-l_1l_2\cdots l_{g-1}} - r_{il_g-l_1l_2\cdots l_{g-1}}r_{jl_g-l_1l_2\cdots l_{g-1}}}{\sqrt{(1-r^2_{il_g-l_1l_2\cdots l_{g-1}})(1-r^2_{jl_g-l_1l_2\cdots l_{g-1}})}}$$

式中右侧均为 $g-1$ 阶的偏相关系数，其中 $l_1, l_2, \cdots, l_g$ 为自然数从 1～k 除了 i 和 j 的不同组合。

本节中，我们主要研究一阶偏相关。若分析变量 X_1 和 X_2 之间的净相关时，控制 X_3 的线性关系，则 X_1 和 X_2 之间的一阶偏相关系数为：

$$r_{123} = \frac{r_{12} - r_{13}r_{23}}{\sqrt{(1 - r_{13}^2)(1 - r_{23}^2)}}$$

假设检验过程如下：

（1）提出原假设和备择假设。

$$H_0 : \rho = 0$$
$$H_1 : \rho \neq 0$$

（2）构造并计算统计量。偏相关用到的统计量为 t 统计量，其数学定义公式为：

$$t = r\sqrt{\frac{n - g - 2}{1 - r^2}} \sim t(n - g - 2)$$

式中，r 为偏相关系数，n 为样本数，g 为阶数。

（3）选取恰当的显著性水平，作出统计决策。

SPSS 自动计算后给出 p 值，若 p 值小于显著性水平，则拒绝原假设，即认为两个变量之间的偏相关关系显著；否则，接受原假设，即认为两个变量之间的偏相关系数与零无显著差异。

❯ 实验目的与要求

实验目的：通过本次实验了解偏相关分析的意义，了解普通变量相关分析的局限性，并能通过偏相关分析对普通相关分析的结论进行验证或更改，理解偏相关分析中控制变量的含义和控制变量的方法。

实验要求：熟悉 SPSS 中偏相关分析过程的操作步骤，熟练运用偏相关分析，通过控制不同的变量来分析变量间"真正"的相关关系，能够解释输出结果中相关系数矩阵及检验统计量的含义，并能对变量间的相关关系作出比较明确的判断。

❯ 实验内容及数据来源

本次实验使用的是某地 29 名 13 岁男童的身高、体重、肺活量的实测数据，数据中有 29 个样本观测值，代表了 29 名被测试的男童。另外，有三个属性变量：x1 表示身高（cm），x2 表示体重（kg），y 表示肺活量（L）。图 4-7 给出了部分数据，完整的数据文件见本书附赠资源 Chap04 文件夹下的"nantong.sav"文件。实验的内容是在体重（x2）被控制（即固定）时，计算身高（x1）与肺活量（y）的偏相关系数，并做相关性的统计检验。

❯ 实验操作指导

实验的操作步骤如下：

01 选择"文件｜打开｜数据"命令，打开 nantong.sav 数据表。

02 选择"分析｜相关｜偏相关…"命令，弹出"偏相关性"对话框，在左侧变量框中分别选择"身高，cm[x1]"和"肺活量，L[y]"变量，单击 ➡ 按钮，将其选入右侧的"变量"列表框中，然后在左侧变量框中选择"体重，kg[x2]"，单击 ➡ 按钮将其选入右侧的"控制"列表框中，如图 4-8 所示。

	x1	x2	y
1	135.10	32.00	1.75
2	139.90	30.40	2.00
3	163.60	46.20	2.75
4	146.50	33.50	2.50
5	156.20	37.10	2.75
6	156.40	35.50	2.00
7	167.80	41.50	2.75
8	149.70	31.00	1.50
9	145.00	33.00	2.50
10	148.50	37.20	2.25

图 4-7　数据集 nantong.sav 的部分数据

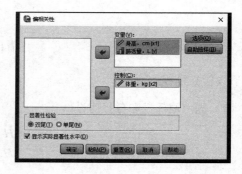

图 4-8　"偏相关性"对话框

对话框选项设置/说明

在"显著性检验"选项组中可以选择"双尾"或"单尾"。一般情况下，选择这两种检验中任何一种都不会影响最后的结论，这里我们选择"双尾"。最下面有一个"显示实际显著性水平"复选框，在默认状态下，每个相关系数均显示显著性概率及自由度。如果取消该复选框，则用一个星号标记在 0.05 显著性水平上显著的相关系数，用两个星号标记在 0.01 显著性水平上显著的相关系数，不显示自由度。

03 单击"选项"按钮，弹出"偏相关性：选项"对话框，如图 4-9 所示。

对话框选项设置/说明

"统计"选项组中有两个选项。

- 平均值和标准差：显示每个变量的均值、标准差及有效值个数。
- 零阶相关性：显示所有变量（含控制变量）的简单相关系数。

"缺失值"选项组与上一个实验相同，这里就不再赘述了。

04 单击"继续"按钮回到"偏相关性"对话框，然后单击"确定"按钮，进入计算分析。

计算机运行完成后得到的结果如图 4-10 和图 4-11 所示。

▶ 实验结论

图 4-10 给出了基本的描述性统计量的计算结果，包括每个变量的平均值、标准差和个案数（观测样本数）。

图 4-9　"偏相关性：选项"对话框

描述统计

	平均值	标准 偏差	个案数
身高, cm	152.5759	8.36223	29
肺活量, L	2.2069	.44855	29
体重, kg	37.1276	5.53275	29

图 4-10　描述性统计量

图 4-11 给出了偏相关分析的计算结果。

相关性

控制变量			身高，cm	肺活量，L	体重，kg
- 无 -[a]	身高，cm	相关性	1.000	.588	.742
		显著性（双尾）	.	.001	.000
		自由度	0	27	27
	肺活量，L	相关性	.588	1.000	.736
		显著性（双尾）	.001	.	.000
		自由度	27	0	27
	体重，kg	相关性	.742	.736	1.000
		显著性（双尾）	.000	.000	.
		自由度	27	27	0
体重，kg	身高，cm	相关性	1.000	.093	
		显著性（双尾）	.	.639	
		自由度	0	26	
	肺活量，L	相关性	.093	1.000	
		显著性（双尾）	.639	.	
		自由度	26	0	

a. 单元格包含零阶（皮尔逊）相关性。

图 4-11 偏相关分析结果

上面一部分是普通的相关系数矩阵和检验结果，这时控制变量是"无"，也就是不控制任何变量。计算普通的皮尔逊相关系数矩阵和检验统计量，从这里可以看到身高与肺活量的相关系数为 0.588，显著性水平的 P 值为 0.01，小于 0.05，可以认为两者相关关系显著。下面一部分是控制体重时的计算结果，此时身高与肺活量的偏相关系数为 0.093，显著性水平的 P 值为 0.639，大于 0.05，可以认为两者的相关系数不显著。因此，通过偏相关分析我们否定了在普通相关分析下得到的身高与肺活量有显著相关关系的结论，也就是说身高与肺活量之间并没有显著的相关关系。

实验 4-3 距离相关分析

素材文件：sample/Chap04/xiangduishidu.sav
多媒体教学文件：视频/实验 4-3.mp4

实验基本原理

偏相关分析通过控制一些被认为次要变量的影响得到两个变量间的实际相关系数，但在实际问题中，变量可能会多到无法一一关心的地步，因为每个变量都携带了一定的信息，彼此又有重叠，所以最直接的方法就是将所有变量按照一定的标准进行分类，即聚类分析。本节介绍的距离分析便可为聚类分析提供这一标准。统计学中，常常使用变量之间或样本之间的距离刻画它们的相似程度、亲疏程度，计算变量或样本之间的距离，确定变量的相似性，而距离分析是专门针对样本或变量之间的距离设计的。在实际分析中，我们通常先使用距离分析了解各个样本或变量之间的相似程度和亲疏关系，然后使用其他统计方法对样本或变量进行细致地考察。距离是对观测量之间或变量之间的相似或不相似程度的一种测度，通过计算一对观测量或变量间的广义距离，将距离较小的变量或观测量归为同类，距离较大的变量或观测量归为其他类别，从而为聚类分析、因子分析等复杂数据集的分析打下基础。假设有 p 个变量 $X_1, X_2, ..., X_p$，它们的 m 组观测数据资料如表 4-1 所示。

表4-1　p个变量的m组观测数据

观　　测	变　　量				
	X_1	...	Xj	...	Xp
1	x_{11}	...	x1j	...	x1p
...	...	...	...	...	...
i	xi1	...	xij	...	xip
...	...	...	...	...	...
m	xm1	...	xm2	...	xmp

为了将变量或观测量（样品）进行分类，通常使用的一种方法是将样品视为 p（或 m）维空间的点，并在该空间定义点与点之间的距离，将距离较近的点归为一类，距离较远的点应视为属于不同的类。多元统计中对距离的定义方法有许多种，而这些定义与变量的数据类型有很大关系，我们仅以间隔测度的变量的距离定义作简要的介绍。由于每个样品具有 p 个变量的值，因此可以把它看成 p 维欧氏空间中的一个点。这样，m 个样品便成为 p 维欧氏空间中的 m 个点。用 dij 表示第 i 个与第 j 个样品之间的距离，通常定义距离要满足以下 4 个条件。

（1）对于一切 i、j，dij≥0。

（2）对于一切 i、j，dij=0 ⇔ 样本 i 和样本 j 的各指标值相等。

（3）对于一切 i、j，dij =dji。

（4）对于一切 i、j、k，dij =djk+dkj。

与距离分析相关的统计量分为不相似性测度和相似性测度两大类。

（1）不相似性测度

不相似性测度主要通过分析变量间的不相似程度对变量进行分类。包括：

- 定距数据。包括欧氏距离、平方欧式距离、Chebychev（切比雪夫）、块、Minkowski（明可夫斯基）或定制等方法。
- 计数数据。包括卡方测量和 phi 平方测量两种测度方法。
- 二分类数据。包括欧氏距离、平方欧式距离、尺度差分、模式差分、方差、形状或 Lance 和 Williams 等测度方法。

（2）相似性测度

相似性测度方法，与不相似性测度相反。相似性测度通过计算变量之间的相似系数从而将变量进行分类。包括：

- 定距数据。包括 Pearson 相关和余弦两种测度方法。
- 二分类数据。包括 Russell 和 Rao、简单匹配、Jaccard、切块、Rogers 和 Tanimoto、Sokal 和 Sneath 1、Sokal 和 Sneath 2、Sokal 和 Sneath 3、Kulczynski 1、Kulczynski 2、Sokal 和 Sneath 7、Hamann、Lambda、Anderberg 的 D、Yule 的 Y、Yule 的 Q、Ochiai、Sokal 和 Sneath 5、phi 7 点相关或离差等 20 多种测度方法。

相似性测度与不相似性测度方法的详细介绍将在接下来的实验操作中给出。SPSS 软件可以用来进行距离分析，距离分析不会给出常用的 p 值，而是只给出各变量间的距离大小，由用户自行判断其相似的程度。

➤ **实验目的与要求**

实验目的： 通过本次实验了解距离相关分析的意义，理解普通变量相关分析及偏相关分析的局限性，能够通过距离相关分析对普通相关分析或偏相关分析的结论进行验证或更改，理解距离相关分析中不相似性测度和相似性测度的含义及使用方法。

实验要求： 熟悉 SPSS 中距离相关分析过程的操作步骤，能熟练运用距离相关分析来分析变量间"真正"的相关关系，能够解释输出结果中相关系数矩阵及检验统计量的含义，并对变量间的相关关系作出比较明确的判断。计算一对观测量或变量间的广义距离，将距离较小的变量或观测量归为同类，距离较大的变量或观测量归为其他类别，为聚类分析、因子分析等复杂数据集的分析打下基础。

➤ **实验内容及数据来源**

本次实验使用的是某年我国上海、南京、杭州三个城市全年 12 个月平均相对湿度的数据。本例设置了 4 个变量，分别是"月份""上海平均相对湿度（%）""南京平均相对湿度（%）"和"杭州平均相对湿度（%）"，我们把这 4 个变量都定义为数值型变量并录入相关数据。图 4-12 给出了部分数据，完整的数据文件见本书附赠资源 Chap04 文件夹下的"xiangduishidu.sav"文件。试用距离分析法研究这三个城市平均相对湿度的相似程度。

	月份	上海平均相对湿度	南京平均相对湿度	杭州平均相对湿度
1	1	69	67	70
2	2	74	77	79
3	3	70	71	70
4	4	69	69	69
5	5	67	69	69
6	6	75	72	76
7	7	73	81	77
8	8	68	74	68
9	9	72	83	78
10	10	66	73	72
11	11	62	66	70
12	12	59	55	61

图 4-12　数据集 xiangduishidu.sav 的部分数据

➤ **实验操作指导**

实验的操作步骤如下：

01 选择"文件｜打开｜数据"命令，打开 xiangduishidu.sav 数据表。

02 选择"分析｜相关｜距离"命令，弹出"距离"对话框，在左侧变量框中分别选择"上海平均相对湿度（%）""南京平均相对湿度（%）"和"杭州平均相对湿度（%）"变量，单击 ➡ 按钮将其选入右侧的"变量"列表框中，然后分别选中"变量间"和"非相似性"单选按钮，如图 4-13 所示。

对话框选项设置/说明

- "变量"列表框：用于选入距离分析的变量名，至少包含两个变量名，可以为连续变量或分类变量。

- "标注个案"列表框：用于选入个案标示变量，只有在"计算距离"选项组中选中"个案间"单选按钮时，该列表框才可使用。
- "计算距离"选项组：包括"个案间"和"变量间"两个单选按钮，分别表示输出结果是个案间或变量间的距离分析值。
- "测量"选项组：包括"非相似性"和"相似性"两个单选按钮及一个"测量"按钮。

关于不相似性测量和相似性测量的详细设置，下面将单独进行介绍。

单击"测量"按钮，弹出"距离：非相似性测量"对话框，如图4-14所示。

图4-13 "距离"对话框

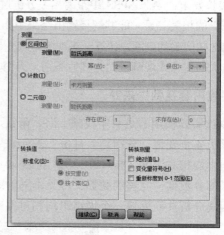

图4-14 "距离：非相似性测量"对话框

对话框选项设置/说明

- "测量"选项组：用于选择度量标准，根据数据类型分为区间、计数和二元三种。非相似性测量方法下，"区间""计数"和"二元"三个单选按钮中的"测量"下拉列表如图4-15~图4-17所示。

图4-15 非相似性测量方法下"区间"单选
按钮中的"测量"下拉列表

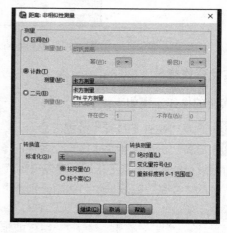

图4-16 非相似性测量方法下"计数"单选
按钮中的"测量"下拉列表

图 4-17　非相似性测量方法下"二元"单选按钮中的"测量"下拉列表

各选项含义如表 4-2 所示。

表4-2　"测量"下拉列表中各选项及其含义

测　量	测度方法	含义及介绍
区间	欧式距离	各项值之间平方差之和的平方根，这是定距数据的默认选项
	平方欧式距离	各项值之间平方差之和
	切比雪夫	各项值之间的最大绝对差
	块	各项值之间绝对差之和，又称为 Manhattan（曼哈顿）距离
	明可夫斯基	各项值之间 p 次幂绝对差之和的 p 次根。选择此项还需要在"幂"和"根"下拉列表中选择 p 值和 r 值，其取值范围为 1～7
	定制	各项值之间 p 次幂绝对差之和的 r 次根。选择此项还需要在"幂"和"根"下拉列表中选择 p 值和 r 值，其取值范围为 1～7
计数	卡方测量	此度量基于对两组频率等同性的卡方检验，是计数数据的默认值
	Phi 平方测量	此度量等于由组合频率的平方根标准化的卡方测量
二元	欧氏距离	根据四重表计算 SQRT(b+c) 得到，其中 b 和 c 代表对应于在一项上存在但在另一项上不存在的个案的对角单元
	平方欧氏距离	计算非协调的个案数目。它的最小值为 0，没有上限
	大小差	非对称性指数，其范围为 0～1
	模式差	用于二分类数据的非相似性测量，其范围为 0～1。根据四重表计算 bc/(n**2) 得到，其中 b 和 c 代表对应于在一项上存在但在另一项上不存在的个案的对角单元，n 为观察值的总数
	方差	根据四重表计算 (b+c)/7n 得到，其中 b 和 c 代表对应于在一项上存在但在另一项上不存在的个案的对角单元，n 为观察值的总数。其范围为 0～1
	形状	此距离测量的范围为 0～1，它对不匹配项的非对称性加以惩罚
	兰斯-威廉姆斯	又称为 Bray-Curtis 非量度系数，根据四重表计算 (b+c)/(2a+b+c) 得到，其中 a 代表对应于两项上都存在的个案的单元，b 和 c 代表对应于在一项上存在但在另一项上不存在的个案的对角单元。其范围为 0～1

此外，若选中"二元"单选按钮，则用户可以更改"存在"和"不存在"字段，以指定可指示某个特征存在或不存在的值，存在的默认值为 1，不存在的默认值为 0。该过程将忽略所有其他值。

- "转换值"选项组：设置计算距离之前对观测量或变量进行标准化的方法，但是对二元变量不能进行标准化。当在"测量"选项组中选中"区间"或"计数"单选按钮时，"转换值"选项组将被激活，"标准化"下拉列表如图 4-18 所示。

"标准化"下拉列表中除"无"外，可选的标准化方法如下。

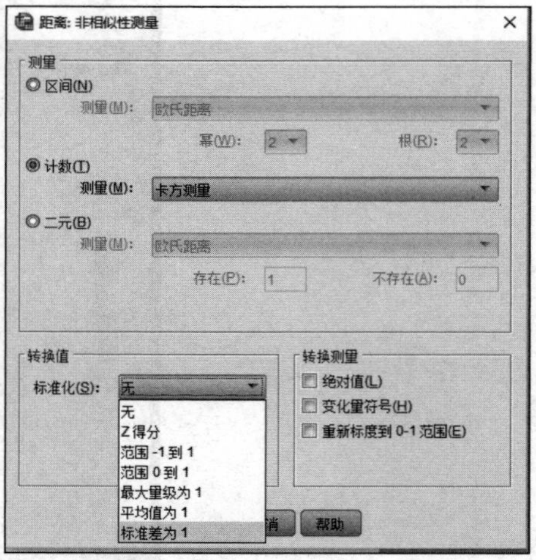

- Z 得分：将每个观测量或变量值标准化到均值为 0，标准差为 1 的 Z 得分。

图 4-18　"转换值"选项组中的"标准化"下拉列表

- 范围-1 到 1：将每个观测量或变量值都除以观测量或变量值的全距，然后将它们标准化到-1~1 之间。
- 范围 0 到 1：将每个观测量或变量值减去它们的最小值，然后除以极差将它们标准化到 0~1 之间。
- 最大量级为 1：将每个观测量或变量值除以最大值，然后将它们标准化到最大值 1。
- 平均值为 1：将每个观测量或变量值除以它们的均值，然后将它们标准化到 1。
- 标准差为 1：将每个观测量或变量值都除以它们的标准差，然后将它们标准化到 1。

除"无"外，以上各标准化方法均需指定标准化的对象。若选中"按变量"单选按钮，则表示对变量进行标准化；若选中"按个案"单选按钮，则表示对每个观测量进行标准化。

- "转换测量"选项组：设置对距离测度结果进行转换的方法，可用的选项有绝对值、变化量符号和重新标度到 0~1 范围。有的符号可以表示相关性的方向，当仅对相关性的大小感兴趣时，可选中"绝对值"复选框。若选中"变化量符号"复选框，则表示改变距离的符号，如此可以把非相似性测度转换成相似性测度，反之亦然；若选中"重新标度到 0~1 范围"复选框，则表示转换后的取值范围是 0~1，对已经在"转换值"选项组中进行相关设置的测度不再使用此方法。

单击"继续"按钮回到"距离"对话框。在"测量"选项组中选中"相似性"单选按钮，弹出"距离：相似性测量"对话框，如图 4-19 所示。

图 4-19　"距离：相似性测量"对话框

对话框选项设置/说明

"距离：相似性测量"与"距离：非相似性测量"对话框大体相似，仅在测量标准中有所差别。"距离：相似性测量"对话框中没有"计数"复选框，"区间"及"二元"单选按钮下"测量"下拉列表也稍有不同。

● "测量"选项组：相似性测量方法下，该选项组中"区间"和"二元"单选按钮下"测量"下拉列表分别如图 4-20 和图 4-21 所示。

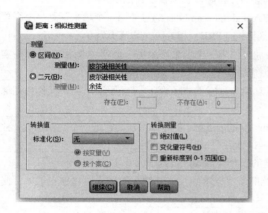

图 4-20 相似性测量方法下"区间"单选按钮　　图 4-21 相似性测量方法下"二元"单选按钮
　　　　中的"测量"下拉列表　　　　　　　　　　　　中的"测量"下拉列表

各选项的含义如表 4-3 所示。

表4-3　"测量"下拉列表中各选项及其含义

测　　量	测度方法	含义及其他
区间	皮尔逊相关性	表示两个值矢量之间的积矩相关性，是定距数据的缺省相似性测量
	余弦	表示两个值矢量之间角度的余弦
二元	拉塞尔-拉奥	内积的二元版本，对匹配项和不匹配项给予相等的权重，这是二元相似性数据的缺省度量
	简单匹配	这是匹配项与值总数的比率，对匹配项和不匹配项给予相等的权重
	杰卡德	在此指数中，不考虑联合不存在项，对匹配项和不匹配项给予相等的权重，又称为相似率
	掷骰	在此指数中，不考虑联合不存在项，对匹配项给予双倍权重，又称 Czekanowski（切卡诺夫斯基）或 Sorensen 度量
	罗杰斯-塔尼莫特	在此指数中，对不匹配项给予双倍权重
	索卡尔-施尼斯 1	在此指数中，对匹配项给予双倍权重
	索卡尔-施尼斯 2	在此指数中，对不匹配项给予双倍权重，不考虑联合不存在项
	索卡尔-施尼斯 3	这是匹配项与不匹配项的比率，此指数有下限 0，无上限。理论上，当没有不匹配项时，此指数就未定义，然而，"距离"在未定义该值或该值大于 9999.999 时会指定随意值 9999.999

（续表）

测 量	测度方法	含义及其他
二元	切卡诺夫斯基 1	这是联合存在项与所有不匹配项的比率，此指数有下限 0，无上限。理论上，当没有不匹配项时，此指数就未定义，然而，"距离"在未定义该值或该值大于 9999.999 时会指定随意值 9999.999
	切卡诺夫斯基 2	此指数基于特征在一个项中存在的情况下也在另一个项中存在的条件概率。将充当另一个项的预测变量的各个项的值进行平均，以计算此值
	索卡尔-施尼斯 4	此指数基于一个项中的特征与另一个项中的值相匹配的条件概率。将充当另一个项的预测变量的各个项的值进行平均，以计算此值
	哈曼	此指数为匹配数减去不匹配数，再除以总项数。其范围为-1~1
	Lambda	此指数为 Goodman 和 Kruskal 的 Lambda。通过使用一个项来预测另一个项（双尾），从而与误差降低比例（PRE）相对应。其范围为 0~1
	安德伯格 D	类似于 Lambda，此指数通过使用一个项来预测另一个项（双尾），从而与实际误差降低相对应。其范围为 0~1
	尤尔 Y	此指数为 2 * 2 表的交比函数，独立于边际总计，其范围为-1~1，又称为捆绑系数
	尤尔 Q	此指数为 Goodman 和 Kruskal 的 gamma 的特殊情况。它是一个交比函数，独立于边际总计，其范围为-1~1
	落合	此指数是余弦相似性测量的二分类形式，其范围为 0~1
	索卡尔-施尼斯 5	此指数是正匹配和负匹配的条件概率的几何平均数的平方。它独立于项目编码，其范围为 0~1
	Phi 4 点相关	此指数是 Pearson（皮尔逊）相关系数的二分类模拟，其范围为 -1~1
	离散	此指数的范围为-1~1

此外，用户还可以更改"存在"和"不存在"字段，以指定可指示某个特征存在或不存在的值。存在的默认值为 1，不存在的默认值为 0，该过程将忽略所有其他值。

- "转换值"选项组：与"距离：非相似性度量"对话框中的相关设置相同，在此不再赘述。
- "转换测量"选项组：与"距离：非相似性度量"对话框中的相关设置相同，在此不再赘述。

03 本例中设置均选择默认值，单击"继续"按钮回到"距离"对话框，然后单击"确定"按钮，进入计算分析。

计算机运行完成后得到的结果如图 4-22 和图 4-23 所示。

个案处理摘要

	个案					
	有效		缺失		总计	
个案数	百分比	个案数	百分比	个案数	百分比
12	100.0%	0	0.0%	12	100.0%

图 4-22 描述性统计量

近似值矩阵

值 的向量之间的相关性

	上海平均相对湿度（%）	南京平均相对湿度（%）	杭州平均相对湿度（%）
上海平均相对湿度（%）	1.000	.788	.845
南京平均相对湿度（%）	.788	1.000	.874
杭州平均相对湿度（%）	.845	.874	1.000

这是相似性矩阵

图 4-23 近似值矩阵分析结果

> **实验结论**

图 4-22 给出了基本的描述性统计量的计算结果，包括参与分析有效观测样本数、缺失样本数等。

图 4-23 给出的是各变量之间的近似值矩阵，由近似值矩阵可以看出各变量间的相似性，该表与相关系数矩阵非常类似，但又有所不同。可以非常明显地看出，上海平均相对湿度与南京平均相对湿度之间的相似性为 0.788，上海平均相对湿度与杭州平均相对湿度之间的相似性为 0.845，杭州平均相对湿度与南京平均相对湿度之间的相似性为 0.874。所以相对而言，杭州平均相对湿度与南京平均相对湿度相似度最高。

实验 4-4　线性回归分析

素材文件：sample/Chap04/shuidaochanliang.sav	
多媒体教学文件：视频/实验 4-4.mp4	

> **实验基本原理**

回归分析是统计学中的基本分析方法，一般用来解决以下问题：第一，确定因变量与若干个因素变量之间联系的定量表达式，通常称为回归方程或数学模型，并确定它们联系的密切程度；第二，通过控制可控变量的数值，借助于求出的数学模型来预测或控制因变量的取值和精度；第三，进行因素分析，从影响变量变化的因素变量中寻找出哪些因素对因变量的影响最为显著，哪些因素的影响不那么显著，以区别重要因素和次要因素。回归分析主要研究变量之间的线性关系，称为线性回归分析，线性回归分析是基于最小二乘法原理产生的古典统计假设下的统计分析方法，用来研究一个或多个自变量与一个因变量之间是否存在某种线性关系。如果引入回归分析的自变量只有一个，就是简单线性回归分析；如果引入回归分析的自变量有两个以上，就是多元线性回归分析，简单线性回归是多元线性回归的特例。多元线性回归的一般数学模型是：

$$Y_i = \beta_0 + \beta_1 x_{i1} + ... + \beta_p x_{p1} + \varepsilon_i \qquad i = 1, 2, ..., n$$

其中，$x_{i1}, x_{i2}, ..., x_{ip}$ 分别为第 i 次观测时自变量 $x_1, x_2, ..., x_p$ 的取值，Y_i 为因变量 Y 的观测值。假定 ε_i（i=1,2,...,n）相互独立，且均服从同一正态分布 $N(0, \sigma^2)$，2 是未知参数，回归分析需要对模型中的未知参数 $\beta_0, \beta_1, ..., \beta_p$ 及 2 做出估计，并对建立的回归方程的参数和设定进行检验，对于通过检验的模型，我们可以用来解释现象并对未来进行预测。关于线性回归模型的详细理论可以参考数理统计或经济计量学的相关教材。

> **实验目的与要求**

实验目的：通过本次试验掌握回归分析的基本思想和方法，理解最小二乘法的计算步骤，理解模型的设定 F 检验和变量显著性 T 检验，并能够根据检验结果对模型的合理性进行判断，进而改进模型。理解残差分析的意义和重要性，会对模型的回归残差进行正态性和独立性检验，从而判断模型是否符合回归分析的基本假设。

实验要求：能够运用回归分析方法分析多个变量对一个变量的影响，了解回归方程中各个回归系数和检验统计量的含义，掌握对模型进行设定检验和变量显著性检验的方法，能够通过残差分析判断残差是否存在自相关和多重共线性，进而判断模型的正确性。对于分析结果的各种图形特别是正态概率 P-P 图，要掌握其含义并熟练应用。

▶ 实验内容及数据来源

本次实验使用的是某地区 1973 年~1990 年水稻产量和水稻播种面积、化肥使用量、生猪存栏数以及水稻扬花期降雨量的数据资料，数据中有 18 个观测样本，代表了 1973~1990 共 18 个年份，有 id（序号）、x1（水稻播种面积）、x2（化肥使用量）、x3（生猪存栏数）、x4（水稻扬花期降雨量）、y（水稻总产量）及 year（年份）7 个属性变量。图 4-24 给出了部分数据，完整的数据见本书附赠资源 Chap04 文件夹下的"shuidaochanliang.sav"文件。实验的内容是用线性回归分析为该地区水稻产量寻求一个恰当的回归模型，分析产量与对它具有显著影响的因素之间的关系。

	id	x1	x2	x3	x4	y	year
1	1	147.00	2.00	15.0	27.0	154.50	73
2	2	148.00	3.00	26.0	38.0	200.00	74
3	3	154.00	5.00	33.0	20.0	227.50	75
4	4	157.00	9.00	38.0	33.0	200.00	76
5	5	153.00	6.50	41.0	43.0	208.00	77
6	6	151.00	5.00	39.0	33.0	229.50	78
7	7	151.00	7.50	37.0	46.0	265.50	79
8	8	154.00	8.00	38.0	78.0	229.00	80
9	9	155.00	13.50	44.0	52.0	303.50	81
10	10	155.00	18.00	51.0	22.0	270.50	82

图 4-24　数据集 shuidaochanliang.sav 的部分数据

▶ 实验操作指导

实验的操作步骤如下：

01 选择"文件｜打开｜数据"命令，打开 shuidaochanliang.sav 数据表。

02 选择"分析｜回归｜线性"命令，弹出"线性回归"对话框，如图 4-25 所示。在左侧变量框中选择"y（水稻总产量）"变量，单击 ▶ 按钮，将其选入右侧的"因变量"列表框中，作为模型的被解释变量。再分别选择"x1（水稻播种面积）""x2（化肥使用量）""x3（生猪存栏数）"和"x4（水稻扬花期降雨量）"变量，单击 ▶ 按钮，将其选入"自变量"列表框中，作为模型的解释变量。在"方法"下拉列表中指定自变量进入分析的方式。通过选择不同的方法，可对相同的变量建立不同的回归模型。

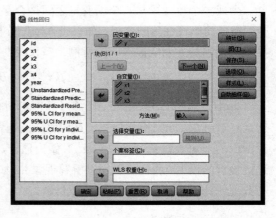

图 4-25　"线性回归"对话框

对话框选项设置/说明

建立线性回归的方法有以下 5 种。

- **输入**：全部备选变量一次进入回归模型。

- 步进：在每一步中，一个最小概率（概率小于设定值）的变量将引入回归方程。若已经引入回归方程的变量的概率大于设定值，则被剔除回归方程；若无变量被引入或被剔除时，则终止回归过程。

- 除去：将所有不进入方程模型的备选变量一次剔除。

- 后退：一次性将所有变量引入方程，并依次进行剔除。首先剔除与因变量最小相关且符合提出标准的变量，然后剔除第二个与因变量最小相关并且符合提出标准的变量，依次类推。当方程中的变量均不满足剔除标准时，回归过程终止。

- 前进：被选变量依次进入回归模型。首先引入与因变量最大相关且符合引入标准的变量，引入第一个变量，然后引入第二个与因变量最大偏相关并且符合引入标准的变量，依次类推。当无变量符合引入标准时，回归过程终止。

无论选择哪种汇总引入方法，进入方程的变量必须符合容许偏差，默认的容许偏差是 0.0001。同样一个变量若使模型中变量的容许偏差低于默认的容许偏差，则不进入方程。

"选择变量"列表框用于指定分析个案的选择规则；"WLS 权重"列表框利用加权最小平方法给观测量不同的权重值，它可用来补偿或减少采用不同测量方式所产生的误差。需要注意的是，因变量与自变量不能再作为加权变量使用，如果加权变量的值是零、负数或缺失值，则相对应的观测量将被删除。

03 单击"统计"按钮，弹出"线性回归：统计"对话框，如图 4-26 所示。

对话框选项设置/说明

"回归系数"选项组中有 3 个选项。

- 估算值：输出回归系数、回归系数的标准误、标准化回归系数 Beta、对回归系数进行检验的 T 值、T 值的双侧检验的显著性水平。

- 置信区间：输出每一个非标准化回归系数 95％的可信区间或一个方差矩阵。

- 协方差矩阵：输出非标准化回归系数的协方差矩阵、各变量的相关系数矩阵。

这里我们只选中"估算值"复选框就可以了。右侧是与模型拟合及其拟合效果有关的选项，它们的含义如下。

- 模型拟合：输出产生方程过程中引入模型及从模型中删除的变量，提供复相关系数 R、复相关系数平方及其修正值、估算值的标准误、ANOVA 方差分析表等，这是默认选项。

- R 方变化量：输出的是当回归方程中引入或剔除一个自变量后 R 平方的变化量。如果较大，就说明进入和从回归方程剔除的可能是一个较好的回归自变量。

- 描述：输出合法观测量的数量、变量的平均数、标准差、相关系数矩阵及其单侧检验显著性水平矩阵。

- 部分相关性和偏相关性：输出部分相关系数、偏相关系数与零阶相关系数。部分相关性是指对于因变量与某个自变量，当已移去模型中的其他自变量对该自变量的线性效应之后，因变量与该自变量之间的相关性。当变量添加到方程时，它与 R 方的更改有关，有时称为半部分相关。偏相关性是指两个变量之间剩余的相关性，对于因变量与某个自变量，当已移去模型中的其他自变量对上述两者的线性效应之后，这两者之间的相关性。

- 共线性诊断：输出用来诊断各变量共线性问题的各种统计量和容限值。由于一个自变量是其他自变量的线性函数时所引起的共线性（多重共线性）是不被期望的，因此显示已标度和未中心化交叉积矩阵的特征值、条件指数和方差-分解比例，以及个别变量的方差膨胀因子（VIF）和容差。

"残差"选项组中是有关残差分析的选项。

- 德宾-沃森（Durbin-Watson 检验统计量）：用来检验残差是否存在自相关。
- 个案诊断：输出观测量诊断表。选择该项后将激活下面两个单选按钮。
  - ➢ 离群值（超出 n 倍标准差以上的个案为异常值）：用来设置异常值的判据，默认 n 为 3。
  - ➢ 所有个案：表示输出所有观测量的残差值。由于我们的数据是时间序列，有可能存在自相关，因此选择德宾-沃森（Durbin-Watson 检验统计量）来检验残差是否存在自相关。

04 单击"继续"按钮回到"线性回归"对话框。单击"图"按钮，打开"线性回归：图"对话框，如图 4-27 所示。

图 4-26　"线性回归：统计"对话框　　　　图 4-27　"线性回归：图"对话框

对话框选项设置/说明

这里提供绘制散点图、直方图等功能，通过观察这些图形有助于确认样本的正态性、线性和等方差性，同时有助于发现和察觉那些异常观测值和超界值。

从左侧变量框中选择变量决定绘制何种散点图，DEPENDNT：因变量、ADJPRED：经调整的预测值、ZPRED：标准化预测值、SRESID：学生化残差、ZRESID：标准化残差、SDRESID：学生化剔除残差、DRESID：剔除残差，这里我们分别把因变量和标准化残差选为 Y 和 X 轴进行绘图。通过观察残差图可以验证回归模型是否符合经典回归模型的基本假设。

左下方的"标准化残差图"选项组可以决定是否输出标准化残差图："直方图""正态概率图"。对话框中还有一个"生成所有局部图"复选框，选择它将输出每一个自变量对于因变量残差的散点图。这里我们不选择这个选项，因为在实验中并不需要分析所有自变量的残差与因变量残差的关系。

---

05 单击"继续"按钮回到"线性回归"对话框。单击"保存"按钮，打开"线性回归：保存"对话框，如图 4-28 所示。

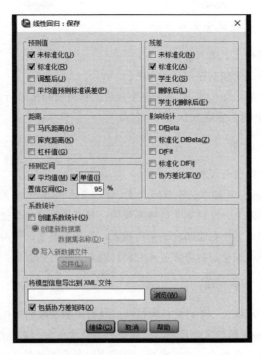

图 4-28　"线性回归：保存"对话框

对话框选项设置/说明

选择该对话框中的选项，可决定将预测值、残差或其他诊断结果值作为新变量保存于当前工作文件或者保存到新文件。

"预测值"选项组可以选择输出回归模型中每一观测值的预测值，包括以下 4 个选项。

- 未标准化：模型中因变量的预测值。
- 标准化：将每个预测值转换为标准化形式，即用预测值与平均预测值之差除以预测值的标准差。
- 调整后：在回归系数的计算中剔除当前个案时，当前个案的预测值。
- 平均值预测标准误差：与自变量相同数值的因变量均值的标准误。

这里我们选中"标准化"和"未标准化"复选框。下面的"距离"选项组可以决定将自变量的异常观测值和对回归模型产生较大影响的观测值区分出来，有以下几个选项。

- 马氏距离：又称为 Mahalanobis 距离（马哈拉诺比斯距离），是一个测量自变量观测值中有多少观测值与所有观测量均值不同的测度，把马氏距离数值大的观测量视为极端值。
- 库克距离（Cook 距离）：如果一个特殊的观测值被排除在回归系数的计算之外时，那么库克距离用于测量所有观测量的残差将会有很大的变化。库克距离数值大的观测量被排除在回归分析的计算之外，会导致回归系数发生实质性变化。
- 杠杆值：用于测度回归拟合中一个点的影响，中心化杠杆值范围从 0~(N-1)/ N。若拟合中没有影响，则杠杆值为 0。

因为在本次实验中我们不分析异常值，所以不选择这几个选项。

"预测区间"选项组中各选项的含义如下。

- 平均值：均值预测区间的上下限。
- 单值：因变量的单个观测量预测区间的上下限。
- 置信区间：在文本框中输入 1～99.99 中的一个数值，作为预测区间的置信概率，通常选用的置信概率为 90%、95% 或 99%，系统默认值为 95%。

"残差"选项组中有 5 个选项。

- 未标准化：因变量的实际值与预测值之差。
- 标准化：未标准化残差被估计标准误除后的数值，即所谓的 Pearson 残差，其均值为 0，标准差为 1。
- 学生化：从一个观测量到另一个观测量的残差被估计标准差除后的数值。
- 删除后：从回归系数的计算中剔除的观测量的残差，等于因变量的值与经调整的预测值之差。
- 学生化删除后：是一个观测量的剔除残差被它的标准误差除后的数值。

"影响统计"选项组中有 5 个选项。

- DfBeta：Beta 值之差，是排除一个特定观测值所引起的回归系数的变化。
- 标准化 DfBeta 值：Beta 值的标准化残差，为剔除一个个案后回归系数改变的大小。
- DfFit：拟合值之差，是由于排除一个特定观测值所引起的预测值的变化。
- 标准化 DfFit：是拟合值的标准差。
- 协方差比率：是一个被从回归系数计算中剔除的特定观测值的协方差矩阵与包括全部观测量的协方差矩阵的比率。如果这个比率接近于 1，就说明这个特定观测值对于协方差矩阵的变更没有显著的影响。

选中"系数统计"选项组中的"写入新数据文件"单选按钮，然后单击"文件"按钮，弹出"线性回归：保存到文件"对话框，可以将回归系数或参数估计的值保存到指定的新文件中去。最下面是"将模型信息导出到 XML 文件"选项组，可以单击"浏览"按钮指定文件名及路径。

06 单击"继续"按钮回到"线性回归"对话框。单击"选项"按钮，打开"线性回归：选项"对话框，如图 4-29 所示。

图 4-29　"线性回归：选项"对话框

对话框选项设置/说明

该对话框用于为变量进入方程设置 F 检验统计量的标准值，以及确定缺失值的处理方式。

"步进法条件"选项组中设置的是作为决定变量的进入或移出回归方程的标准，有以下两种选择。

- 使用 F 的概率：使用 F 的概率作为决定变量的进入或移出回归方程的标准。在"进入"和"除去"文本框中各输入一个数值，系统默认值分别为 0.05 和 0.10。若 F 统计量的显著性概率小于 0.05，则变量被引入回归方程；若显著性概率大于 0.10；则变量被移出回归方程。

- 使用 F 值：使用 F 统计量值本身作为决定变量的进入或移出回归方程的标准。在"进入"和"除去"文本框中各输入一个数值，这两个值的系统默认值分别为 3.84 和 2.71。若 F 大于 3.84，则变量被引入回归方程；若 F 小于 2.71，则变量被移出回归方程。

"在方程中包括常量"复选框为系统默认的选项。如果不选择该选项，则迫使回归方程通过坐标原点。

"缺失值"选项组中设置的是对含有缺失值的个案处理方式，有 3 种方式。

- 成列排除个案：只包括全部变量的有效观测值。
- 成对排除个案：成对地剔除计算相关系数的变量中含有缺失值的观测量。
- 替换为平均值：用变量的均值替代缺失值。

这里我们选择系统默认的选项，即"成列排除个案"。

07 以上全部设置完成后单击"继续"按钮回到"线性回归"对话框，然后单击"确定"按钮，进入计算分析。

计算机运行完成后得到的结果如图 4-30~图 4-38 所示。

实验结论

图 4-30 给出了基本的描述统计量，显示各个变量的全部观测量的均值、标准偏差和 N（观测量总数）。图 4-31 给出了相关系数矩阵，其中显示了 5 个自变量两两间的 Pearson 相关系数，以及关于相关关系等于零的假设的单尾显著性检验概率。

描述统计			
	平均值	标准偏差	个案数
y	281.3611	82.07221	18
x1	155.1111	4.47067	18
x2	28.4444	32.88656	18
x3	45.556	14.1389	18
x4	42.167	15.6327	18

图 4-30 描述统计量

从图中看到因变量 Y（水稻总产量）与自变量 x1、x2、x3 之间相关系数依次为 0.798、0.913、0.887，反映水稻总产量与播种面积、化肥施用量、生猪存栏数之间存在显著的相关关系。说明肥料（化肥和农家肥料）对粮食作物产量的增长有显著的作用，同时粮食的产量与播种面积之间的线性相关关系更是显而易见的。自变量 x4 与因变量 Y 之间的相关系数为 0.293，它与其他几个自变量之间的相关系数也都比较小，说明它们之间的线性关系不显著。这反映降雨过程作为完全随机的自然现象，与生产活动中人为控制的自变量之间的关系本来就应该是相互独立的，这个结果无疑是符合常识的。此外，播种面积与化肥施用量、生猪存栏数之间的相关系数分别为 0.774 和 0.882，这也说明它们之间存在较为显著的相关关系，按照常识它们之间的线性相关关系也是符合事实的。化肥施用量与生猪存栏数之间的相关系数为 0.826，说明这二者相关关系也是显著的。

图 4-32 给出了进入模型和被除去的变量的信息，从中我们可以看出，4 个自变量都进入了模型，说明我们的解释变量都是显著且具有解释力的。

图 4-33 给出了模型整体拟合效果的概述，模型的拟合优度系数为 0.956，反映了因变量与自变量之间具有高度显著的线性关系。图中还显示了 R 方及经调整的 R 值估算标准误差，同时还给出了德宾-沃森检验值 2.712，德宾-沃森检验统计量是一个用于检验一阶变量自回归形式的序列相关问题的统计量，数值在 2~4 之间说明模型变量无序列相关。

相关性		y	x1	x2	x3	x4
皮尔逊相关性	y	1.000	.798	.913	.887	.293
	x1	.798	1.000	.774	.782	.251
	x2	.913	.774	1.000	.826	.137
	x3	.887	.782	.826	1.000	.148
	x4	.293	.251	.137	.148	1.000
显著性（单尾）	y	.	.000	.000	.000	.119
	x1	.000	.	.000	.000	.157
	x2	.000	.000	.	.000	.294
	x3	.000	.000	.000	.	.279
	x4	.119	.157	.294	.279	.
个案数	y	18	18	18	18	18
	x1	18	18	18	18	18
	x2	18	18	18	18	18
	x3	18	18	18	18	18
	x4	18	18	18	18	18

图 4-31 相关系数矩阵

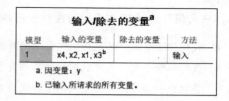

图 4-32 变量进入/除去

图 4-34 给出了方差分析，从中可以看到模型的设定检验 F 统计量的值为 34.362，显著性水平的 P 值几乎为零，即模型通过了设定检验。也就是说，因变量与自变量之间的线性关系明显。

模型摘要 b					
模型	R	R 方	调整后 R 方	标准估算的错误	德宾-沃森
1	.956 a	.914	.887	27.58860	2.712

a. 预测变量：(常量)，x4，x2，x1，x3
b. 因变量：y

图 4-33 模型汇总

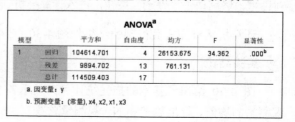

图 4-34 方差分析

图 4-35 给出了回归系数和变量显著性检验的 T 值，从中可以发现变量 x1 和变量 x4 的 T 值太小，没有达到显著性水平，因此我们要将这两个变量除去，从这里也可以看出，模型虽然通过了设定检验，但很有可能不能通过变量的显著性检验。

图 4-36 给出了残差分析，图中显示了预测值、残差、标准化预测值、标准化残差的极小值、极大值、平均值、标准偏差及样本容量。根据概率的 3 西格玛原则，标准化残差的绝对值最大为 1.680，小于 3，说明样本数据中没有奇异值。

系数[a]

模型		未标准化系数		标准化系数		
		B	标准错误	Beta	t	显著性
1	(常量)	10.352	387.360		.027	.979
	x1	.622	2.647	.034	.235	.818
	x2	1.367	.388	.548	3.522	.004
	x3	2.237	.915	.385	2.444	.030
	x4	.801	.444	.153	1.803	.095

a. 因变量: y

图 4-35　回归系数

残差统计[a]

	最小值	最大值	平均值	标准偏差	个案数
预测值	159.6674	435.8036	281.3611	78.44620	18
标准预测值	-1.551	1.969	.000	1.000	18
预测值的标准误差	8.426	23.887	13.851	4.554	18
调整后预测值	166.5405	460.6700	284.2762	81.53042	18
残差	-46.35484	38.23782	.00000	24.12553	18
标准残差	-1.680	1.386	.000	.874	18
学生化残差	-1.831	1.469	-.039	.998	18
剔除残差	-61.29354	42.95239	-2.91508	32.28039	18
学生化剔除残差	-2.042	1.545	-.058	1.048	18
马氏距离	.641	11.800	3.778	3.186	18
库克距离	.000	.415	.072	.103	18
居中杠杆值	.038	.694	.222	.187	18

a. 因变量: y

图 4-36　残差统计

图 4-37 和图 4-38 给出了模型残差的直方图和正态概率 P-P 图，由于我们在模型中始终假设残差服从正态分布，因此可以从这两张图中直观地看出回归后的实际残差是否符合我们的假设。从回归残差的直方图与附于图上的正态分布曲线相比较，可以认为残差分布不是明显地服从正态分布。尽管这样，也不能盲目地否定残差服从正态分布的假设，因为我们用来进行分析的样本太小，样本容量仅为 18。从正态概率 P-P 图来看，该图也是用来比较残差分布与正态分布差异的，图的纵坐标为期望的累计概率，横坐标为观测的累计概率，图中的斜线对应着一个均值为 0 的正态分布。如果图中的散点密切地散布在这条斜线附近，就说明随机变量残差服从正态分布，从而证明样本确实是来自于正态总体；如果偏离这条直线太远，就应该怀疑随机变量的正态性。基于以上认识，从图中的散点分布状况来看，18 个散点大致散布于斜线附近，因此可以认为残差分布基本上是正态的。

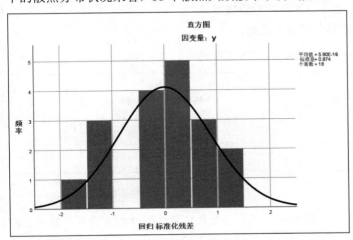

图 4-37　残差分布直方图

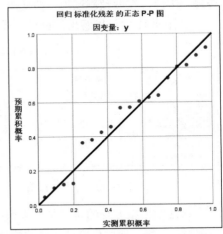

图 4-38　正态概率 P-P 图

从图 4-35 的分析结果来看，由于变量 x1 和变量 x4 的 T 值太小，因此没有达到统计意义上的显著性水平，形成这一点的原因与我们在图 4-25 "线性回归" 对话框中选择使用的线性回归分析方法紧密相关，因为本例我们设置的是输入，所以就把全部备选变量一次选进了回归模型，都参与回归且不会除去系数不够显著的变量。如果我们选择步进、后退、前进等方式，SPSS 就会自行对模型进行优化，最终模型会自动除去系数不够显著的变量。以后退法为例，SPSS 会首先一次性将所有变量引入方程，然后依次进行剔除，即先除去与因变量最小相关且符合提出标准的变量，再除去第二个与因变量最小相关并且符合提出标准的变量，依次类推。当方程中的变量均不满足剔除标准时，就终止回归过程。

为了进一步对现有模型进行优化和改进，需要除去 x1 和 x4 两个变量。利用本次实验中使用的方法和步骤重新令 Y 对 x2 和 x3 回归，得到的主要结果如图 4-39~图 4-41 所示。与上面的分析类似，从图 4-39 中可以看出，除去 x1 和 x4 两个变量后，模型拟合优度为 0.889，比原来有所降低。这一点也是比较好理解的，因为在假定模型不存在多重共线性的情况下，所使用的解释变量越多，通常越能更多地解释变量，而减少解释变量则意味着解释变量信息的流失，不可避免地会在一定程度上削弱解释能力。当然这也并不说明我们在构建回归方程模型时解释变量的个数多多益善，因为如果解释变量之间存在较多的信息重叠，就会降低模型的效率。回归模型的构建就是要在解释能力和回归效率之间寻求一种平衡。

模型摘要[b]

模型	R	R 方	调整后 R 方	标准估算的错误	德宾-沃森
1	.943[a]	.889	.874	29.09883	2.150

a. 预测变量：(常量), x3, x2

b. 因变量: y

图 4-39　模型汇总图

图 4-40 方差分析的 F 检验与原来模型相同，都通过了模型设定检验。新模型与原来的模型相比，各个系数都通过了显著性 T 检验，从而可以得出结论：除去 x1 和 x4 两个变量后的模型更加合理。因此，在做预测过程中要使用除去不显著变量后的模型。

从图 4-41 中可以看出，最终形成的回归模型方程是：

$$Y = 1.419 \times X2 + 2.421 \times X3 + 130.698$$

ANOVA[a]

模型		平方和	自由度	均方	F	显著性
1	回归	101808.273	2	50904.137	60.118	.000[b]
	残差	12701.129	15	846.742		
	总计	114509.403	17			

a. 因变量: y

b. 预测变量：(常量), x3, x2

图 4-40　方差分析图

系数[a]

模型		未标准化系数		标准化系数	t	显著性
		B	标准错误	Beta		
1	(常量)	130.698	32.680		3.999	.001
	x2	1.419	.380	.569	3.733	.002
	x3	2.421	.884	.417	2.737	.015

a. 因变量: y

图 4-41　回归系数图

该回归模型方程的含义是：本例中研究的水稻总产量会受到化肥使用量和生猪存栏数的正向显著影响。每一单位化肥使用量的增加会带来水稻总产量 1.419 单位的增加，而且这种增加在统计意义上是非常显著的；每一单位生猪存栏数的增加会带来水稻总产量 2.421 单位的增加，而且这种增加在统计意义上是非常显著。此外，水稻播种面积、水稻扬花期降雨量没有被包含在模型方程中，说明本例中研究的水稻总产量不会受到水稻播种面积和水稻扬花期降雨量的正向显著影响。值得注意的是，这一点显然是不符合常理的，因为水稻播种面积显然会影响水稻总产量，而且显然是正向影响，这在一定程度上也说明了本例统计的局限性，本文使用的样本量还不够大。

实验 4-5　二元 Logistic 回归分析

实验基本原理

| 素材文件：sample/Chap04/baixuebing.sav |
| 多媒体教学文件：视频/实验 4-5.mp4 |

在现实世界中，经常需要判断一些事情是否将要发生，例如候选人是否会当选、医生告知病人是否患有冠心病、某人的生意是否获得成功。类似问题的特点是因变量只有两个值，即发生（是）或不发生（否），这就要求建立的模型必须保证固变量的取值是 0 或 1。可是，大多数模型的因变量值常常处于一个实数集中，与因变量只有两个值的条件相悖。因为一般回归分析要求直接预测因变量的数值，要求因变量呈现正态分布，并且各组中具有相同的方差—协方差矩阵。我们这里要介绍另外一种对因变量数据假设要求不高，并且可以用来预测具有两分特点的因变量概率的统计方法——二元 Logistic 回归模型。所谓二元 Logistic 模型，或者说二元 Logistic 回归模型，就是人们想为两分类的因变量建立一个回归方程，不过概率的取值在 0~1 之间，而回归方程的因变量取值是在实数集中，这样概率的取值就会出现 0~1 范围之外的不可能结果。因此，将概率做一个 Logit 变换，其取值区间就变成了整个实数集，得出的结果就不会有问题了，该方法也被叫作二元 Logistic 回归。二元 Logistic 回归的一般模型如下：

$$\text{prob(event)} = \frac{e^z}{1 + e^z} = \frac{1}{1 + e^{-z}}$$

其中 $z = b_0 + b_1 x_1 + b_2 x_2 + \dots + b_p x_p$（$p$ 为自变量的个数）。某一事件不发生的概率为 Prob(no event)=1-Prob(event)，Logistic 回归模型的估算使用的是极大似然法和迭代方法。

需要强调的是，在 SPSS 官方网站的帮助文档《*IBM_SPSS_Regression*》中，对二元 Logistic 回归分析的应用条件和相关过程还进行了特别指导。在二元 Logistic 回归分析对数据的要求方面，因变量应为二分变量，自变量可以是区间级别变量或分类变量。如果自变量是分类变量，则它们应经过哑元变量或指示符编码（过程中有一个选项可自动对分类变量进行重新编码）。在假设条件方面，SPSS 25.0 认为二元 Logistic 回归分析与判别分析一样，Logistic 回归不依赖于分布假设。但是，如果预测变量呈多变量正态分布，则求得的解会更稳定。此外，与其他形式的回归相同，预测变量中的多重共线性会导致有偏差的估算和夸大的标准误差。如果组成员为真正的分类变量，则该过程最为有效；如果组成员基于连续变量的值（如高智商与低智商），则应考虑使用线性回归以利用由连续变量本身提供的更为丰富的信息。在相关过程方面，《*IBM_SPSS_Regression*》提示用户使用"散点图"过程过滤数据以获得多重共线性。如果符合多变量正态性和相等方差-协方差矩阵的假设，则使用"判别分析"过程可以更快获得解。如果所有预测变量都是分类变量，则还可以使用"对数线性"过程。如果因变量是连续的，则用户最好使用"线性回归"过程。此外，用户还可以使用"ROC 曲线"过程绘制通过"Logistic 分析"过程保存的概率。

实验目的与要求

实验目的：通过本次实验了解处理二值变量数据的方法；理解二元 Logistic 回归的思想，对比普通线性回归与二元 Logistic 回归的区别；掌握二元 Logistic 回归过程的操作步骤，能够熟练应用此模型对二值变量建立二元 Logistic 模型并进行估算，并对分析结果进行合理的解释。

实验要求：认真理解二元 Logistic 模型的理论基础，了解什么情况下使用二元 Logistic 回归模型是合理的。能够应用 SPSS 中的二元 Logistic 回归过程对实际数据进行分析并解释分析结果，特别是解释模型分类表，从而可以根据这个表评价模型的优劣，同时能够根据评价结果选择模型。

实验内容及数据来源

本次实验使用的数据来自 50 例急性淋巴细胞性白血病的病人在入院治疗时取得的外周血中的细胞数 x1（千个/mm3）、淋巴结浸润等级 x2（分为 0、1、2、3 四级）数据资料，资料中还包括一些其他信息，如出院巩固治疗 x3（有巩固治疗为 1，无巩固治疗为 0）、随访取得病人的生存时间 t（月）、变量 y（生存时间 1 年以内的为 0，1 年以上为 1）以及变量 d（指示变量）。图 4-42 给出了部分数据，完整的数据见本书附赠资源 Chap04 文件夹下的"baixuebing.sav"文件。本次实验的内容是对变量 y 建立二元 Logistic 回归模型，然后进行模型估算并给出分析结论。

	x1	x2	x3	t	y	d
1	2.5	0	0	3.40	0	1
2	1.2	2	0	3.73	0	1
3	173.0	2	0	3.73	0	1
4	3.5	0	0	3.83	0	1
5	119.0	2	0	4.00	0	1
6	39.7	0	0	4.03	0	1
7	10.0	2	0	4.17	0	1
8	62.4	0	0	4.20	0	1
9	502.2	2	0	4.20	0	1
10	2.4	0	0	5.00	0	1

图 4-42　数据集 baixuebing.sav 中的部分数据

实验操作指导

实验的操作步骤如下：

01 选择"文件｜打开｜数据"命令，打开 baixuebing.sav 数据表。

02 选择"分析｜回归｜二元 Logistic"命令，弹出"Logistic 回归"对话框，如图 4-43 所示。在左侧变量框中选择"y（生存时间）"变量，单击按钮，将其选入右侧的"因变量"列表框中，注意，这里的因变量是二值型变量。然后在左侧变量框中分别选择"x1（外周血中的细胞数）""x2（淋巴结浸润等级）""x3（出院巩固治疗）"变量，单击按钮，将其选入"协变量"列表框中。

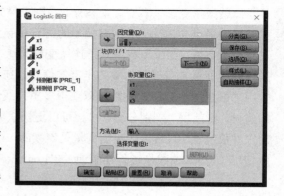

图 4-43　"Logistic 回归"对话框

对话框选项设置/说明

这里可以选择一个或一个以上的协变量。如果要同时选择具有交互作用的变量，就单击">a*b>"按钮，将它们选入"协变量"列表框中。

下面的"方法"下拉列表中可以确定一种自变量进入模型的方式，有以下几种方式。

- 输入：选择此项，自变量将全部进入模型。
- 向前：有条件。表示将变量除去模型的依据是，条件参数估算的似然比统计量的概率值。
- 向前：LR。表示将变量除去模型的依据是，最大偏似然估算所得的似然比统计量的概率值。
- 向前：瓦尔德。表示将变量除去模型是依据 Wald 统计量的概率值。
- 向后：有条件。表示将变量除去模型的依据是，条件参数估算似然比统计量的概率值。
- 向后：LR。表示将变量除去模型的依据是，最大偏似然估算值统计量的概率值。
- 向后：瓦尔德。表示根据 Wald 统计量的概率进行变量的剔除。

无论选择哪种引入方法，进入方程的变量必须符合容许偏差，默认的容许偏差是 0.0001。一个变量若使模型中变量的容许偏差低于默认的容许偏差，则不进入方程。

"选择变量"文本框根据指定变量的取值范围选择参与分析的观测样本，这里不使用这个功能，因为我们将分析全部的观测样本。

03 单击"分类"按钮，弹出"Logistic 回归：定义分类变量"对话框，如图 4-44 所示。

对话框选项设置/说明

在"协变量"列表框中包含了在主对话框中已经选择好的全部协变量的交互项，其中字符中变量或分类变量只能用作分类协变量。"分类协变量"列表框中列出了所选择的分类变量，后面括号中显示的是各组间的对比方案，字符串变量将自动进入"分类协变量"列表框。

"更改对比"选项组用于设置分类协变量中各类水平的对比方式。单击"对比"右侧的下拉按钮进行选择，有以下几种对比方式。

- 指示符：指示出是否同属于参考分类。参考分类在对比矩阵中以一横排 0 表示。
- 简单：每一种分类的预测变量（参考类别以外）效应都与参考类别效应进行比较。
- 差异：除第一类外，每类的预测变量效应都与其前所有各分类的平均效应进行比较，也称逆 Helmert 对比。
- 赫尔默特（Helmert 比较）：除最后一类外，每类的预测变量效应都与其后所有各类的平均效应进行比较。
- 重复：除第一类外，每类的预测变量效应都与前一种分类的效应进行比较。
- 多项式：对于多项式对比，要求每类水平相同，仅适用于数字型变量。
- 偏差：每类的预测变量（参考分类除外）效应与总体效应进行比较。

对于"参考类别"，如果选择了偏差、简单、指示符对比方式，则可选中"最后一个"或"第一个"单选按钮，指定分类变量的第一类或最后一类作为参考类。这些功能在实际工作和研究中可以根据情况选用，在本次实验中我们不使用这些选项，因为三个解释变量都是连续型变量，对其定义分类变量意义不大。

---

04 单击"继续"按钮回到"Logistic 回归"对话框。单击"保存"按钮，弹出"Logistic 回归：保存"对话框，如图 4-45 所示。

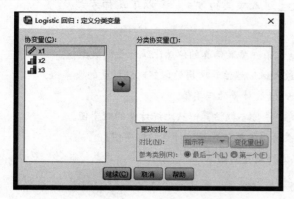

图 4-44 "Logistic 回归：定义分类变量"对话框

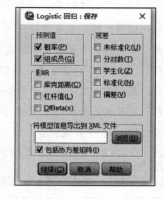

图 4-45 "Logistic 回归：保存"对话框

对话框选项设置/说明

"预测值"选项组中有两个选项。

- 概率（Probabilities）：每个观测量发生特定事件的预测概率。输出中的表显示了任何新变量的名称和内容。"事件"是值较大的从属变量类别，如果从属变量的值取 0 和 1，就保存类别 1 的预测概率。
- 组成员（Predicted Group Membership）：根据预测概率得到每个观测量的预测分组。基于判别分数，具有最大后验概率的组。模型预测该个案所属的组。

在"影响"选项组中可以选择保存每一个观测值的影响力指标，包括库克距离、杠杆值和 DfBeta（Beta 系数的差值）。

- 库克距离（Cook's）：库克距离影响统计的 Logistic 回归模拟。在对回归系数的计算中排除特定个案的情况下，所有个案的残差变化幅度的测量。
- 杠杆值（Leverage Value）：每个观察值对模型拟合度的相对影响。
- DfBeta：beta 值的差分是由于排除了某个特定个案而导致的回归系数的改变。为模型中的每一项（包括常数项）均计算一个值。

在"残差"选项组中可以选择保存哪些类型的残差，包括非标准化、分对数、学生化、标准化和偏差。

- 非标准化（Unstandardized Residuals）：观察值与模型预测值之间的差。
- 分对数（Logit Residual）：使用 logit 刻度对个案进行预测时个案的残差。Logit 是一个商，分子是残差，分母是预测概率乘以 1 与预测概率的差。

- 学生化（Studentized Residual）：排除了某个个案的情况下，模型离差的改变。
- 标准化（Standardized Residuals）：残差除以其标准差的估算。标准化残差也称为 Pearson 残差，它的平均值为 0，标准差为 1。
- 偏差（Deviance）：基于模型偏差的残差。

在实际操作中可以根据需要选择相应的选项。一般情况下，无论选择哪一种或哪几种，得到的结论基本都是相同的，这里我们按图 4-44 所示来设置保存的变量。

05 单击"继续"按钮回到"Logistic 回归"对话框。单击"选项"按钮，弹出"Logistic 回归：选项"对话框，如图 4-46 所示。

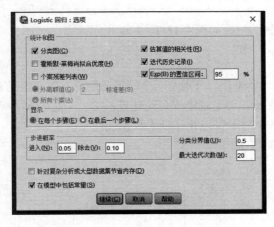

图 4-46　"Logistic 回归：选项"对话框

对话框选项设置/说明

"统计和图"选项组可以设置统计量和图表输出时的各选项，包括分类图、霍斯默-莱梅肖拟合优度、个案残差列表、估算值的相关性、迭代历史记录、Exp(B)的置信区间等，各选项含义如下。

- 分类图：是因变量预测值与观测值的分类直方图。
- 霍斯默-莱梅肖拟合优度：是一种常用的拟合优度统计量。此拟合度统计比用于 Logistic 回归中所用的传统拟合度统计更稳健，特别是对于具有连续协变量的模型和使用小样本的研究。统计基于将个案分组为不同的风险度十分位数并比较每个十分位数中的已观察到的概率与期望概率。
- 个案残差列表：表示非标准化残差、预测概率、观测量的实际与预测分组水平。
- 估算值的相关性：输出方程中各变量估算参数的相关系数矩阵。
- 迭代历史记录：给出每一步迭代输出的相关系数和对数似然比值。
- Exp(B)的置信区间：为指数域置信区间，在此处输入 1~99 的数值，可以得到不同置信度的置信区间。

"显示"选项组中有两种显示方式。

- 在每个步骤：对每步计算过程中输出表、统计量和图形。
- 在最后一个步骤：只输出最终方程的表格、统计量和图形。

"步进概率"选项组可以设置变量进入模型及从模型中剔除的判据。如果变量的概率值小于"进入"的设置值，则变量进入模型中；如果其概率值大于"除去"的设置值，则变量会被除去，"进入"默认值为 0.05，"除去"默认值为 0.10，此处的设置值必须为正数，而且"进入"值必须小于"除去"值。

"分类分界值"可以指定样本分类的节点，预测值大于分类节点的样本为阳性，小于分类节点的样本为阴性，默认值为 0.5，取值范围为 0.01~0.09。"最大迭代次数"输出最大的迭代步数。"在模型中包括常量"设置模型包含常数项。

以上选项都设置完成后，单击"继续"按钮回到"Logistic 回归"对话框，然后单击"确定"按钮，进入计算分析。

计算机运行完成后得到的结果如图 4-47~图 4-58 所示。

▶ 实验结论

实验的分析结果分为两个部分，分别是两个模型的结论：第一个是只选择常数项作为解释变量的模型，图 4-47~图 4-52 给出的是这个模型的结果；第二个是包含了 x1、x2、x3 和常数项作为其解释变量的模型，图 4-53~图 4-58 给出了这个模型的结果。

个案处理摘要

未加权个案数[a]		个案数	百分比
选定的个案	包括在分析中的个案数	50	100.0
	缺失个案数	0	.0
	总计	50	100.0
未选定的个案		0	.0
总计		50	100.0

a. 如果权重为生效状态，请参阅分类表以了解个案总数。

图 4-47 个案处理摘要

因变量编码

原值	内部值
0-生存一年以内	0
1-生存一年以上	1

图 4-48 因变量编码

迭代历史记录[a,b,c]

迭代		-2 对数似然	系数 常量
步骤 0	1	67.302	-.400
	2	67.301	-.405
	3	67.301	-.405

a. 常量包括在模型中。

b. 初始 -2 对数似然: 67.301。

c. 由于参数估算值的变化不足 .001，因此估算在第 3 次迭代时终止。

图 4-49 迭代历史记录

分类表[a,b]

		预测		
		y		
实测		0-生存一年以内	1-生存一年以上	正确百分比
步骤 0	y 0-生存一年以内	30	0	100.0
	1-生存一年以上	20	0	.0
总体百分比				60.0

a. 常量包括在模型中。

b. 分界值为 .500。

图 4-50 初始分类表

块 0：起始块

第一个模型只使用一个常数项作为解释变量，直观上看是很不合理的，图 4-47 给出了个案处理的简单信息，可以看出样本中没有缺失值。

图 4-48 给出了因变量的编码，可以看到生存一年以内的代码为 0，生存一年以上的代码为 1。

方程中的变量

		B	标准误差	瓦尔德	自由度	显著性	Exp(B)
步骤 0	常量	-.405	.289	1.973	1	.160	.667

图 4-51 方程中的变量

未包括在方程中的变量

			得分	自由度	显著性
步骤 0	变量	x1	.856	1	.355
		x2	3.571	1	.059
		x3	16.333	1	.000
	总体统计		18.303	3	.000

图 4-52 不在方程中的变量

图 4-49 给出了第一个模型的迭代过程信息，可以看到模型总共迭代三次，系数最终为-0.405。这个系数在这里只是一个常数解释变量。

图 4-50 给出了模型对样本进行分类的结果，行代表的是样本实际的类别，列代表的是模型将其识别的类别，我们可以看到实际类型是 0 的 30 个样本全部被分为类型 0，正确率是 100%，而实际类型是 1 的 20 个样本也全部被分为类型 0，正确率是 0，因此总的分类正确率是 60%。从这里看出这个模型的性能是很不稳定的，效果并不好，主要是由于解释变量仅取了一个常数。

图 4-51 给出了进入方程的变量，我们可以看到只有一个常数作为解释变量进入模型，其估算值为 -0.405。图 4-52 给出了未进入模型的变量，包括 x1、x2、x3 三个变量。

块 1：方法=输入

第二个模型的结果中，图 4-53 给出了模型估算过程中的迭代信息，整个系数估算过程共迭代 5 次。最终的系数估算结果为：

$$\text{Prob(event)} = \frac{e^{-1.697+0.002x1-0.792x2+2.830x3}}{1+e^{-1.697+0.002x1-0.792x2+2.830x3}}$$

图 4-54 给出了上面估算系数的检验结果，注意看最后一列的显著性水平的 P 值，均为 0，远小于 0.05，因此我们可以判断上面估算的模型的参数都是显著的，模型在统计意义上是合理的（见图 4-55）。

图 4-56 给出了模型的分类结果，我们可以看到与第一个模型相比，对于类型 0 的样本的分类正确率是 83.3%，比一个模型的 100%有所下降，而对于类型 1 的样本的分类正确率是 75%，比一个模型的 0 大大提高了，因此整体的分类正确率 80%明显高于第一个模型的 60%。从这里我们也可以看出第二个模型的稳定性明显好于第一个模型，在实际工作中使用第二个模型更加合理。

图 4-57 给出了进入方程的变量信息，已经重复多次，这里就不再赘述了。图 4-58 给出了模型估算系数的相关系数矩阵，从中我们可以看出各个估算系数之间的线性相关关系，即除了常数估算值与 x3 估算值的相关性较大（0.762）之外，其他各个系数之间的线性相关性都是比较小的。因此，各个参数之间的解释力不会受太大的影响，可以说第二个模型是比较理想的，我们在实际做预测的时候应该使用这个模型。

块 1：方法 = 输入

迭代历史记录 [a,b,c,d]

迭代		-2 对数似然	常量	x1	x2	x3
步骤 1	1	47.932	-1.242	.001	-.459	2.158
	2	46.616	-1.601	.002	-.724	2.697
	3	46.567	-1.692	.002	-.789	2.824
	4	46.567	-1.697	.002	-.792	2.830
	5	46.567	-1.697	.002	-.792	2.830

a. 方法：输入
b. 常量包括在模型中
c. 初始 -2 对数似然：67.301
d. 由于参数估算值的变化不足 .001，因此估算在第 5 次迭代时终止

图 4-53　迭代过程信息图

模型系数的 Omnibus 检验

		卡方	自由度	显著性
步骤 1	步骤	20.734	3	.000
	块	20.734	3	.000
	模型	20.734	3	.000

图 4-54　模型系数的综合检验

模型摘要

步骤	-2 对数似然	考克斯-斯奈尔 R 方	内戈尔科 R 方
1	46.567[a]	.339	.459

a. 由于参数估算值的变化不足 .001，因此估算在第 5 次迭代时终止

图 4-55　模型汇总

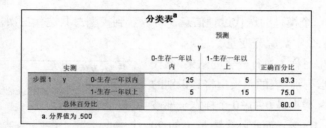

分类表[a]

实测		预测		
		y		
		0-生存一年以内	1-生存一年以上	正确百分比
步骤1	y	0-生存一年以内	25	5	83.3
		1-生存一年以上	5	15	75.0
	总体百分比				80.0

a. 分界值为 .500

图 4-56　分类结果

方程中的变量

		B	标准误差	瓦尔德	自由度	显著性	Exp(B)	EXP(B) 的 95% 置信区间	
								下限	上限
步骤1[a]	x1	.002	.006	.167	1	.682	1.002	.991	1.014
	x2	-.792	.487	2.643	1	.104	.453	.174	1.177
	x3	2.830	.793	12.726	1	.000	16.952	3.580	80.271
	常量	-1.697	.659	6.635	1	.010	.183		

a. 在步骤 1 输入的变量: x1, x2, x3

图 4-57　方程中的变量

相关性矩阵

		常量	x1	x2	x3
步骤1	常量	1.000	-.240	-.067	-.762
	x1	-.240	1.000	-.480	.190
	x2	-.067	-.480	1.000	-.219
	x3	-.762	.190	-.219	1.000

图 4-58　相关性矩阵

实验 4-6　多元 Logistic 回归分析

实验基本原理

素材文件：sample/Chap04/shili.sav.sav
多媒体教学文件：视频/实验 4-6.mp4

　　多元 Logistic 回归分析常用于因变量为多分变量时的回归拟合。在许多领域的分析中，我们都会遇到因变量只能取多个单值的情形，如教师职称、医师级别等。对于这种问题建立回归模型，与二元 Logistic 回归的基本思想类似，通常先将取值在实数范围内的值通过 Logit 变换转化为目标概率值，然后进行回归分析，但是考虑到因变量不止有两种取值的情况，就称为多元 Logistic 回归。多元 Logistic 回归参数的估算通常采用最大似然法，最大似然法的基本思想是先建立似然函数与对数似然函数，再通过使对数似然函数最大求解相应的参数值，所得到的估算值称为参数的最大似然估计值。多元 Logistic 模型的数学表达式为：

$$\ln \frac{p}{1-p} = \alpha + X\beta$$

其中，p 为事件发生的概率，$\alpha = \begin{pmatrix} \alpha_1 \\ \alpha_2 \\ \vdots \\ \alpha_n \end{pmatrix}$ 为模型的截距项，$\beta = \begin{pmatrix} \beta_1 \\ \beta_2 \\ \vdots \\ \beta_n \end{pmatrix}$ 为待估算参数，

$X = \begin{pmatrix} x_{11} & x_{12} & \cdots & x_{1k} \\ x_{21} & x_{22} & \cdots & x_{2k} \\ \vdots & \vdots & \ddots & \vdots \\ x_{n1} & x_{n2} & \cdots & x_{nk} \end{pmatrix}$ 为解释变量，$\varepsilon = \begin{pmatrix} \varepsilon_1 \\ \varepsilon_2 \\ \vdots \\ \varepsilon_n \end{pmatrix}$ 为误差项。通过公式可以看出，多元 Logistic 模型

建立了事件发生的概率和解释变量之间的关系。

SPSS 官方网站的帮助文档《*IBM_SPSS_Regression*》中指出，SPSS 25.0 的多项 Logistic 回归提供了以下独特的功能。

- 模型拟合度优度 Pearson 和偏差卡方检验。
- 对进行拟合优度检验的数据指定分组的子群体。
- 按子群体列出的计数、预测计数和残差。
- 对过度离散的方差估算值的修正。
- 参数估算的协方差矩阵。
- 参数线性组合的检验。
- 嵌套模型的显式指定。
- 使用差分变量拟合匹配的条件 Logistic 回归模型。

需要说明的是，二元 Logistic 回归过程和多项 Logistic 回归过程都可以拟合用于二分类数据的模型，该模型是使用二项式分布和 logit 关联函数的广义线性模型。但如果其他关联函数更适合用户数据的情况下，就应该不再局限于"回归分析"模块，而是使用更加优良的"广义线性模型"过程。此外，如果用户具有二分类数据的重复测量或以其他方式相关联的记录，就应该考虑更为合适的"广义线性混合模型"或"广义估计方程"过程。

⊙ 实验目的与要求

实验目的：通过本次实验了解处理多值变量数据的方法，理解多元 Logistic 回归的思想，对比普通线性回归、二元 Logistic 回归与多元 Logistic 回归的区别，掌握多元 Logistic 回归过程的操作步骤，能够熟练应用此模型对多值变量建立多元 Logistic 模型并进行估算，并对分析结果进行合理地解释。

实验要求：认真理解多元 Logistic 模型的理论基础，了解什么情况下使用多元 Logistic 回归模型是合理的。能够应用 SPSS 中的多元 Logistic 回归过程对实际数据进行分析并解释分析结果，特别是解释模型分类表，从而可以根据这个表评价模型的优劣，以及根据评价结果选择模型。

⊙ 实验内容及数据来源

本次实验使用的数据来自山东省某中学一些视力低下学生视力监测结果的数据。某视力研究者认为，学生的性别和年龄可能能够在一定程度上解释学生的视力低下程度，或者说学生的视力低

下程度受年龄和性别因素的影响。该研究学者把学生的视力低下程度分为三个级别，或者说被解释变量为分类离散变量，只有三个取值（1、2、3），采用多项分类 Logistic 回归方法比较适合。图 4-59 给出了部分数据，完整的数据见本书附赠资源 Chap04 文件夹下的 "shili.sav" 文件。本次实验的内容是以视力低下程度为被解释变量建立多元 Logistic 回归模型，并用 SPSS 25.0 的多项分类 Logistic 回归分析模块研究视力低下程度（由轻到重共 3 级）与年龄、性别（1 代表男性，2 代表女性）之间的关系，然后进行模型估算并给出分析结论。

⊙ **实验操作指导**

实验的操作步骤如下：

01 选择 "文件｜打开｜数据" 命令，打开 shili.sav 数据表。

02 选择 "分析｜回归｜多元 Logistic" 命令，弹出 "多元 Logistic 回归" 对话框，如图 4-60 所示，在左侧列表框中选中 "视力低下程度"，单击 ➡ 按钮，将其选入 "因变量" 列表框中，然后以同样的方法选中 "性别" 并单击 ➡ 按钮，将其选入 "因子" 列表框中，选中 "年龄" 并单击 ➡ 按钮，将其选入 "协变量" 列表框中。

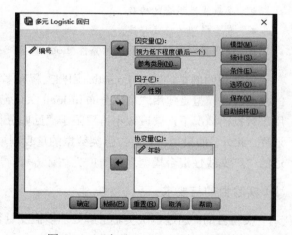

	🔧 编号	🔧 视力低下程度	🔧 性别	🔧 年龄
1	1	1	1	15
2	2	1	1	15
3	3	2	1	14
4	4	2	2	16
5	5	3	2	16
6	6	3	2	17
7	7	2	2	17
8	8	2	1	18
9	9	1	1	14
10	10	3	2	18
11	11	1	1	17
12	12	1	2	17
13	13	1	1	15
14	14	2	1	18
15	15	1	2	15
16	16	1	2	15
17	17	3	2	17
18	18	1	1	15
19	19	1	1	15
20	20	2	2	16

图 4-59 数据集 shili.sav 中的部分数据   图 4-60 "多元 Logistic 回归" 对话框

对话框选项设置/说明

- "因变量" 列表框：该列表框中的变量为多元 Logistic 回归模型中的被解释变量，变量类型为数值型，且必须是二值变量。

- "协变量" 列表框：该列表框中的变量为线性回归模型的解释变量或控制变量，变量类型一般为数值型。如果解释变量为分类变量或定性变量，则可以用虚拟变量（哑变量）表示。

- "因子" 列表框：该列表框中的变量为多元 Logistic 回归模型中的因子。

---

03 单击 "模型" 按钮，弹出 "多元 Logistic 回归：模型" 对话框，如图 4-61 所示。

对话框选项设置/说明

"指定模型"选项组中包括"主效应""全因子"和"定制/步进"三个选项。

- 主效应：为系统默认的模型，选中该模型表示采用包含协变量和因子的主效应，但不包含交互效应。
- 全因子：该项选择建立全模型。全模型包括所有因素变量的主效应、所有协变量主效应、所有因素与因素的交互效应，不包括协变量与其他因素的交互效应。选择此项后无需进行进一步的操作，单独效应是在其他因素固定在某一水平时，因变量在某一因素不同水平间的差异。
- 定制/步进：表示采用用户自定义的模型。如果选中该项，则"构建项""强制进入项"和"步进项"就会被激活。

"构建项"下拉列表框用于选择模型效应，包括"主效应""交互""所有二阶""所有三阶""所有四阶"和"所有五阶"6 种。

- 主效应：为每个选定的变量创建主效应项。
- 交互：创建所有选定变量的最高级交互项。
- 所有二阶：创建选定变量的所有可能的双向交互。
- 所有三阶：创建选定变量的所有可能的三阶交互。
- 所有四阶：创建选定变量的所有可能的四阶交互。
- 所有五阶：创建选定变量的所有可能的五阶交互。

选中所要指定的模型效应，从"因子与协变量"列表框中选择需要设置的变量，单击 按钮就可以加入"强制进入项"或"步进项"列表框。

"步进法"下拉列表中列出了向前进入、向后去除、前向逐步和向后步进 4 种方法。

- 向前进入。向前进入方法开始时模型中没有步进项。在每一步中将最显著的项添加到模型中，直到留在模型之外的任何步进项在添加到模型中后都不具有显著的统计作用。
- 向后去除。向后去除方法在开始时将定制/步进中指定的所有项输入到模型中。每一步从模型中移去最不显著的步进项，直到剩余所有步进项都对模型具有显著的统计作用。
- 前向逐步。前向逐步方法将从由向前进入方法选定的模型开始，在此模型基础上，算法交替执行模型中步进项的向后去除和模型外剩余项的向前进入。此操作持续执行，直到不再有项满足输入或移去标准。
- 向后步进。向后步进方法将从由向后去除方法选定的模型开始，在此模型基础上，算法交替执行模型外剩余项的向前进入和模型中步进项的向后去除。此操作持续执行，直到不再有项满足输入或移去标准。

"在模型中包括截距"复选框，系统默认截距包括在回归模型中。如果假设数据通过原点，则可以不包括截距，即不选择此项，这里我们选择默认。

设置完成后，可以单击"继续"按钮回到"多元 Logistic 回归"对话框。如果只进行系统默认设置，则可以单击"取消"按钮。也可以返回"多元 Logistic 回归"对话框进行其他设置。

04 采用系统默认设置，单击"取消"按钮回到"多元 Logistic 回归"对话框。单击"统计"按钮，打开"多元 Logistic 回归：统计"对话框，如图 4-62 所示。

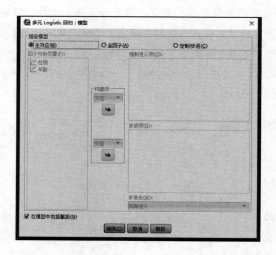

图 4-61　"多元 Logistic 回归：模型"对话框

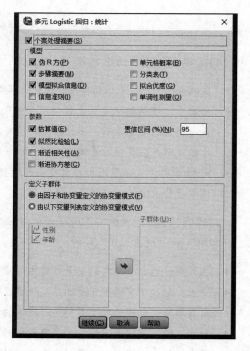

图 4-62　"多元 Logistic 回归：统计"对话框

对话框选项设置/说明

- "个案处理摘要"复选框：提供了样本数据的基本信息，包括参与分析的样本个数、缺失的样本个数等。

- "模型"选项组中包括多元 Logistic 回归模型的伪 R 方、步骤摘要、模型拟合信息、信息准则、单元格概率、分类表、拟合优度和单调性测量。

  ➢ 步骤摘要：汇总了步进法中每一步中进入或移去的效应。除非模型对话框中指定了步进模型，否则将不会生成此内容。

  ➢ 模型拟合信息：将拟合模型与仅截距或空模型进行比较。

  ➢ 信息准则：打印 Akaike 的信息标准（AIC）和 Schwarz 的 Bayesian 信息标准（BIC）。

  ➢ 单元格概率：按协变量模式和响应类别打印观察的和期望的频率（带残差）和比例的表。

  ➢ 分类表：打印观察响应和预测响应的表。

  ➢ 拟合优度：打印 Pearson 和似然比卡方统计。将为由所有因子和协变量，或者由用户定义的因子和协变量子集确定的协变量模式计算统计。

  ➢ 单调性测量：显示包含有关协调对、非协调对和相等对的信息表。此表中还显示 Somers 的 D、Goodman 和 Kruskal 的伽玛、Kendall 的 tau-a 及协调索引 C。

- "参数"选项组中包括估算值、似然比检验、渐近相关性、渐进协方差和置信区间。

- "定义子群体"选项组中可以选择由因子和协变量定义的协变量格式，或者自行设定变量列表定义的协变量格式。

设置完成后，可以单击"继续"按钮回到"多元 Logistic 回归"对话框。如果只进行系统默认设置，则可以单击"取消"按钮，也可以回到"多元 Logistic 回归"对话框进行其他设置。

05 采用系统默认设置，单击"取消"按钮回到"多元 Logistic 回归"对话框。单击"条件"按钮，弹出"多元 Logistic 回归：收敛条件"对话框，如图 4-63 所示。

对话框选项设置/说明

"迭代"选项组是用来设定多元 Logistic 回归的收敛条件的。

- "最大迭代次数"：是设置多元 Logistic 回归计算的最多迭代次数。当系统计算次数达到最大迭代次数时将会强制停止迭代。
- "最大逐步二分次数"：是设置多元 Logistic 回归计算的最多逐步二分次数，系统默认为 5。
- "对数似然收敛"：是设置多元 Logistic 回归模型计算的收敛精度，其下拉列表中包括 0、0.1、0.01、0.001、0.0001、0.00001、0.000001 6 个选项。
- "参数收敛"：是设置多元 Logistic 回归参数计算的收敛精度，其下拉列表中包括 0、0.0001、0.00001、0.000001、0.0000001、0.00000001 6 个选项。

"每次达到以下步数打印一次迭代历史记录"复选框：用于设置结果输出中的迭代历史记录打印频次，系统默认为 1。

"在迭代中检查数据点分离向前"复选框：用于在迭代中检查数据点分离向前点数，系统默认为 20。

设置完成后，可以单击"继续"按钮回到"多元 Logistic 回归"对话框。如果只进行系统默认设置，则可以单击"取消"按钮。也可以回到"多元 Logistic 回归"对话框进行其他设置。

06 采用系统默认设置，单击"取消"按钮回到"多元 Logistic 回归"对话框。单击"选项"按钮，弹出"多元 Logistic 回归：选项"对话框，如图 4-64 所示。

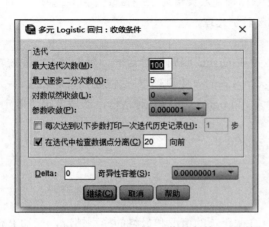

图 4-63　"多元 Logistic 回归：收敛条件"对话框

图 4-64　"多元 Logistic 回归：选项"对话框

对话框选项设置/说明

在"离散标度"选项组中可以设置多元 Logistic 回归的离散标度，"标度"下拉列表中有无、由用户定义、皮尔逊、偏差 4 个选项。

- 无：不设置离散标度。
- 由用户定义：选中该选项时，后面的"值"文本框将被激活，用户需要自行确定并输入离散标度值。
- 皮尔逊：设置皮尔逊离散标度。
- 偏差：设置偏差离散标度。

"步进选项"选项组中包括进入概率、进入检验、除去概率、除去检验、模型中的最小分步效应（对于后退法）和模型中的最大分步效应（对于前进法）6 个选项，各选项含义如下。

- 进入概率：用于变量输入的似然比统计的概率。用户指定的概率越大，变量就越容易进入模型。除非选择向前进入、向前步进或向后步进法，否则此准则将被忽略。
- 进入检验：用于在步进法中输入项的方法，用户将在似然比检验和得分检验间选择。除非用户在操作中选择向前进入、向前步进或向后步进法，否则此准则将被忽略。
- 除去概率：用于变量剔除的似然比统计的概率。用户指定的概率越大，变量就越容易保留在模型中。除非选择向后去除、向前步进或向后步进法，否则此准则将被忽略。
- 除去检验：用于在步进法中移去项的方法。用户将在似然比检验和 Wald 检验间选择。除非用户在操作中选择向后去除、向前步进或向后步进法，否则此准则将被忽略。
- 模型中的最小分步效应（对于后退法）：使用向后去除或向后步进法时，此选项指定将包含在模型中的最小项数。截距不算作模型项。
- 模型中的最大分步效应（对于前进法）：使用向前进入或向前步进法时，此选项指定将包含在模型中的最大项数。截距不算作模型项。

"以分层方式约束条目和除去项"复选框，可以设置多元 Logistic 回归的约束条目和除去项，包括"将协变量作为因子处理以确定层次结构""仅考虑因子项以确定层次结构；任何具有协变量的项都可以随时输入"和"在协变量效应内，仅考虑因子项以确定层次结构"三种选择。默认选项为"将协变量作为因子处理以确定层次结构"，一般不需要特别处理。

设置完成后，可以单击"继续"按钮回到"多元 Logistic 回归"对话框。如果只进行系统默认设置，则可以单击"取消"按钮。也可以回到"多元 Logistic 回归"对话框进行其他设置。

采用系统默认设置，单击"取消"按钮回到"多元 Logistic 回归"对话框，然后单击"确定"按钮，进入计算分析。

计算机运行完成后得到的结果如图 4-65~图 4-67 所示。

▶ 实验结论

（1）模型拟合信息和伪 R 方

图 4-65 中，上半部分是模型拟合信息，包括仅含截距项的情况和最终的模型情况，已知 P 值为 0.008，所以模型还是很显著的。下半部分是三个伪决定系数，这些值都很一般，不算很高或很

低。其中考克斯-斯奈尔伪决定系数为 0.499，内戈尔科伪决定系数为 0.572，麦克法登伪决定系数为 0.336。如果从模型解释能力的角度看待分析结果，则认为模型解释能力偏弱。在实际研究过程中，用户可以通过增加样本数量、增加解释变量或更换解释变量等方式来对模型进行优化。此处仅为讨论二阶段最小二乘法在 SPSS 25.0 中的实现，暂不对案例本身的研究内容做深入研讨。

（2）似然比检验结果

图 4-66 给出了模型的似然比检验结果。可以非常清晰地看出年龄地显著性 P 值为 0.036，性别的显著性 P 值为 0.039，均小于 0.05。所以可以认为，年龄和性别两个变量在似然比检验中都是显著的。

模型拟合信息

模型	模型拟合条件 -2 对数似然	卡方	自由度	显著性
		似然比检验		
仅截距	32.633			
最终	18.804	13.828	4	.008

伪 R 方

考克斯-斯奈尔	.499
内戈尔科	.572
麦克法登	.336

图 4-65　模型拟合信息和伪 R 方

似然比检验

效应	模型拟合条件 简化模型的 -2 对数似然	卡方	自由度	显著性
		似然比检验		
截距	18.804[a]	.000	0	
年龄	25.442	6.638	2	.036
性别	25.306	6.502	2	.039

卡方统计是最终模型与简化模型之间的 -2 对数似然之差。简化模型是通过在最终模型中省略某个效应而形成。原假设是，该效应的所有参数均为 0。

a. 因为省略此效应并不会增加自由度，所以此简化模型相当于最终模型。

图 4-66　似然比检验结果

（3）参数估算值结果

图 4-67 给出了模型的参数估算值结果，包括多项反应 Logit 模型的参数、假设检验结果、优势比置信区间等，是多项回归模型的主要结果。

参数估算值

视力低下程度[a]		B	标准 错误	瓦尔德	自由度	显著性	Exp(B)	Exp(B) 的 95% 置信区间 下限	上限
1	截距	34.338	19.553	3.084	1	.079			
	年龄	-2.112	1.181	3.197	1	.074	.121	.012	1.225
	[性别]=1	21.272	1.183	323.095	1	.000	1731017176	170201411.1	1.761E+10
	[性别]=2	0[b]			0	.			
2	截距	20.974	19.066	1.210	1	.271			
	年龄	-1.277	1.141	1.251	1	.263	.279	.030	2.613
	[性别]=1	20.540	.000		1	.	832149832.4	832149832.4	832149832.4
	[性别]=2	0[b]			0	.			

a. 参考类别为：^1。

b. 此参数冗余，因此设置为零。

图 4-67　参数估算值结果

经过对 20 名视力低下学生视力监测结果的数据进行多项分类 Logistic 回归分析，我们得到：

G1=LOG【P（低下轻度）/P（低下重度）】=34.338-2.112*年龄+21.272*性别 1

G2=LOG【P（低下中度）/P（低下重度）】=20.974-1.277*年龄+20.540*性别 1

G3=0，因为重度是因变量中的参考组，其所有系数均为 0。

多元 Logistic 回归分析不仅可以对现有数据样本进行合理解释，其更为重要的意义在于统计推断，或者说合理预测。通过分析结果建立的模型，可以根据新数据的解释变量合理推断其被解释变量的表现，这一功能是非常具有实用性的。在本例中，我们就可以合理地估算出某个学生视力低下的概率。

比如对 1 个 20 岁的女生来说，

G1=LOG【P（低下轻度）/P（低下重度）】=34.338-2.112*20+21.272*0=-7.902

G2=LOG【P（低下中度）/P（低下重度）】=20.974-1.277*20+20.540*0=-4.566

G3=0

根据公式：

$$P (Y 1) =exp(G1)/【exp (G1)+ exp (G2)+ exp (G3)】$$
$$P (Y 2) =exp(G2)/【exp (G1)+ exp (G2)+ exp (G3)】$$
$$P (Y 3) =exp(G3)/【exp (G1)+ exp (G2)+ exp (G3)】$$

便可计算出该学生视力低下程度为轻度、中度、重度的概率。

实验 4-7   曲线回归分析

| 素材文件：sample/Chap04/tushuxiaoshou.sav |
| 多媒体教学文件：视频/实验 4-7.mp4 |

▶ 实验基本原理

曲线估算可以拟合许多常用的曲线关系，当变量之间存在可以使用这些曲线描述的关系时，我们便可以使用曲线回归分析进行拟合。许多情况下，变量之间的关系并非是线性关系，我们无法建立线性回归模型，但是许多模型可以通过变量转化为线性关系。统计学家发展出了曲线回归分析来拟合变量之间的关系。曲线估算的思想就是通过变量替换的方法将不满足线性关系的数据转化为符合线性回归模型的数据，再利用线性回归进行估算。SPSS 25.0 的曲线估算过程提供了分别是线性曲线、二次项曲线、复合曲线、增长曲线、对数曲线、立方曲线、S 曲线、指数曲线、逆模型、幂函数模型、Logistic 模型十几种曲线回归模型。同时，SPSS 允许用户同时引入多个非线性模型，最后结合分析的结果选择相关的模型。

▶ 实验目的与要求

实验目的：通过本次实验理解曲线回归和线性回归的不同点，特别是估算的方法和原理及模型设定；了解曲线回归过程中常用曲线函数的基本思想和适用范围，能够恰当应用；掌握 SPSS 中的曲线回归过程，能够对一个非线性问题建立恰当的曲线回归模型并正确估算其参数，最后清楚解释其输出结果。

实验要求：熟悉常用的曲线模型的形式，如本次实验中用到的对数模型、立方模型等，理解曲线模型用函数的必要性和重要性。对于一个变量关系比较复杂，不能用线性模型进行分析的问题，能够采用曲线回归模型的方法进行分析，掌握曲线回归分析的过程和方法，并且能够熟练并恰当地应用。

▶ 实验内容及数据来源

本次实验使用的数据是某图书公司图书销量与价格的统计资料。某图书公司销售总监认为畅销书的价格会对其销量造成一定的影响。因为按照经济理论价格的提高可能会导致需求的减少，但是现实生活中，对于含金量较高的畅销书，读者的价格敏感性通常是比较低的，所以书价和销量之间是一种不确定的关系。该销售总监调查了 11 本畅销书的价格与月销售量的数据，保存在数据文件"tushuxiaoshou.sav"中，试用曲线回归分析方法拟合曲线。本实验的原始数据如图 4-68 所示。

	畅销书价格	销售量
1	14.56	1148
2	24.64	1512
3	36.96	1846
4	45.92	1882
5	58.24	1906
6	67.20	1914
7	80.64	1920
8	89.60	1924
9	101.92	1926
10	112.00	1926
11	126.56	1938

图 4-68　数据集 tushuxiaoshou.sav 的数据

▶ 实验操作指导

实验的操作步骤如下：

01 选择"文件｜打开｜数据"命令，打开 tushuxiaoshou.sav 数据表。

02 选择"分析｜回归｜曲线估算"命令，弹出"曲线估算"对话框，如图 4-69 所示。从源变量列表框中选择需要进行曲线回归分析的被解释变量，然后单击 按钮将选中的变量选入"因变量"列表框中；从源变量列表中选择需要进行曲线回归分析的解释变量，然后单击 按钮将选中的变量选入"变量"列表框中。本例中，因为我们研究的是畅销书的价格会对其销量造成的影响，所以被解释变量为畅销书的销售量，解释变量为畅销书的价格。在左侧变量框中选择"销售量"变量，单击 按钮将选中的变量选入"因变量"列表框中；在左侧变量框中选择"畅销书价格"变量，单击 按钮将选中的变量选入"变量"列表框中。选中"线性""对数""三次"复选框，然后单击"确定"按钮保存设置。

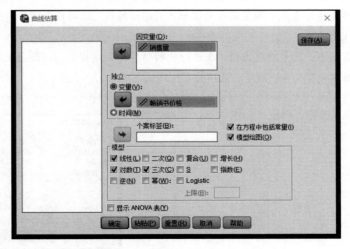

图 4-69　"曲线估算"对话框

对话框选项设置/说明

- "因变量"列表框：该列表框中的变量为曲线回归模型中的被解释变量，变量类型为数值型。
- "变量"单选按钮：选中该单选按钮后，选择进入列表框中的变量为线性回归模型的解释变量或控制变量，变量类型一般为数值型。如果解释变量为分类变量或定性变量，则可以用虚拟变量（哑变量）表示。此项为系统默认选项。
- "时间"单选按钮：选中该单选按钮，则时间作为解释变量进入曲线回归模型。
- "个案标签"列表框：该列表框主要用于指定个案标签的变量，作为散点图中点的标记。
- "模型"选项组：该选项组用于指定回归的曲线模型，SPSS 25.0 提供了 11 种曲线回归模型，分别是线性曲线、二次曲线、复合曲线、增长曲线、对数曲线、三次曲线、S 曲线、指数曲线、逆模型、幂函数模型、Logistic 模型。其中，如果选中 "Logistic" 复选框，则在 "上限" 文本框中指定模型上限。

  - 线性曲线的数学表达式为：$Y = b0 + (b1 * t)$ 。
  - 二次曲线的数学表达式为：方程为 $Y = b0 + (b1 * t) + (b2 * t**2)$ 。
  - 复合曲线的数学表达式为：$Y = b0 * (b1**t)$ 或 $ln(Y) = ln(b0) + (ln(b1) * t)$ 。
  - 增长曲线的数学表达式为：$Y = e**(b0 + (b1 * t))$ 或 $ln(Y) = b0 + (b1 * t)$ 。
  - 对数曲线的数学表达式为：$Y = b0 + (b1 * ln(t))$ 。
  - 三次曲线的数学表达式为：$Y = b0 + (b1 * t) + (b2 * t**2) + (b3 * t**3)$ 。
  - S 曲线的数学表达式为：$Y = e**(b0 + (b1/t))$ 或 $ln(Y) = b0 + (b1/t)$ 。
  - 指数曲线的数学表达式为：$Y = b0 * (e**(b1 * t))$ or $ln(Y) = ln(b0) + (b1 * t)$ 。
  - 逆模型曲线的数学表达式为：$Y = b0 + (b1 / t)$ 。
  - 幂函数模型的数学表达式为：$Y = b0 * (t**b1)$ 或 $ln(Y) = ln(b0) + (b1 * ln(t))$ 。
  - Logistic 模型的数学表达式为：$Y = 1 / (1/u + (b0 * (b1**t)))$ 或 $ln(1/y-1/u) = ln(b0) + (ln(b1) * t)$。

- "显示 ANOVA 表"复选框：选中该复选框，表示输出方差分析的结果。
- "在方程中包含常量"复选框：选中该复选框，表示在回归模型中含有常数项。取消该复选框，可强制使回归模型通过原点，但是某些通过原点的回归结果无法与包含常数的回归结果相比较。此项为系统默认选项。
- "模型绘图"复选框：选中该复选框，表示输出所估算的曲线模型的拟合图及观察点的散点图，用于直观评价曲线模型的拟合程度。此项为系统默认选项。

---

03 单击"保存"按钮，弹出"曲线估算：保存"对话框，如图 4-70 所示。

图 4-70 "曲线估算：保存"对话框

对话框选项设置/说明

"保存变量"选项组用于对保存残差和预测值的设置。

- "预测值"：选中该复选框，表示保存曲线模型对因变量的预测值。
- "残差"：选中该复选框，表示保存曲线模型回归的原始残差。
- "预测区间"：选中该复选框，表示保存预测区间的上下界。在"置信区间"下拉列表框中选择置信区间的范围。

"预测个案"选项组只有在"曲线估算"对话框中选中"时间"单选按钮时才会被激活，主要用于对个案进行预测。

- "从估算期到最后一个个案的预测"：选中该单选按钮，表示保存所有因变量个案的预测值，显示在对话框底端的估算期，可通过"数据"菜单上的"选择个案"选项的"范围"子对话框来定义。如果未定义任何估算期，则使用所有个案来预测值。
- "预测范围"：选中该单选按钮，表示保存用户指定的预测范围的预测值，在"观测值"文本框中输入要预测的观测值。根据估算期中的个案，预测指定日期、时间或观察号范围内的值。此功能可以用于预测超出时间序列中最后一个个案的值。当前定义的日期变量确定可用于指定预测期结尾的文本框。如果没有已定义的日期变量，则可以指定结尾的观察（个案）号。

设置完成后，可以单击"继续"按钮回到"曲线估算"对话框。如果只进行系统默认设置，则可以单击"取消"按钮。也可以回到"曲线估算"对话框进行其他设置。

04 单击"继续"按钮回到"曲线估算"对话框，单击"确定"按钮，进入计算分析。

计算机运行完成后得到的结果如图 4-71~图 4-75 所示。

实验结论

图 4-71 给出了模型基本情况的描述，从中可以看到模型因变量和自变量的名称、是否含有常数项、方程的容差及三个方程的类型。

图 4-72 给出了个案处理的摘要，从中可以看到参与曲线回归的个案数总共有 11 个。

模型描述		
模型名称		MOD_1
因变量	1	销售量
方程	1	线性
	2	对数
	3	三次
自变量		畅销书价格
常量		包括
值用于在图中标注观测值的变量		未指定
有关在方程中输入项的容差		.0001

个案处理摘要	
	个案数
总个案数	11
排除个案数[a]	0
预测的个案	0
新创建的个案	0
a. 在分析中，将排除那些在任何变量中具有缺失值的个案。	

图 4-71 模型描述

图 4-72 个案处理摘要

图 4-73 给出了变量处理摘要，从中可以看到本实验中因变量和自变量均含有正值 11 个，没有零和负值。

图 4-74 给出了模型汇总情况和参数估算值及相应的检验统计量，可以看到三个回归曲线中拟合度最好的是三次模型（R2 为 0.972），其次是对数曲线模型。从 F 值来看，三次模型的拟合情况最好，因为三次模型的 F 值最大。因为三个模型的概率值均小于 0.05，所以三个模型都比较显著。另外，还得到了每个模型中常数和系数的估算结果。

变量处理摘要

		变量	
		因变量 销售量	自变量 畅销书价格
正值的数目		11	11
零的数目		0	0
负值的数目		0	0
缺失值的数目	用户缺失值	0	0
	系统缺失值	0	0

图 4-73 变量处理摘要

模型摘要和参数估算值

因变量：销售量

方程	模型摘要					参数估算值			
	R 方	F	自由度 1	自由度 2	显著性	常量	b1	b2	b3
线性	.507	9.257	1	9	.014	1469.726	4.847		
对数	.770	30.075	1	9	.000	491.666	323.187		
三次	.972	80.525	3	7	.000	519.920	54.754	-.668	.003

自变量为 畅销书价格。

图 4-74 模型汇总和参数估计值

图 4-75 给出了三个曲线模型拟合曲线及观测值的散点图，从中可以很直观地看出，在三个曲线模型拟合的曲线中，三次模型拟合的曲线与原始观测值拟合的最好，而对数模型与线性模型拟合曲线都有许多观察点没有拟合好。因此，三次模型最适合本实验的数据建模。

我们可以得出畅销书价格和销售量之间的关系为

$$Y（销售量）=519.920+54.754*X（畅销书价格）-0.668X^2+0.003X^3$$

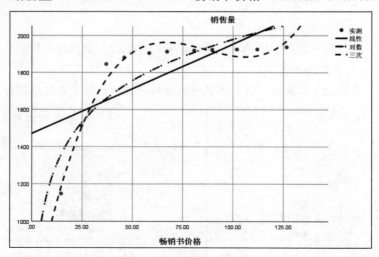

图 4-75 畅销书价格与销售量关系试验拟合图

最终结论：畅销书价格和销售量之间的关系是如模型所示的三次曲线关系。

实验 4-8 非线性回归分析

素材文件：sample/Chap04/chanzhi.sav	
多媒体教学文件：视频/实验 4-8.mp4	

▶ 实验基本原理

非线性回归分析（Nonlinear Regression Analysis）是寻求因变量与一组自变量之间的非线性相关模型的统计方法。线性回归限制模型估算必须是线性的，非线性回归可以估算因变量与自变量之间具有任意关系的模型。非线性回归分析中参数的估算是通过迭代方法获得的。例如某种生物种群繁殖数量随时间变化表现为非线性的关系，便可以借助非线性回归分析过程寻求一个特殊的估计模型（比如根据经验选择逻辑斯蒂生长曲线模型等）刻画它们的关系，进而利用它进行分析和预测。建立非线性模型，仅当指定一个描述变量关系的准确的函数时结果才有效。在迭代中选定一个好的初始值也是非常重要的，初始值选择不合适可能会导致迭代发散，或者得到一个局部的最优解而不是整体的最优解。对许多呈现非线性关系的模型，如果可以转化成线性模型，则应尽量选择线性回归进行分析。如果不能确定一个恰当的模型，则可以借助散点图直观地观察变量的变化，这将有助于确定一个恰当的函数关系。

需要说明的是，在 SPSS 官方网站的帮助文档《IBM_SPSS_Regression》中，对于非线性相关分析的应用条件和相关过程还进行了特别指导。与最小二乘回归分析不同，在注意事项方面，数据要求因变量和自变量必须是定量的。分类变量（如宗教、专业或居住地）需要重新编码为二分类（哑元）变量或其他类型的对比变量。在假定条件上，非线性相关分析只有在指定的函数能够准确描述因变量和自变量关系的情况下，结果才是有效的。此外，选择合适的起始值也非常重要。即使指定了模型的正确的函数形式，如果使用不合适的起始值，模型也可能不收敛性，或者可能得到局部最优的解，而不是全局最优的解。在相关过程方面，很多在一开始呈现为非线性的模型都可以转换为线性模型，从而使用"线性回归"过程进行分析。如果不确定什么样的模型合适，可以使用"曲线估算"过程帮助确定数据中有用的函数关系。

▶ 实验目的与要求

实验目的：通过本次实验理解非线性回归和线性回归的不同点，特别是估算的方法和原理及模型设定；了解非线性回归过程中常用迭代算法的基本思想和适用范围，能够恰当应用；掌握 SPSS 中的非线性回归过程，能够对一个非线性问题建立恰当的非线性回归模型并正确估算其参数，最后清楚地解释其输出结果。

实验要求：熟悉常用的非线性模型的形式，如本次实验中用到的龚伯兹模型；理解非线性模型用迭代算法的必要性和重要性。对于一个变量关系比较复杂，不能用线性模型进行分析的问题，能够采用非线性回归模型的方法进行分析，掌握非线性回归分析的过程和方法，能够熟练并恰当地应用。

➤ 实验内容及数据来源

本次实验使用的数据是某企业 1990 年~1998 年年产值的统计资料。数据共有 9 个样本观测值，代表了 9 年间的统计资料，另外数据有 3 个属性变量：Products 表示的是这个企业的产值；t 表示的是时间序号；year 代表了年份。图 4-76 给出了部分数据，完整的数据源文件可见本书附赠资源 Chap04 文件夹下的 chanzhi.sav 文件。实验的内容是建立一个关于企业产量和时间的非线性回归方程并进行模型估算，为预测产量提供定量标准。

	year	t	Products
1	1990	1	4.84
2	1991	2	5.21
3	1992	3	6.78
4	1993	4	8.02
5	1994	5	8.75
6	1995	6	9.54
7	1996	7	9.62
8	1997	8	9.90
9	1998	9	10.15

图 4-76　数据集 chanzhi.sav 的数据

➤ 实验操作指导

实验的操作步骤如下：

01 选择"文件｜打开｜数据"命令，打开 chanzhi.sav 数据表。

02 选择"分析｜回归｜非线性"命令，弹出"非线性回归"对话框，在左侧变量框中选择"Products"变量，单击➡按钮，将其选入右侧的"因变量"列表框中，如图 4-77 所示。在"模型表达式"列表框中建立回归模型，即表示因变量与当前数据文件中自变量关系的数学表达式，模型中可以包含未知参数，也可以引用"函数组"中的函数。这里我们建立的模型是一个 Gompertz（龚伯兹）曲线回归模型（关于这个模型读者可以参考统计学基础教材），为使参数系数简单，将 Gompertz 模型 $b1*exp(-b2*exp(-b3**x))$ 中的 $exp(-b2)$ 和 $exp(-b3)$ 分别用待估系数 b 和 c 替代，即使用模型 $a*b**(c**year)$，将此模型输入"模型表达式"列表框中。

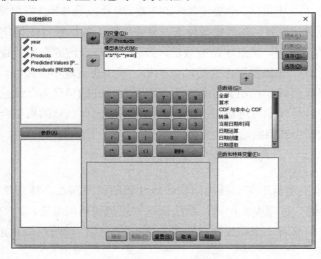

图 4-77　"非线性回归"对话框

对话框选项设置/说明

SPSS 官方网站的帮助文档《*IBM_SPSS_Regression*》中提供了很多已发布的非线性回归模型的示例模型语法，并且提示随机选择的模型不太可能很好地拟合数据。参数的适当起始值是必要的，有些模型还要求使用约束才能实现收敛性。

- 渐近回归　b1 + b2 * exp(b3 * x) 。
- 密度(D) (b1 + b2 * x) ** (– 1 / b3) 。
- Gauss b1 * (1 – b3 * exp(– b2 * x ** 2)) 。
- Gompertz b1 * exp(– b2 * exp(– b3 * x)) 。
- Johnson-Schumacher b1 * exp(– b2 / (x + b3)) 。
- 对数修改　(b1 + b3 * x) ** b2。
- 对数 Logistic b1 – ln(1 + b2 * exp(– b3 * x)) 。
- Metcherlich 的收益递减规律　b1 + b2 * exp(– b3 * x) 。
- Michaelis Menten b1 * x / (x + b2) 。
- Morgan-Mercer-Florin (b1 * b2 + b3 * x ** b4) / (b2 + x ** b4) 。
- Peal-Reed b1 / (1+ b2 * exp(– (b3 * x + b4 * x **2 + b5 * x ** 3))) 。
- 三次比　(b1 + b2 * x + b3 * x ** 2 + b4 * x ** 3) / (b5 * x ** 3) 。
- 四次比　(b1 + b2 * x + b3 * x ** 2) / (b4 * x ** 2) 。
- Richards b1 / ((1 + b3 * exp(– b2 * x)) ** (1 / b4)) 。
- Verhulst b1 / (1 + b3 * exp(– b2 * x)) 。
- Von Bertalanffy (b1 ** (1 – b4) – b2 * exp(– b3 * x)) ** (1 / (1 – b4)) 。
- 韦伯　b1 – b2 * exp(– b3 * x ** b4) 。
- 产量密度　(b1 + b2 * x + b3 * x ** 2) ** (– 1) 。

03 单击"参数"按钮，弹出"非线性回归：参数"
对话框，如图 4-78 所示。

图 4-78　"非线性回归：参数"对话框

参数是非线性回归过程模型的组成部分，参数可以是加在模型中的常数、系数、指数等。分析
需要为每个参数都指定一个初始值，即在"名称"文本框中输入参数名，该参数名必须是"模
型表达式"列表框中设置于表达式中的有效参数。在"开始值"文本框中为参数指定一个初值，
该值应该尽可能地接近于最终期望值，单击"添加"按钮加以确认。再为第二个参数命名和设
置初值，依次类推，也可以单击"除去"或"更改"按钮删除或更正设置的"参数"初值。最
后单击"继续"按钮返回主对话框，定义好的参数便显示在"参数"列表框里。最下面的"使
用上一分析的开始值"复选框表示使用上一分析确定的初始值，当算法的收敛速度减慢时，可
以选中它继续进行搜索。需要注意的是，在主对话框的"参数"列表框中的参数在以后的分析
中一直有效，直到更换了模型其作用才被取消。

因为在我们的模型中有三个参数，所以可以设定三个参数的初始值，在这里分别设定 A、B、C 的初始值为 10.5、0.3、0.7。

04 单击"继续"按钮回到"非线性回归"对话框。单击"损失"按钮，弹出"非线性回归：损失函数"对话框，如图 4-79 所示。

对话框选项设置/说明

非线性回归的损失函数，是一个包括当前工作文件中的变量及所设定的参数通过算法使之最小化的函数。在系统默认的情况下，非线性回归过程根据算法将残差平方和最小化。如果需要将其他统计量最小化，则允许用户自定义损失函数。

- 残差平方和：最小化的统计量是残差平方和，这是系统默认的选项。
- 用户定义的损失函数：如果需要最小化其他统计量，则可以选择该选项，利用计算板、工作文件中的变量、参数和函数，在表达式文本框中编辑损失函数表达式。多数损失函数包括特定的变量 RESID_，它代表着残差（默认情况下的残差平方和损失函数是 RESID_**2）。如果损失函数中需要利用预测值 PESID_，则它等于因变量减去残差。这里我们只选择默认选项即可。

---

05 单击"继续"按钮回到"非线性回归"对话框。单击"约束"按钮，弹出"非线性回归：参数约束"对话框，如图 4-80 所示。

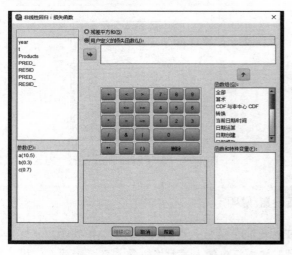

图 4-79 "非线性回归：损失函数"对话框

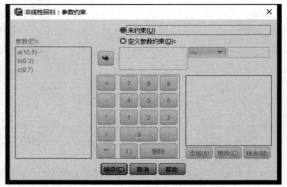

图 4-80 "非线性回归：参数约束"对话框

对话框选项设置/说明

参数约束条件是指在非线性回归的迭代过程中对模型参数取值范围的限制。在迭代开始之初，线性约束首先被使用，用以防止结果溢出，非线性约束条件则在第一步迭代之后使用。线性约束式是单个参数或者常数与参数的积，或者是参数的线性组合，非线性约束式是其中至少有一个参数被其他参数相乘、相除或者进行幂运算。

- 未约束：为系统默认的选项。
- 定义参数约束：在被激活的约束条件文本框内进行约束编辑。每一个约束等式或不等式里必须至少包括一个模型参数，利用键盘或计算板将运算符、数字、括号等输入表达式，利用箭头按钮选择逻辑运算符 "<=" "=" 或 ">=" 连接，并在右侧文本框里输入适当的数值常数。建立好约束等式或不等式后，单击 "添加" 按钮加以确认。接下来编辑另一个约束，依次类推，注意约束中不能包含任何变量。

因为在这里我们不对变量做任何约束，所以选中 "未约束" 单选按钮。

06 单击 "继续" 按钮回到 "非线性回归" 对话框。单击 "保存" 按钮，弹出 "非线性回归：保存新变量" 对话框，如图 4-81 所示。

对话框选项设置/说明

对话框中并列的选项允许作为新变量的观测值保存在当前文件中，各选项含义如下。

- 预测值：新变量名为 Pred_。
- 残差：新变量名为 Resid。
- 导数：关于预测模型各个参数的一阶导函数在自变量各取值处的导数值，新变量名由相应参数名的前 6 个字符前加上前缀 "d." 构成。
- 损失函数值：该选项只有当用户自定义了损失函数时才有效，新变量名为 loss_。

我们在这里只选择保存 "预测值" 和 "残差" 即可。当然，如果读者需要保存一阶导数，则可以将 "导数" 也选上。

---

07 单击 "继续" 按钮回到 "非线性回归" 对话框。单击 "选项" 按钮，弹出 "非线性回归：选项" 对话框，如图 4-82 所示。

图 4-81　"非线性回归：保存新变量" 对话框

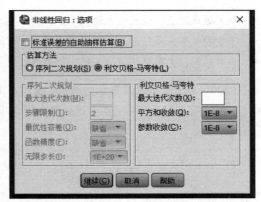

图 4-82　"非线性回归：选项" 对话框

对话框选项设置/说明

该对话框用于控制非线性回归分析的各种特征。"标准误差的自助抽样估算"是一种根据原始数据集使用重复抽样估算标准误差的方法，它采用重复抽样的方法得到许多相同容量的样本作为原始数据集，对其中的每一个样本估算非线性方程，然后计算每一个参数的估算标准误差作为自引导估算的标准差。原始数据的参数估算值都作为每一个自引导样本的初始值，选择此选项需要连续二次规划算法的支持。

"估算方法"选项组用于选择估算方法。

（1）序列二次规划

这种估算法对约束模型和无约束模型均有效，如果指定了约束模型、自定义损失函数或选择了估算标准误选项，则连续二次规划算法将被自动地运用。选择该选项，将允许在下面的"序列二次规划"选项组中为这种估算方法确定一些参数。

- 最大迭代次数：可以指定算法的最大迭代步数。
- 步骤限制：参数向量长度的最大允许改变量，在右侧文本框中输入一个正数。
- 最优性容差：目标函数求解的精度或有效数字位数。假如容许限为 0.000001，目标函数大约有 6 位有效数字，最优容许限必须大于函数精度。
- 函数精度：当函数值较大时，它作为相对精确度；当函数值较小时，它可作为绝对精确度，必须小于最优容许限。
- 无限步长：就是在参数的一步迭代中的改变量如果大于指定的这个无限步长值，则问题作为无界对待，估算过程终止。

（2）利文贝格－马夸特（Levenberg-Marquardt 算法）

这是无约束模型的默认算法，假如确定了约束模型、自定义损失函数和自助估算法，则此算法无效。该算法同样对应有一些设置选项。

- 最大迭代次数：设置最大迭代步数。
- 平方和收敛：是指如果连续迭代失败，则可通过下拉列表调整比例值来改变平方和，使过程终止。
- 参数收敛：如果连续迭代失败，则可通过变更这个比例值改变参数值，使过程终止。

在我们的实验中全部选择默认的选项，使用利文贝格－马夸特（Levenberg-Marquardt）算法来估算模型。读者有兴趣的话，可以尝试使用序列二次编程算法来估算模型，其实两种方法的最终结论是十分接近的。

08 单击"继续"按钮回到"非线性回归"对话框，然后单击"确定"按钮，进入计算分析。

计算机运行完成后得到的结果如图 4-83~图 4-86 所示。

在分析运行结果之前，需要特别说明的是，在 SPSS 官方网站的帮助文档《*IBM_SPSS_Regression*》中，提出了非线性回归问题并不是简单设置即可完成分析，而是经常会带来计算方面的困难。

第一，参数初始值的选择会影响收敛性。这一点提示非常重要，是要求我们在一开始进行参数初始值时，就需要选择合理的初始值，并尽可能地选择接近期望的最终解的初始值。

第二，对于特定的问题，一种算法的性能有时会优于另一种算法。在"选项"对话框中选择其他算法（如果有）。如果指定损失函数或特定类型的约束，则将无法使用贝格－马夸特（Levenberg-Marquardt）算法。

第三，非线性回归分析过程中，如果仅仅是因为达到迭代的最大次数而使迭代停止，则"最终"模型可能不是一个好的解。用户在"参数"对话框中选择使用先前分析中的起始值以继续迭代过程，或者选择不同的初始值，后一种做法更好。

第四，非线性回归分析过程要求对数值执行求幂运算，或者指数运算的模型可能导致溢出或下溢（数字太大或太小，计算机无法表示）。有时候，通过选择适当的初始值，或者对参数施加约束，可以避免这些问题。

⊙ 实验结论

图 4-83 描述了非线性回归中系数估算的迭代过程，上半部分表示迭代过程中模型关于参数的导数都进行了计算，并产生了两个新变量 PRED_和 RESID，标签分别为 Predicted Values（预测值）和 Residuals（预测残差），新变量的数值被输出到了当前文件中。下半部分注释表明过程运行经三次模型计算后终止，并列表显示出每次计算所得到的残差平方和及三个模型参数 A、B、C 数值。

图 4-84 给出了模型参数的估算结果，包括模型中三个参数的估算值。图 4-85 给出了估算参数的相关系数矩阵，其中列出了各对参数之间相关系数的值。

迭代历史记录[b]

迭代编号[a]	残差平方和	参数		
		a	b	c
1.0	85.250	10.500	.300	.700
1.1	32.977	8.090	.300	.700
2.0	32.977	8.090	.300	.700

将通过数字计算来确定导数。

a. 主迭代号在小数点左侧显示，次迭代号在小数点右侧显示。

b. 由于连续参数估算值之间的相对减小量最多为 PCON = 1.000E-8，因此运行在 3 次模型评估和 2 次导数评估后停止。

图 4-83　非线性回归迭代过程

参数估算值

参数	估算	标准 错误	95% 置信区间	
			下限	上限
a	8.090	.781	6.178	10.002
b	.300	.000	.300	.300
c	.700	.000	.700	.700

图 4-84　模型参数估算结果

根据参数值可以写出估算的回归方程：

$$products = 8.090 \times 0.3^{0.913^x}$$

根据这个方程就可以对企业未来的产值发展变化作出预测。

图 4-86 给出了模型的方差分析，从中可知未更正的总计为 622.010，自由度为 9，它被分解成回归平方和 589.033 与残差平方和 32.977，自由度分别为 3 和 6。已更正的总计为 32.977，自由度为 8。下方有一行公式："R 方=1-（残差平方和）/（已更正的平方和）="；通过该公式计算出 R^2 值为 0.947，这个结果表明非线性回归的效果非常好，年产值 Products 与时间 t 之间存在高度相关的龚伯兹函数关系。

参数估算值相关性			
	a	b	c
a	1.000	.	.
b		.	.
c		.	.

图 4-85 估算参数的相关系数矩阵

ANOVAa

源	平方和	自由度	均方
回归	589.033	3	196.344
残差	32.977	6	5.496
修正前总计	622.010	9	
修正后总计	32.977	8	

因变量：Products

a. R 方 = 1 - (残差平方和) / (修正平方和) =

图 4-86 方差分析

实验 4-9 二阶段最小二乘回归分析

素材文件：sample/Chap04/jiaoyutouzii.sav
多媒体教学文件：视频/实验 4-9.mp4

▶ 实验基本原理

之前我们介绍的线性回归分析在本质上是采用的普通最小二乘法，其基本思想是使得残差的平方和最小，但是需要特别说明的是，普通最小二乘法有着非常严格近乎苛刻的假设条件，在实际中往往很多数据并不能满足这些假设条件。其中一个基本假设是自变量取值不受因变量的影响，或者说数据不存在内生自变量问题，然而在很多研究中都不同程度的存在着内生自变量问题。如果在存在内生自变量问题的条件下继续采用普通最小二乘法，就会严重影响回归参数的估算，使得回归模型失真甚至失效。SPSS 25.0 回归分析模块的二阶段最小二乘回归分析便是为解决这一问题而设计的，其基本思路是：首先找出内生自变量，然后根据预分析结果找出可以预测该自变量取值的回归方程并得到自变量预测值，再将因变量对该自变量的预测值进行回归，以一种更加迂回的方式解决内生自变量问题。

在 SPSS 官方网站的帮助文档《*IBM_SPSS_Regression*》中，对于二阶段最小二乘法的应用条件和相关过程还进行了特别指导。在注意事项方面，数据要求因变量和自变量必须是定量的，分类变量（如宗教、专业或居住地）需要重新编码为二分类（哑元）变量或其他类型的对比变量，内生解释变量应是定量变量（非分类变量）。应用假设条件方面，对于自变量的每个值，因变量必须呈正态分布，对于自变量的所有值，因变量分布的方差必须是恒定的。因变量和每个自变量之间的关系应为线性关系。

在相关过程方面，如果用户确信没有任何预测变量与因变量中的误差相关，则可使用"线性回归"过程。如果用户使用的数据违反了假设之一（如正态性假设或恒定方差假设），则尝试转换数据。如果用户使用的数据不是线性相关的且进行转换也没有帮助，则使用"曲线估算"过程中的备用模型。如果用户使用因变量是二分变量（如指示特定的销售是否已完成），则使用"Logistic 回归"过程。如果数据不独立（如在多个条件下观察同一个人），则使用"重复测量"过程。

实验目的与要求

实验目的：通过本次实验理解二阶段最小二乘回归分析和普通最小二乘线性回归的不同点，特别是估算的方法和原理及模型设定；了解二阶段最小二乘回归分析过程中常用算法的基本思想和适用范围，能够恰当应用；掌握 SPSS 中的二阶段最小二乘回归分析过程，能够对一个存在内生自变量问题数据建立恰当的二阶段最小二乘回归分析模型并正确估算其参数，最后清楚地解释其输出结果。

实验要求：熟悉二阶段最小二乘回归分析的基本原理和操作方法。能够熟练对 SPSS 25.0 回归分析模块的二阶段最小二乘回归分析过程进行参数设置；能够熟练对 SPSS 25.0 回归分析模块的二阶段最小二乘回归结果进行研究解读；能够熟练应用 SPSS 25.0 回归分析模块的二阶段最小二乘回归处理遇到的实践问题。

实验内容及数据来源

近年来，一种比较流行的观点是特定程度的教育投资会产生一定的金钱回报。图 4-87 给出了部分数据，完整的数据源文件可见本书附赠资源 Chap04 文件夹下的 jiaoyutouzii.sav 文件，请使用 jiaoyutouzii.sav 中数据分析教育的投资回报率。将工资对数设定为被解释变量，将受教育年限、总工龄、现单位工龄、智商设定为解释变量且受教育年限、智商为内生解释变量，以母亲受教育年限、考试成绩、婚姻情况、年龄为智商和受教育年限的工具变量，开展二阶段最小二乘回归分析。

	婚姻情况	母亲受教育	智商	考试成绩	年龄	受教育年限	总工龄	现单位工龄	工资对数
1	1	12	104	36	22	16	11.27	8	6.91
2	1	12	112	35	18	12	10.79	1	6.14
3	0	11	120	49	23	18	7.94	12	6.64
4	0	17	124	40	22	16	8.80	3	6.77
5	0	12	103	34	17	12	12.12	7	7.23
6	0	12	115	45	22	17	1.00	7	7.28
7	1	6	96	33	21	12	17.13	12	6.68
8	1	12	123	48	26	17	10.08	7	7.47
9	0	12	98	34	17	12	12.29	12	7.05
10	1	12	96	34	21	12	18.40	13	6.73
11	1	12	89	47	25	12	16.55	2	6.89
12	0	9	93	20	17	12	10.25	10	6.43
13	0	12	82	32	19	12	12.29	0	6.09
14	1	12	120	45	27	15	11.62	1	6.40
15	1	12	122	38	23	12	15.33	15	7.22
16	1	12	117	48	25	18	8.33	2	7.40
17	1	8	109	44	28	16	8.48	13	7.28
18	1	12	114	55	27	18	12.39	7	7.74
19	1	12	126	40	27	16	10.47	11	7.43
20	0	11	82	45	21	12	10.21	2	7.12
21	0	12	119	45	21	16	11.33	4	6.75
22	1	12	104	37	23	16	5.66	8	6.98
23	1	12	97	45	22	12	17.33	15	6.91
24	0	14	105	27	22	15	8.11	2	6.51

图 4-87　数据集 jiaoyutouzii.sav 的数据

实验操作指导

实验的操作步骤如下：

01 选择"文件|打开|数据"命令，打开 jiaoyutouzii.sav 数据表。

02 选择"分析|回归|二阶最小平方"命令，弹出"二阶最小平方"对话框，如图 4-88 所示。在左侧的列表框中选中"工资对数"并单击 ➡ 按钮，将其选入"因变量"列表框，同时选中"智商""受教育年限""总工龄""现单位工龄"并单击 ➡ 按钮，将其选入"解释变量"列表框，同时选中"总工龄""现单位工龄""母亲受教育年限""考试成绩""婚姻情况""年龄"并单击 ➡ 按钮，将其选入"工具变量"列表框（注意此处不仅要选入内生自变量的工具变量，也要选入非内生自变量）。

相对于其他回归估算模型，二阶最小平方的核心特征是用户需要设置工具变量（Instrumental）。工具变量是指在二阶段最小平方分析中的第一阶段中，用于为内生变量计算预测值的变量。 相同的变量可以同时出现在"解释变量"和"工具变量"列表框中。工具变量的个数不能少于解释变量的个数。如果所有列出的解释变量和工具变量均相同，则与"线性回归"过程的结果相同。

对话框选项设置/说明

- "因变量"列表框：该列表框中的变量为二阶段最小二乘回归分析模型中的被解释变量，数值类型为数值型。如果被解释变量为分类变量，则可以用二元或多元 Logistic 模型等建模分析。
- "自变量"列表框：该列表框的变量为二阶段最小二乘回归分析模型的解释变量或控制变量，数值类型一般为数值型。如果解释变量为分类变量或定性变量，则可以用虚拟变量（哑变量）表示。
- "工具变量"列表框：该列表框的变量为二阶段最小二乘回归分析模型的工具变量，数值类型一般为数值型。
- "在方程中包括常量"复选框：该复选框表示回归模型中包含常数项。取消选择该选项，可强制使回归模型通过原点，但是某些通过原点的回归结果无法与包含常数的回归结果相比较，如不能以常规的方式解释 R2。

03 单击"选项"按钮，弹出"二阶最小平方：选项"对话框，如图 4-89 所示。

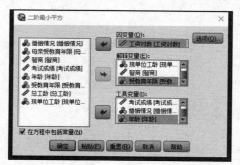

图 4-88　"二阶最小平方"对话框　　　　　　图 4-89　"二阶最小平方：选项"对话框

对话框选项设置/说明

该对话框主要用于对二阶最小二乘回归方法进行设置。

- "预测"复选框：用于保存回归模型对每个个案预测的值。
- "残差"复选框：用于保存回归模型的残差。
- "显示参数协方差"复选框：如果选中该复选框，则参数估算的协方差矩阵将体现在分析结果中。

设置完成后，可以单击"继续"按钮回到"二阶最小平方"对话框。如果只进行系统默认设置，可以单击"取消"按钮。也可以回到"二阶最小二平方"对话框进行其他设置。

04 单击"继续"按钮回到"二阶最小平方"对话框，然后单击"确定"按钮，进入计算分析。

计算机运行完成后得到的结果如图 4-90 和图 4-91 所示。

▶ **实验结论**

（1）变量概况及模型拟合度

图 4-90 上半部分给出了变量的分类，说明哪些是因变量、预测变量、工具变量，其实这就是我们在前面对各变量进行的设置。工资对数为被解释变量，总工龄、现单位工龄既是预测变量也是工具变量，受教育年限、智商设定为预测变量，母亲受教育年限、考试成绩、婚姻情况、年龄为工具变量。

下半部分给出了模型的拟合程度，可以发现 R 方仅为 0.115，调整后的可决系数仅为 0.109，这在很大程度上说明模型的拟合度很低，模型解释能力偏弱。在实际研究过程中，用户可以通过增加样本数量、增加解释变量或更换解释变量等方式来对模型进行优化。此处仅为讨论二阶段最小平方在 SPSS 25.0 中的实现，暂不对案例本身的内容做深入研究。

（2）模型概况

从图 4-91 中我们知道，ANOVA 检验中模型的 F 值为 21.433，显著性 P 值达到了 0.000，远远小于通常情况下的显著性 P 值 0.05，所以拒绝了模型不够显著的原假设，模型整体显著性很强。

模型描述

		变量类型
方程 1	工资对数	因变量
	总工龄	预测变量和工具变量
	现单位工龄	预测变量和工具变量
	智商	预测变量
	受教育年限	预测变量
	母亲受教育年限	工具变量
	考试成绩	工具变量
	婚姻情况	工具变量
	年龄	工具变量

MOD_1

模型摘要

方程 1	复 R	.339
	R 方	.115
	调整后 R 方	.109
	标准估算的错误	.409

图 4-90　变量概况及模型拟合度

ANOVA

		平方和	自由度	均方	F	显著性
方程 1	回归	14.340	4	3.585	21.433	.000
	残差	110.566	661	.167		
	总计	124.906	665			

系数

		未标准化系数				
		B	标准 错误	Beta	t	显著性
方程 1	(常量)	4.082	.402		10.155	.000
	总工龄	.026	.005	.270	5.157	.000
	现单位工龄	.007	.003	.085	2.053	.040
	智商	.016	.006	.543	2.647	.008
	受教育年限	.052	.026	.277	2.001	.046

系数相关性

		总工龄	现单位工龄	智商	受教育年限
方程 1	相关性	总工龄	1.000	-.300	-.056	.379
		现单位工龄	-.300	1.000	-.152	.064
		智商	-.056	-.152	1.000	-.848
		受教育年限	.379	.064	-.848	1.000

图 4-91　模型概况

模型中"总工龄""现单位工龄""智商""受教育年限"4 个解释变量的系数、常数项及其显著性 P 值均小于通常情况下的显著性 P 值 0.05，所以拒绝了系数为零的原假设，各个解释变量和常数项都非常显著。另外，"总工龄""现单位工龄""智商""受教育年限"4 个解释变量的系数均为正值，说明 4 个解释变量对于被解释变量产生的都是正向显著影响，这一点也是符合常理的。通常情况下，一个劳动者的总工龄越长，在现单位的工作年限越长，智商水平越高，受教育年限越长，其能够获得的工资水平就会越高。

"总工龄""现单位工龄""智商""受教育年限"4 个解释变量之间的相关系数并不是很大，这在一定程度上说明解释变量的选取是较为成功的。如果 4 个解释变量之间的相关系数较大，就意味着解释变量之间存在较多的信息重叠，或者说减少解释变量在很大程度上是可行的，对被解释变量进行解释，数量较少的解释变量也可以达到同样的效果。

因为本例中受教育年限、智商为内生解释变量，所以我们选择对数据进行二阶段最小二乘回归分析，以母亲受教育年限、考试成绩、婚姻情况、年龄是智商和受教育年限的工具变量，解决了内生解释变量的问题。

最终二阶段最小二乘回归分析模型的表达式为：

工资对数=4.082+0.026×总工龄+0.007×现单位工龄+0.016×智商+0.052 受教育年限

该模型的含义是：总工龄每增长一个单位，会显著带来工资对数水平 0.026 个单位的增长；现单位工龄每增长一个单位，会显著带来工资对数水平 0.007 个单位的增长；智商每增长一个单位，会显著带来工资对数水平 0.016 个单位的增长；受教育年限每增长一个单位，会显著带来工资对数水平 0.052 个单位的增长。

实验 4-10　加权回归分析

素材文件：sample/Chap04/shuidaochanliang.sav

多媒体教学文件：视频/实验 4-10.mp4

实验基本原理

之前我们介绍的线性回归分析在本质上是采用的普通最小二乘法，其基本思想是使得残差的平方和最小，但是需要特别说明的是，普通最小二乘法有着非常严格近乎苛刻的假设条件，在实际中往往很多数据并不能满足这些假设条件。其中一个基本假设是随机误差项的同方差性，然而在很多研究中都不同程度的存在着是随机误差项的异方差。如果在存在随机误差项的异方差的条件下继续采用普通最小二乘法，就会严重影响回归参数的估算，使得回归模型失真甚至失效。

从公式的角度来说，如果对于回归模型

$$y_i = \alpha + X\beta + \varepsilon_i$$

若出现 $Var(\varepsilon_i) = \delta_i^2$ 的情况，即对于不同的样本点，随机误差项的方差不再是常数，而互不相同，则认为出现了异方差性。

异方差性会导致参数估算量非有效、变量的显著性检验失去意义、模型的预测失效等后果。模型存在异方差性，可用加权最小二乘法（WLS）进行估算，加权最小二乘法是对原模型加权，使之变成一个新的不存在异方差性的模型，然后采用 OLS 估算其参数。

在 SPSS 官方网站的帮助文档《IBM_SPSS_Regression》中，对于加权最小二乘法的应用条件和相关过程还进行了特别指导。应用条件方面，加权最小二乘法要求对于自变量的每个值，因变量必须呈正态分布。因变量和每个自变量之间的关系应是线性的，且所有观察值应是独立的。因变量的方差对于自变量的不同级别可能不同，但必须能够根据权重变量预测此差异。

相关过程方面，《IBM_SPSS_Regression》帮助文档中提及，用我们在前面讲的"探索"描述分析过程可以将数据进行展示，从而直观地发现其中存在的规律。"探索"过程提供了正态性和方差同质性检验，并提供了图形化显示。如果对于自变量的不同级别，因变量都显示出具有相等的方差，则可使用"线性回归"过程。如果用户使用的数据违反了某个假设（如正态性假设），则尝试转换它们。如果用户使用的数据不线性相关且转换也没有帮助，则使用"曲线估算"过程中的备用模型。如果用户使用的因变量是二分变量（如指示特定销售是否已完成，或者某商品是否有缺陷），则使用"Logistic 回归"过程。如果因变量是已审查变量（如外科手术之后的存活时间），则使用"定制表和高级统计"中提供的"寿命表""Kaplan-Meier"或"Cox 回归"。如果用户使用的数据不独立（如在多个条件下观察同一个人），则使用"定制表和高级统计"中的"重复测量"过程。

▶ 实验目的与要求

实验目的： 通过本次试验掌握加权回归分析的基本思想和方法，理解加权最小二乘法（WLS）的计算步骤，理解模型的设定 F 检验和变量显著性 T 检验并能够根据检验结果对模型的合理性进行判断，进而能改进模型。理解残差分析的意义和重要性，会对模型的回归残差进行正态性和独立性检验，从而能够判断模型是否符合回归分析的基本假设。

实验要求： 能够运用加权最小二乘法（WLS）方法分析多个变量对一个变量的影响，会解释加权最小二乘法（WLS）回归方程中各个回归系数和检验统计量的含义。掌握对模型进行设定检验和变量显著性检验的方法，能够通过残差分析判断残差是否存在自相关和多重共线性，进而判断模型的正确性。对于分析结果的各种图形特别是正态概率 P-P 图，要掌握其含义并能够熟练应用。

▶ 实验内容及数据来源

本次实验使用的是某公司每年用于员工培训的支出与该年公司的盈利水平数据，数据区间为2005 年~2018 年。研究的背景是某公司人力资源工作者发现本公司每年用于员工培训的支出与该年公司的盈利水平之间存在着一定的正向关系，对多年培训支出和盈利水平数据整理后得到如图 4-92 所示的结果。完整的数据可见本书附赠资源 Chap04文件夹下的"peixunzhichu.sav"文件，试用加权最小二乘回归方法分析年盈利金额（y）和员工培训支出（x）之间的关系。

	年份	y	x
1	2005	3499	93.70
2	2006	4299	106.78
3	2007	7899	136.21
4	2008	7339	159.10
5	2009	14059	181.99
6	2010	15099	208.15
7	2011	15339	253.93
8	2012	23659	260.47
9	2013	24459	289.90
10	2014	33339	329.14
11	2015	37579	345.49
12	2016	42619	358.57
13	2017	44139	371.65
14	2018	44859	397.81

图 4-92　数据集 peixunzhichu.sav 的部分数据

▶ 实验操作指导

实验的操作步骤如下：

01 选择"文件｜打开｜数据"命令，打开peixunzhichu.sav 数据表。

02 选择"分析｜回归｜权重估算"命令，弹出"权重估算"对话框，如图 4-93 所示。从源变量列表框中选择"y"并单击➡按钮，将其选入"因变量"列表框，选择"x"并单击➡按钮，将其选入"自变量"列表框。选择"x"并单击➡按钮，将其选入"权重变量"列表框，然后将"幂的范围"设置为"2"到"6"并按"0.5"步进。

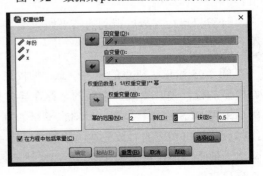

图 4-93　"权重估算"对话框

对话框选项设置/说明

- "权重变量列表框"（Weight Variable）：以此变量取幂后的倒数对数据进行加权，为指定范围的每个幂值计算回归方程，且回归方程指示使对数似然函数最大的幂。

然后在"幂的范围"文本框中输入加权指数的初始值与结束值，在"按"文本框中输入加权指数的步长。系统要求加权指数范围在 −6.5~7.5 之间，且满足"（结束值-初始值）/步长<=150"的条件，权重为 1/（加权变量）加权指数。

- "在方程中包括常量"复选框：选中该复选框，表示在模型中包含常数项。

---

03 单击"选项"按钮，弹出"权重估算：选项"对话框，如图 4-94 所示。

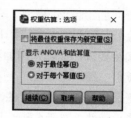

图 4-94　"权重估算：选项"对话框

对话框选项设置/说明

- "将最佳权重保存为新变量"复选框：选中该复选框，系统将得到的最佳权重作为一个新变量保存在数据文件中。
- "显示 ANOVA 和估算值"选项组：该选项组用于设置方差与估计值的输出方式。选中"对于最佳幂"单选按钮，系统将只输出最终的估算值与方差分析。选中"对于每个幂值"单选按钮，系统将输出设定的加权指数范围内的所有权重的估算值与方差分析。

设置完成后，可以单击"继续"按钮回到"权重估算"对话框。如果只进行系统默认设置，则单击"取消"按钮。也可以回到"权重估算"对话框进行其他设置。

---

04 设置完成后，单击"继续"按钮回到"权重估算"对话框，然后单击"确定"按钮，进入计算分析。

计算机运行完成后得到的结果如图 4-95~图 4-97 所示。

▶ 实验结论

图 4-95 给出了权重的相关信息，加权最小二乘法是对原模型加权，使之变成一个新的不存在异方差性的模型，然后采用 OLS 估算其参数，针对自变量的每一个权重，系统都会计算出相应的对数似然函数值。从图 4-95 中可以非常清晰地看出加权指数为 4 时，对数似然函数值最大，即 4 是最佳权重。

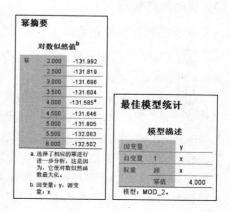

图 4-95　权重的输出

图 4-96 给出了标准化和未标准化系数、T 统计量和模型的拟合优度等信息，我们可以看出模型拟合优度较高且各系数均显著，这也证明了前面对加权指数的选择是正确的。具体来说，复 R 为 0.968，可决系数（R 方）为 0.937，调整后的可决系数为 0.931，都在 0.9 以上，说明模型的解释能力非常好，能够解释被解释变量的大部分信息。对数似然函数值为-131.585，与前述加权指数为 4 时的对数似然函数值相同。从 ANOVA 检验来看，加权回归分析模型的 F 值为 177.648，对应的显著性 P 值为 0.000，远远小于统计意义上常用的显著性 P 值 0.05，说明模型整体非常显著。整体来看，若不考虑内生解释变量、自相关等其他不满足最小二乘估算的假定条件，则模型设置的较为完美。

模型摘要

复 R	.968
R 方	.937
调整后 R 方	.931
标准 估算的错误	.061
对数似然函数值	-131.585

ANOVA

	平方和	自由度	均方	F	显著性
回归	.662	1	.662	177.648	.000
残差	.045	12	.004		
总计	.707	13			

图 4-96 模型的估算结果

图 4-97 给出了模型的方差分析，从图中我们可以看到残差平方和回归平方和以及 F 统计量等信息。通过实验，我们可以得出年盈利金额（y）和员工培训支出（x）之间的关系：

$$y=-7649.722+114.209*x$$

系数

	未标准化系数		标准化系数			
	B	标准 错误	Beta	标准 错误	t	显著性
(常量)	-7649.772	1071.042			-7.142	.000
x	114.209	8.569	.968	.073	13.328	.000

图 4-97 模型的方差分析

方程的估算信息均是经过加权后得到的，消除了模型中存在的异方差性，保证了参数检验的有效性。从最终加权最小二乘回归的结果可以非常清晰地看出，该公司员工培训支出对于其年盈利金额的影响是一种非常显著的正向关系，具体来说，就是每一单位的员工培训支出，可以带来 114.209 单位的年盈利金额的增加。从政策意义上讲，就是建议该公司继续加大对员工的培训支出力度，以求获得更高的年盈利金额。

实验 4-11 概率单位回归分析

▷ 实验基本原理

素材文件：sample/Chap04/jiashipeixun.sav
多媒体教学文件：视频/实验 4-11.mp4

概率单位回归分析（Probit 回归分析）适用于对响应比例与刺激作用之间关系的分析，Probit 回归分析属于 SPSS 中的专业统计分析过程。与 Logistic 回归一样，Probit 回归同样要求将取值在

实数范围内的值累计概率函数变换转化为目标概率值，然后进行回归分析。常见的累积概率分布函数有 Logit 概率函数和标准正态累积概率函数，公式如下：

- Logit 概率函数

$$\pi = \frac{1}{1 + e^{-(\beta_0 + \beta_1 X_1 + \cdots + \beta_p X_p)}}$$

- 标准正态累积概率函数

$$\pi = \int e^{-t^2/2} dx$$

一般情况下，Probit 回归更适用于从有计划的实验中获得的数据。

在 SPSS 官方网站的帮助文档《IBM_SPSS_Regression》中，对于概率单位回归分析的应用条件和相关过程还进行了特别指导。应用条件方面，在数据上，概率单位回归分析对于自变量的每个值（或多个自变量的每个值组合），响应变量应为具有显示相应响应的值的个案数，观察变量总数应为自变量具有这些值的个案的总数，因子变量应是以整数编码的分类变量。在假定条件下，观察值应是独立的，如果自变量值的数量与观察值的数量相比过多（在某项观察研究中可能遇到这样的情况），则卡方统计和拟合优度统计可能无效。

相关过程方面，《IBM_SPSS_Regression》帮助文档中提及，Probit 分析与 Logistic 回归紧密相关。实际上，如果选择 Logit 转换，则此过程最终计算的是 Logistic 回归。总的来说，Probit 分析适用于设计的实验，而 Logistic 回归更适用于观察研究。输出中的差异反映了这些不同的侧重方面。Probit 分析过程报告在不同响应频率下有效值的估算值（包括中位效应剂量），而 Logistic 回归过程报告自变量几率比的估算值。

⊙ 实验目的与要求

实验目的： 通过本次实验理解概率单位回归的思想，对比普通线性回归、二元 Logistic 回归、多元 Logistic 回归与概率单位回归的区别。掌握概率单位回归过程的操作步骤，能够熟练应用此模型对相关变量建立概率单位回归模型并进行估算，对分析结果进行合理解释。

实验要求： 认真理解概率单位回归模型的理论基础，了解什么情况下使用概率单位回归模型是合理的。能够应用 SPSS 中的概率单位回归过程对实际数据进行分析并解释分析结果，特别是会解释相对中位数强度估算值及 Probit 转换响应图，从而根据这些结论评价模型的优劣，以及根据评价结果优化调整模型。

⊙ 实验内容及数据来源

本次实验使用的数据来自某汽车驾驶培训学校学员培训与成绩合格情况。某汽车驾驶培训学校在不同的季节采用不同的训练强度对学员进行培训，然后分别记录了各个季节不同的训练强度和该训练强度下的合格学员数量（即响应）。图 4-98 给出了部分数据，完整的数据可见本书附赠资源 Chap04 文件夹下的 "jiashipeixun.sav" 文件。"jiashipeixun.sav" 文件变量视图中包括变量 "季节" "训练强度" "参训学员数量" 和 "合格学员数量"，分别用来表示季节、训练强度、参训学员数量和响应数。其中，"季节" 变量为分类变量，分别将 "春季" "夏季" "秋季" 和 "冬季"

赋值为"1""2""3"和"4"。本次实验的内容是利用 Probit 回归来分析训练强度与反馈响应概率的关系。

> **实验操作指导**

实验的操作步骤如下：

01 选择"文件｜打开｜数据"命令，打开 jiashipeixun.sav 数据表。

02 选择"分析｜回归｜概率"命令，弹出"概率分析"对话框。从"源变量"列表框中选择"合格学员数量"并单击 按钮，将其选入"响应频率"列表框，以同样的方法将"季节"选入"因子"列表框，将"参训学员数量"选入"实测值总数"列表框，将"训练强度"选入"协变量"列表框。然后单击"定义范围"按钮，打开"概率分析：定义范围"对话框，在"最小值"文本框中输入"1"，在"最大值"文本框中输入"4"。在"转换"下拉列表中选择"自然对数"，全部设置完成后如图 4-99 所示。

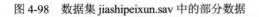

	季节	训练强度	参训学员数量	合格学员数量
1	1	55	30	15
2	1	66	35	12
3	1	20	36	5
4	1	10	42	3
5	1	30	48	15
6	1	18	21	6
7	1	19	29	6
8	1	22	28	7
9	2	33	64	33
10	2	64	39	24
11	2	75	44	21
12	2	29	45	14
13	2	19	51	12
14	2	39	57	24
15	2	27	30	15
16	2	28	38	15
17	3	27	58	27
18	3	58	33	18
19	3	69	38	15

图 4-98　数据集 jiashipeixun.sav 中的部分数据　　　　图 4-99　"概率分析"对话框

对话框选项设置/说明

- "响应频率"列表框：该列表框中的变量为 Probit 回归模型中的响应变量，数值类型为数值型。对于协变量的每个值，响应变量频率具有显示相应响应的值的个案数目。

- "实测值总数"列表框：该列表框中的变量为总观测变量，该变量的样本个案数目应为协变量具有这些值的个案的总数。

- "因子"列表框：该列表框中的变量为分类变量，因子变量可以是字符型，但必须用连续整数进行赋值。一旦选定了因子变量，"定义范围"按钮就被激活。单击"定义范围"按钮，弹出如图 4-100 所示的"概率分析：定义范围"对话框。在该对话框中的"最小值"文本框中输入因子变量的最小整数值，在"最大值"文本框中输入因子变量中的最大整数值。

图 4-100　"概率分析：定义范围"对话框

- "协变量"列表框：该列表框中的变量为 Probit 回归模型的解释变量或控制变量，数值类型一般为数值型。如果解释变量为分类变量或定性变量，则可以用虚拟变量（哑变量）表示。
- "转换"下拉列表：该下拉列表中的选项用于对协变量进行函数形式的转换。"无"表示不进行任何形式的转换，在回归中用协变量的原始形式。"以 10 为底的对数"表示对协变量进行取对数进行转换，对数底为 10。"自然对数"表示对协变量进行取对数进行转换，对数底为 e。

"模型"选项组：该选项组用于设置概率回归模型的响应概率算法。"概率"表示用标准正态累积概率函数来计算响应概率。"分对数"表示利用 Logit 模型进行计算响应概率。

03 单击"选项"按钮，弹出"概率分析：选项"对话框，如图 4-101 所示。选中"平行检验"复选框和"根据数据计算"单选按钮，然后单击"继续"按钮保存设置。

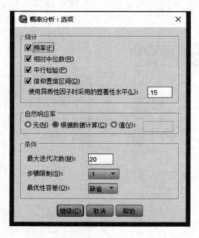

图 4-101 "概率分析：选项"对话框

对话框选项设置/说明

"统计"选项组主要用于设置输出的模型统计量。

- "频率"：选中该复选框，表示输出观测值的频数、残差等信息。
- "相对中位数"：选中该复选框，表示输出因子变量各个水平的中位数强度比值，以及 95%置信区间和对数转换的 95%置信区间。如果在"概率分析"对话框中没有指定因子变量，则该复选框不可用。
- "平行检验"：选中该复选框，表示输出平行检验的结果，该检验的原假设是因子变量的所有水平具有相同的斜率。如果在"概率分析"对话框中没有指定因子变量，则该复选框不可用。
- "信仰置信区间"：选中该复选框，表示输出响应概率所需的协变量取值的置信区间，在"使用异质因子时采用的显著性水平"中指定显著水平。

"自然响应率"选项组主要用于设置自然响应频率，自然响应频率表示在没有任何试验剂量下得到一个响应的概率。如果自然响应概率为 0，则表示响应的发生全部归功于外生的刺激或试验的剂量。

- "无"：表示不定义任何自然响应频率。

- "根据数据计算"：选中该单选按钮，表示从样本数据中估算自然响应概率。
- "值"：选中该单选按钮，表示用户自己在文本框中输入指定的自然响应概率值，但取值范围必须小于 1。

"条件"选项组主要用于设置概率回归的最大似然迭代估算的参数。

- "最大迭代次数"：该文本框用于输入最大迭代次数。
- "步骤限制"：该下拉列表用于选择迭代的步长，可供选择的有 "0.1" "0.01" 和 "0.001"。
- "最优性容差"：该下拉列表用于选择最优容差。

设置完成后，可以单击"继续"按钮返回到"概率分析"对话框。如果只进行系统默认设置，则单击"取消"按钮。也可以回到"概率分析"对话框进行其他设置。

04 以上选项都设置完成后，单击"继续"按钮回到"概率分析"对话框，然后单击"确定"按钮，进入计算分析。

计算机运行完成后得到的结果如图 4-102~图 4-109 所示。

▶ **实验结论**

图 4-102 给出了模型的数据信息，从中可以看到参与概率单位回归分析的数据有 32 个个案，有 0 个控制组，按季节分类的每个控制组的个案数都是 8。

图 4-103 给出了回归模型收敛信息，从中可以看到迭代次数为 15 次，并找到了模型的最优解。

图 4-104 和图 4-105 分别给出了参数估算值和自然响应率估算值的信息。可以看到概率分析得到了一个关于训练强度对数的公共斜率 0.535、共同的自然响应概率 0.000 和对于各个因子水平的 4 个不同截距（-2.413、-2.089、-2.212 和-2.270）。共同的斜率意味着在各个季节增加训练强度对响应概率的影响是相同的。

数据信息		
		个案数
有效		32
已拒绝	超出范围[a]	0
	缺失	0
	无法执行对数转换	0
	响应数 > 主体数	0
控制组		0
季节	春节	8
	夏季	8
	秋季	8
	冬季	8
a. 由于组值超出范围，因此个案被拒绝。		

图 4-102　数据信息

收敛信息		
	迭代次数	找到的最佳解
PROBIT	15	是

图 4-103　收敛信息

图 4-106 给出了模型回归的两个卡方检验统计量值。皮尔逊拟合度检验结果是 0.027，远远小于统计意义上常用的显著性 P 值 0.05，说明模型整体非常显著。此外，由于显著性水平小于 0.150，因此在置信限度的计算中使用了异质性因子。平行检验统计量值为 0.964，远远大于统计意义上常用的显著性 P 值 0.05，因此接受因子变量各个水平下的概率回归方程具有相同斜率的原假设。

参数估算值

参数		估算	标准 错误	Z	显著性	95% 置信区间	
						下限	上限
PROBIT[a]	训练强度	.535	.109	4.886	.000	.320	.749
截距[b]	春节	-2.413	.579	-4.169	.000	-2.992	-1.834
	夏季	-2.089	.522	-4.001	.000	-2.611	-1.567
	秋季	-2.212	.536	-4.129	.000	-2.747	-1.676
	冬季	-2.270	.546	-4.160	.000	-2.816	-1.724

a. PROBIT 模型：PROBIT(p) = 截距 + BX（协变量 X 使用底数为 2.718 的对数进行转换。）
b. 对应于分组变量 季节。

图 4-104　参数估算值

自然响应率估算值[a]

	估算	标准 错误
PROBIT	.000	.105

a. 未提供控制组。

图 4-105　自然响应率估算值

卡方检验

		卡方	自由度[b]	显著性
PROBIT	皮尔逊拟合优度检验	41.651	26	.027[a]
	平行检验	.281	3	.964

a. 由于显著性水平小于 .150，因此在置信限度的计算中使用了异质性因子。
b. 基于单个个案的统计与基于汇总个案的统计不同。

图 4-106　卡方检验

图 4-107 给出了单元格计数、预测响应及残差的信息。"数字"表示对个案进行编号，"季节"表示因子变量的各个水平分组，"实测响应"表示原始的响应数值，"期望响应"表示根据回归得到的概率模型进行预测的响应结果，"残差"表示原始的响应数值与根据回归得到的概率模型进行预测的响应结果之差，"概率"表示该响应值在给定训练强度下发生的概率值。

单元格计数和残差

	数字	季节	训练强度	主体数	实测响应	期望响应	残差	概率
PROBIT	1	1	4.007	30	15	11.803	3.197	.393
	2	1	4.190	35	12	15.098	-3.098	.431
	3	1	2.996	36	5	7.510	-2.510	.209
	4	1	2.303	42	3	4.982	-1.982	.119
	5	1	3.401	48	15	13.253	1.747	.276
	6	1	2.890	21	6	4.049	1.951	.193
	7	1	2.944	29	6	5.824	.176	.201
	8	1	3.091	28	7	6.259	.741	.224
	9	2	3.497	64	33	26.454	6.546	.413
	10	2	4.159	39	24	21.598	2.402	.554
	11	2	4.317	44	21	25.832	-4.832	.587
	12	2	3.367	45	14	17.400	-3.400	.387
	13	2	2.944	51	12	15.483	-3.483	.304
	14	2	3.664	57	24	25.561	-1.561	.448
	15	2	3.296	30	15	11.164	3.836	.372
	16	2	3.332	38	15	14.421	.579	.380
	17	3	3.296	58	27	18.941	8.059	.327
	18	3	4.060	33	18	15.966	2.034	.484
	19	3	4.234	38	15	19.793	-4.793	.521
	20	3	3.135	39	8	11.555	-3.555	.296
	21	3	2.565	45	6	9.018	-3.018	.200
	22	3	3.497	51	18	18.673	-.673	.366
	23	3	3.045	24	9	6.712	2.288	.280
	24	3	3.091	32	9	9.220	-.220	.288
	25	4	3.219	56	25	16.325	8.675	.292
	26	4	4.025	31	16	14.048	1.952	.453
	27	4	4.205	36	13	17.687	-4.687	.491
	28	4	4.035	37	6	9.634	-3.634	.260
	29	4	2.398	43	4	6.949	-2.949	.162
	30	4	3.434	49	16	16.277	-.277	.332
	31	4	2.944	22	7	5.353	1.647	.243
	32	4	2.996	30	7	7.560	-.560	.252

图 4-107　单元计数和残差

图 4-108 给出了相对中位数强度估算值及 95% 的置信区间，从中可以看到因子变量各个水平

间的相对中位数强度对比值及 95%的置信区间，如春季与夏季的相对中位数强度对比值为 1.835，置信区间为 0.975～7.478。值得注意的是，图中置信区间提供的概率范围并没有将自然响应概率计算在内。

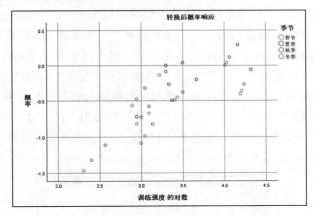

相对中位数强度估算值

	(I)季节	(J)季节	估算	95% 置信限度 下限	95% 置信限度 上限	进行对数转换情况下的 95% 置信限度[a] 估算	进行对数转换情况下的 95% 置信限度[a] 下限	进行对数转换情况下的 95% 置信限度[a] 上限
PROBIT	1	2	1.835	.975	7.478	.607	-.026	2.012
		3	1.457	.818	4.437	.377	-.200	1.490
		4	1.307	.739	3.449	.267	-.302	1.238
	2	1	.545	.134	1.026	-.607	-2.012	.026
		3	.794	.377	1.320	-.230	-.974	.277
		4	.712	.290	1.205	-.340	-1.237	.186
	3	2	1.259	.758	2.649	.230	-.277	.974
		1	.686	.225	1.222	-.377	-1.490	.200
		4	.897	.448	1.567	-.109	-.802	.449
	4	2	1.404	.830	3.444	.340	-.186	1.237
		1	.765	.290	1.353	-.267	-1.238	.302
		3	1.115	.638	2.231	.109	-.449	.802

a. 对数底数 = 2.718。

图 4-108　相对中位数强度估算值

图 4-109 给出了响应概率与训练强度的对数值构成的散点图，从中可以直观地看到经过对数转换的训练强度与响应概率之间成非线性关系，训练强度越高，响应概率越大，且夏季散点大多位于上方。因此，可以判断在相同的训练强度下夏季效果比较好。

图 4-109　概率转换响应

实验 4-12　有序回归分析

实验基本原理

素材文件：sample/Chap04/nainiudengji.sav
多媒体教学文件：视频/实验 4-12.mp4

如果因变量是有序的分类变量，则应该使用有序回归的分析方法。在实际生活中，我们经常会遇到有序因变量的情况，如成绩的等级优、良、中、差，贷款的违约情况正常、关注、风险、已

违约等。我们也会遇见很多取值多元的案例，比如在客户满意度调查中调查客户对于本公司的服务满意程度为很满意、基本满意、不太满意、很不满意等，在银行信贷资产的分类中，按照监管部门的规定要求将授信资产划分为正常、关注、次级、可疑、损失等，在债券发行市场对债券发行主体进行信用评级，评级为 AAA、AA、A、BBB、……D 等。有序因变量和离散因变量不同，在这些离散值之间存在内在的等级关系。如果直接使用 OLS 估算法的话，就会失去因变量序数方面的信息而导致估算的错误。因此，统计学家研究出有序回归分析这种分析方法，我们可以通过 SPSS 方便地实现有序回归分析的操作。

▶ 实验目的与要求

实验目的：通过本次实验理解有序回归分析的思想，对比普通线性回归、二元 Logistic 回归、多元 Logistic 回归与有序回归分析的区别，掌握有序回归分析过程的操作步骤。能够熟练应用此模型对相关变量建立有序回归分析模型并进行估算，对分析结果进行合理解释。

实验要求：认真理解有序回归分析模型的理论基础，了解什么情况下使用有序回归分析模型是合理的；能够应用 SPSS 中的有序回归分析过程对实际数据进行分析并解释分析结果，特别是会解释参数估算值的统计列表，从而根据这些结论评价模型的优劣，以及根据评价结果优化调整模型。

▶ 实验内容及数据来源

本次实验使用的数据来自某养殖场养殖的不同品种奶牛在不同饲养天数下生长的等级分类情况。某养殖场管理员认为，不同品种奶牛在不同饲养天数下生长的优劣程度可能会不同，所以该管理员收集整理了其养殖场养殖的不同品种（一类、二类）奶牛在不同饲养天数下生长的等级分类（一等、二等、三等）情况的数据信息。在 SPSS 变量视图中建立变量“等级分类”“饲养时间”和“品种”。在 SPSS 活动数据文件的数据视图中，把相关数据输入到各个变量中。其中，“等级分类”变量为有序变量，分别将“一等”“二等”和“三等”赋值为“1”“2”和“3”。“品种”变量为名义变量，分别将“一类”“二类”赋值为“1”和“2”。图 4-110 给出了部分数据，完整的数据可见本书附赠资源 Chap04 文件夹下的“nainiudengji.sav”文件。

	品种	等级分类	饲养时间
1	1	1	750
2	1	1	980
3	1	1	900
4	1	1	777
5	1	1	760
6	1	1	750
7	1	1	883
8	1	1	794
9	1	1	732
10	1	2	699
11	1	2	654
12	1	2	650
13	1	2	660
14	1	2	607
15	1	2	677
16	1	2	660
17	1	2	612
18	1	2	635
19	1	2	694
20	1	2	632
21	1	2	599
22	1	2	554
23	1	2	550

图 4-110 数据集 nainiudengji.sav 中的部分数据

实验操作指导

实验的操作步骤如下：

01 选择"文件 | 打开 | 数据"命令，打开 nainiudengji.sav 数据表。

02 选择"分析 | 回归 | 有序"命令，弹出"有序回归"对话框。在左侧源变量列表框中选择"等级分类"并单击 ➡ 按钮，将其选入"因变量"列表框，以同样的方法将"品种"选入"因子"列表框，将"饲养时间"选入"协变量"列表框，全部设置完成后如图 4-111 所示。

对话框选项设置/说明

- "因变量"列表框：该列表框中的变量为有序回归模型中的被解释变量，一般选定一个有序变量作为因变量，可以是字符串型或数值型，但必须对其取值进行升序排列，并指定最小值为第一个类别。
- "因子"列表框：该列表框中的变量为分类变量，因子变量可以是字符型，但必须用连续整数进行赋值。
- "协变量"列表框：该列表框中的变量为有序回归模型的解释变量或控制变量，数值类型一般为数值型。如果解释变量为分类变量或定性变量，则可以用虚拟变量（哑变量）表示。

---

03 单击"选项"按钮，弹出"有序回归：选项"对话框，如图 4-112 所示。

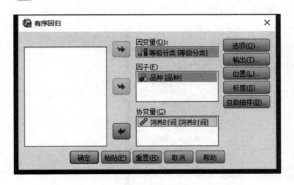

图 4-111　"有序回归"对话框　　　　图 4-112　"有序回归：选项"对话框

对话框选项设置/说明

"迭代"选项组主要用于设置有序回归的迭代估算的参数。

- "最大迭代次数"：该文本框用于指定最大迭代步骤数目，必须为整数。如果输入 0，则仅输出初始值。
- "最大逐步二分次数"：该文本框用于指定最大步骤等分值，且必须为整数。
- "对数似然收敛"：该下拉列表用于指定对数似然性收敛值，共有 6 个不同的指定值。如果对数似然估计中的绝对或相对变化小于该值，则迭代会停止。
- "参数收敛"：该下拉列表用于指定参数估算值的收敛依据，共有 6 个不同的指定值。如果参数估算的绝对或相对变化小于该值，则迭代会停止。

"置信区间"文本框用于指定参数估算的置信区间，输入范围是 0～99。

"Delta"文本框用于指定添加到零单元格频率的值，防止出现加大的估算偏误，输入范围小于1 的非负值。

"奇异性容差"下拉列表用于指定奇异性容许误差值，共有 6 个值。

"联接"下拉列表用于指定对模型累积概率转换的链接函数，包括"逆柯西""互补双对数""分对数""负双对数"和"概率"5 种函数选择。5 种函数的数学表达式存在比较大的差异，分别用于不同的应用场景。

- "逆柯西"：其函数数学表达式为 $f(x)=\tan(\pi(x-0.5))$，主要适用于潜变量含有较多极端值的情况。
- "互补双对数"：其函数数学表达式为 $f(x)=\log(-\log(1-x))$，主要适用于被解释变量值越与概率值同增加的情况。
- "分对数"：其函数数学表达式为 $f(x)=\log(x/(1-x))$，主要适用于因变量为均匀分布的情况。
- "负双对数"：其函数数学表达式为 $f(x)=-\log(-\log(x))$，主要适用于因变量取值与概率值相反方向运动的情况。
- "概率"：其函数数学表达式为 $f(x)=\Phi-1(x)$，主要适用于因变量为正态分布的情况。

设置完成后，单击"继续"按钮回到"有序回归"对话框。如果只进行系统默认设置，则单击"取消"按钮。也可以回到"有序回归"对话框进行其他设置。

---

04 单击"输出"按钮，弹出"有序回归：输出"对话框，如图 4-113 所示。

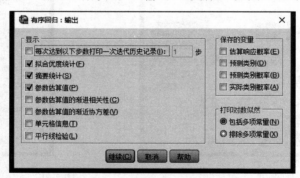

图 4-113　"有序回归：输出"对话框

对话框选项设置/说明

"有序回归：输出"对话框主要用于设置输出的统计量和表及保存的变量。

"显示"选项组用于指定要输出的统计摘要表。

- "每次达到以下步数打印一次迭代历史记录"：选中该复选框，表示打印迭代历史记录。在"步"中输入正整数值，表示输出每隔该值的迭代历史记录，同时输出第一步和最后一步的迭代记录。
- "拟合优度统计"：选中该复选框，表示输出皮尔逊和卡方统计量。
- "摘要统计"：选中该复选框，表示输出摘要统计，其中含有考克斯-斯奈尔、内戈尔科和麦克法登统计量。

- "参数估算值"：选中该复选框，表示输出参数估算信息，其中包括参数估算值、标准偏误和置信区间等。
- "参数估算值的渐进相关性"：选中该复选框，表示输出参数估算值的相关系数矩阵。
- "参数估算值的渐近协方差"：选中该复选框，表示输出参数估算值的方差-协方差矩阵。
- "单元格信息"：选中该复选框，表示输出观察值和期望值的频率和累积频率、频率和累积频率的皮尔逊残差、观察到的和期望的概率及以协变量模式表示的观察到的和期望的每个响应类别的累积概率。
- "平行线检验"：选中该复选框，表示输出平行线检验统计量，该检验的原假设是位置参数在多个因变量水平上都相等，但该项仅适用于位置模型。

"保存的变量"选项组主要用于设置保存变量。

- "估算响应概率"：选中该复选框，表示保存将观察值按因子变量分类成响应类别的模型估算概率，概率与响应类别的数量相等。
- "预测类别"：选中该复选框，表示保存模型的预测响应分类。
- "预测类别概率"：选中该复选框，表示保存模型最大的预测响应分类概率。
- "实际类别概率"：选中该复选框，表示保存实际类别的响应概率。

"打印对数似然"选项组主要用于设置输出似然对数统计量。

- "包括多项常量"：选中该单选按钮，表示输出包含常数的似然对数统计量。
- "排除多项常量"：选中该单选按钮，表示输出不包含常数的似然对数统计量。

设置完成后，单击"继续"按钮回到"有序回归"对话框。如果只进行系统默认设置，则单击"取消"按钮。也可以回到"有序回归"对话框进行其他设置。

---

05 单击"位置"按钮，弹出"有序回归：位置"对话框，如图 4-114 所示。

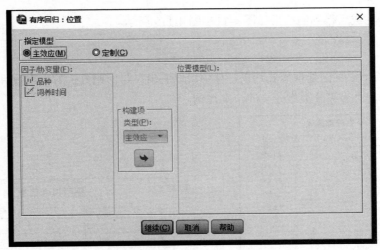

图 4-114　"有序回归：位置"对话框

对话框选项设置/说明

"有序回归：位置"对话框用于指定回归模型中的效应。

"指定模型"选项组用于指定回归模型的具体类型。

- "主效应"：选中该单选按钮，表示采用包含协变量和因子的主效应，但不包含交互效应。
- "定制"：选中该单选按钮，表示采用用户自定义的模型。如果选中"定制"单选按钮，则"因子/协变量""构建项"和"位置模型"被激活。

"因子/协变量"列表框用于存放已经选定的因子变量和协变量。

"构建项"下拉列表框用于选择模型效应，SPSS 25.0 共提供了"主效应""交互""所有二阶""所有三阶""所有四阶""所有五阶"。选中所要指定的模型效应，单击 ➡ 按钮就可以进入"位置模型"列表框。

- 交互：创建所有选定变量的最高级交互项，这是 SPSS 25.0 软件设置的默认选项。
- 主效应：为每个选定的变量创建主效应项。
- 所有二阶：创建选定变量的所有可能的双向交互。
- 所有三阶：创建选定变量的所有可能的三阶交互。
- 所有四阶：创建选定变量的所有可能的四阶交互。
- 所有五阶：创建选定变量的所有可能的五阶交互。

"位置模型"列表：该列表框用于存放用户选定的模型效应。

设置完成后，单击"继续"按钮回到"有序回归"对话框。如果只进行系统默认设置，则单击"取消"按钮。也可以回到"有序回归"对话框进行其他设置。

以上选项都设置完成后，单击"继续"按钮回到"有序回归"对话框，然后单击"确定"按钮，进入计算分析。

计算机运行完成后得到的结果如图 4-115~图 4-119 所示。

实验结论

图 4-115 给出了案例处理摘要结果，从中可以看出参与回归分析的个案数目、按"品种"分类的个案比例及按"等级分类"分类的个案比例。

个案处理摘要

		个案数	边际百分比
等级分类	1	18	28.6%
	2	28	44.4%
	3	17	27.0%
品种	1	32	50.8%
	2	31	49.2%
有效		63	100.0%
缺失		0	
总计		63	

图 4-115　个案处理摘要

模型拟合信息

模型	-2 对数似然	卡方	自由度	显著性
仅截距	126.731			
最终	26.486	100.245	2	.000

关联函数：分对数。

图 4-116　模型拟合信息

图 4-116 给出了模型拟合信息，从中可以看到仅含截距项的对数似然值为 126.731，最终的模型的卡方值是 100.245，显著性为 0.000，可见最终模型更为显著。

图 4-117 给出了两个拟合度统计量值。由于皮尔逊卡方统计量和偏差卡方统计量的显著性均为 1，因此接受模型拟合情况良好的原假设。

图 4-118 给出了伪 R 方的三个统计量结果。考克斯-斯奈尔、内戈尔科和麦克法登统计量值分别为 0.796、0.902 和 0.742，三个 R 方统计量的值都比较接近 1，可见模型的拟合程度比较好。

拟合优度

	卡方	自由度	显著性
皮尔逊	16.765	98	1.000
偏差	18.168	98	1.000

关联函数: 分对数。

图 4-117　拟合优度

伪 R 方

考克斯-斯奈尔	.796
内戈尔科	.902
麦克法登	.742

关联函数: 分对数。

图 4-118　伪 R 方

图 4-119 给出了参数估算值，从中可以看到，饲养时间的估算值为负，说明饲养时间越长，奶牛的品级会越接近一等。

参数估算值

		估算	标准 错误	瓦尔德	自由度	显著性	95% 置信区间 下限	95% 置信区间 上限
阈值	[等级分类 = 1]	-45.590	10.492	18.880	1	.000	-66.155	-25.026
	[等级分类 = 2]	-35.989	8.259	18.986	1	.000	-52.177	-19.801
位置	饲养时间	-.069	.016	18.952	1	.000	-.099	-.038
	[品种=1]	3.586	1.199	8.947	1	.003	1.236	5.935
	[品种=2]	0ᵃ			0			

关联函数: 分对数。

a. 此参数冗余，因此设置为零。

图 4-119　参数估算值

实验 4-13　最优尺度回归分析

实验基本原理

素材文件: sample/Chap04/yansepianhao.sav
多媒体教学文件: 视频/实验 4-13.mp4

我们经常会遇到自变量为分类变量的情况，如收入级别、学历等，通常的做法是直接将各个类别定义取值为等距连续整数，比如将收入级别的高、中、低分别定义为 1、2、3，但是这意味着这三档之间的差距是相等的，或者说它们对因变量的数值影响程度是均匀的，显然这种假设是有些草率的，基于此的分析有时会得出很不合理的结论。SPSS 的最优尺度回归便应运而生，成为解决这一问题的分析方法。

实验目的与要求

实验目的: 通过本次实验理解最优尺度回归的思想，对比普通线性回归、二元 Logistic 回归、多元 Logistic 回归、有序回归分析与最优尺度回归分析的区别，掌握最优尺度回归分析过程的操作步骤。能够熟练应用此模型对相关变量建立最优尺度回归分析模型并进行估算，对分析结果进行合理解释。

实验要求： 认真理解最优尺度回归分析模型的理论基础，了解什么情况下使用最优尺度回归分析模型是合理的。能够应用 SPSS 中的最优尺度回归分析过程对实际数据进行分析，并能够解释分析结果，特别是会解释模型中变量系数、变量的相关性和容差结果，从而根据这些结论评价模型的优劣，以及根据评价结果优化调整模型。

⟩ 实验内容及数据来源

本次实验使用的数据来自某服装制造商对山东北部地区的青年消费群体关于颜色偏好的调查数据。案例背景是某服装制造商为分析目标市场消费者对其生产的 5 种颜色服装的色彩偏好，对山东北部地区的青年消费群展开社会调查，采用街头问卷调查方式。图 4-120 给出了部分数据，完整的数据可见本书附赠资源 Chap04 文件夹下的"yansepianhao.sav"文件。试用最优尺度回归分析方法研究颜色偏好（1 代表黑色，2 代表白色，3 代表红色，4 代表黄色，5 代表蓝色）与年龄、性别（1 代表男，2 代表女）、职业（1 代表学生，2 代表公务员，3 代表公司职员，4 代表自由职业者，5 代表其他）之间的关系。

	编号	颜色偏好	年龄	性别	职业
1	1	1	28	1	2
2	2	2	24	1	2
3	3	3	25	2	2
4	4	1	25	1	1
5	5	5	27	2	3
6	6	2	26	1	4
7	7	1	21	1	5
8	8	5	25	2	2
9	9	4	29	1	1
10	10	1	28	1	1
11	11	2	24	1	2
12	12	3	25	2	2
13	13	1	25	1	1
14	14	5	27	2	3
15	15	2	26	1	4
16	16	1	21	1	5
17	17	5	25	2	2
18	18	4	29	1	1
19	19	1	31	1	2
20	20	2	22	2	3
21	21	1	24	2	4
22	22	4	24	1	5
23	23	1	23	2	2
24	24	1	26	1	1

图 4-120　数据集 yansepianhao.sav 中的部分数据

⟩ 实验操作指导

实验的操作步骤如下：

01 选择"文件｜打开｜数据"命令，打开 yansepianhao.sav 数据表。

02 选择"分析｜回归｜最优标度"命令，弹出"分类回归"对话框，选择进行最优尺度回归的变量并指定变量的测度类别。在对话框左侧的源变量列表框中选中"颜色偏好"并单击 按钮，将其选入"因变量"列表框，再单击该列表框下方的"定义标度"按钮，在弹出的"分类回归：定义标度"对话框中选中"数字"并单击"继续"按钮返回。然后以同样的方法同时选中"年龄""性别""职业"并单击 按钮，将其选入"自变量"列表框，再仿照前面对"颜色偏好"的操作方式，把它们依次指定为

"数字""名义"和"有序"的测度类别并单击"继续"返回。全部设置完成后如图 4-121 所示。

对话框选项设置/说明

- "因变量"列表框：该列表框中的变量为最佳尺度回归分析模型中的被解释变量，数值类型为数值型。如果被解释变量为分类变量，则可以用二元或多元 Logistic 模型等建模分析。
- "自变量"列表框：该列表框中的变量为最佳尺度回归分析模型的解释变量或控制变量，数值类型一般为数值型。如果解释变量为分类变量或定性变量，则可以用虚拟变量（哑变量）表示。

---

03 单击"图"按钮，弹出"分类回归：图"对话框，如图 4-122 所示。

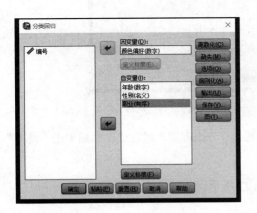

图 4-121 "分类回归"对话框

图 4-122 "分类回归：图"对话框

对话框选项设置/说明

"分类回归：图"对话框主要用于绘制最佳尺度回归分析模型的结果图，其中"转换图"可输出转换后的变量图，"残差图"可输出模型的拟合残差图。

设置完成后，可以单击"继续"按钮回到"分类回归"对话框。如果只进行系统默认设置，则单击"取消"按钮。也可以回到"分类回归"对话框进行其他设置。本例在"分类回归：图"对话框左侧的列表框中选中"颜色偏好"和"职业"并单击 ← 按钮，将其选入"转换图"列表框，然后单击"继续"按钮回到"分类回归"对话框。

---

04 单击"保存"按钮，弹出"分类回归：保存"对话框，如图 4-123 所示。

对话框选项设置/说明

"分类回归：保存"对话框主要用于在活动数据文件中保存预测值、残差和其他对于诊断有用的统计量。

- "将预测值保存到活动数据集"：选中该复选框，将在活动数据集保存预测值。
- "将残差保存到活动数据集"：选中该复选框，将在活动数据集保存残差。

设置完成后，可以单击"继续"按钮回到"分类回归"对话框。如果只进行系统默认设置，则单击"取消"按钮。也可以回到"分类回归"对话框进行其他设置。

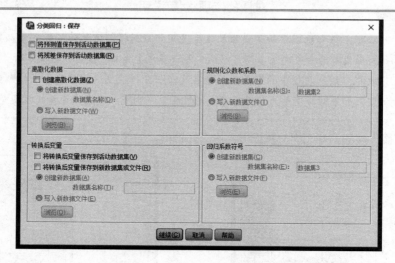

图 4-123　"分类回归：保存"对话框

05 以上选项都设置完成后，单击"继续"按钮回到"分类回归"对话框，然后单击"确定"按钮，进入计算分析。

计算机运行完成后得到的结果如图 4-124~图 4-127 所示。

实验结论

（1）案例处理汇总、模型汇总和方差分析

图 4-124 中第一部分是案例处理汇总，参与分析的样本数据有 60 个，没有缺失值。第二部分是模型汇总，修整的可决系数是 0.231，模型解释能力差强人意。第三部分是方差分析，P 值为 0.002，非常显著，模型具有统计学意义。

（2）模型中变量系数、变量的相关性和容差

图 4-125 中第一部分是模型的系数及显著性，可以发现各个系数在置信度是 5% 的时候都是很显著的；第二部分是相关分析、重要性分析和容忍度。相关分析包括三种结果：偏相关是控制了其他变量对所有变量影响后的估算；部分相关是只控制其他变量对自变量的影响，重要性分析表明年龄和性别对颜色偏好影响大，职业的影响很小；变量容忍度表示该变量对因变量的影响中不能被其他自变量所解释的比例，越大越好，反映了自变量的共线性情况。本例中的结果还是比较好的。

（3）原始变量类别与变换后评分的对应图

因为把颜色偏好设定为等距的数值变量，如图 4-126 所示，所以 SPSS 只是对之进行标准变换，在变换中没有改变各数据间的差异。

公司职员和自由职业者两个等级被赋予了相同的量化评分，在后续分析中，这两个级别就被合并分析了，同时自由职业者和其他之间的评分差距非常大。值得一提的是，随后的回归分析是用变换后的分值进行的，相当于评分间为等距变化。

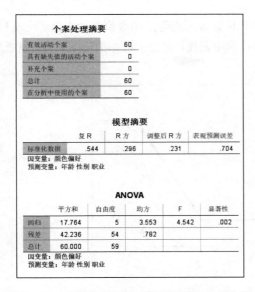

个案处理摘要

有效活动个案	60
具有缺失值的活动个案	0
补充个案	0
总计	60
在分析中使用的个案	60

模型摘要

	复 R	R 方	调整后 R 方	表观预测误差
标准化数据	.544	.296	.231	.704

因变量：颜色偏好
预测变量：年龄 性别 职业

ANOVA

	平方和	自由度	均方	F	显著性
回归	17.764	5	3.553	4.542	.002
残差	42.236	54	.782		
总计	60.000	59			

因变量：颜色偏好
预测变量：年龄 性别 职业

图 4-124　案例处理汇总、模型汇总和方差分析

系数

	标准化系数			
	Beta	标准误差的自助抽样 (1000) 估算	自由度	F	显著性
年龄	.514	.175	1	8.619	.005
性别	.554	.122	1	20.546	.000
职业	.385	.217	3	3.145	.032

因变量：颜色偏好

相关性和容差

	相关性				容差	
	零阶	偏	部分	重要性	转换后	转换前
年龄	.179	.432	.402	.311	.611	.732
性别	.356	.510	.497	.667	.805	.940
职业	.016	.342	.305	.020	.627	.768

因变量：颜色偏好

图 4-125　模型中变量系数、变量的相关性和容差

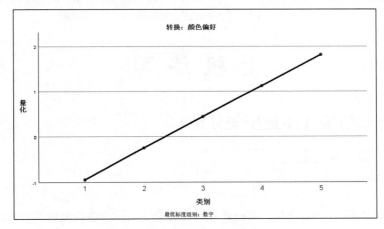

图 4-126　颜色偏好评分对应图

因为直接假设职业等级均匀变化或者说各个职业之间的差距为等距过于牵强，所以我们选择对数据进行相应最优尺度变换，并进行最优尺度回归，如图 4-127 所示。经过分析得到：

（1）从结果分析（2）的"系数"中可以知道最终模型为颜色偏好=0.514×年龄+0.554×性别+0.385×职业，且各变量显著性较好，p 值均小于显著性水平 0.05。值得一提的是，此处各变量的数据应该为标准化的数据。把潜在消费者的年龄、性别、职业等变量的标准化数据代入，即可得其颜色偏好情况。

（2）从结果分析（1）的"模型汇总"中可知，模型的拟合优度差强人意，修正的可决系数为 0.231，但是"ANOVA"表明，模型整体非常显著，p 值为 0.002，模型具有统计学意义。

（3）从结果分析（2）的"相关性和容差"中可知，年龄和性别对颜色偏好影响较大，职业的影响很小。

（4）综上所述，颜色偏好与年龄和性别的相关性较大，而与职业的相关性较小。

（5）此外，值得一提的是结果分析（3），把颜色偏好设定为等距的数值变量进行相应变换，不会改变各数据间的差异，把职业设定为序数变量进行相应变换，改变了数据的初始差异。这就充分体现了最优尺度变换这一要义。

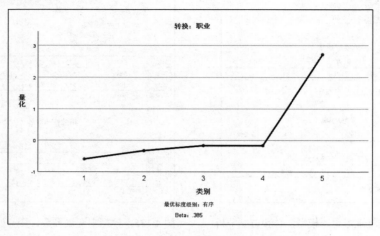

图 4-127 职业评分对应图

上 机 练 习

练习 4-1 产妇与婴儿体重相关分析

素材文件：sample/Chap04/chanfu.sav
多媒体教学文件：视频/练习 4-1.mp4

某妇幼保健院对 33 名产妇进行产前检查并对产后婴儿的体重进行测量得到一组数据，数据文件可见本书附赠资源 Chap04 文件夹下的"chanfu.sav"文件，试对所有变量两两之间进行相关分析。

练习 4-2 高血压病因线性回归分析

素材文件：sample/Chap04/gaoxueya.sav
多媒体教学文件：视频/练习 4-2.mp4

为研究男性高血压患者的血压与年龄、身高、体重等变量的关系，随机测量了 32 名 40 岁以上男性的血压、年龄、身高、体重及吸烟史，测量结果保存在数据文件 gaoxueya.sav 中，此数据文件见本书附赠资源的 Chap04 文件夹。试建立血压作为被解释变量，其他变量作为解释变量的线性回归模型并进行分析。

练习 4-3 预测研究所的净收益

多媒体教学文件：视频/练习 4-3.mp4

某研究所每年的净收益（Income）的主要影响因素是该所每年实际研究费用（Fee）和研究人员的数量（Invest），收集 9 年来的数据资料如表 4-4 所示。

表 4-4　净收益与其影响因素数据

Fee（万元）	123.5	123.8	125.6	126.4	127.1	127.3	128.9	130.4	131.8
Invest（人）	254	257	275	290	295	296	311	326	341
Income（万元）	1600	1630	1660	1690	1720	1750	1780	1840	1870

建立数据文件，求因变量 Income 对自变量 Fee 和 Invest 的线性回归方程，并给出分析结果报告。如设自变量 Fee 和 Invest 取表 4-5 各对数值时，求出 Income 的预测值。

表 4-5　研究费用与研究人员数量数据

Fee	135	140	160	188	200
Invest	360	380	400	400	410

练习 4-4 癌细胞转移的有序回归分析

素材文件：sample/Chap04/xibaoai.sav

多媒体教学文件：视频/练习 4-4.mp4

某研究人员在探讨肾细胞癌转移的有关临床病理因素研究中，收集了一批能根治性肾切除术患者的肾癌标本资料，现从中抽取 26 例资料作为示例分析，数据见本书附赠资源的 chap04 文件夹下的"xibaoai.sav"文件，其中各变量解释如下。

- x1：是确诊时患者的年龄（岁）。
- x2：是肾细胞癌血管内皮生长因子（VEGF），其阳性表述由低到高，共三个等级。
- x3：是肾细胞癌组织内微血管数（MVC）。
- x4：是肾癌细胞核组织学分级，由低到高共 4 级组成。
- x5：是肾细胞癌分期，由低到高共 4 期。
- y：是肾细胞癌转移情况（有转移 y=1，无转移 y=0）。

试对此数据进行有序回归分析。

练习 4-5　居民用水量和用水天数的曲线回归分析

| 素材文件：sample/Chap04/yongshui.sav |
| 多媒体教学文件：视频/练习 4-5.mp4 |

　　某供水公司想建立一个回归模型，对居民的用水情况进行预测。该供水公司管理者通过自身的观察认为，居民用水量和用水天数之间并不是简单的线性相关关系，而是存在某种程度的曲线特征。为了探索出其中存在的规律，该管理者想以曲线回归分析的方式研究这一问题。曲线回归分析模型中自变量是居民的用水天数，因变量是居民的用水量，部分数据如表 4-6 所示，完整的数据可见本书附赠资源的 chap04 文件夹下的"yongshui.sav"文件。试以用水量为因变量，以用水天数为自变量进行曲线回归分析。

表 4-6　居民用水相关数据

编号	用水天数	用水量（立方米）
1	53	8
2	31	16
3	38	13
4	45	8
5	34	19
6	7	45
7	5	51
8	31	16
7	38	13
10	45	8
11	34	19
12	7	45
13	5	51
14	10	36
15	26	19

练习 4-6　员工的忠诚度加权最小二乘回归分析

| 素材文件：sample/Chap04/yuangong.sav |
| 多媒体教学文件：视频/练习 4-6.mp4 |

　　企业员工工资增长率会对员工的忠诚度产生着极为重要的影响。表 4-7 中的数据列出了某企业历年（2002～2011）的员工流失率和工资增长率的相关情况。试以员工流失率为因变量，以工资增长率为自变量进行加权最小二乘回归分析。完整的数据可见本书附赠资源的 chap04 文件夹下的"yuangong.sav"文件。

表4-7　某企业员工流失率和工资增长率相关数据

年份	员工流失率	工资增长率
2002	-0.84	0.31
2003	-1.41	0.31
2004	0.26	0.31
2005	0.46	0.36
2006	-0.77	0.4
2007	1.16	0.43
2008	3.89	0.42
2009	1.82	0.42
2010	1.46	0.41
2011	4.75	0.4

练习 4-7　员工流失率和工资增长率的加权最小二乘回归分析

素材文件：sample/Chap04/yuangong.sav	
多媒体教学文件：视频/练习 4-7.mp4	

　　企业员工工资增长率会对员工的忠诚度产生着极为重要的影响。表 4-8 中的数据给出了某企业历年（2002～2011）的员工流失率和工资增长率的相关情况。试以员工流失率为因变量，以工资增长率为自变量，做加权最小二乘回归分析。数据见本书附赠资源的 chap04 文件夹下的"yuangong.sav"文件。

表4-8　某企业员工流失率和工资增长率相关数据

年份	员工流失率	工资增长率
2002	-0.84	0.31
2003	-1.41	0.31
2004	0.26	0.31
2005	0.46	0.36
2006	-0.77	0.4
2007	1.16	0.43
2008	3.89	0.42
2009	1.82	0.42
2010	1.46	0.41
2011	4.75	0.4

练习 4-8　教育投资回报率二阶段最小二乘回归分析

素材文件：sample/Chap04/jiaoyutouzii.sav	
多媒体教学文件：视频/练习 4-8.mp4	

仍以 jiaoyutouzii.sav 文件为例，使用 jiaoyutouzii.sav 中数据分析教育的投资回报率。将工资对数设定为被解释变量，将总工龄、现单位工龄、智商设定为解释变量且智商为内生解释变量，以母亲受教育年限、考试成绩、年龄为智商的工具变量，开展二阶段最小二乘回归分析。

练习 4-9　多元 Logistic

素材文件：sample/Chap04/tinglidixia.sav	
多媒体教学文件：视频/练习 4-9.mp4	

表 4-9 给出了山东省某医院 20 名听力低下患者听力监测结果的数据。试用多元 Logistic 回归方法分析听力低下程度（由轻到重共 3 级）与年龄、性别（1 代表男性，2 代表女性）之间的关系。数据见本书附赠资源的 Chap04 文件夹下的"tinglidixia.sav"文件。

表 4-9　山东省某医院 20 名听力低下患者听力监测结果的数据

编号	听力低下程度	性别	年龄
1	1	1	55
2	3	2	55
3	2	1	54
4	2	2	66
5	3	2	76
6	2	2	47
7	2	2	67
8	2	1	58
9	1	1	34
10	3	2	28
11	3	1	67
12	2	2	67
13	3	1	75
14	2	1	48
15	1	2	55
16	3	1	75
17	3	2	47
18	1	1	55
19	1	1	65
20	3	2	76

练习 4-10 二元 Logistic

素材文件：sample/Chap04/julebuqiutan.sav

多媒体教学文件：视频/练习 4-10.mp4

某球员准备在退休后从事本俱乐部的球探工作，他收集了前几年本俱乐部招聘球探的相关数据，以研究俱乐部的招聘特点。试用二项分类 Logistic 回归方法分析应聘者被录用的情况（被录用 y=1、没有被录用 y=0）与应聘者年龄、评价球员能力（其能力表述由低到高共 3 个等级）、评价球员潜力（能力从低到高共 4 级）、曾考察球员数、工作年限之间的关系。数据见本书附赠资源 chap04 文件夹下的"julebuqiutan.sav"文件。

表 4-10 给出了某俱乐部球探应聘者的相关数据。

表 4-10　俱乐部招聘球探应聘者的相关数据

编号	是否被录用	年龄	评价球员能力	评价球员潜力	曾考察球员数	工作年限
1	0	66	3	3	46	1
2	1	45	1	1	160	7
3	1	79	1	1	150	9
4	0	65	2	3	50	2
5	0	55	3	4	60	3
6	0	58	3	3	43	2
7	1	43	1	1	170	11
8	0	45	2	4	56	4
9	0	51	1	4	76	1
10	1	57	1	1	170	12
11	0	66	2	3	50	1
12	1	60	1	1	155	13
13	0	53	1	4	59	1
14	0	34	3	2	49	2
15	1	38	1	1	135	9
16	0	41	3	2	67	1
17	0	16	3	3	68	1
18	1	34	1	1	167	11
19	1	46	1	2	151	11
20	0	72	3	4	72	2

练习 4-11　分析企业经营利润和营业收入的相关关系

| 素材文件：sample/Chap04/shourulirun.sav |
| 多媒体教学文件：视频/练习 4-11.mp4 |

　　表 4-11 给出了 10 家企业的经营利润、营业收入和资产规模。因为经营利润、营业收入都受资产规模的影响，所以试用偏相关分析研究这 10 家企业的经营利润和营业收入的相关关系。数据可见本书附赠资源的 chap04 文件夹下的 "shourulirun.sav" 文件。

表 4-11　10 家企业的经营利润、营业收入和资产规模数据

编号	经营利润（万元）	营业收入（万元）	资产规模（万元）
1	1742	4081	10500
2	2002	3604	10710
3	1170	1855	9030
4	2288	4717	11550
5	2080	4134	11130
6	2574	5194	13230
7	1872	3975	10710
8	2262	4505	11445
9	1716	3445	9345
10	468	1060	7035

练习 4-12　分析我国部分城市平均相对湿度的相似程度

| 素材文件：sample/Chap04/xiangduishidu2.sav |
| 多媒体教学文件：视频/练习 4-12.mp4 |

　　表 4-12 给出了我国合肥、福州、南昌 2010 年各个月份的平均相对湿度数据。试用距离分析法研究这三个城市平均相对湿度的相似程度。数据见本书附赠资源的 Chap04 文件夹下的 "xiangduishidu2.sav" 文件。

表 4-12　我国合肥、福州、南昌 2010 年各个月份的平均相对湿度数据

月　　份	合肥平均相对湿度（%）	福州平均相对湿度（%）	南昌平均相对湿度（%）
1	67	76	79
2	78	80	80
3	71	76	73
4	68	78	79
5	69	80	76
6	71	82	77
7	85	72	70

（续表）

月　　份	合肥平均相对湿度（%）	福州平均相对湿度（%）	南昌平均相对湿度（%）
8	77	68	65
9	84	75	75
10	73	68	68
11	66	67	63
12	58	63	68

练习 4-13　分析居民的幸福指数

 素材文件：sample/Chap04/xingfuzhishu.sav

表 4-13 给出了某民意调查专家针对本国居民的幸福指数相关数据，并把被测者的幸福程度分为三种：不幸福、比较幸福和非常幸福，这三种程度分别用"0""1""2"来表示，收集的样本资料中还包括被测者的年龄及被测者的性别。数据可见本书附赠资源的 Chap04 文件夹下的"xingfuzhishu.sav"文件。

表 4-13　幸福程度相关数据

幸福程度	被测者年龄	性别
0	23	1
0	31	1
0	45	0
0	26	1
0	28	1
1	34	0
1	43	0
1	42	1
1	38	1
1	46	0
1	42	0
2	49	1
2	62	1
2	54	0
2	57	0

（1）试采用有序回归计算参数估算值及相应的检验统计量。

（2）试根据有序回归分析结果，分析被测者幸福程度与其年龄之间的关系。

练习 4-14　分析市场消费者的口味偏好

　素材文件：sample/Chap04/yinliaopianhao.sav

某饮料制造商为分析目标市场消费者对其生产的 5 种口味的饮料的偏好情况，对山东某地区的青年消费群展开社会调查，采用街头问卷调查方式，表 4-14 为所得的调查数据资料。试用最优尺度回归分析方法研究口味偏好（1 代表柠檬，2 代表橘子，3 代表葡萄，4 代表苹果，5 代表薄荷）与年龄、性别（1 代表男，2 代表女）、职业（1 代表学生，2 代表公务员，3 代表公司职员，4 代表自由职业者，5 代表其他）之间的关系。数据可见本书附赠资源的 Chap04 文件夹下的"yinliaopianhao.sav"文件。

表 4-14　口味偏好调查数据

编号	口味偏好	年龄	性别	职业
1	2	23	2	4
2	2	24	1	2
3	3	26	1	3
4	1	21	1	3
5	5	26	2	3
……	……	……	……	……
58	5	23	1	2
59	1	24	2	1
60	2	27	1	2

第 5 章

列联表分析与对数线性模型

　　本章主要介绍列联表分析和对数线性模型在 SPSS 中的实现。列联表可以表达多个分类变量交叉计数的资料，分析手段采用独立性检验或构造模型的方法。列联表分析经常用来判断同一个调查对象的两个特性之间是否存在明显的相关关系。例如，房地产商常常设计列联表问卷，调查顾客的职业和顾客所选房子的类型有否有明显的相关关系。对数线性模型是其常用的模型之一。

　　对数线性模型是进一步用于离散型数据或整理成列联表格式的数据的统计分析工具，其目的是识别各变量之间的关系，以便对单元格中的概率产生来源加以合理地解释。它可以把方差分析和线性模型的一些方法应用到对交叉列联表的分析中，从而对定性变量间的关系做更进一步的描述和分析。

实验 5-1　列联表分析

| 素材文件：sample/Chap05/wushuijiance.sav |
| 多媒体教学文件：视频/实验 5-1.mp4 |

▶ 实验基本原理

　　一般来说，若总体中的个体可按两个属性 A 与 B 分类，A 有 r 个等级，B 有 c 个等级，从总体中抽取大小为 N 的样本，设其中有 n11 个属于等级 A1 和 B1，n11 称为频数，类似地可将所有的频数排列为一个 r 行 c 列的二维表，如表 5-1 所示，这就是我们常见的列联表。若考虑的属性多于两个，也可按类似的方式作出列联表，称为多维列联表。由于属性或定性变量的取值是离散的，因此多维列联表分析属于离散多元分析的范畴。列联表分析在应用统计，特别是在医学、生物学及社会科学中有着重要的应用。关于列联表的详细统计学理论可以参考多元统计分析的教材。

表 5-1　二维列联表

A	B				行和
	B1	B2	…	Bc	NA1
A1	n11	n12	…	n1c	NA2
A2	n21	n22	…	n2c	NA3
…	…	…	…	…	…
Ar	n31	nr1	…	nrc	NAr
列和	NB1	NB2	…	NBc	N

实验目的与要求

实验目的：通过本次实验理解列联表分析的意义，熟悉用列联表处理定性数据的方法和过程，掌握 SPSS 中列联表分析过程的操作和其中各个设置选项的含义，能够针对不同的问题选择不同的分析方法，从而得到有价值的结论。

实验要求：掌握列联表分析中各个统计量的计算方法和实际含义，能够对定性数据进行列联表分析并能对结果给出恰当的解释，能够根据分析结果对定性数据结构有深入的理解，从而为更高级的分析打下坚实的基础。

实验内容及数据来源

本次实验使用的数据是某防疫观察当地一个污水排放口在高温和低温季节中伤寒病菌检出情况，其中高温和低温季节各观测 12 次，数据有 24 个观测样本。有两个属性变量：degree 表示观测的季节，1 为高温季节，2 为低温季节；test 表示伤寒病菌的检出情况，1 为检出，2 为没有检出。图 5-1 给出了部分数据，完整的数据文件见本书附赠资源 Chap05 文件夹下的 wushuijiance.sav 文件中。本次实验的内容是用列联表分析的方法研究两个季节污水的伤寒病菌检出率有无差别。

实验操作指导

实验的操作步骤如下：

01 选择"文件｜打开｜数据"命令，打开 wushuijiance.sav 数据表。

02 选择"分析｜描述统计｜交叉表"命令，弹出"交叉表"对话框，如图 5-2 所示。

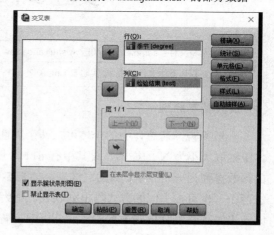

图 5-1　数据集 wushuijiance.sav 的部分数据

图 5-2　"交叉表"对话框

对话框选项设置/说明

在对话框左侧变量框中选择"季节"变量，单击 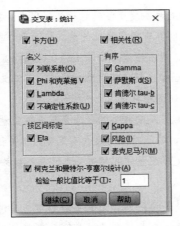 按钮，将其选入右侧的"行"列表框中，然后在左侧变量框中选择"检验结果"变量，单击 按钮，将其选入右侧的"列"列表框中。如果选择控制变量移入"层 1/1"列表框中，则可以决定交叉表频数分布的层，称这个变量为层变量。可以选择多个层变量，通过"下一个"按钮依次移入，单击左侧的"上一个"按钮可选择前面已经选定的变量。如果不选择层变量，则对全部数据形成列联表。因为我们在这里需要将全部数据输入列联表，所以不选择层变量。下面的"显示簇状条形图"复选框将对每个层变量分类中每一个行变量和列变量的组合输出一张分簇的条形图。显示簇状条形图可帮助汇总个案组的数据。对于在"行"列表框中指定的变量的每个值，均有一个簇状条形图。定义每个聚类内的条形图的变量就是在"列"列表框中指定的变量。对于此变量的每个值，均有一组不同颜色或图案的条形图。如果在"列"或"行"列表框中指定多个变量，就为每个双变量组合生成一个簇状条形图。最后一行的"禁止显示表"复选框，如果选中该复选框，就会在结果中不显示列联表，这里我们需要显示列联表，因此不选择该选项。

03 单击"统计"按钮，弹出"交叉表：统计"对话框，如图 5-3 所示。

图 5-3　"交叉表：统计"对话框

对话框选项设置/说明

"卡方"复选框对行变量和列变量的独立性进行卡方检验，包括皮尔逊卡方检验、似然比检验、Linear-by-Linear Association（线性间的联合）检验等。对于两行两列的表，可选择卡方以计算皮尔逊卡方、似然比卡方、费希尔的精确检验和那茨修正卡方（连续性修正）。对于 2×2 表，如果此表并非源自于包含期望频率小于 5 的单元格的较大表中的缺失行或缺失列，就计算费希尔精确检验。对于其他 2×2 表，可计算 Yates 修正卡方。对于具有任意行列数的表，可选择卡方来计算皮尔逊卡方和似然比卡方。当两个表变量都是定量变量时，卡方将产生线性关联检验。需要特别说明的是，对于基于卡方的统计（Phi、Cramér V 和列联系数），数据应该是来自多项分布的随机样本。

"相关性"复选框可以计算皮尔逊相关系数，用于检验两个变量的线性相关程度。另外，选择该选项还可以计算 Spearman 相关系数，用于检验秩排序之间的关联度。二者的取值都在-1（完全负相关）和+1（完全正相关）之间，如果取值为 0，则表示二者不存在线性相关关系。具体来说，对于行和列都包含排序值的表，相关将生成 Spearman 相关系数 rho（仅数值数据）。Spearman 的 rho 是等级顺序之间的相关性测量。当两个表变量（因子）都是定量变量时，相关产生皮尔逊相关性系数 r，这是变量之间的线性相关性测量。

"名义"选项组针对定类测度或名义测度的数据资料，包括以下几个选项。

- 列联系数：可以根据卡方统计量计算的关联测度，其值严格大于 0，小于 1。如果这个系数的值接近于 0 或 1，则分别表示行、列变量之间无关联或高度关联，列联系数的大小与表中行列数目有关。
- Phi 和克莱姆 V：根据卡方统计量经修改计算得到的反映变量关联测度的值，其中 Phi 系数的值等于卡方统计量除以样本容量后的平方根，Cramer 值也是根据卡方统计量计算得到的。
- Lambda：反映用自变量值预测因变量值时的误差比率。Lambda 值为 1 时，意味着自变量值可以很好地预测因变量的值；Lambda 值为 0 时，表示自变量值无助于预测因变量的值。
- 不确定性系数：反映当用一个变量值预测另一个变量值时的误差比率。

"有序"选项组用于处理定序测度的数据资料，包括以下几个选项。

- Gamma：伽马系数，反映两个定序测度变量的对称关联程度，其值在-1 与 1 之间。Gamma 值按绝对值接近于 1 表明两个变量之间具有高度线性关系，接近于 0 表明变量之间有低度或无线性关系，对二维表显示 0 序 Gamma 值，对三维或三维以上的交叉表将显示条件 Gamma 值。
- 萨默斯：Somer 系数，是 Gamma 系数的非对称性推广，其意义与 Gamma 系数基本相同，不同点仅在于它包括与自变量不相关的成对数据。
- 肯德尔 tau-b：肯德尔 tau-b 系数，反映相关的定序变量或秩变量的非参数关联程度，其值在-1 与 1 之间系数的符号反映相关方向，其绝对值越大表明变量的相关程度越高。
- 肯德尔 tau-c 系数：反映忽略定序变量之间相关关系的非参数关联程度，其取值范围和意义与肯德尔 tau-b 系数一致。

"按区间标定"选项组中 Eta 系数反映行列变量的关联程度，其值在 0 与 1 之间。值越接近于 1 表明变量的关联程度越高，值越接近于 0 表明变量的关联程度越低，这适用于一个名义测度（如性别）变量与定比测度（如工资收入）变量之间关联程度的检验。

Kappa 系数用来检验两个模型对同一对象进行评估时是否具有相同的判断。其值为 1 表明二者判断完全相同，值为 0 表明二者没有共同点，Kappa 系数只用于正方表，即两个变量有相等数量的分类。"风险"即相对风险比率系数，反映一个因素与发生的某一特定事件之间的关联程度，此统计量的置信区间包含 1，表示因素与事件无联系。麦克尼马尔（McNemar）系数，适用于对二维列联表的非参数检验，用于探索在"验前—验后"试验设计中由于试验的干扰而引起的变化。

"柯克兰和曼特尔-亨赛尔统计"复选框用于检验二值因变量与二值应变量之间的独立性。"检验一般比值比等于"的默认值是 1。在实验中，为了展示尽可能多的结果，我们把所有的选项都选上。

04 单击"继续"按钮回到"交叉表"对话框。单击"单元格"按钮，弹出"交叉表：单元格显示"对话框，如图 5-4 所示。

图 5-4　"交叉表：单元格显示"对话框

对话框选项设置/说明

在"计数"选项组中可以选择列联表单元格中频数显示格式，有以下三个选项。

- 实测：表示显示观测值频数，这是系统默认的选项。
- 期望：如果行、列变量在统计意义下相互独立或不相关，则显示期望的或预测的观测值频数。
- 隐藏较小的计数：如果数值小于下方文本框中所设置的值，则不予显示。

这里我们选中"实测"和"期望"复选框。

"百分比"选项组用于选择列联表单元格中百分比显示格式，各选项含义如下。

- 行：显示观测值数占该行观测值总数的百分比。
- 列：显示观测值数占该列观测值总数的百分比。
- 总计：显示观测值数占全部观测值总数的百分比。这里我们将复选框全部选中。

"残差"选项组用于选择列联表单元格中残差显示格式，各选项含义如下。

- 未标准化：指的是单元格中观测值与预测值之差。如果两个变量之间没有关系，则期望值是期望在单元格中出现的个案数；如果行变量和列变量独立，则正的残差表示单元格中实际个案数多于期望的个案数。
- 标准化：指的是均值为 0、标准差为 1 的皮尔逊残差。
- 调整后标准化：指的是观测值与预测值之差除以标准差的值。生成的标准化残差表示平均值上下的标准差单位。

"非整数权重"选项组中设置的是非整数加权变量作为单元格计数及参与计算的处理方式。由于单元格计数表示每个单元格的例数，因此在一般情况下为整数。如果数据文件的加权变量含有小数，则单元格计数也为小数。读者可在计算单元格之前或之后进行截去或舍入小数点后的数字，也可以在列联表中显示含小数的单元格计数并参与统计量的计算，有以下 5 种方式。

- 单元格计数四舍五入：对单元格的累计权重进行四舍五入后才进行统计量的计算。
- 截断单元格计数：对单元格的累计权重进行舍位（截去小数点后的数字）后才进行统计量的计算。
- 个案权重四舍五入：在加权前对个案权重重新进行四舍五入。
- 截断个案权重：在加权前对个案权重重新进行舍位。
- 不调整：选择该项将会使个案权重及单元格计数均使用小数，然而若选择了精确概率统计量，则在计算精确概率检验统计量之前仍会对单元格的累计加权进行舍入或舍位。

这里无论选择哪一个选项都是一样的，因为我们的单元格计数都是整数。

图 5-5 "交叉表：表格式"对话框

05 单击"继续"按钮回到"交叉表"对话框。单击"格式"按钮，弹出"交叉表：表格式"对话框，如图 5-5 所示。在"行顺序"选项组中可以选择升序或降序，这里我们选中"升序"单选按钮。设置完成后单击"继续"按钮回到"交叉表"对话框，然后单击"确定"按钮，进入计算分析。

计算机运行完成后得到的结果如图 5-6~图 5-14 所示。

实验结论

图 5-6 给出了数据处理的概况，从中可以看出我们所用的数据中没有缺失值，所有的样本都是有效的。

图 5-7 给出了季节检验结果，从中可以看出高温季节中伤寒病菌检出（阳性）数为 1，比率为 8.3%，而低温季节伤寒病菌检出（阳性）数为 7，比率为 58.3%，我们可以直观地看到低温季节伤寒病菌检出率更高。

个案处理摘要

	个案					
	有效		缺失		总计	
	N	百分比	N	百分比	N	百分比
季节 * 检验结果	24	100.0%	0	0.0%	24	100.0%

图 5-6 个案处理摘要

季节 * 检验结果 交叉表

			检验结果		
			阳性	阴性	总计
季节	高温	计数	1	11	12
		期望计数	4.0	8.0	12.0
		占 季节 的百分比	8.3%	91.7%	100.0%
		占 检验结果 的百分比	12.5%	68.8%	50.0%
		占总计的百分比	4.2%	45.8%	50.0%
		残差	-3.0	3.0	
		标准化残差	-1.5	1.1	
		调整后残差	-2.6	2.6	
	低温	计数	7	5	12
		期望计数	4.0	8.0	12.0
		占 季节 的百分比	58.3%	41.7%	100.0%
		占 检验结果 的百分比	87.5%	31.3%	50.0%
		占总计的百分比	29.2%	20.8%	50.0%
		残差	3.0	-3.0	
		标准化残差	1.5	-1.1	
		调整后残差	2.6	-2.6	
总计		计数	8	16	24
		期望计数	8.0	16.0	24.0
		占 季节 的百分比	33.3%	66.7%	100.0%
		占 检验结果 的百分比	100.0%	100.0%	100.0%
		占总计的百分比	33.3%	66.7%	100.0%

图 5-7 季节检验结果

图 5-8 给出了卡方检验结果，从中可以看到各个统计量的值和显著性水平的 P 值，前 5 行的检验统计量的显著性水平 P 值均在 0.05 以下，都是统计显著的。另外，麦克尼马尔检验的显著性水平为 0.481，大于 0.05，这就说明高温和低温两组的伤寒病检出率有显著性差别。

图 5-9 和图 5-10 分别给出了定向测量和对称测量的计算结果，我们可以看到两个表的最后一列的显著性水平的 P 值，几乎所有的值都是小于 0.05，因此我们可以认为高温季节的伤寒病菌检出率显著低于低温季节的伤寒病菌检出率。

卡方检验

	值	自由度	渐进显著性（双侧）	精确显著性（双侧）	精确显著性（单侧）
皮尔逊卡方	6.750[a]	1	.009		
连续性修正[b]	4.688	1	.030		
似然比	7.368	1	.007		
费希尔精确检验				.027	.014
线性关联	6.469	1	.011		
麦克尼马尔检验				.481[c]	
有效个案数	24				

a. 2 个单元格 (50.0%) 的期望计数小于 5。最小期望计数为 4.00

b. 仅针对 2x2 表进行计算

c. 使用了二项分布

图 5-8　卡方检验结果

定向测量

			值	渐近标准误差[a]	近似 T[b]	渐进显著性
名义到名义	Lambda	对称	.400	.234	1.429	.153
		季节 因变量	.500	.167	2.353	.019
		检验结果 因变量	.250	.375	.581	.561
	古德曼和克鲁斯卡尔 tau	季节 因变量	.281	.165		.011[c]
		检验结果 因变量	.281	.168		.011[c]
	不确定性系数	对称	.231	.148	1.534	.007[d]
		季节 因变量	.221	.144	1.534	.007[d]
		检验结果 因变量	.241	.153	1.534	.007[d]
有序到有序	萨默斯 d	对称	-.529	.160	-3.065	.002
		季节 因变量	-.563	.165	-3.065	.002
		检验结果 因变量	-.500	.163	-3.065	.002
按区间标定	Eta	季节 因变量	.530			
		检验结果 因变量	.530			

a. 未假定原假设

b. 在假定原假设的情况下使用渐近标准误差

c. 基于卡方近似值

d. 似然比卡方概率

图 5-9　定向测量

对称测量

		值	渐近标准误差[a]	近似 T[b]	渐进显著性
名义到名义	Phi	-.530			.009
	克莱姆 V	.530			.009
	列联系数	.469			.009
有序到有序	肯德尔 tau-b	-.530	.160	-3.065	.002
	肯德尔 tau-c	-.500	.163	-3.065	.002
	Gamma	-.878	.137	-3.065	.002
	斯皮尔曼相关性	-.530	.160	-2.934	.008[c]
区间到区间	皮尔逊 R	-.530	.160	-2.934	.008[c]
协议测量	Kappa	-.500	.167	-2.598	.009
有效个案数		24			

a. 未假定原假设

b. 在假定原假设的情况下使用渐近标准误差

c. 基于正态近似值

图 5-10　对称测量

图 5-11 给出了风险评估结果，高温季节组对低温季节组的几率比为 0.065，即低温季节组中水样的伤寒病菌检出率是高温季节的 15.4（1/0.065）倍。图 5-12 分别给出了高温和低温季节病菌检出率的直方图，从中我们可以直观地看出低温季节的病菌检出率（阳性）比高温季节高。

图 5-13 和图 5-14 分别给出了独立性检验和几率比检验的结果，注意两个结果中的双侧渐进显著性水平的 P 值都是小于 0.05 的，因此我们可以知道高温季节和低温季节的病菌检出率在统计意义上是独立的，也就是说两者几乎没有相关性，这同样支持了我们上面的判断。

风险评估

	值	95% 置信区间	
		下限	上限
季节(高温/低温) 的比值比	.065	.006	.679
对于 cohort 检验结果 = 阳性	.143	.021	.991
对于 cohort 检验结果 = 阴性	2.200	1.103	4.390
有效个案数	24		

图 5-11　风险评估

图 5-12　不同季节污水的伤寒菌检出情况条形图

条件独立性检验

	卡方	自由度	渐进显著性（双侧）
柯克兰	6.750	1	.009
曼特尔-亨塞尔	4.492	1	.034

在条件独立性假定下，仅当层固定，而曼特尔-亨塞尔统计始终渐近分布为 1 自由度卡方分布时，柯克兰统计才渐近分布为 1 自由度卡方分布。请注意，当实测值与期望值之差的总和为 0 时，曼特尔-亨塞尔统计将不会进行连续性修正。

图 5-13　条件独立性检验

曼特尔-亨塞尔一般比值比估算

估算		.065
In(估算值)		-2.734
In(Estimate) 标准误差		1.197
渐进显著性（双侧）		.022
渐近 95% 置信区间	一般比值比　下限	.006
	上限	.679
	In(一般比值比)　下限	-5.081
	上限	-.388

曼特尔-亨塞尔一般比值比估算在假定一般比值比为 1.000 的前提下进行渐近正态分布。自然对数估算也是如此。

图 5-14　曼特尔-亨赛尔统计量一般比值比估算

实验 5-2　对数线性模型

素材文件：sample/Chap05/qiguanyan.sav
多媒体教学文件：视频/实验 5-2.mp4

⟩ 实验基本原理

对数线性模型是分析列联表资料的一种多变量统计模型，把列联表中某一单元格的观察频数看作某些变量特殊组合下随机产生的理论概率的随机体现，因此对数线性模型的目的是识别各变量之间的关系，以便对单元格中的概率产生来源加以合理的解释。对数线性分析过程可以分析列联表中的交叉分类中观察对象的频数，表格中每个分叉分类构成一个单元格，每个分类变量称为因子。因变量为列联表中的单元格的频数，这个分析过程可以估算分层最大似然参数及非分层的对数线性模型。

实验目的与要求

实验目的：通过本次实验掌握对数线性模型的分析思路，了解这个模型的估算方法和估算过程，能够运用这个模型对定性数据和列联表数据进行全面分析。掌握 SPSS 中对数线性模型的操作步骤，并对分析结果进行合理地解释。

实验要求：理解线性模型适用的范围，体会该模型与普通列联表分析的相同点和不同点。能够熟练使用 SPSS 中的对数线性模型过程对定性数据进行分析，认真体会单元格的概念并借助这个概念理解线性模型的含义。

实验内容及数据来源

本次实验使用的是对 206 名慢性支气管炎患者进行疗效分析后得到的数据，如图 5-15 所示。把 206 名患者分别按吸烟状况（吸烟、不吸烟）和治疗效果（有效、无效）分类，变量 smoke 表示吸烟状况，1 表示吸烟，0 表示不吸烟；变量 effect 表示治疗效果，1 表示有效，0 表示无效；变量 freq 表示频数，比如第一行，患者吸烟且治疗也有效果的这种患者共有 70 个。完整的数据可见本书附赠资源的 Chap05 文件夹下的 qiguanyan.sav 文件。本次实验的内容是根据病人的吸烟状况和治疗状况，分析吸烟状况对治疗效果是否有显著影响。

	⌀ smoke	⌀ effect	⌀ freq
1	1	1	70
2	1	0	102
3	0	1	26
4	0	0	8

图 5-15　数据集 qiguanyan.sav 的数据

实验操作指导

实验的操作步骤如下：

01 选择"文件｜打开｜数据"命令，打开 qiguanyan.sav 数据表。

02 选择"分析｜对数线性模型｜常规"命令，弹出"常规对数线性分析"对话框，如图 5-16 所示。在左侧变量框中选择"吸烟状况"和"治疗效果"变量，单击 ➡ 按钮，将其选入右侧的"因子"列表框中，这就定义了交叉表的分类变量。

对话框选项设置/说明

"单元格协变量"列表框中可以选择作为控制变量的连续性变量，这里为在列联表的单元格中，个案的平均协变量值可用于模型中的单元格计数。"单元格结构"列表框可以指定单元格的加权变量，这里我们不选择加权变量而是直接分析原始变量。"对比变量"列表框可以指定一系列检验模型效应差异的对照变量。最下方的"单元格计数分布"可以选择两种分布。

- 泊松：将使模型推理不依赖于样本大小，特别是单元格间的频数相对独立。
- 多项：将使模型推理依赖于样本大小，且各单元格的频数相互影响。

这里选中"泊松"单选按钮，因为我们假设交叉表中的频数是相互独立的。

---

03 单击"保存"按钮，打开"常规对数线性分析：保存"对话框，如图 5-17 所示。

图 5-16 "常规对数线性分析"对话框　　　　图 5-17 "常规对数线性分析：保存"对话框

对话框选项设置/说明

对话框中各选项含义如下。

- 残差：又称简单残差或原始残差，是单元格观察数与期望数之差。
- 标准化残差：是原始残差除以其估算值的标准误。
- 调整后残差：是标准化残差除以其估算值的标准误。若模型设定正确，则调整残差是渐进正态分布的，这可以用来检验正态性。
- 偏差残差：是似然比卡方统计量独立影响的平方根，其符号为残差的符号，偏差残差为渐进标准正态分布。
- 预测值：可以保存模型的预测结果。

在实际工作中可以根据需要保存这些统计量中的一个或多个，在这里我们选择都不保存。

04 单击"继续"按钮回到"常规对数线性分析"对话框。单击"模型"按钮，弹出"常规对数线性分析：模型"对话框，如图 5-18 所示。

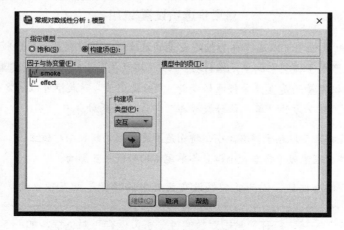

图 5-18 "常规对数线性分析：模型"对话框

对话框选项设置/说明

"饱和"单选按钮为系统默认的选项，用于选择建立饱和模型。饱和模型包括所有因素变量的主效应、所有协变量主效应、所有因素与因素的交互效应，不包括协变量与其他因素的交互效应。选择该选项后无需进行进一步的操作。单独效应是在其他因素固定在某一水平时，因变量在某一因素不同水平间的差异，而因素的主效应就是因变量在一个因素各水平间的平均差异。当一个因素的单独效应随另一个因素的变化而变化时，称两个因素间存在交互效应。

"构建项"单选按钮表示建立自定义的模型。该项的选择将激活下面各操作框。选择了"构建项"后，在"因子与协变量"列表框中自动列出可以作为因素变量的变量名，固定因素后用（F）标明，协变量后用（C）标明，随机因素后用（R）标明，这些变量都是由用户在主对话框中定义过的。这里我们在"因子与协变量"中选择"smoke"和"effect"变量，单击 按钮，将其选入右侧"模型中的项"列表框中。单击"构建项"选项组中的下拉按钮，可以看到如下几项。

- 主效应：可以同时选择多个主效应。
- 交互：可以指定任意的交互效应。

另外，还有所有二阶、所有三阶、所有四阶、所有五阶，分别指定所有二维交互效应、所有三维交互效应、所有四维交互效应、所有五维交互效应。这里选择"主效应"，因为我们分析的变量只有两个，没有办法分析多个变量的交互作用。

---

05 单击"继续"按钮回到"常规对数线性分析"对话框。单击"选项"按钮，弹出"常规对数线性分析：选项"对话框，如图 5-19 所示。

图 5-19　"常规对数线性分析：选项"对话框

对话框选项设置/说明

在"显示"选项组中可以设置要在结果中显示的统计量和计算结果。

- 频率：给出单元格观察数及预测数。
- 残差：显示原始残差、调整后的残差和偏差残差。
- 设计矩阵：显示模型的设计矩阵。

- 估算值：显示模型估算出来的参数。
- 迭代历史记录：显示迭代过程的信息。

这里我们为了能更全面地展示分析结果，把这些选项都选中。

在"图"选项组中可以设置输出的图形。

- 调整后残差：给出调整残差与单元格观察数及预测数的散点图。
- 调整后残差的正态概率：是标准化残差除以其估算值的标准误。若模型设定正确，则调整残差是渐进正态分布的，这可以用来检验正态性。
- 偏差残差：偏差残差与单元格观察数及预测的散点图。
- 偏差残差的正态概率：是偏差。

这里我们选择输出"调整后残差"和"调整后残差的正态概率"。

"置信区间"可以设置参数估算的置信区间，我们选择默认的 95%。

在"条件"选项组中可以设置"最大迭代次数""收敛性"和"Delta"（饱和模型的 Delta 值），这里我们采用默认的选项。

---

06 单击"继续"按钮回到"常规对数线性分析"对话框，然后单击"确定"按钮，进入计算分析。

计算机运行完成后得到的结果如图 5-20~图 5-31 所示。

> **实验结论**

图 5-20 给出了我们分析数据的一些基本特征，如样本有效值的个数、缺失值的个数、吸烟状况的类别、治疗效果的类别等。

图 5-21 给出了模型估算过程中算法收敛的信息，如最大迭代次数、收敛容差等，我们可以看到模型估算过程中共迭代了 5 次。

图 5-22 给出了迭代过程的信息，包括每一次迭代的参数值，最终的系数值分别为 4.3840、0.1361、-1.6211。

数据信息

		个案数
个案	有效	4
	缺失	0
	加权有效	206
单元格	定义的单元格	4
	结构零	0
	抽样零	0
类别	吸烟状况	2
	治疗效果	2

图 5-20 数据信息

收敛信息[a,b]

最大迭代次数	20
收敛容差	.00100
最终最大绝对差值	5.96392E-6[c]
最终最大相对差值	3.67887E-6
迭代次数	5

a. 模型：泊松

b. 设计：常量 + smoke + effect

c. 由于参数估算值的最大绝对变化量小于指定的收敛准则，因此迭代已收敛

图 5-21 收敛信息

迭代历史记录[b,c]

			参数	
迭代	对数似然	常量	[smoke = 0]	[effect = 0]
0	605.966	3.9416	.0000	.0000
1	650.799	4.5435	-1.3398	.1359
2	656.816	4.3960	-1.5489	.1361
3	656.953	4.3840	-1.6177	.1361
4	656.953	4.3840	-1.6211	.1361
5	656.953[a]	4.3840	-1.6211	.1361

未显示冗余参数。在所有迭代中，它们的值始终为零

a. 由于参数估算值的最大绝对变化量小于指定的收敛准则，因此迭代已收敛

b. 模型：泊松

c. 设计：常量 + smoke + effect

图 5-22 迭代历史

图 5-23 给出了拟和优度检验结果，可以看到 P 值均小于 0.001，说明吸烟与不吸烟组的差异在统计上是显著的。

图 5-24 给出了设计矩阵,矩阵中给出的信息其实是数据中信息的重述,只是把原始数据重新组织了一下,改变了一种表示方法。

拟合优度检验[a,b]

	值	自由度	显著性
似然比	15.070	1	.000
皮尔逊卡方	14.599	1	.000

a. 模型:泊松
b. 设计:常量 + smoke + effect

图 5-23 拟合优度检验

设计矩阵[a,b]

	吸烟状况			
	不吸烟		吸烟	
	治疗效果		治疗效果	
参数	无效	显效	无效	显效
单元格结构	1	1	1	1
常量	1	1	1	1
[smoke = 0]	1	1	0	0
[effect = 0]	1	0	1	0

设计矩阵的缺省显示转置。未显示冗余参数
a. 模型:泊松
b. 设计:常量 + smoke + effect

图 5-24 设计矩阵

图 5-25 给出了单元格计数和残差,不吸烟组的治疗有效率为 12.6%,吸烟组的治疗有效率为 34%,说明吸烟组的治疗有效率比不吸烟组的高。

单元格计数和残差[a,b]

吸烟状况	治疗效果	实测 计数	实测 %	期望 计数	期望 %	残差	标准化残差	调整后残差	偏差
不吸烟	无效	8	3.9%	18.155	8.8%	-10.155	-2.383	-3.821	-2.683
	显效	26	12.6%	15.845	7.7%	10.155	2.551	3.821	2.333
吸烟	无效	102	49.5%	91.845	44.6%	10.155	1.060	3.821	1.041
	显效	70	34.0%	80.155	38.9%	-10.155	-1.134	-3.821	-1.160

a. 模型:泊松
b. 设计:常量 + smoke + effect

图 5-25 单元格计数和残差

图 5-26 给出了模型参数估算的结果,这些参数的估算值在迭代信息中已经给出,这里还给出了各个参数的显著性检验。从中我们可以看出,治疗效果等于 0 的变量的系数检验的显著性水平为 0.330,远远大于 0.05,这说明治疗效果为 0 的变量的系数是不显著的。注意吸烟情况为 1 的变量系数和治疗效果为 1 的变量系数都被设为了 0,这是因为吸烟状况为 1 的变量与吸烟状况为 0 的变量是完全相关的(治疗效果这个变量也是一样的),因此只要估算其中一个的系数即可,另一个是多余的。

参数估算值[b,c]

参数	估算	标准 错误	Z	显著性	95% 置信区间 下限	95% 置信区间 上限
常量	4.384	.107	41.102	.000	4.175	4.593
[smoke = 0]	-1.621	.188	-8.638	.000	-1.989	-1.253
[smoke = 1]	0[a]					
[effect = 0]	.136	.140	.975	.330	-.138	.410
[effect = 1]	0[a]					

a. 此参数冗余,因此设置为零
b. 模型:泊松
c. 设计:常量 + smoke + effect

图 5-26 参数估算的结果

图 5-27 给出了参数估算值的相关系数矩阵,需要注意的是治疗效果变量的系数和吸烟状况的变量系数的相关性为 0,也就是说两者完全不存在线性相关关系。

图 5-28 给出了模型参数估算值的协方差矩阵,由于协方差和相关系数所含的信息是完全相同的,因此我们从这个矩阵中能得到与上面一样的结论。

图 5-29~图 5-31 分别给出了模型的调整残差散点图、调整后残差的正态 Q-Q 图和调整后残差的去趋势正态 Q-Q 图。由于样本观测点太少,这三个图中的数据特征不是很明显,但是结合前面的结果可以认为模型的残差是符合假设的,因此我们的模型在统计学上是有意义的。另外,综合前面的分析结果我们可以知道,吸烟不仅没有和治疗效果存在反向的关系,反而吸烟的人治疗效果要比不吸烟的治疗效果好。

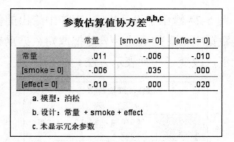

参数估算值相关性[a,b,c]

	常量	[smoke = 0]	[effect = 0]
常量	1	-.290	-.699
[smoke = 0]	-.290	1	.000
[effect = 0]	-.699	.000	1

a. 模型：泊松
b. 设计：常量 + smoke + effect
c. 未显示冗余参数

参数估算值协方差[a,b,c]

	常量	[smoke = 0]	[effect = 0]
常量	.011	-.006	-.010
[smoke = 0]	-.006	.035	.000
[effect = 0]	-.010	.000	.020

a. 模型：泊松
b. 设计：常量 + smoke + effect
c. 未显示冗余参数

图 5-27　参数估算值的相关系数矩阵　　　　　　图 5-28　参数估算的协方差矩阵

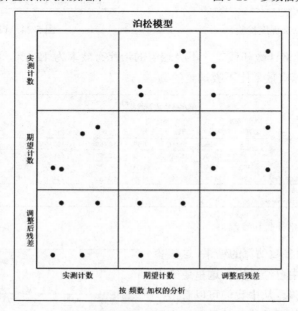

图 5-29　调整残差的散点图

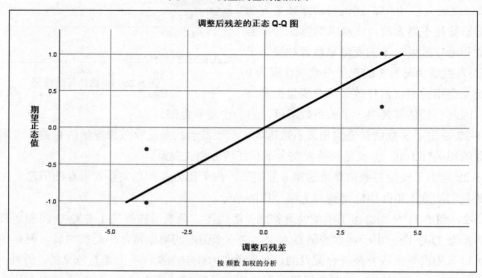

图 5-30　调整后残差的正态 Q-Q 图

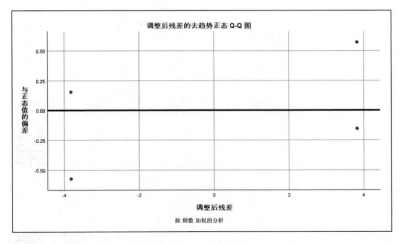

图 5-31　调整后残差的去趋势正态 Q-Q 图

上 机 练 习

练习 5-1　病毒抗体反应情况的差异检验

 多媒体教学文件：视频/练习 5-1.mp4

　　用免疫酶法观察鼻咽癌患者、头颈部其他恶性肿瘤患者及正常人血清中的 EB 病毒壳抗原的免疫球蛋白 A（VCA-IgA）抗体的反应情况如表 5-2 所示。问三组人群的阳性率有无显著性差别。

表 5-2　免疫球蛋白 A 抗体的反应情况

分组	阳性例数	阴性例数
鼻咽癌患者	188	16
头颈部其他恶性肿瘤患者	10	23
正常人	49	333

练习 5-2　冠心病病因对数线性分析

素材文件：sample/Chap05/xueqingdanguchun.sav
多媒体教学文件：视频/练习 5-2.mp4

　　有一个队列研究，研究血清胆固醇水平与冠心病发病之间的关系，血压作为可能的混杂因素。已知建立了数据文件 xueqingdanguchun.sav，其中的变量有血压分级、血清胆固醇分级、冠心病发病情况等，试以冠心病发病情况作为被解释变量对数据进行对数线性分析（数据文件见本书附赠资源的 Chap05 文件夹）。

第6章

方 差 分 析

　　在生产中需要解决不同生产条件对产量和质量的影响问题，在科学研究中常常要研究不同的试验条件对试验结果的影响问题。为此，需要对试验数据进行科学分析，以鉴别各种试验条件对试验结果的影响，如农作物的产量受到选种、施肥量、气温等条件的影响，橡胶制品的质量受到不同的促进剂、氧化锌和硫化时间的影响等。我们需要在诸多的影响因素中，分析哪些因素对该事物有显著的影响?影响因素如何搭配可以使其效果最佳，影响因素之间是否有交互作用。方差分析就是处理这类问题的一种有效的统计分析方法。

　　由于受到考察因素以及各种随机因素的影响，试验所得的数据呈现波动状。造成波动的原因可分成两类：一类是试验中施加的对指标形成影响的因素；另一类是不可控制的随机因素。方差分析的基本思想是，通过分析试验中不同水平引起的差异和由随机因素造成的差异对总差异程度的贡献大小，确定考察因素对试验结果影响的显著性。当试验数据很多时，用手工方法计算方差分析问题往往涉及大量的数值计算，计算耗时费力，使用 SPSS 解决方差分析问题则十分方便，用户要做的工作只是按照软件的要求合理地组织数据。

实验 6-1　单因素方差分析

素材文件：sample/Chap06/zhusiliao.sav
多媒体教学文件：视频/实验 6-1.mp4

▶ 实验基本原理

　　单因素方差分析也称作一维方差分析。检验由单一因素影响的一个（或几个相互独立的）因变量，由因素决定各水平分组的均值之间的差异是否具有统计意义，并可以进行两两组间均值的比较，称作组间均值的多重比较。还可以对该因素的若干水平分组中哪些组均值间不具有显著性差异进行分析，即一致性子集检验。单因素方差分析过程要求因变量属于正态分布总体。如果因变量的分布明显是非正态，则不能使用该过程，而应该使用非参分析过程。如果对被观测对象的实验不是随机分组的，而是进行的重复测量形成几个彼此不独立的变量，应该用重复度量命令调用 GLM（广义线性模型）过程对各因变量进行重复测量方差分析，条件满足时，还可以进行趋势分析。

❯ 实验目的与要求

实验目的：通过本次实验理解单因素方差分析的统计学原理，了解单因素方差分析的适用范围和能够处理的问题类型。掌握单因素方差分析的方法和步骤，并能够在 SPSS 中进行实现，从而对实际数据进行有一定深度的方差分析。

实验要求：对比单因素方差分析和两总体均值对比检验分析的异同，能够在恰当的时候选用合适的方法对实际数据进行分析。通过单因素方差分析的实际操作体会方差分析的思想和意义，能够对 SPSS 中的单因素方差分析的输出结果进行合理地解释。

❯ 实验内容及数据来源

本次实验使用的数据是用不同饲料喂猪所产生的体重增加量，一共用 4 种不同的饲料喂猪，共有 19 头猪分为 4 组，每组一种饲料，一段时间后称重。图 6-1 给出了部分数据，其中 fodder（饲料）变量表示的是饲料的类型，1、2、3、4 分别表示使用的是第 1、2、3、4 种的饲料，weight（体重）表示的是猪体重的增加量，完整的数据可见本书附赠资源 Chap06 文件夹下的 zhusiliao.sav 文件。本次实验的主要内容是通过单因素方差分析来比较 4 种饲料对猪的体重影响是否显著不同。

	fodder	weight
1	1	133.80
2	1	125.30
3	1	143.10
4	1	128.90
5	1	135.70
6	2	151.20
7	2	149.00
8	2	162.70
9	2	143.80
10	2	153.50

图 6-1　数据集 zhusiliao.sav 的部分数据

❯ 实验操作指导

实验的操作步骤如下：

01 选择"文件｜打开｜数据"命令，打开 zhusiliao.sav 数据表。

02 选择"分析｜比较平均值｜单因素 ANOVA 检验"命令，弹出"单因素 ANOVA 检验"对话框，在左侧变量框中选择"weight"变量，单击➡按钮将其选入右侧的"因变量列表"列表框中，然后在左侧变量框中选择"fodder"变量，单击➡按钮将其选入右侧的"因子"列表框中，如图 6-2 所示。

03 单击"对比"按钮，弹出"单因素 ANOVA 检验: 对比"对话框，如图 6-3 所示。

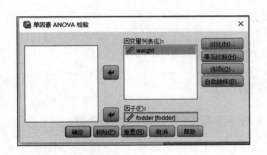

图 6-2　"单因素 ANOVA 检验"对话框

图 6-3　"单因素 ANOVA 检验：对比"对话框

对话框选项设置/说明

选中"多项式"复选框后可以激活其右侧的"等级"下拉列表框，单因素方差分析允许构造高达 5 次的均值多项式，多项式的阶数由读者自己根据研究的需要进行输入，单击"等级"下拉列表，可以选择的阶次有线性、二次、三次、四次、五次。系统将在输出中给出指定阶次和低于指定阶次的各阶的平方和分解结果及各阶次的自由度、F 值和 F 检验的概率值。

下面的一些选项是关于指定系数的。指定各组均值系数的具体操作如下：

（1）在"系数"文本框中输入一个系数，单击"添加"按钮，系数将进入列表框中。

（2）重复以上操作，依次输入各组均值的系数，将在列表框中显示一列数值。因素变量有几个水平（分为几组），就输入几个系数，多出的无意义，注意不参与比较的分组系数应该为 0。如果多项式中只包括第 1 组与第 4 组均值的系数，则必须把第 2 个、第 3 个系数输入为 0 值；如果只包括第 1 组与第 2 组的均值，则只需要输入前两个系数，第 3、4 个系数可以不输入，可以同时进行多组均值组合比较。

（3）一组系数输入结束后激活"下一页"按钮，单击该按钮后"系数"文本框被清空，准备接受下一组系数数据，最多可以输入 10 组系数。如果认为输入的几组系数中有错误，则可以分别单击"上一页"或"下一页"按钮向前或向后翻，找到出错的一组数据。单击出错的系数，该系数显示在编辑框中，可以在此进行修改，更改后单击"更改"按钮，在系数列表框中出现正确的系数值。在这里我们输入一组系数：1、0、0、-1，用于检验第 1、4 种饲料对猪体重增加的效应及其之间是否有显著性差异。

---

04 单击"继续"按钮回到"单因素 ANOVA 检验"对话框。单击"事后比较"按钮，弹出"单因素 ANOVA 检验：事后多重比较"对话框，如图 6-4 所示。

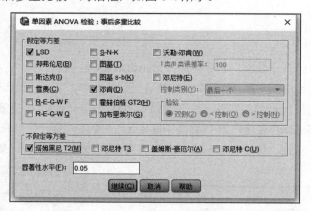

图 6-4 "单因素 ANOVA 检验：事后多重比较"对话框

对话框选项设置/说明

在"假定等方差"选项组中可以选择均值比较的方法，共有 14 种方法，分别介绍如下。

- LSD（Least-Significant Difference，最小显著差异法）：用 T 检验完成各组均值间的配对比较，对多重比较误差率不进行调整。

- 邦弗伦尼（修正最小显著差异法）：计算 Student 统计量，完成各组间均值的配对比较，它通过设置每个检验的误差率来控制整个误差率。
- 斯达克（Sidak 法）：计算 T 统计量进行多重配对比较，调整多重比较的显著性水平，限制比邦弗伦尼检验更严格。
- 雪费（Scheffe 检验法）：对所有可能的组合进行同步进入的配对比较，这些选项可以同时选择若干个，以便比较各种均值比较方法的结果。
- R-E-G-W F（Ryan-Einot-Gabriel-Welsch F 法）：用基于 F 检验的逐步缩小的多重比较检验，显示一致性子集表。
- R-E-G-W Q（Ryan-Einot-Gabriel-Welsch Q 法）：使用基于学生化值域的逐步缩小的多元统计过程，进行子集一致性检验。
- S-N-K（Student Newman-Keuls 法）：使用学生化值域统计量，进行子集一致性检验。
- 图基（Tukey's Honestly Significant Difference，可靠显著差异法）：用 Student-Range（学生氏极差）统计量进行所有组间均值的配对比较，用所有配对比较的累计误差率作为实验误差率，还进行子集一致性检验。
- 图基 s-b（可靠显著检验法）：用学生化值域分布进行组间均值的配对比较，其精确值为前两种检验相应值的平均值。
- 邓肯（Duncan 法）：指定一系列的 Range 值，逐步进行计算比较得出结论，显示一致性子集检验结果。
- 霍赫伯格 GT2（Hochberg's GT2 法）：该方法是基于学生化最大模数检验，与图基类似，进行组均值成对比较和检测一致性子集，除非单元格含量非常不平衡，该检验甚至适用于方差不齐的情况。
- 加布里埃尔（Gabriel 法）：根据学生化最大模数进行均值多重比较和子集一致性检验。当单元格含量不等时该方法比雷赫伯格 GT2 更有效；当单元格含量较大时，这种方法比较自由。
- 沃勒-邓肯（Waller-Duncan 法）：用 t 统计量进行子集一致性检验，使用贝叶斯逼近。
- 邓尼特（Dunnett 法）：使用 T 检验进行各组均值与对照组均值的比较，默认的对照组是最后一组。

在“不假定等方差”选项组中可以选择检验各均数间是否有差异的方法，有以下 4 种。

- 塔姆黑尼 T2（Tamhane's T2 法）：表示用 T 检验进行各组均值配对比较。
- 邓尼特 T3（Dunnett's T3 法）：表示用学生化最大模数检验进行各组均值间的配对比较。
- 盖姆斯-豪厄尔（Games-Howell 法）：表示进行各组均值配对比较检验，该方法比较灵活。
- 邓尼特 C（Dunnett's C 法）：表示用学生化值域检验进行组均值配对比较。

“显著性水平”选项设置各种检验的显著性概率临界值，默认值为 0.05。这里我们按照图 6-4 进行设置，读者也可以根据情况灵活选择其他选项。

05 单击“继续”按钮回到“单因素 ANOVA 检验”对话框。单击“选项”按钮，弹出“单因素 ANOVA 检验：选项”对话框，如图 6-5 所示。

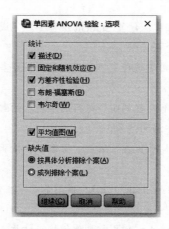

图 6-5　　"单因素 ANOVA 检验：选项" 对话框

对话框选项设置/说明

在"统计"选项组中可以设置需要输出的统计量，有以下 5 个统计量。

- 描述：要求输出描述统计量。选中该复选框，会计算并输出双测量数目、均值、标准差、标准误、量小值、最大值、各组中每个因变量的 95％ 置信区间。
- 固定和随机效应：输出固定效应模型的标准差、标准误和 95％ 置信区间，以及随机效应模型的标准误、95％ 置信区间和方差成分间估测值。
- 方差齐性检验：进行方差同质性检验并输出检验结果，用莱文检验计算每个观测量与其组均值之差，然后对这些差值进行一维方差分析。
- 布朗-福塞斯：Brown-Forsythe 统计量，检验各组均数相等。当不能确定方差齐性假设时，该统计量优于 F 统计量。
- 韦尔奇：Welch 统计量，用来检验各组均数是否相等。当不能确定方差齐性假设时，该统计量优于 F 统计量。

"平均值图"要求做平均值分布图，根据因素变量值所确定的各组平均值描绘出因变量的均值分布情况。

在"缺失值"选项组中可以选择缺失值处理方法。

- 按具体分析排除个案：只有被选择参与分析且变量含缺失值的观测量才会从分析中剔除。
- 成列排除个案：将所有含有缺失值的观测量从分析中剔除。

在这里我们先选中"描述"复选框，要求输出描述统计量，然后选中"方差齐性检验"复选框，做方差齐性检验，同时选中"平均值图"复选框，做平均值分布图，最后选中"按具体分析排除个案"单选按钮，剔除参与分析的变量中有缺失值的观测量。

---

06 全部设置完成后单击"继续"按钮回到"单因素 ANOVA 检验"对话框，然后单击"确定"按钮，进入计算分析。

计算机运行完成后得到的结果如图 6-6~图 6-13 所示。

实验结论

图 6-6 为描述统计量结果，给出了 4 种饲料分组的样本含量 N、因变量猪体重的均值、标准差、标准误、均值的 95％置信区间及极小值和极大值。

描述								
weight								
					平均值的 95% 置信区间			
	个案数	平均值	标准 偏差	标准 错误	下限	上限	最小值	最大值
A	5	133.3600	6.80794	3.04460	124.9068	141.8132	125.30	143.10
B	5	152.0400	6.95723	3.11137	143.4015	160.6785	143.80	162.70
C	5	189.7200	6.35035	2.83996	181.8350	197.6050	182.80	198.60
D	4	220.7750	6.10594	3.05297	211.0591	230.4909	212.30	225.80
总计	19	171.5105	34.31137	7.87157	154.9730	188.0481	125.30	225.80

图 6-6　描述统计量

图 6-7 给出了方差齐性检验结果，从显著性概率看（sig=0.995），p > 0.05，说明各组的方差在 0.05 水平上没有显著性差异，即方差具有齐性，这个结论在选择多重比较方法或结果时作为一个条件。

方差齐性检验					
		莱文统计	自由度 1	自由度 2	显著性
weight	基于平均值	.024	3	15	.995
	基于中位数	.011	3	15	.998
	基于中位数并具有调整后自由度	.011	3	14.478	.998
	基于剪除后平均值	.024	3	15	.995

图 6-7　方差齐性检验结果

图 6-8 给出了方差分析结果，与未使用选项的输出结果一样给出了组间、组内的偏差平方和、均方、F 值和概率 P 值，从显著性水平的 P < 0.05 看出，各组间均值在 0.05 水平上有显著性差异。

图 6-9 是对比系数，列出了均值对比的系数。

ANOVA					
weight					
	平方和	自由度	均方	F	显著性
组间	20538.698	3	6846.233	157.467	.000
组内	652.159	15	43.477		
总计	21190.858	18			

图 6-8　方差分析

对比系数				
	fodder			
对比	A	B	C	D
1	1	0	0	-1

图 6-9　对比系数

图 6-10 给出了均值对比结果。

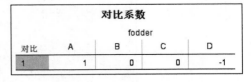

对比检验						
		对比	对比值	标准 错误	t	自由度	Sig.（双尾）
weight	假定等方差	1	-87.4150	4.42321	-19.763	15	.000
	不假定等方差	1	-87.4150	4.31164	-20.274	6.852	.000

图 6-10　对比检验结果

- 第 1 列：按方差齐性和非齐性划分，图 6-7 已得出方差具有齐性的结论，所以选择"假定等方差"一行的数据得出结论。

- 第 2 列：结合图 6-8 和图 6-9 得出该列数据，对比检验的是 A 组和 D 组均值是否有显著性差异，两组均值之差为-87.4150，为 A-D 的值。
- 第 3 列：标准误。
- 第 4 列：计算的 t 值，是第 2 列与第 3 列之比。
- 第 5 列：自由度。
- 第 6 列：T 检验的 P 值。从 P 值可以看出均小于 0.05，因此饲料对猪体重增加的效应，A、D 效应均值之间在 0.05 水平上有显著差异性，而 A、C 之和效应与 B、D 之和效应之间有显著差异性，从"对比值"内值的符号和描述统计量中 Mean 内的数据不难得出各对比组均值之差。

图 6-11 是 LSD 法和塔姆黑尼 T2 法进行均值多重比较的结果。从"单因数 ANOVA 检验：事后多重比较"对话框中选择比较方法时，在"假定等方差"选项组中选择了"LSD"，在"不假定等方差"选项组中选择了"塔姆黑尼 T2"。从图 6-6 的结论得知方差具有齐性，因此看此结果时只须对 LSD 法作出结论。比较结果说明，A 与 B、A 与 C、A 与 D、B 与 C、B 与 D、C 与 D 各组均值间均有显著性差异，图中用"*"标识的组均值在 0.05 水平上有显著性差异。

事后检验

多重比较

因变量：weight

	(I) fodder	(J) fodder	平均值差值 (I-J)	标准 错误	显著性	95% 置信区间 下限	上限
LSD	A	B	-18.68000*	4.17024	.000	-27.5687	-9.7913
		C	-56.36000*	4.17024	.000	-65.2487	-47.4713
		D	-87.41500*	4.42321	.000	-96.8428	-77.9872
	B	A	18.68000*	4.17024	.000	9.7913	27.5687
		C	-37.68000*	4.17024	.000	-46.5687	-28.7913
		D	-68.73500*	4.42321	.000	-78.1628	-59.3072
	C	A	56.36000*	4.17024	.000	47.4713	65.2487
		B	37.68000*	4.17024	.000	28.7913	46.5687
		D	-31.05500*	4.42321	.000	-40.4828	-21.6272
	D	A	87.41500*	4.42321	.000	77.9872	96.8428
		B	68.73500*	4.42321	.000	59.3072	78.1628
		C	31.05500*	4.42321	.000	21.6272	40.4828
塔姆黑尼	A	B	-18.68000*	4.35318	.016	-33.7633	-3.5967
		C	-56.36000*	4.16353	.000	-70.8053	-41.9147
		D	-87.41500*	4.31164	.000	-103.1431	-71.6869
	B	A	18.68000*	4.35318	.016	3.5967	33.7633
		C	-37.68000*	4.21260	.000	-52.3109	-23.0491
		D	-68.73500*	4.35904	.000	-84.6022	-52.8678
	C	A	56.36000*	4.16353	.000	41.9147	70.8053
		B	37.68000*	4.21260	.000	23.0491	52.3109
		D	-31.05500*	4.16966	.001	-46.4051	-15.7049
	D	A	87.41500*	4.31164	.000	71.6869	103.1431
		B	68.73500*	4.35904	.000	52.8678	84.6022
		C	31.05500*	4.16966	.001	15.7049	46.4051

*. 平均值差值的显著性水平为 0.05。

图 6-11　均值多重比较结果

图 6-12 给出了一致性子集检验结果。第 1 列列出 A、B、C、D 各组，第 2 列列出各组观测数。由于各组样本含量不等，所以计算均值用的是调和平均数的样本量，为 4.706。各组猪体重增加量的均值单独为一个子集，说明没有两组均值相等的情况，这个与多重比较结果一致。

图 6-13 是以因素变量 fodder 为横轴，以独立变量 weight 为纵轴绘制的均值散点图，可直观地看出各组均值的分布。

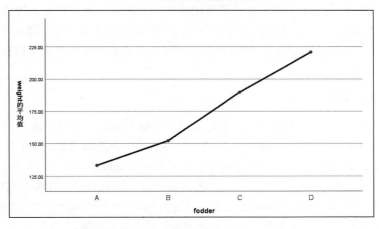

图 6-12　一致性子集检验结果

图 6-13　均值散点图

需要注意的是，选取哪些选项是根据研究进行的，在我们的实验中希望比较各种饲料对猪体重增加的效应，因此选择多重比较的选项。两个均值组合对比在此例中可能无实际意义，只是为了说明选项的使用方法才单击了"对比"按钮。

实验 6-2　单因变量多因素方差分析

素材文件：sample/Chap06/xinlixue.sav
多媒体教学文件：视频/实验 6-2.mp4

🄳 实验基本原理

线性模型是数理统计学研究的重要内容之一。线性模型所研究的问题有一个共同特点，那就是研究一个因变量与一个或多个独立自变量或因素之间的关系，而且它们之间的关系是通过线性形式的数学结构表现出来的。单变量多因素方差分析过程用于进行一个因变量受一个或多个自变量影响的多元方差分析，可以检验有关一个因变量的各种分组下受其他变量影响的零假设，研究因素之间的交互作用、协变量的影响及协变量和因素之间的交互作用等。对于等重复或不等重复试验模型，均可使用单变量多因素方差分析过程。SPSS 调用"单变量"过程，检验不同水平组合之间因变量均值由于受不同因素影响是否有差异的问题，在这个过程中可以分析每一个因素的作用，也可以分析因素之间的交互作用，还可以进行协方差分析，以及各因素变量与协变量之间的交互作用。该过程要求因变量是从多元正态总体随机采样得来，且总体中各单元的方差相同，也可以通过方差来检验选择均值比较的结果。

实验目的与要求

实验目的：通过本次实验理解单变量多因素方差分析的概念和思想，理解多个因素存在交互效应的统计学含义和实际含义，了解方差分析和分解的理论基础和计算原理，能够熟练应用单因素方差分析对具体的实际问题进行有效地分析。

实验要求：理解单变量多因素与单变量单因素之间的区别，深入理解单变量多因素方差分析的前提假设。熟悉 SPSS 中单变量多因素方差分析过程的操作方法和操作步骤，理解影响单变量的多个因素之间的交互效应的确切含义，能够恰当地应用单变量多因素方差分析过程并能够合理地解释方差分析的结果。

实验内容及数据来源

本实验数据为教育心理学实验中，心理运动测验分数与被试者必须瞄准的目标大小关系的资料。选择 4 个大小不同的目标（target），1、2、3、4，从若干使用过的设备中选择 3 部测验设备（device），1、2、3，选择两种不同明暗程度的照明环境（light），1、2。4 个大小不同的目标、三部设备、两种不同的照明环境构成 4×3×2 的实验设计，不同目标、设备与照明水平构成了 24

个组合的单元。每一个组合中随机部署 5 名被试者进行测试心理运动得分，得到 120 个得分数据，每个观测量为被试者在同一条件组合下的 5 个得分。图 6-14 给出了部分数据，完整的数据集可见本书附赠资源 Chap06 文件夹下的 xinlixue.sav 文件。我们实验的内容是以 score（得分）作为因变量，以其他几个变量作为因素进行方差分析，在分析过程中不单考虑各个因素对因变量的贡献，还考虑各个因素之间的交互作用。

	target	device	light	score
1	1	1	1	2
2	2	1	1	9
3	3	1	1	10
4	4	1	1	8
5	1	2	1	1
6	2	2	1	9
7	3	2	1	10
8	4	2	1	11
9	1	3	1	5
10	2	3	1	5

图 6-14 数据集 xinlixue.sav 的部分数据

实验操作指导

实验的操作步骤如下：

01 选择"文件｜打开｜数据"命令，打开 xinlixue.sav 数据表。

02 选择"分析｜一般线性模型｜单变量"命令，弹出"单变量"对话框。在左侧变量框中选择 score 变量，单击 按钮将其选入右侧的"因变量"列表框中，然后在左侧变量框中分别选择 target、device、light 变量，单击 按钮将其选入右侧的"固定因子"列表框中，把这几个变量作为自变量，如图 6-15 所示。

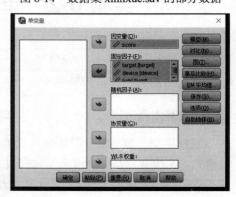

图 6-15 "单变量"对话框

03 单击"模型"按钮，弹出"单变量：模型"对话框，如图 6-16 所示。

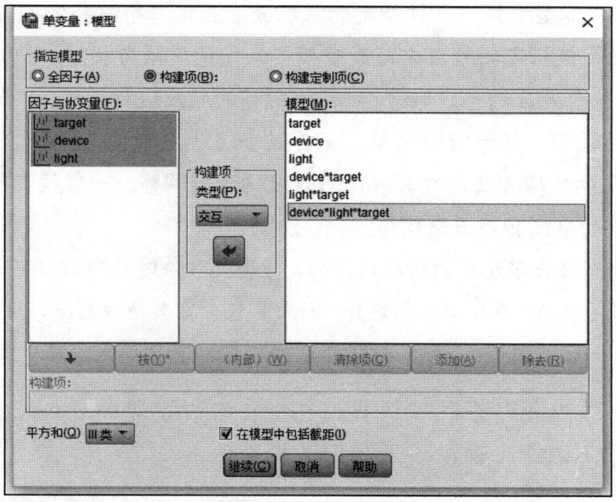

图 6-16 "单变量：模型"对话框

对话框选项设置/说明

在"指定模型"选项组中可以指定模型的类型。

- 全因子：为系统默认的模型，该项选择建立全模型。全模型包括所有因素变量的主效应、所有协变量主效应、所有因素与因素的交互效应，不包括协变量与其他因素的交互效应。选择此项后无需进行进一步的操作，单独效应是在其他因素固定在某一水平时，因变量在某一因素不同水平间的差异。
- 构建项：表示建立自定义的模型。选中该单选按钮后，在"因子与协变量"列表框中自动列出可以作为因素变量的变量名，固定因素后用（F）标明，协变量后用（C）标明，随机因素后用（R）标明，这些变量都是由用户在主对话框中定义过的。

这里我们首先选中"构建项"单选按钮，激活对话框中的各控制功能。在"构建项"选项组的下拉列表中选择"主效应"，在"因子与协变量"列表框中选择 target、device、light 变量并将其选入"模型"列表框中，即这三个作为主效应定义到模型中。然后在"构建项"选项组的下拉列表中选择"交互"，在"因子与协变量"列表框中选择两个变量，如 target、device，单击箭头按钮，将 device*target 作为一个交互项移入到"模型"列表框中，即该交互项进入模型。再用同样方法在模型中分别建立一个二次交互项 light*target 和三次交互项 device*light*target。至此模型定义完成，要求进行的方差分析是分析三个因素变量的主效应和目标因素 target 与另外两个因素变量 light、device 的二次交互效应，以及三个因素变量的交互效应。

在"平方和"下拉列表中可以选择平方和的分解方法，包括类型 I、类型 II、类型 III 和类型 IV 4 种，其中类型 III 是系统默认的，也是常用的一种。

- 类型 I：分层处理平方和的方法，仅对模型主效应之前的每项进行调整。一般适用于以下几种模型。
  - 平衡的 ANOVA 模型。在这个模型中一阶交互效应前指定主效应，二阶交互效应前指定一阶交互效应，依次类推。

◆ 多项式回归模型。在该模型中任何低阶项都在较高阶项前面指定。

◆ 完全嵌套模型。在模型中第一个被指定的效应嵌套在第二个被指定的效应中，第二个被指定的效应嵌套在第三个被指定的效应中，嵌套模型只能使用语句指定。

- 类型 II: 该方法计算一个效应的平方和时，对其他所有的效应进行调整。一般适用于平衡的 ANOVA 模型、仅有主效应的模型、任何回归模型、完全嵌套设计。

- 类型 III: 为系统默认的处理方法，对其他任何效应均进行调整。一般适用于类型 I、类型 II 所列的模型和没有空单元格的平衡和不平衡模型。

- 类型 IV: 该方法是为有缺失单元格的情况设计的，使用此方法时任何效应 F 计算平方和。如果 F 不包含在其他效应里，则类型 IV=类型 III=类型 II；如果 F 包含在其他效应里，则类型 IV 只对 F 的较高水平效应参数作对比。一般适用于类型 I、类型 II 所列模型和有空单元格的平衡和不平衡模型。

"在模型中包括截距"复选框，系统默认截距包括在回归模型中。如果能假设数据通过原点，则可以不包括截距，即不选择此项，这里我们选择默认。

---

04 单击"继续"按钮回到"单变量"对话框。单击"对比"按钮，弹出"单变量：对比"对话框，如图 6-17 所示。

图 6-17　"单变量：对比"对话框

对话框选项设置/说明

"因子"列表框中显示出所有在主对话框中选中的因素变量，因素变量名后的括号中是当前的对比方法。

"更改对比"选项组中可以改变变量对比方法。我们可以对模型中的每个因素指定一种对比方法，对比结果描述的是参数的线性组合。操作方法如下：

（1）在"因子"列表框中选择想要改变对照方法的因子，这一操作使"更改对比"选项组中的各项被激活。

（2）单击"对比"右侧的下拉按钮，在展开的下拉列表中选择对照方法，可供选择的对照方法及其含义如下。

- 无：不进行均值比较。

- 偏差：除被忽略的水平外，比较预测变量或因素变量的每个水平的效应，可以选择"最后一个"或"第一个"作为忽略的水平。

- 简单：除了作为参考的水平外，对预测变量或因素变量的每一水平都与参与水平进行比较，可以选择"最后一个"或"第一个"作为参考水平。

- 差值：对预测变量或因素每一水平的效应，除第一水平以外，都与其前面各水平的平均效应进行比较。
- 赫尔默特：Helmert 对比，对预测变量或因素的效应，除最后一个以外，都与后续的各水平平均效应进行比较。
- 重复：对相邻的水平进行比较，对预测变量或因素的效应，除第一水平以外，对每一水平都与其前面的水平进行比较。
- 多项式：第一级自由度包括线性效应与预测变量或因素水平的交叉，第二级包括二次效应等，各水平彼此的间隔被假设是均匀的。

（3）单击"变化量"按钮，选中的（或改变了的）对照方法将显示在（1）选中的因子变量后面的括号中。

（4）选择对照的参考水平，只有选择了"偏差"或"简单"方法时才需要选择参考水平。共有两种可能的选择："最后一个"或"第一个"，系统默认的参考水平是"最后一个"。在这里我们不做任何对比变量的设置，读者如果需要可以按上面介绍的步骤自行设置对比变量的选项。

---

05 单击"继续"按钮回到"单变量"对话框。单击"图"按钮，弹出"单变量：轮廓图"对话框，如图 6-18 所示。

图 6-18 "单变量：轮廓图"对话框

对话框选项设置/说明

"因子"列表框中是各个因素变量。"水平轴"可以选择横坐标变量，选择"因子"列表框中一个因素变量作为横坐标变量，单击 按钮将变量名选入相应的横坐标轴列表框中。"水平轴"列表框中可以确定分线变量，如果想看两个因素变量组合的各单元格中因变量均值分布，或者想看两个因变量间是否存在交互效应，则可选择"因子"列表框中另一个因素变量，单击 按钮将变量名选入"单独的线条"列表框中。单击"添加"按钮，将自动生成的图形表达式选入"图"列表框中，图形表达式是用"*"连接的两个因素变量名。在最终的输出结果文件中，本次选入"单独的线条"列表框中的变量，其每个水平在图中将呈现为一条线。在"单独的图"列表框中可以确定分图变量，如果在"因子"列表框中还有因素变量，则可以按上述方法将其选入"单独的图"列表框中。单击"添加"按钮，将自动生成的图形表达式送入"图"列表框中。图形表达式是用"*"连接的三个因素变量名，分图变量的每个水平生成一张线图。

若将图形表达式送到"图"列表框后发现有错误，则可以修改和删除，单击有错的图形表达式，该表达式所包括的变量显示到输入的位置上。对选错的变量，将其送回左侧变量框中。再重新选入正确内容。然后单击"更改"按钮改变表达式，在检查无误后，单击"继续"按钮返回主对话框。这里我们把"target"变量选为横坐标变量，把"device"变量选为分线变量，把"light"选为分图变量，读者也可以根据上面的介绍自己选择需要做的图形。

06 单击"继续"按钮回到"单变量"对话框。单击"事后比较"按钮，弹出"单变量：实测平均值的事后多重比较"对话框，如图 6-19 所示。可以从"因子"列表中选择要进行多重比较的变量，单击 按钮将其选入右侧的"下列各项的事后检验"列表框中，然后在下面的多个复选框中选择需要的多重比较方法。这里我们不打算做变量的多重比较。

07 单击"继续"按钮回到"单变量"对话框。单击"保存"按钮，弹出"单变量：保存"对话框，如图 6-20 所示。通过在对话框中的选择，系统使用默认变量名将所计算的预测值、残差值和诊断值作为新的变量保存在编辑数据文件中，以便在其他统计分析中使用这些值。在数据编辑窗口中，使用鼠标指向变量名，会给出对该新生成变量含义的解释。

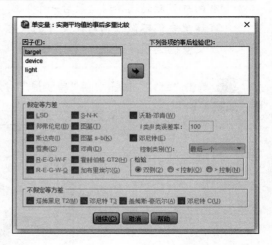

图 6-19 "单变量：实测平均值的事后多重比较"对话框

对话框选项设置/说明

"预测值"选项组用于对每个观测量给出根据模型计算的预测值，有以下 3 个选项。

- 未标准化：给出非标准化预测值。
- 加权：如果在"单变量"对话框中选择了加权选项，那么选中该复选框将保存加权非标准化预测值。
- 标准误差：给出预测值标准误。

"诊断"选项组可以测量并标识对模型影响较大的观测量或自变量，包括库克距离和杠杆值两个选项。

"残差"选项组中各选项的含义如下。

- 未标准化：给出非标准化残差值，即观测值与预测值之差。
- 加权：如果在"单变量"对话框中选择了加权选项，那么选中该复选框将保存加权的非标准化残差。

- 标准化: 给出标准化残差, 又称皮尔逊残差。
- 学生化: 给出学生化残差。
- 删除后: 给出剔除残差, 也就是因变量值与校正预测值之差。

如果选中 "创建系数统计" 复选框, 则模型参数估算的方差-协方差矩阵将保存到一个新文件中。对因变量将产生三行数据: 一行是参数估算值; 一行是与参数估算值相对应的显著性检验的 T 统计量; 还有一行是残差自由度。所生成的新数据文件可以作为另外分析的输入数据文件, 单击 "写入新数据文件" 下方的 "文件" 按钮, 打开相应的保存对话框, 指定文件的保存位置和文件名。这里选择按系统默认方式设置, 因为保存设置对我们的分析结果没有任何影响。

08 单击 "继续" 按钮回到 "单变量" 对话框。单击 "选项" 按钮, 弹出 "单变量: 选项" 对话框, 如图 6-21 所示。

图 6-20 "单变量: 保存" 对话框

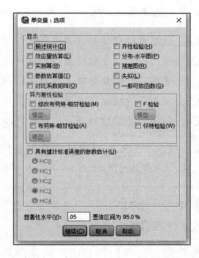

图 6-21 "单变量: 选项" 对话框

对话框选项设置/说明

"显示" 选项组可以指定要输出的统计量, 有以下选项。

- 描述统计: 输出的描述统计量有观测量的均值、标准差和每个单元格中的观测量数。
- 效应量估算: 它反映了每个效应与每个参数估算值可以归于因素的总变异的大小。
- 实测幂: 给出各种检验假设的功效, 计算功效的显著性水平, 系统默认的临界值是 0.05。
- 参数估算值: 给出各因素变量的模型参数估计、标准误、T 检验的 t 值、显著性概率和 95% 的置信区间。
- 对比系数矩阵: 显示变换系数矩阵或 L 矩阵。
- 齐性检验: 表示进行方差齐性检验。
- 分布-水平图: 绘制观测量均值—标准差图、观测量均值—方差图。
- 残差图: 表示绘制残差图, 给出观测值、预测值散点图和观测量数目对标准化残差的散点图, 以及正态和标准化残差的正态概率图。

- 失拟：检查独立变量和非独立变量间的关系是否被充分描述。
- 一般可估函数：可以根据一般估计函数自定义假设检验，对比系数矩阵的行与一般估计函数是线性组合的。

"异方差性检验"选项组可以指定要进行异方差性检验的方法，有以下选项。

- 布劳殊-帕甘检验：也就是统计学上常说的 BP 检验。
- 修改布劳殊-帕甘检验：也就是统计学上的改进的 BP 检验。
- F 检验：使用 F 联合检验异方差。
- 怀特检验：相对于布劳殊-帕甘检验，怀特检验在对条件方差函数一阶近似的基础上，加入了条件方差函数的二次项，包括平方项和交互项。

"具有健壮标准误差的参数估计"选项组，该选项组用于设置使用几阶稳健标准差进行估算以消除异方差因素带来的影响，具体如下：

- HC0：使用 0 阶稳健标准差进行估计以消除异方差因素带来的影响。
- HC1：使用 1 阶稳健标准差进行估计以消除异方差因素带来的影响。
- HC2：使用 2 阶稳健标准差进行估计以消除异方差因素带来的影响。
- HC3：使用 3 阶稳健标准差进行估计以消除异方差因素带来的影响。
- HC4：使用 4 阶稳健标准差进行估计以消除异方差因素带来的影响。

在"显著性水平"文本框中可以改变置信区间框内多重比较的显著性水平。这里我们选择系统默认的选项，读者在实际工作和研究中可以根据需要并参照上面的介绍选择合适的选项。

---

09 单击"继续"按钮回到"单变量"对话框，然后单击"确定"按钮，进入计算分析。

计算机运行完成后得到的结果如图 6-22~图 6-25 所示。

实验结论

图 6-22 为原始数据综合信息，系统接受了 120 个观测量，列出各个因素变量、变量值标签和样本含量。

图 6-23 给出了方差分析结果。

图中左上方标注了因变量为 score。对各列含义简要介绍如下。

主体间因子		值标签	个案数
target	1	t1	30
	2	t2	30
	3	t3	30
	4	t4	30
device	1	d1	40
	2	d2	40
	3	d3	40
light	1	l1	60
	2	l2	60

图 6-22 主体间因子

- 源：三个因素变量的主效应、两个二维交互效应和一个三维交互效应。
- III 类平方和：用默认的类型 III 方法计算各效应的偏差平方和。
  - ◆ 从方差分析的角度来看偏差平方和的分解。三个因素变量的主效应、两个二维交互效应和一个三维交互效应三者的偏差平方和之和为校正模型的偏差平方和（783.467），总偏差平方和为 853.867，两者之差为误差的偏差平方和 70.4。
  - ◆ 从回归的角度看偏差平方和的分解。总偏差平方和的 4016 分解为自变量的三个主效应、两个二维交互效应和一个三维交互效应偏差平方和 783.467，加上截距的偏差平方和 3162.133，再加上误差的偏差平方和 70.4。
- 自由度：是各效应的自由度。

- 均方：是各效应的均方，数值上等于各效应的偏差平方和除以相应的自由度。
- F：该值是各效应在进行 F 检验时的 F 值，数值上等于各自的均方除以误差均方。
- 显著性：从显著性检验的概率值（Sig.）可以看出，模型中指定的主效应、二维、三维交互效应均对 score 的变异有非常显著的意义，因为各效应的显著性概率均小于 0.01。
- 表的注脚表明因变量的变异有多少可以由指定的方差模型解释，其值应该在 0~1 之间。这里的模型已经解释了总变异的 91.8%，与全模型相比还少一个二维交互项 device*light，但我们可以估计这个二维交互项（设备与亮度的交互项）对因变量变异的贡献与实验误差引起的因变量变异之和占总变异的比例不超过 8.2%。

图 6-24 和图 6-25 直观地展现了边际均值的信息，从两张图中我们可以看出，光照（light）为 1、设备（device）为 2、目标（target）为 3 这个条件组合的测试平均分最高，光照（light）为 1、设备（device）为 2、目标（target）为 1 这个条件组合的测试平均分最低。同时可以看出在不同的光照条件下目标变量与设备之间存在交互效应，当然这里也可以分析使用不同设备时，光照与目标变量之间的交互效应。

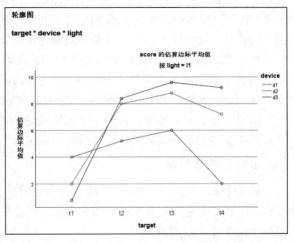

图 6-23　方差分析结果　　　　图 6-24　第一种照明度下心理得分边际均值图

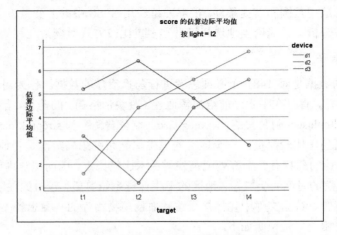

图 6-25　第二种照明度下心理得分边际均值图

实验 6-3　多变量方差分析

> 素材文件：sample/Chap06/xingenghuanzhe.sav
>
> 多媒体教学文件：视频/实验 6-3.mp4

🔘 实验基本原理

　　多因变量方差分析模型的因变量是连续变量，分类变量作为固定因素变量，协变量必须是连续变量。该模型是基于连续因变量与作为预测因子的因素变量和协变量之间的相关关系，它可以检验因变量在因素变量各水平组合中的组均值的效应，可以研究因素间的交互效应和单一因素的效应，还包括协变量效应和协变量与因素间的交互效应。SPSS 中的 GLM Multivariate（广义线性模型多变量方差分析）过程可以检验平衡和不平衡模型，模型中每个单元包括相同数量的观测量为平衡设计。在多因变量模型中，模型中的效应平方和和误差平方和是矩阵形式的，这些矩阵称作 SSCP 矩阵（平方和和叉积矩阵）。如果指定了不止一个因变量，则多因素方差分析使用 Pillai 迹、Hotelling 迹、Roy 最大根判据近似 F 统计量及对每个因变量的单变量方差分析。我们通常使用 Priori 对比执行假设检验，当 F 检验已经表明显著性后，还可以使用两两检验评价指定均值间的差异，对边际均值的估计给出单元格预测均值的估计，这些边际均值图很容易将某些关系可视化，最后对每个因变量分别进行两两比较检验。残差、预测值、Cook 距离、杠杆值可以作为新变量保存在数据文件中，以便验证假设。另外，我们可以求残差的 SSCP 矩阵，它是残差平方和与叉积的矩阵，残差协方差矩阵是残差的 SSCP 矩阵除以残差自由度。

🔘 实验目的与要求

　　实验目的：通过本次实验了解多变量方差分析中多个因变量对于多个因素变量的依赖关系的结构，理解多变量方差分析的作用和意义，以及平方和矩阵与叉积矩阵的含义，能够对分析结果中的两个结果作出合理解释。

　　实验要求：熟悉多变量方差分析的实现过程，对比其与单因素方差分析和单变量多因素方差分析的异同及各自的适用范围和前提条件。能够熟练应用 SPSS 中的多变量方差分析过程对实际数据进行多变量的方差分析，并能恰当地选择模型和多重比较方式对变量之间的依赖关系进行分析。

🔘 实验内容及数据来源

　　本次实验使用的数据是对 1481 个心梗患者进行药物治疗的数据。作为对心肌梗塞（MI 或心脏病发作）的初步治疗，有时在手术之前给溶解血栓（凝块消溶药）的药物，帮助清理患者的动脉。三种可用的药物是 alteplase（阿替普酶）、reteplase（瑞替普酶）和 streptokinase（链激酶）。阿替普酶和瑞替普酶是新药，比较昂贵。一个地区的卫生保健系统想确定，是否他们的价格-效应足够代替链激酶。溶解血栓的药物有一个好处就是外科手术比较稳定，因而痊愈周期比较短。如果新药是有效的，则患者住院的时间将会较短。地区的卫生保健系统希望，较短的住院时间将有助于补偿较大的新药的初始花费。数据文件中包括接受溶解血栓药物治疗的心梗患者 1481 个的样本的处理记录，其中对主要的相关变量说明如下。

- los：表示住院时间的长短。
- cost：表示治疗的总花费，我们在实验中会对这个变量的数据取对数后进行分析。
- clotsolv：表示使用的消溶药，取值 1 表示 streptokinase（链激酶），取值 2 表示 reteplase（瑞替普酶），取值 3 表示 alteplase（阿替普酶）。
- proc：表示手术治疗的方式，取值 1 表示 PTCA，取值 2 表示 CABG。

图 6-26 给出了我们使用的部分数据，完整的数据可见本书附赠资源的 Chap06 文件夹下的 xingenghuanzhe.sav 文件。本次实验的内容是使用多变量方差分析方法对住院时间（天）和治疗药物的花费进行多元方差分析。

	age	gender	diabetes	bp	smoker	choles	active	obesity	angina	mi	nitro	anticlot	site	attphys
1	63	1	0	1	0	1	0	0	1	1	0	3	1	10014
2	67	0	0	0	1	1	1	0	1	0	0	2	5	50006
3	74	0	0	1	0	0	0	1	1	1	0	1	3	30018
4	69	1	0	1	1	1	1	0	0	0	0	0	4	40008
5	54	1	0	1	1	1	0	1	0	1	0	0	4	40018
6	63	0	0	1	0	1	0	0	1	1	0	3	3	30006
7	71	1	0	1	0	1	1	0	0	0	1	2	1	10008
8	76	0	0	1	0	1	0	1	0	0	0	0	4	40017
9	69	1	0	1	1	1	0	1	0	1	0	0	5	50011
10	78	1	0	1	1	1	0	1	1	0	1	1	4	40005
11	73	1	0	1	0	1	0	0	0	0	0	2	1	40014
12	85	0	0	0	0	0	1	0	1	1	0	3	3	30004
13	65	0	0	0	0	0	0	0	1	1	1	1	2	20001
14	65	0	0	2	1	1	0	0	1	1	1	2	1	40012
15	61	1	0	1	0	1	0	1	0	0	0	0	3	30013

图 6-26　数据集 xingenghuanzhe.sav 中的部分数据

> **实验操作指导**

实验的操作步骤如下：

01 选择"文件｜打开｜数据"命令，打开 xingenghuanzhe.sav 数据表。

02 选择"分析｜一般线性模型｜多变量…"命令，弹出"多变量"对话框，如图 6-27 所示。在左侧变量框中分别选择"los"和"lncost"变量，单击 ⬇ 按钮将其选入右侧的"因变量"列表框中，然后在左侧变量框中选择"clotsolv"变量，单击 ⬇ 按钮将其选入右侧的"固定因子"列表框中作为自变量。

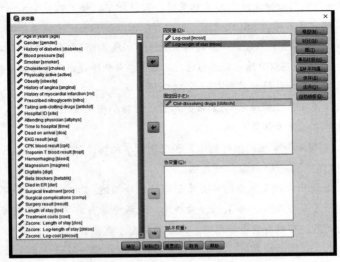

图 6-27　"多变量"对话框

03 单击"对比"按钮，弹出"多变量：对比"对话框，如图 6-28 所示。在"对比"下拉列表中选择"简单"，并将"参考类别"设为"第一个"，作为进行对比的参考水平。

04 单击"继续"按钮回到"多变量"对话框。单击"选项"按钮，弹出"多变量：选项"对话框，如图 6-29 所示。

图 6-28　"多变量：对比"对话框　　　　图 6-29　"多变量：选项"对话框

对话框选项设置/说明

在"显示"选项组中可以选择输出以下选项。

- 描述统计：输出描述统计量，有观测量的均值、标准差和每个单元格中的观测量数。
- 效应量估算：输出效应量估计，它是由一个自变量所解释的变异（SSH）对自变量解释的变异和未计入模型解释的变异总和（SSH+SSE）之比。
- 实测幂：给出 F 检验的概率。它检验的是组间差异，在假设是基于观测值时，检验各种假设的功效，计算功效的显著性水平，系统默认临界值为 0.05。
- 参数估算值：给出了各因素变量的模型参数估计、标准误、T 检验的 t 值，显著性概率和 95％的置信区间。
- SSCP 矩阵：对每个效应给出平方和与叉积矩阵，对设计中的每个效应给出假设的和误差的 SSCP 矩阵，每个组间效应有不同的 SSCP 矩阵，对所有组间效应只有一个误差矩阵。
- 残差 SSCP 矩阵：给出 SSCP 残差的平方和与叉积矩阵。残差 SSCP 矩阵的维度与模型中因变量数相同，残差的协方差距阵为 SSCP 除以残差自由度，残差相关矩阵是由残差协方差矩阵标准化得来的。
- 转换矩阵：显示对因变量的转换系数矩阵或 M 矩阵。
- 齐性检验：给出方差齐性检验结果。Levene 检验是对每个因变量进行的检验，检验在所有因素的水平组合间因变量方差是否相等。
- 分布-水平图：绘制观测量单元均值对标准差和观测量单元均值对方差的图形。
- 残差图：给出现测值*预测值*标准化残差图。
- 失拟：检查独立变量和非独立变量间的关系是否被充分描述，执行一种拟合不足检验（它要求对一个或几个自变量重复观测）。如果检验被拒绝，就意味着当前的模型不能充分说明响应变量与预测因素之间的关系，可能有变量被忽略，或者是模型中需要其他项。
- 一般可估函数：产生表明估计函数一般形式的表格，可以根据一般估计函数通过 LMATRIX 子命令自定义假设检验。

在最下面的"显著性水平"文本框中可以改变多重比较的显著性水平。这里我们选中"描述统计""效应量估算"和"齐性检验"三个复选框，检验的显著性水平使用默认的水平 0.05。

---

05 单击"继续"按钮回到"多变量"对话框。单击"两两比较"选项，弹出"多变量：实测平均值的事后多重比较"对话框，如图 6-30 所示。关于该对话框中各个选项的解释与操作方法请参看实验 6-2 中相关内容的介绍，这里我们选择"clotsolv"变量作为被检验变量，在"假定等方差"选项组中选中"图基"复选框，在"不假定等方差"选项组中选中"邓尼特 T3"复选框。

06 单击"继续"按钮回到"多变量"对话框，其他对话框按系统默认设置。单击"确定"按钮，进入计算分析。

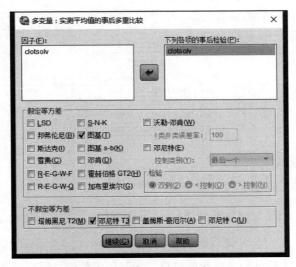

图 6-30 "多变量：实测平均值的事后多重比较"对话框

计算机运行完成后得到的结果如图 6-31~图 6-38 所示。

实验结论

图 6-31 给出了组间因素各单元频数，从中我们可以看出各单元中观测量数是不相等的。

图 6-32 按凝块消溶药分组的因变量给出了主要的描述统计量，为后面的分析提供了重要的参考数据。

描述统计

	Clot-dissolving drugs	平均值	标准偏差	个案数
Log-cost	Streptokinase	3.5277	.25030	116
	Reteplase	3.5341	.22160	696
	Alteplase	3.5526	.22903	669
	总计	3.5420	.22738	1481
Log-length of stay	Streptokinase	1.7349	.28803	116
	Reteplase	1.6667	.26036	696
	Alteplase	1.6540	.26512	669
	总计	1.6663	.26541	1481

主体间因子

		值标签	个案数
Clot-dissolving drugs	1	Streptokinase	116
	2	Reteplase	696
	3	Alteplase	669

图 6-31 主体间因子

图 6-32 描述统计量

图 6-33 是协方差矩阵等同性的博克斯检验结果。检验的零假设是：因变量的协方差矩阵在 clotsolv 不同的凝块消溶的各组中相等，我们看到显著性均大于 0.05，于是不足以在这个检验中拒绝零假设。

图 6-34 给出了多变量检验的结果。4 种检验的统计量中：比莱轨迹的跟踪、霍特林轨迹、罗伊最大根统计量越大对模型贡献越大，但是图中值都很小；威尔克 Lambda 统计量的值越小对模型贡献越大，而图中相应的值却很大，接近 1。因此 4 个统计量都说明因素变量的 clotsolv 效应对模型的贡献不大，但是 F 检验的显著性都小于 0.01，又说明它们是有贡献的，只是贡献不大。

协方差矩阵的博克斯等同性检验[a]	
博克斯 M	5.905
F	.980
自由度 1	6
自由度 2	738019.458
显著性	.437

检验"各个组的因变量实测协方差矩阵相等"这一原假设。

a. 设计：截距 + clotsolv

图 6-33　协方差矩阵等同性的 Box 检验

多变量检验[a]

效应		值	F	假设自由度	误差自由度	显著性	偏 Eta 平方
截距	比莱轨迹	.994	116013.320[b]	2.000	1477.000	.000	.994
	威尔克 Lambda	.006	116013.320[b]	2.000	1477.000	.000	.994
	霍特林轨迹	157.093	116013.320[b]	2.000	1477.000	.000	.994
	罗伊最大根	157.093	116013.320[b]	2.000	1477.000	.000	.994
clotsolv	比莱轨迹	.024	9.081	4.000	2956.000	.000	.012
	威尔克 Lambda	.976	9.126[b]	4.000	2954.000	.000	.012
	霍特林轨迹	.025	9.171	4.000	2952.000	.000	.012
	罗伊最大根	.024	17.945[c]	2.000	1478.000	.000	.024

a. 设计：截距 + clotsolv

b. 精确统计

c. 此统计是生成显著性水平下限的 F 的上限

图 6-34　多变量检验

图 6-35 是误差方差等同性的莱文检验结果。检验的零假设是因变量在 clotsolv 不同的凝块消溶药的各组中的误差方差相等，是对两个因变量分别进行检验，从显著性可以看出两种手术的花费对数和住院天数的检验结果都不足以在这个检验中拒绝零假设。

误差方差的莱文等同性检验[a]

		莱文统计	自由度 1	自由度 2	显著性
Log-cost	基于平均值	4.262	2	1478	.014
	基于中位数	3.943	2	1478	.020
	基于中位数并具有调整后自由度	3.943	2	1463.444	.020
	基于剪除后平均值	4.424	2	1478	.012
Log-length of stay	基于平均值	.949	2	1478	.387
	基于中位数	.918	2	1478	.399
	基于中位数并具有调整后自由度	.918	2	1475.331	.399
	基于剪除后平均值	.881	2	1478	.415

检验"各个组中的因变量误差方差相等"这一原假设

a. 设计：截距 + clotsolv

图 6-35　误差方差等同性的莱文检验

图 6-36 是多元方差分析结果，对住院时间（天）变量检验的零假设是：不同的凝块消溶药组的平均住院时间（天数）之间无显著差异。对治疗花费对数变量检验的假设是：不同的凝块消溶药组的平均治疗花费（以 10 为底的对数）之间无显著差异。

分类变量 clotsolv 的 F 检验的显著性概率，对住院时间（天）显著性为 0.01，小于 0.05，足以拒绝原假设，说明不同的凝块消溶药组的平均住院时间之间有显著性差异。对治疗花费对数（以 10 为底）显著性为 0.253，大于 0.05，接受原假设。说明在本次实验条件下，不同的凝块消溶药组的治疗花费均值无显著差异。

主体间效应检验

源	因变量	III 类平方和	自由度	均方	F	显著性	偏 Eta 平方
修正模型	Log-cost	.142[a]	2	.071	1.374	.253	.002
	Log-length of stay	.646[b]	2	.323	4.607	.010	.006
截距	Log-cost	9752.763	1	9752.763	188736.067	.000	.992
	Log-length of stay	2212.469	1	2212.469	31562.274	.000	.955
clotsolv	Log-cost	.142	2	.071	1.374	.253	.002
	Log-length of stay	.646	2	.323	4.607	.010	.006
误差	Log-cost	76.374	1478	.052			
	Log-length of stay	103.606	1478	.070			
总计	Log-cost	18656.492	1481				
	Log-length of stay	4216.413	1481				
修正后总计	Log-cost	76.516	1480				
	Log-length of stay	104.252	1480				

a. R 方 = .002（调整后 R 方 = .001）
b. R 方 = .006（调整后 R 方 = .005）

图 6-36　主体间效应的检验结果

图 6-37 给出了"假定等方差"下的图基检验情况，从中我们可以看到显著性水平都很弱，都显著地接受了原假设。

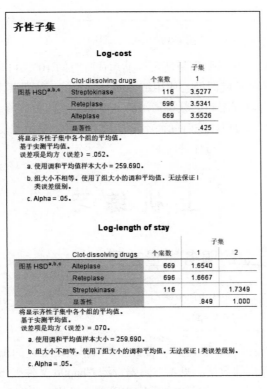

图 6-37　参数估算值

图 6-38 给出了多重检验的结果，标有"*"的表示差异显著的两个水平的均值。

Clot-dissolving drugs

多重比较

因变量		(I) Clot-dissolving drugs	(J) Clot-dissolving drugs	平均值差值 (I-J)	标准误差	显著性	95% 置信区间 下限	上限
Log-cost	图基 HSD	Streptokinase	Reteplase	-.0064	.02280	.957	-.0599	.0471
			Alteplase	-.0249	.02286	.521	-.0785	.0287
		Reteplase	Streptokinase	.0064	.02280	.957	-.0471	.0599
			Alteplase	-.0185	.01231	.291	-.0473	.0104
		Alteplase	Streptokinase	.0249	.02286	.521	-.0287	.0785
			Reteplase	.0185	.01231	.291	-.0104	.0473
	邓尼特 T3	Streptokinase	Reteplase	-.0064	.02471	.991	-.0661	.0532
			Alteplase	-.0249	.02487	.682	-.0849	.0351
		Reteplase	Streptokinase	.0064	.02471	.991	-.0532	.0661
			Alteplase	-.0185	.01221	.342	-.0477	.0107
		Alteplase	Streptokinase	.0249	.02487	.682	-.0351	.0849
			Reteplase	.0185	.01221	.342	-.0107	.0477
Log-length of stay	图基 HSD	Streptokinase	Reteplase	.0682*	.02655	.028	.0059	.1304
			Alteplase	.0808*	.02663	.007	.0183	.1433
		Reteplase	Streptokinase	-.0682*	.02655	.028	-.1304	-.0059
			Alteplase	.0127	.01434	.651	-.0210	.0463
		Alteplase	Streptokinase	-.0808*	.02663	.007	-.1433	-.0183
			Reteplase	-.0127	.01434	.651	-.0463	.0210
	邓尼特 T3	Streptokinase	Reteplase	.0682	.02851	.053	-.0007	.1370
			Alteplase	.0808*	.02864	.016	.0117	.1499
		Reteplase	Streptokinase	-.0682	.02851	.053	-.1370	.0007
			Alteplase	.0127	.01423	.754	-.0214	.0467
		Alteplase	Streptokinase	-.0808*	.02864	.016	-.1499	-.0117
			Reteplase	-.0127	.01423	.754	-.0467	.0214

基于实测平均值。
误差项是均方（误差）= .070。
*. 平均值差值的显著性水平为 .05。

图 6-38　均值多重比较

从上面的分析我们可以看出：服用新药可以缩短住院时间 10%~11%，治疗花费上没有差异；如果做成型术，则服用新药的住院时间与服用链激酶是一致的，花费要高出一千多美金。因此，对于心梗患者做搭桥手术的可以使用新的凝块消溶药 Alteplase（阿替普酶）或 Reteplase（瑞替普酶）代替原来常用的链激酶，可以缩短住院时间而不增加治疗费用。对做经皮冠状动脉成型术的患者使用新药只能增加治疗费用，不能缩短住院时间。

上 机 练 习

练习 6-1　检验各行业的服务质量差异

> 素材文件：sample/Chap06/fuwuzhiliang.sav
> 多媒体教学文件：视频/练习 6-1.mp4

对 4 个服务行业（航空公司、零售业、酒店业和汽车制造业）的服务质量进行评价，较高得分表示较高的服务质量，评价的数据。见本书附赠资源 Chap06 文件夹下的 fuwuzhiliang.sav 文件。试在显著性水平为 0.05 的条件下，检验这 4 个行业质量等级的总体均值是否有显著性差异？

练习 6-2　对不同工厂的同型号电池质量进行评估

多媒体教学文件：视频/练习 6-2.mp4

为了评估某种型号的电池质量，分别从 A、B、C 三个工厂生产的同种型号电池中各随机抽取 5 只电池为样本，经试验得到其寿命（小时）如表 6-1 所示。

表 6-1　电池寿命测试结果表

	样品 1	样品 2	样品 3	样品 4	样品 5
工厂 A	40	48	38	42	45
工厂 B	36	34	30	28	32
工厂 C	39	40	43	50	50

假设电池寿命服从正态分布，试在显著性水平为 0.05 下，检验电池的平均寿命有无显著性差异？

练习 6-3　三种麻醉方法的方差分析

素材文件：sample/Chap06/shousuoya.sav

多媒体教学文件：视频/练习 6-3.mp4

有 15 名手术要求基本相同的患者，把他们随机分为三组，分别在手术中使用三种麻醉诱导方法 A、B、C，并在不同时期（诱导前 T0 和 T1、T2、T3、T4）测量他们的收缩压，得到的数据可见本书附赠资源 Chap06 文件夹下的 shousuoya.sav 文件。试使用多变量方差分析过程对该数据进行方差分析。

第 7 章

因子分析和主成分分析

　　人们在对现象进行观测时，往往会得到大量指标（变量）的观测数据，这些数据在带来现象有关信息的同时，也给数据的分析带来了一定困难。另外，这众多的变量之间可能存在相关性，实测数据包含的信息有一部分可能是重复的。因子分析和主成分分析就是在尽可能不损失信息或少损失信息的情况下，将多个变量减少为少数几个潜在的因子或主成分，这几个因子或主成分可以高度地概括大量数据中的信息，这样既减少了变量个数，又同样能再现变量之间的内在联系。例如，做衣服需要掌握人身体各部位的尺寸或指标（衣长、裤长、脚围、臀围、臂长等），这些指标因人而异，都是一些随机变量，但这些随机变量之间又存在明显的联系，服装厂批量生产服装时，不可能真正做到"量体裁衣"，他们需要从这许多指标中概括出少数几个关键性指标，然后依据这些指标进行加工，这样生产出来的服装就能适合大多数人的体型。这少数几个指标虽然不能反映人的体型的全部信息，但是却高度地概括和集中了其中绝大部分信息。又如在作多元回归时，可能因为自变量之间存在多重共线性，而使得建立的回归模型并不能很好地刻画因变量与自变量之间的关系，根据因子分析和主成分分析的思想，事先通过因子分析或主成分分析，从具有共线性的多个变量中筛选出少数几个变量，它们概括了原始变量观测值中绝大部分信息，使用这些变量建立的回归方程能再现原始变量之间的关系。

实验 7-1　因子分析

　　素材文件：sample/Chap07/jiangsuchengshi.sav

　　多媒体教学文件：视频/实验 7-1.mp4

> ### 实验基本原理

　　因子分析的数学模型可以表示为 $X_{p \times 1} = A_{p \times m} \cdot F_{m \times 1} + e_{p \times 1}$，其中 X 为可实测的 p 维随机向量，它

的每个分量代表一个指标或变量。$F = (F_1, F_2, ..., F_m)^T$ 为不可观测的 m 维随机向量，它的各个分量将出现在每个变量之中，所以称它们为公共因子。矩阵 A 称为因子载荷矩阵，矩阵中的每一个元素称为因子载荷，表示第 i 个变量在第 j 个公共因子上的载荷，它们需要由多次观测 X 所得到的样本来估计。向量 e 称为特殊因子，其中包括随机误差，它们满足条件：

（1）$Cov(F, e) = 0$，即 F 与 e 不相关。

（2）$Cov(F_i, F_j) = 0, i \neq j$，$Var(F_i) = Cov(F_i, F_j) = I$，即向量 F 的协方差矩阵为 m 阶单位阵。

（3）$Cov(e_i, e_j) = 0, i \neq j$，$Var(e_i) = \sigma_i^2$，即向量 e 的协方差矩阵为 p 阶对角阵。

因子分析的基本思想是通过变量的相关系数矩阵内部结构的分析，从中找出少数几个能控制原始变量的随机变量 $F_i (i = 1, 2, ..., m)$，选取公共因子的原则是使尽可能多地包含原始变量中的信息，建立模型 $X = A \cdot F + e$，忽略 e，以 F 代替 X，用它再现原始变量 X 的众多分量之间的相关关系，达到简化变量降低维数的目的。

▶ 实验目的与要求

实验目的：通过本次实验了解因子分析的基本思想和主要用途，理解因子分析为什么能够把复杂数据降维，理解因子旋转的意义和原理，了解因子得分的含义并能够用因子得分对变量的分类进行推断，熟悉因子分析的方法和过程。

实验要求：熟练掌握 SPSS 中因子分析过程的使用方法和操作步骤，能够恰当地应用因子分析的方法对实际的复杂数据进行因子分析，降低数据维度。着重理解因子分析中因子得分、因子旋转、因子得分系数等概念的含义，能够对实际输出结果做出合理的解释，从而得出有意义的结论。

▶ 实验内容及数据来源

本次实验使用的数据是根据江苏省主要城市 1994 年经济发展若干指标的数据建立的。图 7-1 给出了我们要分析的数据，数据中共有 9 个样本观测值，分别代表了江苏的 9 个城市。数据中还有 6 个属性变量：x1 是人均 GDP（万元/人）；x2 是利用外资数量（亿美元）；x3 是公路密度（km/km2）；x4 是平均受教育年限（年）；x5 是乡镇工业比例（%）；x6 是人均固定资产净值（万元/人）。数据文件可见本书附赠资源 Chap07 文件夹下的 jiangsuchengshi.sav 文件。我们本次实验的内容是利用这些资料对 9 个城市经济发展状况作因子分析，找出影响城市经济发展的主要因素。

	city	x1	x2	x3	x4	x5	x6
1	南京	.9008	3.85	366	6.87	30.26	.863
2	无锡	1.4177	8.38	217	6.62	77.60	.867
3	徐州	.3776	.69	197	5.49	52.71	.199
4	常州	.9502	2.78	207	6.47	67.85	.585
5	苏州	1.2616	21.77	177	5.83	76.39	.755
6	南通	.4412	2.90	10	5.72	53.61	.276
7	连云港	.3247	.84	169	5.30	46.61	.162
8	淮阴	.2226	.21	135	5.35	42.79	.085
9	盐城	.2940	.50	169	5.62	54.80	.136

图 7-1　数据集 jiangsuchengshi.sav 的数据

▶ 实验操作指导

实验的操作步骤如下：

01 选择"文件｜打开｜数据"命令，打开 jiangsuchengshi.sav 数据表。

02 选择"分析 | 降维 | 因子"命令，弹出"因子分析"对话框，在左侧变量框中分别选择 x1、x2、x3、x4、x5、x6 变量，单击 按钮将其选入右侧的"变量"列表框中，如图 7-2 所示。如果需要使用部分观测量参与因子分析时，则从左侧变量列表框中选择一个变量（该变量能够标记需选择的这部分观测量，使得这部分观测量构成全部观测量的一个子集）的移入"选择变量"列表框中，并单击下方的"值"按钮，打开如图 7-3 所示的"因子分析：设置值"对话框。在"选择变量值"文本框中输入能标记需选择的部分观测量的变量值。如果使用全部观测量，该步骤可以省略，这里我们使用全部的观测量，因此省略这一步骤。

03 单击"描述"按钮，弹出"因子分析：描述"对话框，如图 7-4 所示，我们可以在这里选择需要输出的统计量。

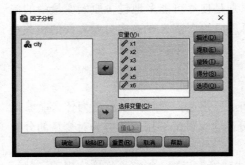

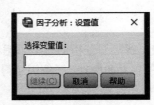

图 7-2 "因子分析"对话框　　图 7-3 "因子分析：设置值"　　图 7-4 "因子分析：描述"
　　　　　　　　　　　　　　　　　对话框　　　　　　　　　对话框

对话框选项设置/说明

"统计"选项组中有两个选项。

- **单变量描述**：输出各个分析变量的均值、标准差及观测量数。
- **初始解**：为系统默认项，输出各个分析变量的初始共同度、特征值及解释方差的百分比。

这里我们选中"初始解"复选框。

"相关性矩阵"选项组中有以下选项。

- **系数**：可以分析变量的相关系数矩阵。
- **显著性水平**：输出每个相关阵中相关系数为 0 的单尾显著性水平。
- **决定因子**：计算相关系数矩阵的行列式值。
- **KMO 和巴特利特球形度检验**：前者给出抽样充足量的测度，检验变量间的偏相关系数是否过小，后者检验相关系数矩阵是否是单位阵。如果是单位阵，则表明不适合采用因子模型。
- **逆**：给出相关系数矩阵的逆矩阵。
- **再生**：输出因子分析后的估计相关系数矩阵及残差阵（原始相关阵与再生相关阵的差）。
- **反映像**：包括偏相关系数的负数及偏协方差的负数，在一个好的因子模型反映像相关阵中，主对角线之外的元素应很小，主对角线上的元素用于测量抽样的充足量。

这里我们选中"系数""显著性水平"和"决定因子"三个复选框。读者在实际操作中可以根据上面的介绍自行选择需要输出的统计量。

04 单击"继续"按钮回到"因子分析"对话框。单击"提取"按钮，弹出"因子分析：提取"对话框，如图 7-5 所示。

图 7-5　"因子分析：提取"对话框

对话框选项设置/说明

在"方法"下拉列表中可以选择公因子提取方法，如主成分、未加权最小平方、广义最小平方、最大似然、主轴因式分解、Alpha 因式分解、映像因式分解。

在 SPSS 官方网站的帮助文档《IBM_SPSS_Statistics_Base》中，对这些公因子提取方法都进行了详细解释。

- 主成分（Principal Components Analysis）：该方法作为因子提取方法的一种，用于形成观察变量的不相关的线性组合。在主成分分析中，一个非常重要的特点是，第一个成分具有最大的方差，后面的成分对方差的解释的比例呈现逐渐变小走势，而且这些主成分相互之间均不相关。主成分分析通常用来获取最初因子解，可以在相关性矩阵是奇异矩阵时使用。

- 未加权最小平方（Unweighted Least-Squares Method）：该方法作为因子提取方法的一种，可以使观察的相关性矩阵和再生的相关性矩阵之间的差的平方值之和最小（忽略对角线）。

- 广义最小平方（Generalized Least-Squares Method）：该方法作为因子提取方法的一种，可以使观察的相关性矩阵和再生的相关性矩阵之间的差的平方值之和最小，相关系数要进行加权。权重为他们单值的倒数，这样单值高的变量，其权重比单值低的变量的权重小。

- 最大似然法（Maximum-Likelihood Method）：该方法作为因子提取方法的一种，在样本来自多变量正态分布的情况下，它生成的参数估计最有可能生成观察到的相关性矩阵。将变量单值的倒数作为权重对相关性进行加权，并使用迭代算法。

- 主轴因子分解（Principal Axis Factoring）：该方法作为因子提取方法的一种，在初始相关性矩阵中，多元相关系数的平方放置于对角线上作为公因子方差的初始估算值。这些因子载荷用来估算替换对角线中的旧公因子方差估算值的新的公因子方差。继续迭代，直到某次迭代和下次迭代之间公因子方差的改变幅度能满足提取的收敛性条件。

- Alpha 因式分解：该方法作为因子提取方法的一种，将分析中的变量视为来自潜在变量全体的一个样本。此方法使因子的 alpha 可靠性最大。

- 映像因式分解（Image Factoring）：该方法作为因子提取方法的一种，由 Guttman 开发，它基于映像理论。变量的公共部分（偏映像）定义为其对剩余变量的线性回归，而非假设因子的函数。

这里我们选择"主成分"分析法，读者可以选择其他方法并将其结果与我们的结果进行对比。

"分析"选项组用于选择分析内容，包括相关性矩阵和协方差矩阵，这里我们选择"相关性矩阵"。

"输出"选项组用于选择需要显示的内容，包括两个复选框。

- 未旋转因子解：未经旋转的因子载荷矩阵、共同度及特征值。
- 碎石图：是与各因子关联的方差散点图，用它确定有多少因子应予以保留。图上有一个明显的分界点，它的左边陡峭的斜坡代表大因子，右侧缓变的尾部代表其余的小因子（碎石）。

这里我们为了能更加详细地说明，把两个选项都选中。

"抽取"选项组用于选择提取公因子的数量，也包括两个选项。

- 基于特征值：选中该单选按钮并在"特征值大于"文本框中输入一个数值（系统的默认值为1），凡特征值大于该数值的因子都将被作为公因子提取出来。
- 因子的固定数目：选中该单选按钮并在"要提取的因子数"文本框中指定提取公因子的数量。

"最大收敛迭代次数"文本框用以设置最大迭代步数，系统默认为 25。这里我们采用默认设置。

05 单击"继续"按钮回到"因子分析"对话框。单击"旋转"按钮，弹出"因子分析：旋转"对话框，如图 7-6 所示。

对话框选项设置/说明

"方法"选项组中各选项的含义如下。

- 无：不进行旋转，这是系统默认的选项。
- 最大方差法：这种旋转方法使每个因子具有高载荷，以使因子的解释得到简化。本例中选择使用该方法。
- 直接斜交法：选中该单选按钮后，可在被激活的 Delta 文本框中输入不超过 0.8 的数值，系统默认的 Delta 值为 0，表示因子分析的解最倾斜。Delta 值可取负值（大于等于-1），Delta 值越接近于-1，旋转越接近正交。
- 四次幂极大法：一种用最少的因子解释每个变量的旋转法。
- 等量最大法：将最大方差法和最大四次幂极大法相结合，使高载荷因子的变量数和需解释变量的因子数都达到最小的旋转法。
- 最优斜交法：斜交旋转法，该方法允许因子之间相关，比直接斜交法计算得更快，更适合大量数据的情况。选中该单选按钮后，在被激活的 Kappa 文本框中输入控制斜交旋转的参数值，默认值为 4（此值最适合于分析）。

"输出"选项组用于设置旋转解的输出。

- 旋转后的解：当在"方法"选项组中选择一种旋转方法后，此项才被激活。对于正交旋转，输出旋转模型矩阵、因子转换矩阵；对于斜交旋转，输出模式、结构和因子相关矩阵。

- 载荷图：用于设置输出的图形。如果选中该复选框，就会输出前两个公因子的二维载荷图，或者前 3 个因子的三维载荷图。如果仅提取一个公因子，则不输出因子载荷图。当选择了一种旋转方法后，"最大收敛迭代次数"文本框被激活，允许输入指定的最大迭代次数，系统默认为 25。本例中选择输出载荷图。

---

06 单击"继续"按钮回到"因子分析"对话框。单击"得分"按钮，弹出"因子分析：因子得分"对话框，如图 7-7 所示。

对话框选项设置/说明

选中"保存为变量"复选框时，对每个公共因子建立一个新变量（根据提取的公共因子的多少，默认变量名为 fac_i，i=1,2,… ），将因子得分保存到当前工作文件中，供其他统计分析时使用，这里我们将此项选中。此时下方的"方法"选项组被激活，可以从中选择计算因子得分的方法。

- 回归：产生的因子得分的均值等于 0，方差等于估计的因子得分与真实的因子值之间的复相关系数的平方。
- 巴特利特：产生的因子得分的均值等于 0，变量范围之外的因子的平方和达到最小。
- 安德森-鲁宾：产生的因子得分的均值等于 0，方差等于 1。此方法是对巴特利特法的改进，它保证了被估计因子的正交性。这里我们选择"回归"法。

选中"显示因子得分系数矩阵"复选框，可以给出变量乘以该矩阵中的系数可获得因子得分，此矩阵也可以表示各因子得分之间的相关性。这里我们为了使分析结果更加清晰，选中该项。

---

07 单击"继续"按钮回到"因子分析"对话框。单击"选项"按钮，弹出"因子分析：选项"对话框，如图 7-8 所示。

图 7-6　"因子分析：旋转"
对话框

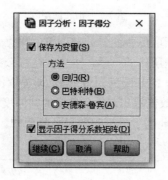

图 7-7　"因子分析：因子得分"
对话框

图 7-8　"因子分析：选项"
对话框

对话框选项设置/说明

"缺失值"选项组用于设置缺失值的处理方式，包括成列排除个案、成对排除个案和替换为平均值。

"系数显示格式"选项组用于控制输出矩阵的外观。

- 按大小排序：将因子载荷矩阵和结构矩阵按数值大小排序，使得对同一因子具有高载荷的变量在一起显示。
- 排除小系数：系统默认的指定值为 0.1，也可以在小框内输入 0~1 之间的任意数值。

---

08 这里我们按照系统默认设置即可。单击"继续"按钮回到"因子分析"对话框，然后单击"确定"按钮，进入计算分析。

计算机运行完成后得到的结果如图 7-9~图 7-18 所示。

实验结论

图 7-9 给出了变量的相关性矩阵，上半部分为各变量之间的相关性矩阵，下半部分为各变量不相关的单尾显著性水平，显著性检验矩阵中的空格表示 0。从图中可以看出多数变量之间存在高度的相关关系，有必要进行因子分析。图下方的注释给出了相关性矩阵的值为 1.696E-5。

相关性矩阵[a]

		x1	x2	x3	x4	x5	x6
相关性	x1	1.000	.746	.413	.756	.648	.944
	x2	.746	1.000	.079	.232	.629	.635
	x3	.413	.079	1.000	.650	-.230	.593
	x4	.756	.232	.650	1.000	.150	.883
	x5	.648	.629	-.230	.150	1.000	.372
	x6	.944	.635	.593	.883	.372	1.000
显著性（单尾）	x1		.011	.135	.009	.030	.000
	x2	.011		.420	.274	.035	.033
	x3	.135	.420		.029	.276	.046
	x4	.009	.274	.029		.350	.001
	x5	.030	.035	.276	.350		.162
	x6	.000	.033	.046	.001	.162	

a. 决定因子 = 1.696E-5

图 7-9　相关性矩阵

图 7-10 给出了提取公共因子前后各变量的共同度，根据变量共同度的统计意义，它刻画了全部公共因子对于变量 x1 的总方差所作的贡献，说明了全部公共因子反映出原变量信息的百分比。例如，提取公共因子后，变量 x1 的共同度为 0.989，即提取的公共因子对变量 x1 的方差 Var(x1) 作出了 98.9％ 的贡献。从该列的数值看出，各个变量的共同度都比较大，说明变量空间转化为因子空间时保留了比较多的信息，因此因子分析的效果是显著的。

图 7-11 给出了总方差解释。

公因子方差

	初始	提取
x1	1.000	.989
x2	1.000	.780
x3	1.000	.835
x4	1.000	.872
x5	1.000	.854
x6	1.000	.978

提取方法：主成分分析法。

图 7-10　公因子方差

总方差解释

成分	初始特征值			提取载荷平方和			旋转载荷平方和		
	总计	方差百分比	累积 %	总计	方差百分比	累积 %	总计	方差百分比	累积 %
1	3.690	61.504	61.504	3.690	61.504	61.504	2.769	46.143	46.143
2	1.616	26.934	88.438	1.616	26.934	88.438	2.538	42.296	88.438
3	.433	7.210	95.649						
4	.239	3.981	99.630						
5	.021	.348	99.978						
6	.001	.022	100.000						

提取方法：主成分分析法。

图 7-11　总方差解释

其中包括：

● 成分。

● 初始特征值。其中"总计"为相关性矩阵的全部特征值；"方差百分比"为各个特征值的方差贡献率；"累积%"前两个因子的累积贡献率已达到 88.821%。

图 7-12 给出了碎石图。碎石图的纵坐标为特征值，横坐标为因子数，从图中可以看出前两个因子的特征值较大（皆大于 1），折线陡峭，从第三个因子以后折线平缓。因此，我们选择两个公共因子。

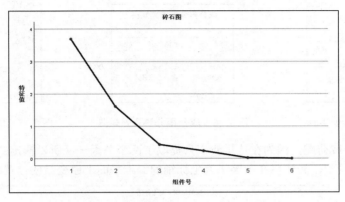

图 7-12 碎石图

图 7-13 给出了因子载荷矩阵，右侧的两列分别代表第一、第二主因子的载荷，如变量 x1 的第一个主因子的载荷为 0.984，第二个主因子的载荷为 0.140。从因子载荷矩阵可以看到，各因子的典型代表变量（除个别变量外）并不突出，不能对因子作出很好的解释，因此对因子载荷矩阵实施旋转是非常必要的。图 7-14 是对图 7-13 的因子载荷矩阵施行方差最大正交旋转后的结果，由此不难建立旋转后的因子模型。可以看出，第一主因子主要由变量 x3、x4 和 x6 决定，它们在主因子上的载荷分别为 0.894、0.909 和 0.829，第二主因子则主要由变量 x1、x2 和 x5 决定，它们在主因子上的载荷分别为 0.760、0.862 和 0.919。

成分矩阵[a]

	成分	
	1	2
x1	.984	.140
x2	.716	.517
x3	.540	-.737
x4	.820	-.447
x5	.539	.750
x6	.977	-.151

提取方法：主成分分析法。

a. 提取了 2 个成分。

图 7-13 成分矩阵

旋转后的成分矩阵[a]

	成分	
	1	2
x1	.641	.760
x2	.189	.862
x3	.894	-.190
x4	.909	.213
x5	-.098	.919
x6	.829	.539

提取方法：主成分分析法。

旋转方法：凯撒正态化最大方差法。

a. 旋转在 3 次迭代后已收敛。

图 7-14 旋转成分矩阵

图 7-15 是因子转换矩阵，旋转前的因子载荷矩阵乘以因子转换矩阵等于旋转后的因子载荷矩阵。图 7-16 给出了因子得分的协方差矩阵，我们发现这是个单位矩阵，说明提取的两个公因子是不相关的。

图 7-17 给出了因子得分系数矩阵，因子模型将变量表示成公共因子的线性组合，自然也可以将公共因子表示成原始变量的线性组合，将公因子对变量 x1 到 x6 做线性回归，得到系数的最小平方估算就是所谓的因子得分系数，根据估算出来的得分系数，我们可以计算因子得分。由于在图 7-7 的"因子分析：保存"对话框中选择了"保存为变量"选项，因此在数据文件中保存了两个新变量：fac_1 和 fac_2，这两个变量就是因子得分，这些数值可以为变量分类提供参考。

成分转换矩阵

成分	1	2
1	.745	.667
2	-.667	.745

提取方法：主成分分析法。
旋转方法：凯撒正态化最大方差法。

图 7-15 成分转换矩阵

成分得分协方差矩阵

成分	1	2
1	1.000	.000
2	.000	1.000

提取方法：主成分分析法。
旋转方法：凯撒正态化最大方差法。
组件得分。

图 7-16 成分得分协方差矩阵

成分得分系数矩阵

	成分	
	1	2
x1	.141	.242
x2	-.068	.368
x3	.413	-.243
x4	.350	-.058
x5	-.201	.443
x6	.260	.107

提取方法：主成分分析法。
旋转方法：凯撒正态化最大方差法。
组件得分。

图 7-17 成分得分系数矩阵

图 7-18 是因子载荷图，因为在这里我们只提取了两个公因子，所以输出二维平面图。从因子载荷图上我们可以看到，旋转后在主因子为坐标轴的二维平面上原变量的位置。

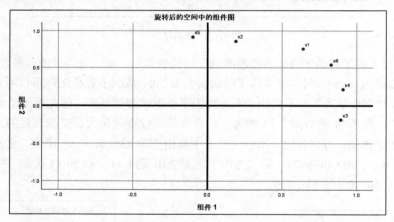

图 7-18 因子载荷图

实验 7-2 主成分分析

素材文件：sample/Chap07/qichezhizao.sav	
多媒体教学文件：视频/实验 7-2.mp4	

▶ 实验基本原理

主成分分析的目的是从原始的多个变量取若干线性组合，可以尽可能多地保留原始变量中的信息。从原始变量到新变量是一个正交变换（坐标变换）。设有 $X = (X_1, \ldots, X_p)'$，是一个 p 维随机

变量，有二阶矩，记 $\mu = E(X)$ ，$\Sigma = Var(X)$ 。考虑它的线性变换，

$$\begin{cases} Y_1 = l_{11}X_1 + \ldots + l_{p1}X_p \\ Y_p = l_{1p}X_1 + \ldots + l_{pp}X_p \end{cases}$$

如果要用 Y_1 尽可能多地保留原始的 X 的信息，经典的办法是使 Y_1 的方差尽可能大。其他的各 Y_i 也希望尽可能多地保留 X 的信息，但前面的 Y 已保留的信息就不再保留，即要求 $Cov(Y_i, Y_j) = 0, j = 1, \ldots, i-1$ ，在这样的条件下使 $Var(Y_i)$ 最大，为了减少变量的个数，希望前几个 Y_i 就可以代表 X 的大部分信息。计算特征值和单位特征向量，记为 $y_1 \geqslant y_2 \ldots \geqslant y_p$ 和 $a_1, a_2, \ldots, a_p$ ，用 $Y_i = a_i' X$ 作为 X 的第 i 主成分。主成分的个数可以通过累积贡献率来确定，通常以累积贡献率 $\alpha \geqslant 0.85$ 为标准。对于选定的 p 个主成分，若其累积贡献率达到了 85%，即 $\alpha \geqslant 0.85$ ，则主成分可确定为 p 个。它表示所选定的 p 个主成分，基本保留了原来 p 个变量的信息。在决定主成分的个数时，应在 $\alpha \geqslant 0.85$ 的条件下，尽量减少主成分的个数。在 SPSS 中，主成分分析被嵌入因子分析过程中，因此本次实验的操作步骤和上一个实验的步骤大致相同，但读者要注意主成分分析和因子分析的差别，最主要的不同在于数学模型的构建上，有兴趣的读者可以参考多元统计分析的教材或专著。

实验目的与要求

实验目的：通过本次实验理解主成分分析中主成分的确切含义，比较其与因子分析中因子的相同点与不同点，理解主成分载荷与因子载荷的区别与联系，能够恰当地解释主成分载荷以及主成分得分的统计学含义和实际含义。

实验要求：熟悉 SPSS 中主成分分析过程的操作步骤，了解主成分分析过程能够被嵌入在因子分析过程的原因。能够熟练应用主成分分析过程对多个变量的复杂数据提取主成分，从而达到数据降维的目的，能够区别主成分分析与因子分析，从而在实际问题中恰当地选用分析方法得到有意义的结论。

实验内容及数据来源

本次实验使用的数据来自某汽车制造商，1980 年这个汽车制造商从竞争对手中选择了 17 种车型，访问了 25 个顾客，要求他们根据自己的偏好对这 17 种车型打分，打分范围 0~9.9，9.9 表示最高程度的偏好。数据文件是以 25 个顾客的评分分为 25 个变量，即 v1~v25，每种车型的 25 个分数即是一个观测量，17 种车型表示有 17 个观测量。图 7-19 给出了部分数据内容，完成的数据文件可见本书附赠资源 Chap07 文件夹下的 qichezhizao.sav 文件。

	number	name	name1	nametype	v1	v2	v3	v4	v5	v6	v7	v8	v9	v10	v11	v12	v13	v14	v15	v16	v17	v18
1	1	E	卡迪拉克	卡迪拉克ELDORADO	8	0	0	7	9	9	0	4	9	1	2	4	0	5	0	8	9	7
2	2	CH	雪佛龙CH	雪佛龙CHEVETTE	0	0	5	1	2	0	6	3	1	4	5	1	0	4	3	0	0	0
3	CIT	雪佛龙CI	雪佛龙CITATION	4	0	5	3	3	0	5	8	1	4	1	6	1	6	4	3	5	4	
4	4	M	雪佛龙MA	雪佛龙MALIBU	6	0	2	7	4	0	7	2	3	1	2	1	3	4	5	5	4	4
5	5	F	福特F	福特FAIRMONT	2	0	2	4	7	0	7	7	1	5	0	2	1	1	1	1	1	3
6	6	MU	福特M	福特MUSTONG	5	0	0	7	1	9	7	7	0	5	0	2	1	9	1	8	8	5
7	7	P	福特P	福特PINTO1	0	0	2	1	2	2	3	0	3	0	3	0	2	0	1	5	1	0
8	8	A	本田A	本田ACCORD	5	5	4	0	9	7	6	0	9	6	9	0	0	5	2	9	9	9
9	9	CI	本田C	本田CIVIC	4	8	3	6	7	0	9	5	0	7	4	8	8	8	5	7	4	5
10	10	CO	林肯C	林肯CONTINEN	7	0	0	8	9	9	0	5	9	2	4	3	0	4	0	7	5	5
11	11	G	普利茅斯G	普利茅斯GRANFURY	7	0	0	4	0	7	3	4	1	0	1	0	5	0	0	5	0	0
12	12	H	普利茅斯H	普利茅斯HORIZON	3	0	0	5	0	0	6	3	5	4	6	1	4	2	4	2	4	4
13	13	V	普利茅斯V	普利茅斯VOLARE	4	0	0	5	0	3	6	1	4	0	2	1	2	7	1	5	5	
14	14	FI	庞体阿克	庞体阿克FIREBIRD	0	0	7	8	9	5	6	1	3	2	0	1	2	0	6	9	5	7
15	15	D	大众D	大众DASHER	4	8	5	8	9	6	5	0	8	7	1	8	4	5	3	7		
16	16	R	大众R	大众RABBIT	9	0	6	6	0	0	7	2	5	1	0	2	1	1	0	4	0	0
17	17	DL	沃尔沃D	沃尔沃DL	9	9	4	5	1	7	2	0	9	5	9	2	4	8	4	9	9	8

图 7-19 数据集 qichezhizao.sav 中的部分数据

▶ 实验操作指导

实验的操作步骤如下：

01 选择"文件｜打开｜数据"命令，打开 qichezhizao.sav 数据表。

02 由于 SPSS 中的主成分分析过程被内嵌在因子分析过程中，因此我们仍需调用因子分析过程。选择"分析｜降维｜因子"命令，弹出"因子分析"对话框，在左侧变量框中分别选择 v1~v25 共 25 个变量，单击 ➡ 按钮将其选入右侧的"变量"列表框中，如图 7-20 所示。对话框中其他选项的解释和设置方法可以参考实验 7-1 中的相关内容。

03 单击"提取"按钮，弹出"因子分析：提取"对话框，如图 7-21 所示。在"方法"下拉列表中选择"主成分"，使用主成分分析方法，在"分析"选项组中选中"相关性矩阵"单选按钮，在"抽取"选项组中选中"因子的固定数目"单选按钮，并设置"要提取的因子数"为 3，在"输出"选项组中选中"未旋转因子解"和"碎石图"复选框。最后把"最大收敛性迭代次数"设为 25，也就是迭代次数的上限为 25 次。关于此对话框中各选项的含义和设置方法请参考实验 7-1 中的相关介绍。

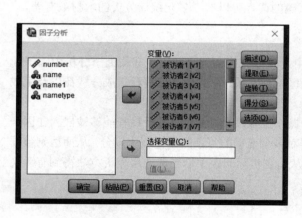

图 7-20　"因子分析"对话框

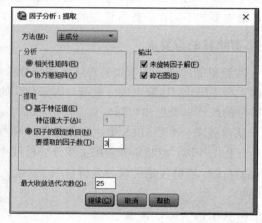

图 7-21　"因子分析：提取"对话框

04 单击"继续"按钮回到"因子分析"对话框。单击"得分"按钮，弹出"因子分析：因子得分"对话框，如图 7-22 所示，选中"保存为变量"复选框，并在"方法"选项组中选中"回归"单选按钮，要求通过回归方法计算因子得分并把因子得分作为变量保存到数据文件中。

05 单击"继续"按钮回到"因子分析"对话框，本次实验中没有介绍的对话框全部采用默认设置，关于各个对话框中的选项的含义及每个选项的设置方法请参考实验 7-1 中的相关介绍。单击"确定"按钮，进入计算分析。

计算机运行完成后得到的结果如图 7-23~图 7-25 所示。

图 7-22　"因子分析：因子得分"对话框

公因子方差

	初始	提取
被访者1	1.000	.575
被访者2	1.000	.962
被访者3	1.000	.717
被访者4	1.000	.899
被访者5	1.000	.791
被访者6	1.000	.518
被访者7	1.000	.688
被访者8	1.000	.771
被访者9	1.000	.815
被访者10	1.000	.914
被访者11	1.000	.813
被访者12	1.000	.834
被访者13	1.000	.912
被访者14	1.000	.734
被访者15	1.000	.771
被访者16	1.000	.651
被访者17	1.000	.499
被访者18	1.000	.894
被访者19	1.000	.624
被访者20	1.000	.938
被访者21	1.000	.446
被访者22	1.000	.835
被访者23	1.000	.777
被访者24	1.000	.638
被访者25	1.000	.683

提取方法：主成分分析法。

图 7-23 主成分矩阵（初始因子载荷矩阵）

总方差解释

成分	初始特征值			提取载荷平方和		
	总计	方差百分比	累积 %	总计	方差百分比	累积 %
1	10.837	43.348	43.348	10.837	43.348	43.348
2	5.802	23.207	66.555	5.802	23.207	66.555
3	2.060	8.240	74.795	2.060	8.240	74.795
4	1.556	6.224	81.019			
5	1.239	4.958	85.977			
6	1.000	4.000	89.977			
7	.721	2.884	92.861			
8	.604	2.414	95.275			
9	.368	1.471	96.746			
10	.270	1.081	97.827			
11	.179	.717	98.544			
12	.139	.558	99.101			
13	.103	.414	99.515			
14	.048	.193	99.708			
15	.044	.178	99.885			
16	.029	.115	100.000			
17	5.824E-16	2.329E-15	100.000			
18	2.436E-16	9.744E-16	100.000			
19	1.199E-16	4.795E-16	100.000			
20	1.312E-18	5.246E-18	100.000			
21	-1.576E-16	-6.304E-16	100.000			
22	-2.443E-16	-9.772E-16	100.000			
23	-2.939E-16	-1.176E-15	100.000			
24	-5.332E-16	-2.133E-15	100.000			
25	-9.509E-16	-3.803E-15	100.000			

提取方法：主成分分析法。

图 7-24 主成分总方差解释

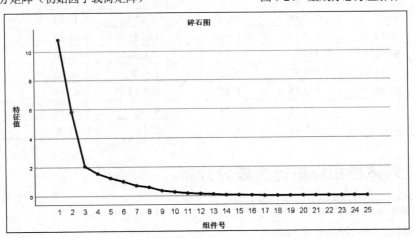

图 7-25 碎石图

实验结论

由于我们选择提取公因子的方法为主成分法，因此输出中的因子即主成分。图 7-23 是提取的三个主成分的主成分矩阵，行列交叉点上的数据是对应主成分在变量（顾客）上的解释力，它体现了交叉点对应的因子（列）与对应变量（行）的相关程度。图 7-24 给出了总方差解释能力，在选择提取主成分的数量时，我们没有选择特征值大于 1 决定主成分数的方法，而是选择了提取前三个主成分，我们看到前三个主成分可以解释总方差接近 75%，其余 22 个成分只占 25%，也就是说三个主成分可以解释总方差的绝大部分。

图 7-25 是特征值碎石图，可以看出前三个特征值间差异很大，其余的变化很小，虽然也有特征值大于 1 的，但变化量很小，我们可以看到，取前 3 个作为主成分是合理的。

上 机 练 习

练习 7-1　用因子分析法研究产量指标数据

多媒体教学文件：视频/练习 7-1.mp4

已知影响粮食产量的指标有农村劳动力（万人）X1、播种面积（万亩）X2、有效灌溉面积（万亩）X3、化肥施用量（万吨）X4、大牲畜存栏数（万头）X5、生猪存栏数（万口）X6 6 项指标，今调查某省 10 个产粮区的数据如表 7-1 所示。试用因子分析方法研究各变量之间的关系。

表 7-1　某省的产粮指标数据

地区编号	X1	X2	X3	X4	X5	X6
1	74.94	498.19	9.25	119.47	39.26	48.13
2	77	129.64	6.7	88.08	23.91	35.84
3	81.82	201.11	12.9	148.26	42.53	39.03
4	78.42	203.45	14.93	158.87	44.64	56.56
5	81.44	619.48	6.65	128.55	61.17	85.18
6	84.71	467.02	6.17	111.99	56.54	62.94
7	77.33	508.17	6.32	126.86	48.22	43.16
8	84.65	613.55	8.25	187.19	54.61	40.33
9	85.55	202.27	4.49	88.50	30.79	21.30
10	73.55	319.48	4.13	107.61	23.08	37.23

练习 7-2　对体检指标进行主成分分析

素材文件：sample/Chap07/nanshengshenti.sav

多媒体教学文件：视频/练习 7-2.mp4

已知某地 19~22 岁年龄组城市男学生（汉族）身体形态指标，包括身高、体重、坐高、胸围、肩宽、骨盆宽，数据保存在本书附赠资源 Chap07 文件夹下的 nanshengshenti.sav 文件中。试对这 6 项体检指标进行主成分分析，并对提取出的主成分进行分析解释。

第8章

聚类分析

聚类分析也称为群分析，它是研究样品（或指标、变量）分类问题的一种多元统计分析方法。聚类分析用于解决事先不知道应将样品或指标分为几类，需根据样品或变量的相似程度，进行归组并类的问题。在实际问题中，存在大量的分类问题，随着生产力和科学技术的发展，分类不断细化，以往仅凭经验和专业知识作定性分类的方法已经不能满足实际的需要，也不能作出准确的分类，必须将定性和定量分析结合起来去分类。例如：气象学中，根据各项气候指标作气候区划；考古学中，根据挖掘出的古生物化石，判断生物类型、生存时代；社会经济领域中，根据各地区的经济指标进行分类，对各地经济发展状况作出综合评价。聚类分析作为分类的数学工具越来越受到人们的重视，在许多领域都得到广泛应用。

实验 8-1　K-均值聚类

素材文件：sample/Chap08/youyongyundongyuan.sav
多媒体教学文件：视频/实验 8-1.mp4

▶ 实验基本原理

K-均值聚类法（K-Means Cluster）的思想是，首先按照一定的方法选取一批聚类中心（Cluster Center），让样品向最近的聚心凝聚形成初始分类，然后按最近距离原则不断修改不合理分类，直至合理为止。如果选择了 n 个数值型变量参与聚类分析，最后要求聚类数为 k，那么可以由系统先选择 k 个观测量（也可以由用户指定）作为聚类的种子，n 个变量组成 n 维空间。每个观测量在 n 维空间中是一个点。k 个事先选定的观测量就是 k 个聚类中心点，也称为初始中心。按照距这几个类中心的距离最小原则把观测量分派到各类中心所在的类中，构成第一次迭代形成的 k 类。根据组成每一类的观测量，计算各变量均值。每一类中的 n 个均值在 n 维空间中又形成 k 个点。这就是第二次迭代的类中心，按照这种方法依次迭代下去，直到达到指定的迭代次数或达到终止迭代的判据要求时，迭代停止，聚类过程结束。由于 K-均值聚类法计算量小、占用内存少并且处理速度快，因此比较适合处理大样本的聚类分析。

在 SPSS 官方网站的帮助文档《*IBM_SPSS_Statistics_Base*》中，对于 K-均值聚类分析的应用条件还进行了特别指导。数据方面，参与 K-均值聚类分析的变量应在区间或定比级别上是定量的。如果用户的变量是二分类变量或计数变量，则使用"系统聚类分析"过程为佳。在个案和初始聚类中心顺序方面，用户用于选择初始聚类中心的缺省算法对个案顺序不是保持不变的。在"迭代"对话框中的"使用运行平均值"选项使结果解与个案顺序潜在相关，而不管初始聚类中心是如何选择的。如果用户使用这些方法中的任一种，就可能要使用以不同的随机顺序排序的个案获取多个不同的解，以验证给出解的稳定性。指定初始聚类中心且不使用"使用运行平均值"选项将避免与个案顺序相关的问题。然而，如果从个案到聚类中心有固定距离，则初始聚类中心的排序方式可能会影响解。要获得给定解的稳定性，可以将分析的结果与初始中心值的不同排列相比较。假设条件方面，使用简单欧式距离计算距离。如果想要使用其他距离或相似性测量，则需要使用"系统聚类分析"过程。变量定标是一个重要的注意事项。如果以不同的标度测量变量（例如一个变量以美元为单位，而另一个以年为单位），则结果可能会令人误解。在此类情况下，用户应考虑在执行 K 平均值聚类分析之前对变量进行标准化（此任务可在"描述"过程中完成）。此过程假设用户已选择合适数目的聚类，且已包含所有相关变量。如果用户选择的聚类数量不合适或遗漏了重要的变量，则结果可能会令人误解。

实验目的与要求

实验目的：通过本次实验了解 K-均值聚类法的基本思想和特点，特别是其优缺点。理解类中心在聚类过程中的重要地位和作用，能够根据实际数据的情况设定选择合适的聚类类别个数。

实验要求：熟悉 SPSS 中的 K-均值聚类过程的操作方法和其中各个参数的设置，对比这种方法和两阶段聚类方法的异同。能够恰当地应用 K-均值聚类法对大样本数据的分类问题给出合理的解决途径，对于聚类结果中的类别和聚类中心要能给出合理的统计学解释和实际含义的合理阐述。

实验内容及数据来源

本次实验使用的数据来自 10 名游泳运动员的测试数据，变量为 x1（肩宽/髋宽×100）、x2（胸厚/胸围×100）和 x3（腿长/身长×100），图 8-1 给出了数据的内容，完整的数据文件可见本书附赠资源 Chap08 文件夹下的 youyongyundongyuan.sav 文件。我们实验的内容是对这 10 名运动员进行聚类分析，预计按姿势分为蝶泳、仰泳、蛙泳、自由泳 4 类，我们期望将 10 名运动员聚为 4 类。

	no	x1	x2	x3
1	1	125	20	44
2	2	121	18	43
3	3	120	17	42
4	4	124	20	45
5	5	122	18	43
6	6	120	19	44
7	7	121	17	41
8	8	122	19	43
9	9	122	17	42
10	10	121	19	45

图 8-1　数据集 youyongyundongyuan.sav 中的数据

实验操作指导

实验的操作步骤如下：

01 选择"文件|打开|数据"命令，打开 youyongyundongyuan.sav 数据表。

02 选择"分析|分类|K-均值聚类"命令，弹出"K 均值聚类分析"对话框，如图 8-2 所示。

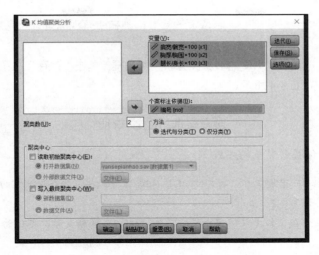

图 8-2 "K 均值聚类分析"对话框

对话框选项设置/说明

在左侧变量栏中分别选择 x1、x2、x3 变量，单击 ➡ 按钮将这 3 个变量选入右侧的"变量"列表框中；选择 no 作为标识变量，单击 ➡ 按钮将其选入"个案标记依据"列表框中。可以在"聚类数"文本框中指定分类数，这里我们预计样本按运动员游泳姿势分为 4 类，因此输入 4。

在"方法"选项组中可以选择一种聚类方法。

- 迭代与分类：为系统默认项，聚类的迭代过程中使用 K-均值算法不断计算类中心，并根据结果更换类中心，把观测量分派到与之最近的以类中心为标志的类中去。
- 仅分类：根据初始类中心进行聚类，在聚类过程中不改变类中心。

"聚类中心"选项组中包含两个复选框。

- 读取初始聚类中心：选中该复选框并单击下方"外部数据文件"单选按钮右侧的"文件"按钮，打开选择文件对话框，在其中选择事先保存好的初始聚类中心数据的文件，该文件中的观测量将作为当前聚类分析的初始聚类中心。
- 写入最终聚类中心：选中该复选框并单击下方"数据文件"单选按钮右侧的"文件"按钮，打开保存文件对话框，在其中指定路径和文件名，将当前聚类分析的最终聚类中心数据保存到该文件中，提供给别的样品聚类分析时作为初始聚类中心数据使用。

这里我们不需要设置这两个选项，因为我们的分析任务是相对独立的，并没有初始的聚类中心数据文件，也不需要保存聚类后的聚类中心数据文件。

03 单击"迭代"按钮，弹出"K-均值聚类分析：迭代"对话框，如图 8-3 所示。可以在"最大迭代次数"中输入一个整数限定迭代步数，系统默认值为 l0。在"收敛准则"中输入一个不超过 1 的正数作为判定迭代收敛的标准，默认的收敛标准值为 0，表示当两次迭代计算的聚心之间距离的最大改变量小于初始聚心间最小距离的 0%时终止迭代。由于我们的样本很小，因此迭代结果要求十分准确，这里选择默认设置，即要求两次迭代计算的聚心之间的距离的最大改变量为 0。选中"使用运行平均值"复选框，表示在迭代过程中，当每个观测量被分配到一类后，随即计算新的聚心，并且数据文件中观测量的次序可能会影响聚心。若取消该复选框则在所有观测量分配完后再计算各类的聚心，可以节省迭代时间。

04 单击"继续"按钮回到"K 均值聚类分析"对话框。单击"保存"按钮，弹出"K-均值聚类：保存新变量"对话框，如图 8-4 所示。

对话框选项设置/说明

我们可以在这里选择保存新变量的方式。

- 聚类成员：在工作文件中建立一个名为"gcl_1"的新变量，其值为各观测量的类别。若事先指定的聚类数为 m，则其值为 1,2,…,m。
- 与聚类中心的距离：在工作文件中建立一个名为"gcl_2"的新变量，其值为各观测量与所属类聚心之间的欧氏距离。

这里我们选择"与聚类中心的距离"复选框。

---

05 单击"继续"按钮回到"K 均值聚类分析"对话框。单击"选项"按钮，弹出"K 均值聚类分析：选项"对话框，如图 8-5 所示。

  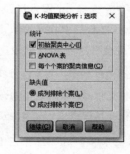

| 图 8-3 "K-均值聚类分析：迭代"对话框 | 图 8-4 "K-均值聚类：保存新变量"对话框 | 图 8-5 "K 均值聚类分析：选项"对话框 |

对话框选项设置/说明

"统计"选项组用于指定输出统计量值。

- 初始聚类中心：系统默认选项，输出初始聚类中心表。
- ANOVA 表：输出方差分析表。
- 每个个案的聚类信息：显示每个观测量的聚类信息，包括各观测量最终被聚入的类别，各观测量与最终聚心之间的欧氏距离，以及最终各类聚心之间的欧氏距离。

"缺失值"选项组用于指定缺失值处理方式。

- 成列排除个案：系统默认选项，剔除聚类分析变量中有缺失值的观测量。
- 成对排除个案：凡聚类分析变量中有缺失值的观测量全部予以剔除。分配观测量聚类是根据所有分析变量中皆无缺失值的观测量计算距离来决定的。

---

06 这里我们采用系统默认设置。单击"继续"按钮回到"K 均值聚类分析"对话框，然后单击"确定"按钮，进入计算分析。

计算机运行完成后得到的结果如图 8-6~图 8-9 所示。

> **实验结论**

图 8-6 给出了初始聚类中心，我们没有指定聚类的初始聚类中心，图中作为聚类中心的观测量是由系统确定的。no 值分别为 1、5、7、10 的观测值，也就是说初始的聚类中心为 1、5、7、10 号运动员。

图 8-7 是两次迭代后聚类中心的变化。由于没有指定迭代次数或收敛性标准，因此使用系统默认值：最大迭代次数为 10，收敛性标准为 0。本案例的聚类过程执行两次迭代后，聚类中心的变化为 0，迭代就停止了。

初始聚类中心

	聚类			
	1	2	3	4
肩宽/髋宽×100	125	122	120	120
胸厚/胸围×100	20	18	17	19
腿长/身长×100	44	43	42	44

图 8-6 初始聚类中心

迭代历史记录[a]

	聚类中心中的变动			
迭代	1	2	3	4
1	.707	.354	.707	.707
2	.000	.000	.000	.000

a. 由于聚类中心中不存在变动或者仅有小幅变动，因此实现了收敛。任何中心的最大绝对坐标变动为 .000。当前迭代为 2。初始中心之间的最小距离为 2.449。

图 8-7 迭代历史记录

图 8-8 给出了聚类结果形成的 4 类聚类中心的 x1、x2、x3（表中显示的是变量标签）3 个变量的值，如对于肩宽/髋宽×100 这个变量在 4 类中的取值分别为 125、122、121、121。

图 8-9 显示的是聚类结果，每类中观测量的数目，除第二类有 4 个运动员外，其余三类均各有两个运动员，这样我们就用 K-均值聚类将 10 名运动员聚为 4 类。

最终聚类中心

	聚类			
	1	2	3	4
肩宽/髋宽×100	125	122	121	121
胸厚/胸围×100	20	18	17	19
腿长/身长×100	45	43	42	45

图 8-8 最终聚类中心

每个聚类中的个案数目

聚类	1	2.000
	2	4.000
	3	2.000
	4	2.000
有效		10.000
缺失		.000

图 8-9 每个聚类中的案例数

实验 8-2 分层聚类

素材文件：sample/Chap08/chanpinzhiliang.sav
多媒体教学文件：视频/实验 8-2.mp4

> **实验基本原理**

分层聚类法也称为系统聚类分析，它是聚类分析中应用最广泛的一种方法。分层聚类的思想是：开始将样品或指标各视为一类，根据类与类之间的距离或相似程度将最近的类加以合并，再计算新类与其他类之间的相似程度，并选择最相似的加以合并，这样每合并一次就减少一类，不断继续这一过程，直到所有样品（或指标）合并为一类为止。根据聚类过程的不同又分为分解法和凝聚法。分解法指的是聚类开始时把所有个体（观测量或变量）都视为属于一大类，然后根据距离和相似性逐层分解，直到参与聚类的每个个体自成一类为止。凝聚法是聚类开始时把参与聚类的每个个体（观测量或变量）视为一类，根据两类之间的距离或相似性逐步合并，直到合并为一个大类为止。无论哪种方法其聚类原则都是相近的聚为一类，即距离最近或最相似的聚为一类。

在 SPSS 官方网站的帮助文档《*IBM_SPSS_Statistics_Base*》中，对于系统聚类分析的应用条件还进行了特别指导。数据方面，参与系统聚类分析的变量可以是定量数据、二元数据或计数数据。变量定标是一个重要问题，定标之间的差异可能会影响用户的聚类解。如果变量在定标上有很大差异（如一个变量以美元为单位度量，而另一个以年数为单位度量），则应考虑对它们进行标准化（这可以通过"系统聚类分析"过程来自动完成）。个案顺序方面，如果相同的距离或相似性存在于输入数据中或产生于连接过程中更新的聚类之间，则作为结果产生的聚类解会取决于文件中个案的顺序。用户在很多情况下可能想要通过不同随机顺序排序的案例来得到多个不同的解，以验证给定解的稳定性。假设条件方面，用户所用的距离或相似性测量应适合所分析的数据，并且应在分析中包含所有相关变量，遗漏有影响的变量会产生错误的解。因为系统聚类分析是一种探测性的方法，所以其结果应被视为试探性的，直至用独立样本加以确认。

❯ 实验目的与要求

实验目的：通过本次实验了解分层聚类的基本思想和基本算法，理解分解法和凝聚法两种聚类方法在聚类过程中的不同点，以及样本聚类和变量聚类之间的异同。能够恰当地利用分层聚类方法对样本数据进行聚类分析，并对聚类结果给出合理的解释。

实验要求：对比分层聚类与 K-均值聚类两种聚类方法的异同和各自适合处理的问题。熟练运用 SPSS 中的分层聚类过程对实际数据进行聚类分析，了解聚类过程中计算样本距离的各种测度的定义和计算方法，在面对具体问题时能选用合适的距离测度对样本进行聚类，进而得到有价值的结论。

❯ 实验内容及数据来源

本次实验使用的数据来自某工业产品的性能测量，从 21 家生产同类产品的工厂中各抽查一件这种产品，每个产品测了两个指标，分别为 x1、x2，另外变量 order 表示测量产品的序号。图 8-10 给出了部分数据，完整的数据文件可见本书附赠资源 Chap08 文件夹下的 chanpinzhiliang.sav 文件。我们实验的内容是用分层聚类的方法将这些产品样本进行聚类，从而对各个生产此类产品的工厂的生产水平做出合理的评估和归类。

	order	x1	x2
1	01	0	6
2	02	0	5
3	03	2	5
4	04	2	3
5	05	4	4
6	06	4	3
7	07	5	1
8	08	6	2
9	09	6	1
10	10	7	0
11	11	-4	3
12	12	-2	2
13	13	-3	2
14	14	-3	0
15	15	-5	2
16	16	1	1
17	17	0	-1
18	18	0	-2
19	19	-1	-1
20	20	-1	-3
21	21	-3	-5

图 8-10 数据集 chanpinzhiliang.sav 中的部分数据

❯ 实验操作指导

实验的操作步骤如下：

01 选择"文件｜打开｜数据"命令，打开 chanpinzhiliang.sav 数据表。

02 选择"分析 | 分析 | 系统聚类"命令，弹出"系统聚类分析"对话框，如图 8-11 所示。在左侧变量栏中分别选择 x1、x2 变量，单击 ← 按钮将两个变量移到右侧的"变量"列表框中；选择 order 变量，单击下面的 ← 按钮将其选入"个案标注依据"列表框中作为标识变量。在"聚类"选项组中可以选择聚类类型："个案"计算观测量之间的距离，进行观测量聚类；"变量"计算变量之间的距离，进行变量聚类。在"显示"选项组中可以选择显示内容，其中两个选项皆为系统默认选项。"统计"显示统计量值，如果不选此项，则对话框的"统计"按钮将被关闭；"图"显示图形，如果不选此项，则对话框的"图"按钮将被关闭。这里我们按照系统默认的选项进行设置。

03 单击"统计"按钮，弹出"系统聚类分析：统计"对话框，如图 8-12 所示。

图 8-11 "系统聚类分析"对话框

图 8-12 "系统聚类分析：统计"对话框

对话框选项设置/说明

"集中计划"复选框输出一张概述聚类进度的表格，反映聚类过程中每一步样品或类的合并情况。"近似值矩阵"复选框显示各项间的距离。

在"聚类成员"选项组中包含3个选项。

- 无：不输出样品隶属类表，为系统默认选项。
- 单个解：选中该单选按钮并在右侧的"聚类数"文本框中指定表示分类数的一个大于 1 的整数，输出各样品或变量的隶属表。
- 解的范围：选中该单选按钮并在下边的"最小聚类数"和"最大聚类数"两个文本框中分别输入数值 m 和 n，表示分别输出样品或变量的分类数从 m~n 的各种分类的隶属表。

这里我们选中"单个解"单选按钮，并在下方的"聚类数"文本框中输入 5，也可以选择输入其他数字。需要注意的是，本次实验中的样本数只有 21 个，输入 5 是比较合适的。如果输入的数字比较大（如 15）或太小（如 2），则分类结果就没有什么参考价值了。

04 单击"继续"按钮回到"系统聚类分析"对话框。单击"图"按钮，弹出"系统聚类分析：图"对话框，如图 8-13 所示。

对话框选项设置/说明

选中"谱系图"复选框，将输出反映聚类结果的龙骨图。
在"冰柱图"选项组中包含3个选项。

- 全部聚类：显示全部聚类结果的冰柱图。
- 指定范围内的聚类：限制聚类解范围，在下面的"开始聚类""停止聚类""依据"文本框中分别输入 3 个正整数值，m、n、k 表示从最小聚类解 m 开始，以增量 k 为步长，到最大聚类解 n 为止。
- 无：表示不输出冰柱图。

在"方向"选项组中可以选择输出冰柱图方向，有"垂直"（垂直冰柱图）和"水平"（水平冰柱图）两种。由于本次实验中的样本较小，没有必要做冰柱图，因此这里只选择输出树状图，不输出冰柱图。

---

05 单击"继续"按钮回到"系统聚类分析"对话框。单击"方法"按钮，弹出"系统聚类分析：方法"对话框，如图 8-14 所示。

图 8-13 "系统聚类分析：图"对话框 　　　　图 8-14 "系统聚类分析：方法"对话框

对话框选项设置/说明

单击"聚类方法"下拉按钮展开下拉列表，列出如下聚类方法。

- 组间联接：合并两类使得两类间的平均距离最小。
- 组内联接：合并两类使得合并后的类中所有项间的平均距离最小。
- 最近邻元素：也称为最近距离法，定义类与类之间的距离为两类中最近的样品之间的距离。
- 最远邻元素：也称为最远距离法，定义类与类之间的距离为两类中最远的样品之间的距离。
- 质心聚类：定义类与类之间的距离为两类中各样品的重心之间的距离。
- 中位数聚类：定义类与类之间的距离为两类中各样品的中位数之间的距离。
- 瓦尔德法：使类内各样品的偏差平方和最小，类间偏差平方和尽可能大。这里我们选择最近相邻法。

"测量"选项组用于选择距离测度方法，有以下 3 种方法。

- 区间：当参与聚类分析的变量为间隔测度的连续型变量时，可以单击下拉按钮展开下拉列表，从中选择距离测度方法，其中有欧氏距离、平方欧氏距离、余弦、皮尔逊相关性、切比雪夫、块、明可夫斯基、定制。区间距离测度的各种测度方法计算如表 8-1 所示。

表 8-1 区间距离测度的测度方法计算

测度方法	计算
欧氏距离	各项值之间平方差之和的平方根，这是定距数据的默认选项
平方欧氏距离	各项值之间平方差之和
余弦	表示两个值矢量之间角度的余弦
皮尔逊相关性	表示两个值矢量之间的积矩相关性，是定距数据的缺省相似性测量
切比雪夫	各项值之间的最大绝对差
块	各项值之间绝对差之和，又称为 Manhattan 距离
明可夫斯基	各项值之间 p 次幂绝对差之和的 p 次根。选择此项还需要在"幂"和"根"下拉列表中选择 p 值和 r 值，其取值范围均在 1~7 之间
定制	各项值之间 p 次幂绝对差之和的 r 次根。选择此项还需要在"幂"和"根"下拉列表中选择 p 值和 r 值，其取值范围均在 1~7 之间

- 计数：参与聚类分析的变量为频数计数变量时，单击下拉按钮展开下拉列表，从中选择测度计数数据的不相似性方法。卡方测量表示测度值等于卡方值的算术根；Phi 方度测量表示测度值等于 Phi 系数值的算术根。计数距离测度的各种测度方法具体含义及计算如表 8-2 所示。

表 8-2 计数距离测度的测度方法计算

测度方法	计算
卡方测量	此度量基于对两组频率等同性的卡方检验，是计数数据的默认值
phi 方度测量	此度量等于由组合频率的平方根标准化的卡方测量

- 二元：参与聚类分析的变量是二元变量时，单击下拉按钮展开下拉列表，从中选择二值数据的不相似性测度方法。对二元变量作聚类分析时，将对每一项建立一个 2×2 的列联表，并根据该表计算距离测度。默认情况下，以"1"表示某项"具有某特征"，以"0"表示某项"不具有某特征"，可以在下边的"存在"和"不存在"文本框中改变数值。

相对于区间距离测度和计数距离测度，二元数据的不相似性测度方法比较多，主要有欧氏距离、平方欧氏距离、大小差、模式差、方差、离散、形状、简单匹配、Phi4 点相关、Lambda（Lambda 系数）、安德伯格 D（安德伯格 D 系数）、掷骰、哈曼（哈曼匹配系数）、杰卡德（杰卡德相似比）、切卡诺夫斯基 1（库尔津斯基匹配系数）、切卡诺夫斯基 2（库尔津斯基条件概率测度）、兰斯-威廉姆斯（兰斯-威廉斯测度）、落合（Ochiai 测度）、罗杰斯-塔尼莫特（罗杰斯-谷本匹配系数）、拉塞尔-拉奥（罗素-劳二值内积法）、索卡尔-施尼斯 1、索卡尔-施尼斯 2、索卡尔-施尼斯 3、索卡尔-施尼斯 4、索卡尔-施尼斯 5（第一至五种索卡尔-施尼斯 匹配系数）、尤尔 Y（尤尔 Q 综和系数）、尤尔 Q（尤尔 Q 综和系数）。二元距离测度的各种测度方法具体含义及计算如表 8-3 所示。

表 8-3 二元距离测度的测度方法计算

测度方法	计算
欧氏距离	根据四重表计算 SQRT(b+c) 得到，其中 b 和 c 代表对应于在一项上存在但在另一项上不存在的个案的对角单元
平方欧氏距离	计算非协调的个案的数目。其最小值为 0，没有上限

（续表）

测度方法	计　　算
大小差	非对称性指数，其范围为 0～1
模式差	用于二分类数据的非相似性测量，其范围为 0～1。根据四重表计算 $bc/(n**2)$ 得到，其中 b 和 c 代表对应于在一项上存在但在另一项上不存在的个案的对角单元，n 为观察值的总数
方差	根据四重表计算 $(b+c)/7n$ 得到，其中 b 和 c 代表对应于在一项上存在但在另一项上不存在的个案的对角单元，n 为观察值的总数。其范围为 0～1
离散	此指数的范围为-1～1
形状	此距离测量的范围为 0～1，它对不匹配项的非对称性加以惩罚
简单匹配	这是匹配项与值总数的比率，对匹配项和不匹配项给予相等的权重
phi 4 点相关	此指数是皮尔逊相关系数的二分类模拟。其范围为 -1～1
Lambda	此指数为 Goodman 和 Kruskal 的 Lambda。通过使用一个项来预测另一个项（双向预测），从而与误差降低比例（PRE）相对应。值范围为 0～1
安德伯格 D	类似于 Lambda，此指数通过使用一个项来预测另一个项（双向预测），从而与实际误差降低相对应。值范围为 0～1
掷骰	在此指数中，不考虑联合不存在项，对匹配项给予双倍权重，又称 Czekanowski 或 Sorensen 度量
哈曼	此指数为匹配数减去不匹配数，再除以总项数。其范围为-1～1
杰卡德	在此指数中，不考虑联合不存在项，对匹配项和不匹配项给予相等的权重，又称为相似率
切卡诺夫斯基 1	这是联合存在项与所有不匹配项的比率，此指数有下限 0，无上限。理论上，当没有不匹配项时，此指数就未定义，然而"距离"在未定义该值或该值大于 9999.999 时会指定随意值 9999.999
切卡诺夫斯基 2	此指数基于特征在一个项中存在的情况下也在另一个项中存在条件概率。将充当另一个项的预测变量的各个项的各个值进行平均，以计算此值
兰斯-威廉姆斯	又称为 Bray-Curtis 非量度系数，根据四重表计算 $(b+c)/(2a+b+c)$ 得到，其中 a 代表对应于两项上都存在的个案的单元，b 和 c 代表对应于在一项上存在但在另一项上不存在的个案的对角单元。此度量的范围为 0～1
落合	此指数是余弦相似性测量的二分类形式，其范围为 0～1
罗杰斯-塔尼莫特	在此指数中，对不匹配项给予双倍权重
拉塞尔-拉奥	内积的二分类版本，对匹配项和不匹配项给予相等的权重，这是二分类相似性数据的缺省度量
索卡尔-施尼斯 1	在此指数中，对匹配项给予双倍权重
索卡尔-施尼斯 2	在此指数中，对不匹配项给予双倍权重，不考虑联合不存在项
索卡尔-施尼斯 3	这是匹配项与不匹配项的比率，此指数有下限 0，无上限。理论上，当没有不匹配项时，此指数就未定义，然而"距离"在未定义该值或该值大于 9999.999 时会指定随意值 9999.999
索卡尔-施尼斯 4	此指数基于一个项中的特征与另一个项中的值相匹配的条件概率。将充当另一个项的预测变量的各个项的各个值进行平均，以计算此值
索卡尔-施尼斯 5	此指数是正匹配和负匹配的条件概率的几何平均数的平方。它独立于项目编码，其范围为 0～1

（续表）

测度方法	计 算
尤尔 Y	此指数为 2 * 2 表的交比函数，独立于边际总计，其范围为-1～1，又称为捆绑系数
尤尔 Q	此指数为 Goodman 和 Kruskal 的 gamma 的特殊情况。它是一个交比函数，独立于边际总计，其范围为-1～1

左下方的"转换值"选项组用于选择数据标准化方法，有"标准化"下拉列表，可从中选择对变量或观测量的数据标准化方法。数据标准化对二元变量无效，其中有无、Z 得分（Z scores）、范围-1～1、范围从 0～1、最大量级为 1、平均值为 1、标准差为 1。

- 无：表示不进行标准化，这是系统默认的设置。
- Z 得分：将每个观测量或变量值标准化到均值为 0，标准差为 1 的 Z 得分。
- 范围-1～1：将每个观测量或变量值都除以观测量或变量值的全距，然后将它们标准化到-1～1 之间。
- 范围 0～1：将每个观测量或变量值减去最小值，然后除以极差将它们标准化到 0～1 之间。
- 最大量级为 1：将每个观测量或变量值除以最大值，然后将它们标准化到最大值 1。
- 平均值为 1：将每个观测量或变量值除以均值，然后将它们标准化到 1。
- 标准差为 1：将每个观测量或变量值都除以标准差，然后将它们标准化到 1。

选择标准化方法之后，要在下面两个单选按钮"按变量"和"按个案"中选择一个来施行标准化。右侧的"转换测量"选项组用于选择测度转换方法，在距离测度选择完成后，可以选择本选项组的选项对距离测度的结果进行测度转换，有绝对值（绝对值转换法）、更改符号（变更符号转换法）和重新标度到 0-1 范围（重新调节测度值到范围 0-1 转换法）3 种转换方法。

我们按照图 8-14 进行设置，读者在实际操作中可以根据实际需要和上面对各个选项的介绍修改和添加选项设置。

---

06 单击"继续"按钮回到"系统聚类分析"对话框。单击"保存"按钮，弹出"系统聚类分析：保存"对话框，如图 8-15 所示。本对话框"聚类成员"选项组中各选项与图 8-12（"系统聚类分析：统计"对话框）的相应选项组中各选项意义相同，只不过在这里作出选择，各样品或变量的归属类结果将被保存于当前各种文件中。例如，选中"解的范围"单选按钮，并在"最小聚类数"和"最大聚类数"文本框中分别输入 2 和 5，将按 2 类到 5 类聚类的结果在以变量名 clus5_1、clus4_1、clus3_1 和 clus2_1 保存各样品或变量的归属类。

07 按照图 8-15 设置完成后单击"继续"按钮返回"系统聚类分析"对话框，然后单击"确定"按钮，进入计算分析。

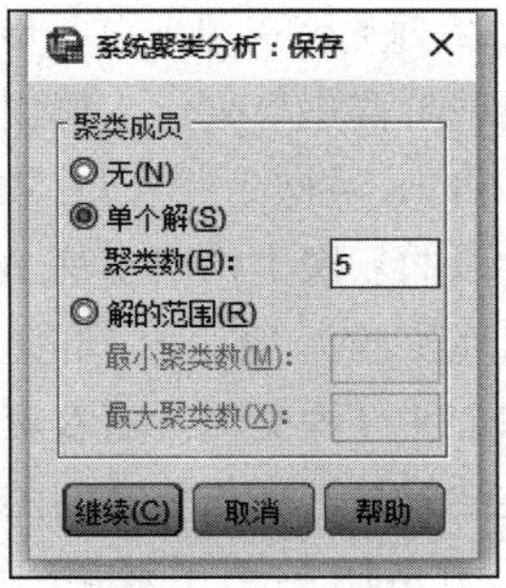

图 8-15 "系统聚类分析：保存"对话框

计算机运行完成后得到的结果和图 8-16~图 8-19 所示。

实验结论

图 8-16 给出了样本处理的基本信息，包括样本总数、含有缺失值的样本数及百分比等。图 8-17 是集中计划，其中列出聚类中观测量或类合并的顺序。

集中计划

阶段	组合聚类		系数	首次出现聚类的阶段		下一个阶段
	聚类 1	聚类 2		聚类 1	聚类 2	
1	17	19	1.000	0	0	2
2	17	18	1.000	1	0	8
3	12	13	1.000	0	0	10
4	8	9	1.000	0	0	5
5	7	8	1.000	0	4	11
6	5	6	1.000	0	0	13
7	1	2	1.000	0	0	15
8	17	20	1.414	2	0	16
9	11	15	1.414	0	0	10
10	11	12	1.414	9	3	12
11	7	10	1.414	5	0	19
12	11	14	2.000	10	0	18
13	4	5	2.000	0	6	14
14	3	4	2.000	0	13	15
15	1	3	2.000	7	14	17
16	16	17	2.236	0	8	17
17	1	16	2.236	15	16	18
18	1	11	2.236	17	12	19
19	1	7	2.236	18	11	20
20	1	21	2.828	19	0	0

个案处理摘要[a,b]

个案					
有效		缺失		总计	
个案数	百分比	个案数	百分比	个案数	百分比
21	100.0	0	.0	21	100.0

a. 欧氏距离 使用中

b. 单联接

图 8-16　个案处理摘要　　　　　　　　　　图 8-17　集中计划

本例中共有 21 个观测量，经过 20 步聚类，所有的观测量被合并为一类。各列含义如下。

- 阶段：表示聚类阶段，即聚类过程中的步数。
- 组合聚类：将聚类 1 与聚类 2 合并。
- 系数：是距离测度系数。
- 首次出现聚类的阶段：聚类 1 与聚类 2 二者皆为 0，表示两个样品的合并。其中一个为 0，另一个不为 0，表示样品与类的合并；二者皆不为 0，表示类与类的合并。
- 下一个阶段：表示下一步复聚类将出现的阶段。

从列数值可见，第一步，首先将距离最近（等于 1）的 17 号、19 号观测量合并为一类 G1（"首次出现阶群集"列中，群集 1 = 群集 2 = 0），出现复聚类的下一阶段为第二步，因此进行第二步合并，将 18 号样品并入 G1 类（"首次出现阶群集"列中，群集 1 = 1，群集 2 = 0），形成类 G2，下一阶段的复聚类将出现第 10 步；第三步将距离最近（等于 1）的 12 号、13 号样品合并为一类 G3（"首次出现阶群集"列中，群集 1 = 群集 2 = 0），对于这一类，下一阶段的复聚类将出现在第 10 步，其余的合并过程类似。随着聚类进程，系数的数值逐渐变大，表明聚类开始时，样品或类间差异较小，聚类结束时，类与类之间的差异较大，这个差异的变化正好体现了聚类分析的基本思想。

图 8-18 给出了聚类归属表，根据将样品分成 5 类的设定，列出了使用最近相邻法的最后聚类结果：{1，2，3，4，5，6}、{7，8，9，10}、{11，12，13，14，15}、{16，17，18，19，20}，孤立点 21 自成一类，系统以默认名为 clu5_1 变量将图中的结果保存在当前工作文件中。

图 8-19 给出了聚类龙骨图，从中我们可以直观地看出聚类的过程和各个样本所属的类别。从聚类结果中我们可以看到，性能指标比较接近的产品被聚为同一类，因此我们可以根据这个厂商生产产品所属的类别来看这个厂商生产产品的水平在所有 21 个厂商中的大概位置。例如，该厂商的产品编号是 17，那么属于第 4 类{16，17，18，19，20}，也就是说该厂的产品与生产 16、18、19、20 号产品的厂商们水平比较接近，这就为我们评估该厂商的生产水平提供了有效的参考。

图 8-18 群类成员

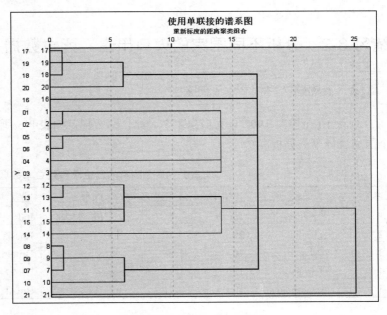

图 8-19 使用单联的树状图

上 机 练 习

练习 8-1 用聚类分析法分类工厂周围大气污染区域

 多媒体教学文件：视频/练习 8-1.mp4

在某大型化工厂的厂区及邻近地区挑选 8 个有代表性的大气取样点，每日 4 次同时抽取大气样品，测定其中含有的 6 种气体的浓度，前后共测量 4 天（各个取样点实测 16 次），计算各取样点每种气体的平均浓度，得到的数据如表 8-4 所示。

表 8-4 化工厂周围大气取样数据

取样点	氯	硫化氢	二氧化碳	碳 4	环氧氯丙烷	环乙烷
1	0.056	0.084	0.031	0.038	0.0081	0.0220
2	0.049	0.055	0.100	0.110	0.0220	0.0073
3	0.038	0.130	0.079	0.170	0.0580	0.0430
4	0.034	0.095	0.058	0.160	0.2000	0.0290
5	0.084	0.066	0.029	0.320	0.0120	0.0410
6	0.064	0.072	0.100	0.210	0.0280	1.3800
7	0.048	0.089	0.062	0.260	0.0380	0.0360
8	0.069	0.087	0.027	0.050	0.0890	0.0210

试用聚类分析法对大气污染区域进行分类。

练习 8-2　分析不同国家的人口出生、死亡数据

多媒体教学文件：视频/练习 8-2.mp4

今有 10 个国家 1993 年人口出生率、死亡率数据，如表 8-5 所示，试根据这两个指标对这 10 个国家进行聚类分析。

表 8-5　10 个国家的出生率和死亡率数据

序号	国家	出生率	死亡率	序号	国家	出生率	死亡率
1	China	19	8	6	Italy	10	10
2	India	29	10	7	Russia	11	13
3	Japan	10	8	8	Britain	13	11
4	France	13	11	9	USA	16	9
5	Germany	10	11	10	Brazil	24	7

练习 8-3　对各省学生的体质进行评估

素材文件：sample/Chap08/xueshengtizhi.sav

多媒体教学文件：视频/练习 8-3.mp4

1985 年中国学生体质调查的各省 19~22 岁年龄组城市男学生（汉族）身体形态指标的平均值数据保存在数据文件 xueshengtizhi.sav 中，包括身高（x1）、坐高（x2）、体重（x3）、胸围（x4）、肩宽（x5）、骨盆宽（x6）共 6 个属性变量和 28 个样本观测值。图 8-20 展示了其中的部分数据，完整的数据文件见本书附赠资源 Chap08 文件夹下的 xueshengtizhi.sav 文件。试根据身体形态指标对样本进行聚类分析。

	id	prov	x1	x2	x3	x4	x5	x6
1	1	北京	173.28	93.62	60.10	86.72	38.97	27.51
2	2	天津	172.09	92.83	60.38	87.39	38.62	27.82
3	3	河北	171.46	92.73	59.74	85.59	38.83	27.46
4	4	山西	170.08	92.25	58.04	85.92	38.33	27.29
5	5	内蒙古	170.61	92.36	59.67	87.46	38.38	27.14
6	6	辽宁	171.69	92.85	59.44	87.45	38.19	27.10
7	7	吉林	171.46	92.93	58.70	87.06	38.58	27.36
8	8	黑龙江	171.60	93.28	59.75	88.03	38.68	27.22
9	9	山东	171.60	92.26	60.50	87.63	38.79	26.63
10	10	陕西	171.16	92.62	58.72	87.11	38.19	27.18

图 8-20　数据集 xueshengtizhi.sav 中的部分数据

第9章

判 别 分 析

　　判别分析是一种处理分类问题的统计方法。在生产活动、经济管理、科学实验甚至日常生活中，人们常常需要判定所研究的现象或事物的归属问题。例如，医生对病人病情的诊断，需要根据观察到的病症（如体温、血压、白血球数等）判断病人患何种病；经济分析中，根据一个国家或地区的若干经济指标，判断该国家或地区经济发展的程度和状态；市场预测中，根据某厂反映产品销售状况的若干指标，判断该厂产品销量属于开发期、发展期还是饱和期；地质勘查中，根据采集的矿石样品，判断勘测地是否有矿，贫矿还是富矿。与聚类分析不同，判别分析是在分组已知的情况下，根据已经确定分类的对象的某些观测指标和所属类别来判断未知对象所属类别的一种统计学方法。判别分析首先需要对研究的对象进行分类，然后选择若干对观测对象能够较全面描述的变量，接着按照一定的判别标准建立一个或多个判别函数，使用研究对象的大量资料确定判别函数中的待定系数来计算判别指标。本章将讲述如何使用 SPSS 25.0 操作进行判别分析。

实验 9-1　逐步判别分析

素材文件：sample/Chap09/jiangshuibianhua.sav
多媒体教学文件：视频/实验 9-1.mp4

▶ 实验基本原理

　　逐步判别分析分为两步，首先根据自变量和因变量的相关性对自变量进行筛选，然后使用选定的变量进行判别分析。逐步判别分析是在判别分析的基础上采用有进有出的办法，把判别能力强的变量引入判别式的同时，将判别能力最差的变量剔除。最终在判别式中只保留数量不多而判别能力强的变量。

判别分析的数学描述是：有 k 个总体 X1、X2、…、Xk，对应的分布函数分别为 F1(x)、F2(x)、…、Fk(x)，每个 Fi(x)均为 m 维的分布函数，对于观察到的新样品 x 的数量特征判断这个样品究竟来自哪一个总体。判别分析不同于聚类分析，它是在研究对象的分类已知的情况下，判断观察到的新样品应该归属于哪一类?要决定新样品的归属，首先需要建立一个判别准则或判法，这个准则可以将不同类型的样品区分开来，而且使得判错率最小，称这一准则为判别函数。

需要特别说明的是，并不是所有的数据都适合判别分析法，即便数据适合，也不是在所有情况下都适宜采用判别分析法。在 SPSS 官方网站的帮助文档《*IBM_SPSS_Statistics_Base*》中，对"判别分析法"的应用条件进行了特别指导。数据方面，用户使用的分组变量必须含有有限数目的不同类别，且编码为整数。名义自变量必须被重新编码为哑元变量或对比变量。假设条件方面，用户用于分析的个案应为独立的。预测变量应有多变量正态分布，组内方差-协方差矩阵在组中应等同。组成员身份假设为互斥的（不存在属于多个组的个案），且全体为穷举的（所有个案均是组成员）。如果组成员身份为真正的分类变量时，则此过程最有效；如果组成员身份基于连续变量的值（如高智商与低智商），则用户需要考虑使用线性回归以利用由连续变量本身提供的更为丰富的信息。

判别分析法的思路：首先建立判别函数；然后通过已知所属分类的观测量确定判别函数中的待定系数；最后通过该判别函数对未知分类的观测量进行归类。判别分析的内容十分丰富，按照已知分类的多少分成两组判别和多组判别，按照区分总体所用的数学模型分为线性判别和非线性判别，按照判别方法分为逐步判别和序贯判别，按照判别准则分为距离判别、贝叶斯（Bayes）判别和费歇（Fisher）判别等。

实验目的与要求

实验目的： 通过本次实验了解逐步判别分析的基本思想，理解逐步判别分析与聚类分析的区别和联系。理解几种主要判别准则（如贝叶斯判别准则和费歇判别准则）的统计学含义，能够运用判别分析方法对已存在类别的总体中抽取的样本进行归类判别。

实验要求： 熟练使用 SPSS 中的逐步判别分析过程对大量样本进行有效的判别分析，能够根据判别分析的结果解释某个样本为什么能分在某一类。熟悉判别函数的概念，理解逐步判别函数在逐步判别分析过程中所起的重要作用，能够对最终的逐步判别分析结果作出合理的统计学和实际含义的解释。

实验内容及数据来源

本次实验使用的数据来自气象数据，我国华北地区和长江中下游地区的降水变化有不同的特点，我们的数据给出华北地区和长江中下游地区一些观测站（site）记录到的六月降水天数（rainday6）、八月降水天数（rainday8）及八月与六月降水量之比（ratio）的数据资料，同时给出了两地区中间地带一些观测站记录的相应观测数据。图 9-1 给出了部分数据，完整的数据文件可见本书附赠资源 Chap09 文件夹下的 jiangshuibianhua.sav 文件。本次实验的内容是用 SPSS 判别分析功能判别这些中间地带的降水变化的类型。

实验操作指导

实验的操作步骤如下：

01 选择"文件 | 打开 | 数据"命令，打开 jiangshuibianhua.sav 数据表。

	id	site	rainday6	rainday8	ratio	region
1	1	北京	9.70	14.30	3.46	1
2	2	天津	8.90	12.10	2.45	1
3	3	保定	9.00	12.50	3.26	1
4	4	石家庄	8.50	13.00	3.39	1
5	5	太原	10.60	13.30	2.13	1
6	6	大同	11.60	12.70	2.05	1
7	7	张家口	11.40	12.70	1.82	1
8	8	榆林	7.80	12.50	1.82	1
9	9	兴县	10.10	13.30	3.01	1
10	10	五台山	16.40	18.10	1.80	1
11	11	上海	13.10	10.00	.74	2
12	12	南京	10.90	11.50	.87	2
13	13	合肥	10.30	10.10	1.18	2
14	14	汉口	11.70	8.50	.61	2
15	15	九江	13.60	9.40	.61	2
16	16	安庆	12.30	9.50	.44	2
17	17	芜湖	10.50	10.90	.76	2
18	18	墨阳	11.30	12.20	.75	2

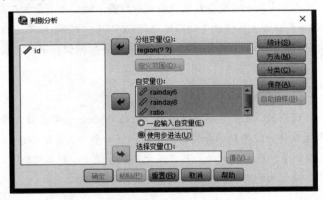

图 9-1 数据集 jiangshuibianhua.sav 中的部分数据

02 选择“分析 | 分类 | 判别式”命令，弹出“判别分析”对话框，如图 9-2 所示。

图 9-2 “判别分析”对话框

对话框选项设置/说明

选择一个分类变量（离散型变量）移入“分组变量”列表框中，这里我们选择 region 变量，单击下面被激活的“定义范围”按钮，弹出如图 9-3 所示的“判别分析：定义范围”对话框，在“最小值”和“最大值”文本框中分别输入 1 和 2。这是因为我们在这里只关心那些 region 变量为 1 和 2 的样本。

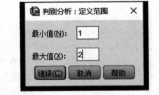

图 9-3 “判别分析：定义范围”对话框

设置完成后单击“继续”按钮回到“判别分析”对话框。在左边变量框中分别选择 rainday6、rainday8、ratio 三个变量，然后单击➡按钮将其选入“自变量”列表框中。该列表框下有两个单选按钮。

- 一起输入自变量：同时输入所有满足容差标准的自变量，或者说建立所选择的全部自变量的判别式，可以单击对话框中相关的按钮做进一步的选项设置。
- 使用步进法：步进式方法的基本思想与逐步回归一样，每一步选择一个判别能力最显著的变量进入判别函数，而且每次在选入变量之前对已进入判别函数的变量逐个进行检验。如果某个变量因新变量的进入变得不显著时，就将这个变量移出，直到判别函数中仅保留有显著的判别能力的变量。当发现自变量判别能力有显著差异时，可考虑选择这个选项。通过逐步判别将判别能力显著的变量"筛选"出来，建立"最优"的判别函数。这种方法有利于降低计算量、提高判别函数的判别能力，这里我们选择此项，同时也激活了"方法"按钮。

在最下面的"选择变量"列表中可以使用部分观测量参与判别函数的推导。如果使用全部观测量，则这一步骤可以省略，在这里我们使用全部观测量。

03 单击"统计"按钮，弹出"判别分析：统计"对话框，如图 9-4 所示。

对话框选项设置/说明

在"描述"选项组中可以选择一些描述性统计量。

- 平均值：输出各自变量在各类中的观测值和全部观测量的均值、标准差。
- 单变量 ANOVA：对各类中同一自变量均值进行假设检验，输出单变量方差分析表。
- 博克斯 M：输出对各类协方差矩阵相等的假设进行 Box's M 检验的结果。组协方差矩阵的等同性检验。对于足够大的样本，不显著的 p 值表示断定矩阵不同的证据不足。该检验对于偏离多变量正态性很敏感。

下面的"函数系数"选项组中有两个选项。

- 费希尔：费歇判别函数系数，显示可以直接用于分类的 Fisher 分类函数系数，可直接用于对新样本的分类，为每个组获得一组单独的分类函数系数，将一个个案分配给该组，并且指出该类中具有最大判别分数的观测量，或者说对此组具有最大判别分数（分类函数值）。
- 未标准化：给出非标准化的判别函数系数。

在"矩阵"选项组中设置输出的各种矩阵，如组内相关性（组内相关系数矩阵）、组内协方差（组内协方差矩阵）、分组协方差（对每一类分别显示协方差矩阵）、总协方差（总样本的协方差矩阵）。

---

04 由于我们在"判别分析"对话框中选中了"使用步进法"单选按钮，因此"方法"按钮被激活，这时单击"方法"按钮，将弹出"判别分析：步进法"对话框，如图 9-5 所示。

图 9-4 "判别分析：统计"对话框

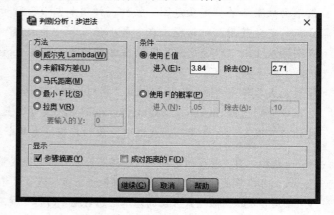

图 9-5 "判别分析：步进法"对话框

对话框选项设置/说明

在"方法"选项组中可以设置分析方法。

- 威尔克 Lambda: Wilks 的 Lambda 统计量,一种用于逐步判别分析的变量选择方法,每步选择 Wilks 的 Lambda 统计量值最小的变量进入判别函数,此选项为系统默认。它基于变量能在多大程度上降低 Wilks 的 Lambda 来选择要输入到方程中的变量。在每一步,均是输入能使总体 Wilks 的 Lambda 最小的变量。
- 未解释方差: 每步选择类间不可解释的方差和最小的变量进入判别函数。在每一步,均是输入能使组间未解释变动合计最小的变量。
- 马氏距离: 马哈拉诺比斯(Mahalanobis)距离,确定自变量中有多少观测量值不同于全部观测量平均值的一种测度,在一个或多个自变量中把马氏距离大的观测量视为具有极端值的观测量,邻近类间马氏距离最大的变量进入判别函数。自变量上个案的值与所有个案的平均值相异程度的测量。大的马氏距离表示个案在一个或多个自变量上具有极值。
- 最小 F 比: 一种逐步分析中的变量选择方法,它基于使从组间马氏距离计算得到的 F 比最大。每步选择根据类间马氏距离计算的"最小 F 比"达到最大的变量进入判别函数。
- 拉奥 V: 劳的 V 统计量值,组平均值之间的差分的测量,也称为 Lawley-Hotelling 轨迹。类间均值差异的测度,每步选择使 Rao's V 值的增量最大化的变量进入判别函数,选择此项后,需在下面的"要输入的 V"文本框中指定一个 V 值最小增量值。当变量的 V 值增量大于这个指定增量值时,该变量进入判别函数。

在这里我们选择系统默认的"威尔克 Lambda"选项。

"条件"选项组用于决定终止逐步判别的临界值。

- 使用 F 值: 系统默认选项。当一个变量的 F 统计量值大于指定的"进入"值时,选择这个变量进入判别函数,"进入"的默认值为 3.84;当变量的 F 值小于指定的"除去"值时,这个变量将被从判别函数移出,"除去"的默认值为 2.71。自行设置"进入"值和"除去"值时,需注意"进入"值要大于"除去"值。
- 使用 F 的概率: 决定变量进入或移出判别函数,当一个变量的 F 检验的概率小于指定的"进入"值时,选择这个变量进入判别函数,"进入"的默认值为 0.05;当变量的 F 检验的概率大于指定的"除去"值时,这个变量将被从判别函数移出,"除去"值的默认值为 0.10。自行设置"进入"值和"除去"值时,需注意"进入"值必须小于"除去"值。

在"显示"选项组中设置显示的内容。

- 步骤摘要: 显示每步选择变量之后各变量的统计量概述结果,包括 Wilks' Lambda 值、容差、F 值、显著性水平等。
- 成对距离的 F: 显示每一对类之间的 F 比值矩阵。

这里我们按照图 9-5 进行设置,读者在实际操作中可以根据需要和上面的详细介绍自行设置各个选项。

05 单击"继续"按钮回到"判别分析"对话框。单击"分类"按钮,弹出"判别分析:分类"对话框,如图 9-6 所示。

对话框选项设置/说明

在"先验概率"选项组中可以设置先验概率的计算方法。

- 所有组相等：若分为 m 类，则各类先验概率均为 1/m。
- 根据组大小计算：基于各类样本量占总样本量的比例计算先验概率。

在"显示"选项组中可以设置显示的内容。

- 个案结果：输出每个观测量的实际类、预测类、后验概率及判别分数。如选中该复选框，则下面的"将个案限制为前"选项被激活，在其后的文本框中输入整数 n，表示仅对前 n 个观测量输出分类结果。
- 摘要表：输出分类小结表，对每一类输出判定正确和错判的观测量数。
- 留一分类：对于每一个观测量，输出依据除它之外的其他观测量导出的判别函数的分类结果。

在"使用协方差矩阵"选项组中可以设置协方差矩阵的计算方式。

- 组内：使用合并组（或类）内协方差矩阵进行分类，此选项为系统默认。
- 分组：使用各组（或类）协方差矩阵进行分类。

在"图"选项组中可以设置输出的图形。

- 合并组：生成全部类的散点图，该图是根据前两个判别函数值绘制出的。如果只有一个判别函数，则显示直方图。
- 分组：对每一类生成一张散点图，这些图是根据前两个判别函数值绘制出的。如果只有一个判别函数，则显示直方图。
- 领域图：生成根据判别函数值将观测量分到各类去的边界图，图中每一类占据一个区域，各类的均值用星号标记出来。如果只有一个判别函数，则不显示此图。

最下面的"将缺失值替换为平均值"复选框表示在分类阶段用自变量的均值代替缺失值。这里我们按照图 9-6 进行设置，读者在实际操作中可以根据需要和上面的介绍进行自由选择和设置。

---

06 单击"继续"按钮回到"判别分析"对话框。单击"保存"按钮，弹出"判别分析：保存"对话框，如图 9-7 所示。

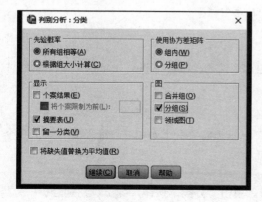

图 9-6 "判别分析：分类"对话框

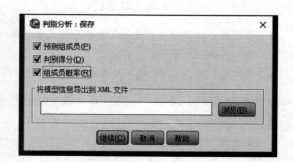

图 9-7 "判别分析：保存"对话框

话框选项设置/说明

对话框中有 3 个选项。

- 预测组成员：表示建立新变量（系统默认的变量名为 dis_1），保存预测观测量所属类的值。
- 判别得分：表示建立新变量保存判别分数。
- 组成员概率：表示建立新变量保存各观测量属于各类的概率值。

07 这里我们把三个选项都选中，保存分析的结果。设置完成后单击"继续"按钮回到"判别分析"对话框，然后单击"确定"按钮，进入计算分析。

计算机运行完成后得到的结果如图 9-8~图 9-20 所示。

> **实验结论**

图 9-8 给出参加判别分析的观测量总数为 25，有效观测量数为 20，占 80%，含缺失值或分类变量范围之外的观测量数为 5，占 20%。

图 9-9 给出了各个分组统计量，包括各自变量按照区划类别及全部观测量计算的均值、标准差等。

分析个案处理摘要

未加权个案数		个案数	百分比
有效		20	80.0
排除	缺失或超出范围组代码	5	20.0
	至少一个缺失判别变量	0	.0
	既包括缺失或超出范围组代码，也包括至少一个缺失判别变量	0	.0
	总计	5	20.0
总计		25	100.0

图 9-8 分析个案处理摘要

组统计

region		平均值	标准 偏差	有效个案数（成列）	
				未加权	加权
1	rainday6	10.4000	2.44131	10	10.000
	rainday8	13.4500	1.74308	10	10.000
	ratio	2.5190	.69158	10	10.000
2	rainday6	12.0200	1.29254	10	10.000
	rainday8	10.4200	1.15739	10	10.000
	ratio	.7610	.21429	10	10.000
总计	rainday6	11.2100	2.07489	20	20.000
	rainday8	11.9350	2.11891	20	20.000
	ratio	1.6400	1.03034	20	20.000

图 9-9 组统计量

图 9-10 是组平均值的同等检验，从中我们可以看到，除了变量 rainday6 的类内均值检验的显著性 0.08 略大于 0.05，其余两变量类内均值检验的显著性皆远小于 0.05，说明 3 个变量类内均值都存在显著差异，可以进行判别分析。

图 9-11 是汇聚组内矩阵，上半部分为自变量间合并的协方差矩阵，下半部分为自变量间相关系数矩阵。协方差矩阵的自由度为 18，从相关系数值可知，各变量的线性相关关系皆不显著。

组平均值的同等检验

	威尔克 Lambda	F	自由度 1	自由度 2	显著性
rainday6	.840	3.439	1	18	.080
rainday8	.462	20.971	1	18	.000
ratio	.234	58.958	1	18	.000

图 9-10 组平均值的同等检验

汇聚组内矩阵[a]

		rainday6	rainday8	ratio
协方差	rainday6	3.815	1.586	-.472
	rainday8	1.586	2.189	-.055
	ratio	-.472	-.055	.262
相关性	rainday6	1.000	.549	-.472
	rainday8	.549	1.000	-.073
	ratio	-.472	-.073	1.000

a. 协方差矩阵的自由度为18。

图 9-11 汇聚组内矩阵

图 9-12 是协方差矩阵，分别列出了按类计算的协差阵及按全部观测量计算的协差阵。合并的协差阵等于类 1 和类 2 的协差阵之和除以 2 的商，判别分析中，判别函数的系数就是利用合并的协差阵计算出来的。图 9-13 给出了按各类和按合并的类内协方差矩阵的秩及对应的行列式的自然对数值。

协方差矩阵[a]

region		rainday6	rainday8	ratio
总计	rainday6	4.305	.211	-1.196
	rainday8	.211	4.490	1.350
	ratio	-1.196	1.350	1.062

a. 总协方差矩阵的自由度为 19。

图 9-12 协方差矩阵

对数决定因子

region	秩	对数决定因子
1	2	.338
2	2	-3.029
汇聚组内	2	-.561

打印的决定因子的秩和自然对数是组协方差矩阵的相应信息。

图 9-13 对数决定因子

即对图 9-12 中的矩阵有：

$$\ln\begin{vmatrix} 5.960 & 3.594 & -0.803 \\ 3.594 & 3.038 & -0.225 \\ -0.803 & -0.225 & 0.478 \end{vmatrix} \approx 0.338 \qquad \ln\begin{vmatrix} 1.671 & -0.423 & -0.140 \\ -0.423 & 1.340 & 0.115 \\ -0.140 & -0.115 & 0.046 \end{vmatrix} \approx -3.029$$

$$\ln\begin{vmatrix} 3.815 & 1.586 & -0.472 \\ 1.586 & 2.189 & -5.493 \\ -0.472 & -5.493 & 0.046 \end{vmatrix} \approx -0.561$$

图 9-14 是检验结果，列出检验协方差矩阵相等的博克斯 M 统计量值为 14.123>0.05，从而在显著性水平 0.05 下认为各类协方差矩阵相等（注意：类内均值存在显著差异和类协方差矩阵相等是得到满意的判别结果的重要条件），F 检验的显著性 0.06<0.1，从而认为判别分析是显著的，说明错判率将很小。图 9-15 给出了特征值，本例仅有一个判别函数用于分析，特征值为 4.749，方差百分比为 100%，累积百分比为 100%，典型相关性为 0.909。

检验结果

博克斯 M		14.123
F	近似	4.142
	自由度 1	3
	自由度 2	58320.000
	显著性	.006

对等同群体协方差矩阵的原假设进行检验。

图 9-14 检验结果

图 9-16 是对判别函数的显著性的检验，其中威尔克的 Lambda 值等于 0.174，非常小，卡方统计量值为 29.733，自由度为 2，显著性为 0.000，从而认为判别函数有效。

特征值

函数	特征值	方差百分比	累积百分比	典型相关性
1	4.749[a]	100.0	100.0	.909

a. 在分析中使用了前 1 个典则判别函数。

图 9-15 特征值

威尔克 Lambda

函数检验	威尔克 Lambda	卡方	自由度	显著性
1	.174	29.733	2	.000

图 9-16 威尔克的 Lambda 值

图 9-17 给出了结构矩阵，这是判别变量与标准化判别函数之间的合并类内相关系数，变量按照相关系数的绝对值大小排列，表明判别变量与判别函数之间的相关性，如变量 ratio 与判别函数 F1 的关系最密切。图 9-18 给出的是按照非标准判别函数计算的函数类心，即利用判别函数在各类均值处的判别分数值。

结构矩阵

	函数
	1
ratio	.831
rainday8	.495
rainday6[a]	-.104

判别变量与标准化典则判别函数之间的汇聚组内相关性

变量按函数内相关性的绝对大小排序。

a. 在分析中未使用此变量。

图 9-17　结构矩阵

组质心处的函数

	函数
region	1
1	2.067
2	-2.067

按组平均值进行求值的未标准化典则判别函数

图 9-18　组质心处的函数

图 9-19 是分类处理摘要，我们可以看到，全部 25 个观测样本都被采用，没有一个样本由于缺失值或其他原因被排除掉。

图 9-20 给出了最后的分类结果，对于原始数据中分别属于区划类 1、区划类 2 的各 10 个观测量仍然归于原类，全部判对，待判的 5 个观测量有 2 个归入区划类 1，3 个归入区划类 2。也就是说，我们需要判断的 5 个中间地带中有两个属于区划类 1，即与北京、天津、石家庄等 10 个城市分为一类，另外三个中间地带被分为区划类 2，即与上海、南京、合肥等 10 个城市分为一类。

分类处理摘要

已处理		25
排除	缺失或超出范围组代码	0
	至少一个缺失判别变量	0
已在输出中使用		25

图 9-19　分类处理摘要

分类结果[a]

			预测组成员信息		总计
		region	1	2	
原始	计数	1	10	0	10
		2	0	10	10
		未分组个案	2	3	5
	%	1	100.0	.0	100.0
		2	.0	100.0	100.0
		未分组个案	40.0	60.0	100.0

a. 正确地对 100.0% 个原始已分组个案进行了分类。

图 9-20　分类结果汇总

实验 9-2　一般判别分析

素材文件：sample/Chap09/jingpinwangdian1.sav
多媒体教学文件：视频/实验 9-2.mp4

▶ 实验基本原理

一般判别分析是在已知分类的前提下，对未知分类的观测量归入已有分类的一种多元统计分析方法。判别分析法的思路：首先建立判别函数；然后通过已知所属分类的观测量确定判别函数中的待定系数；最后通过该判别函数对未知分类的观测量进行归类。常用的判别分析方法有距离判别法、费舍尔判别法和贝叶斯判别法。

费舍尔判别法利用投影的方法使多维问题简化为一维问题来处理。其通过建立线性判别函数计算出各个观测量在各典型变量维度上的坐标并得出样本距离各个类中心的距离，以此作为分类依据。

贝叶斯判别法通过计算待判定样品属于每个总体的条件概率并将样本归为条件概率最大的组。其主要思想：首先利用样本所属分类的先验概率通过贝叶斯法则求出样本所属分类后验概率，并依据该后验概率分布作出统计推断。

距离判别思想是根据各样品与各母体之间的距离远近作出判别的。其通过建立关于各母体的距离判别函数式，得出各样品与各母体之间的距离值，判别样品属于距离值最小的那个母体。

⏵ 实验目的与要求

实验目的： 通过本次实验了解一般判别分析的基本思想，理解一般判别分析与聚类分析的区别和联系。理解几种主要判别准则（如贝叶斯判别准则和费歇判别准则）的统计学含义，能够运用判别分析方法对已存在类别的总体中抽取的样本进行归类判别。

实验要求： 熟练使用 SPSS 中的一般判别分析过程对大量样本进行有效的判别分析，能够根据判别分析的结果解释某个样本为什么能分在某一类。熟悉判别函数的概念，理解一般判别函数在一般判别分析过程中所起的重要作用，能够对最终的一般判别分析结果作出合理的统计学和实际含义的解释。

⏵ 实验内容及数据来源

为集中优势资源，创造最大效益，使投入和产出相匹配，某大型连锁公司准备采取精品网点战略，从现有全部网点中选出精品网点，并对精品网点注入更多的资源倾斜和政策支持。本例所使用的数据文件描述了该大型连锁公司各营业网点的信息数据。该数据文件记录了 48 个网点的业务指标信息。前 36 个为已评完是否为精品的营业网点，剩下的 12 个为待评的网点。网点被评为精品网点或非精品网点，分别用数字 1 和 0 代表。精品网点的评价标准与该网点的资产规模、营业收入、经营利润、员工人数等指标有关，数据文件选取了资产规模、营业收入、经营利润、员工人数和精品网点 5 个变量。本实验将用判别分析方法来分析待评网点是否为精品网点信息。在 SPSS 变量视图中建立变量“资产规模”“营业收入”“经营利润”“员工人数”和“精品网点”，分别表示参评网点的资产规模、营业收入、经营利润、员工人数和网点是否为精品网点，分别用 0 和 1 表示，然后在 SPSS 活动数据文件的数据视图中，把相关数据输入到各个变量中，输入完成后的部分数据如图 9-21 所示，完整的数据文件可见本书附赠资源 Chap09 文件夹下的“jingpinwangdian.sav”文件。我们实验的内容是对数据做判别分析。

⏵ 实验操作指导

实验的操作步骤如下：

01 选择“文件｜打开｜数据”命令，打开 jingpinwangdian.sav 数据表。

02 选择“分析｜分类｜判别式”命令，弹出“判别分析”对话框，如图 9-22 所示。从源变量列表中选择“资产规模”“营业收入”“经营利润”和“员工人数”变量，然后单击 ➡ 按钮将其选入“自变量”列表框中，从源变量列表中选择“精品网点”变量，然后单击 ➡ 按钮将其选入“分组变量”列表框中。

	资产规模	营业收入	经营利润	员工人数	精品网点
1	928.1	245.08	13.0108	21	0
2	813.3	635.74	67.4196	18	0
3	2621.4	384.60	92.2584	24	1
4	1042.9	789.21	256.6676	25	1
5	1846.5	443.90	177.4200	31	1
6	1071.6	269.50	68.6024	52	0
7	956.8	412.50	86.3444	70	0
8	1731.7	422.97	141.9360	24	1
9	1817.8	646.20	63.8712	26	1
10	2449.2	621.78	441.1844	34	1
11	985.5	269.50	3.5484	38	0
12	1272.5	224.15	8.2796	41	0
13	1674.3	178.81	28.3872	19	0
14	1444.7	649.69	163.2264	16	1
15	1071.6	360.18	83.9788	22	0
16	899.4	266.01	34.3012	23	0
17	2248.3	234.62	173.8716	29	1
18	870.7	332.28	62.6884	50	0
19	1301.2	269.50	17.7420	68	0
20	2334.4	346.23	48.4948	22	1
21	1042.9	492.73	79.2476	24	0
22	7500.4	395.06	505.0556	32	1

图 9-21　数据集 jingpinwangdian.sav 中的数据

图 9-22　"判别分析"对话框

对话框选项设置/说明

从源变量列表框中选择参与判别分析的目标变量,然后单击 ➡ 按钮将选中的变量选入"自变量"列表框中,从源变量列表框中选择分类变量,然后单击 ➡ 按钮将选中的变量选入"分类变量"列表框中。对于选入"选择变量"列表框中的变量,用户可以在单击"值"按钮输入相应的数值,系统将只对含有此观测值的变量进行分析。选择好分组变量后,单击下面被激活的"定义范围"按钮,弹出如图 9-23 所示的"判别分析:定义范围"对话框,在"最小值"和"最大值"文本中分别输入 0 和 1。这是因为我们在本例中将网点是否为精品网点,分别用 0 和 1 来表示。

"自变量"列表框下的"一起输入自变量"和"使用步进法"两个单选按钮用来决定判别分析的类型。如果使用一般判别分析,则选中"一起输入自变量"单选按钮。

图 9-23　"判别分析:定义范围"对话框

- 一起输入自变量:建立所选择的全部自变量的判别式,可以单击对话框中相关的按钮做进一步的选项设置。

- 使用步进法:步进式方法的基本思想与逐步回归一样,每一步选择一个判别能力最显著的变量进入判别函数,而且每次在选入变量之前对已进入判别函数的变量逐个进行检验。如果某个变量因新变量的进入变得不显时,就将这个变量移出,直到判别函数中仅保留有显著的判别能力的变量。当发现自变量判别能力有显著差异时,可考虑选择这个选项。通过逐步判别将判别能力显著的变量"筛选"出来,建立"最优"的判别函数。这种方法有利于降低计算量、提高判别函数的判别能力,这里我们如果选择此项,就激活了"方法"按钮,然后 SPSS 就会开展逐步判别分析。

在"选择变量"列表框中可以使用部分观测量参与判别函数的推导。如果使用全部观测量,这一步骤可以省略,在这里我们使用全部观测量。

---

03 单击"统计"按钮,弹出"判别分析:统计"对话框,如图 9-24 所示。选中"平均值"复选框,单击"继续"按钮。

对话框选项设置/说明

在"描述"选项组中可以选择一些描述性统计量。

- 平均值：输出各自变量在各类中的观测值和全部观测量的均值、标准差。
- 单变量 ANOVA：对各类中同一自变量均值进行假设检验，输出单变量方差分析。
- 博克斯 M：输出对各类协方差矩阵相等的假设进行 Box's M 检验的结果。

"函数系数"选项组中有两个选项。

- 费希尔：费歇判别函数系数，可直接用于对新样本的分类，对每一类都给出一组系数，并且指出该类中具有最大判别分数的观测量。
- 未标准化：给出非标准化的判别函数系数。

在"矩阵"选项组中可以设置输出的各种矩阵，如组内相关性（组内相关系数矩阵）、组内协方差（组内协方差矩阵）、分组协方差（对每一类分别显示协方差矩阵）、总协方差（总样本的协方差矩阵）。

04 单击"继续"按钮回到"判别分析"对话框。单击"分类"按钮，弹出"判别分析：分类"对话框，如图 9-25 所示。选中"领域图"复选框，单击"继续"按钮。

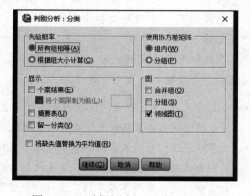

图 9-24　"判别分析：统计"对话框　　　　图 9-25　"判别分析：分类"对话框

对话框选项设置/说明

在"先验概率"选项组中可以设置先验概率的计算方法。

- 所有组相等：若分为 m 类，则各类先验概率均为 1/m。
- 根据组大小计算：基于各类样本量占总样本量的比例计算先验概率。

在"显示"选项组中可以设置显示的内容。

- 个案结果：输出每个观测量的实际类、预测类、后验概率以及判别分数。如果选中该复选框，则下面的"将个案限制为前"选项被激活，在其后的文本框中输入整数 n，表示仅对前 n 个观测量输出分类结果。

- 摘要表：输出分类小结表，对每一类输出判定正确和错判的观测量数。
- 留一分类：对于每一个观测量，输出依据除它之外的其他观测量导出的判别函数的分类结果。

在"使用协方差矩阵"选项组中可以设置协方差矩阵的计算方式。

- 组内：使用合并组（或类）内协方差矩阵进行分类，此选项为系统默认。
- 分组：使用各组（或类）协方差矩阵进行分类。

在"图"选项组中可以设置输出的图形。

- 合并组：生成全部类的散点图，该图是根据前两个判别函数值绘制出的。如果只有一个判别函数，则显示直方图。
- 分组：对每一类生成一张散点图，这些图是根据前两个判别函数值绘制出的。如果只有一个判别函数，则显示直方图。
- 领域图：生成根据判别函数值将观测量分到各类去的边界图，图中每一类占据一个区域，各类的均值用星号标记出来。如果只有一个判别函数，则不显示此图。

"将缺失值替换为平均值"复选框表示在分类阶段用自变量的均值代替缺失值。这里我们按照图 9-25 进行设置，读者在实际操作中可以根据需要和上面的介绍进行自由选择和设置。

05 单击"继续"按钮回到"判别分析"对话框。单击"保存"按钮，弹出"判别分析：保存"对话框，如图 9-26 所示。选中"预测组成员"复选框，单击"继续"按钮。

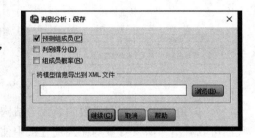

图 9-26　"判别分析：保存"对话框

对话框选项设置/说明

对话框中有 3 个选项。

- 预测组成员：表示建立新变量（系统默认的变量名为 dis_1），保存预测观测量所属类的值。
- 判别得分：表示建立新变量保存判别分数。
- 组成员概率：表示建立新变量保存各观测量属于各类的概率值。

---

06 设置完成后单击"继续"按钮回到"判别分析"对话框，然后单击"确定"按钮，进入计算分析。

计算机运行完成后得到的结果如图 9-27~图 9-33 所示。

> **实验结论**

图 9-27 给出了样本数量、有效值和排除值的相关信息。

图 9-28 给出了各组和所有观测的均值、标准差和加权与未加权的有效值。

组统计					
				有效个案数（成列）	
精品网点		平均值	标准 偏差	未加权	加权
非精品网点	资产规模（万元）	1077.066667	211.9955078	21	21.000
	营业收入（万元）	416.988571	202.2954087	21	21.000
	经营利润（万元）	76.149790	72.0862758	21	21.000
	员工人数（人）	37.190476	16.0643053	21	21.000
是精品网点	资产规模（万元）	2345.880000	1489.195406	15	15.000
	营业收入（万元）	522.259733	171.1247407	15	15.000
	经营利润（万元）	228.438107	141.4464528	15	15.000
	员工人数（人）	32.733333	12.4353567	15	15.000
总计	资产规模（万元）	1605.738889	1146.836605	36	36.000
	营业收入（万元）	460.851556	194.5990587	36	36.000
	经营利润（万元）	139.603256	129.4996589	36	36.000
	员工人数（人）	35.333333	14.6385011	36	36.000

分析个案处理摘要		
未加权个案数	个案数	百分比
有效	36	75.0
排除 缺失或超出范围组代码	12	25.0
至少一个缺失判别变量	0	.0
既包括缺失或超出范围组代码，也包括至少一个缺失判别变量	0	.0
总计	12	25.0
总计	48	100.0

图 9-27 分析个案处理摘要

图 9-28 组统计量

图 9-29 给出了特征值和威尔克的 Lambda 检验的结果。从检验结果可以看出，引入的变量对提高分类精度是有作用的。

典则判别函数摘要				
	特征值			
函数	特征值	方差百分比	累积百分比	典型相关性
1	.745^a	100.0	100.0	.653
a. 在分析中使用了前 1 个典则判别函数。				

威尔克 Lambda				
函数检验	威尔克 Lambda	卡方	自由度	显著性
1	.573	17.816	4	.001

图 9-29 判别分析的运行记录

图 9-30 给出了判别函数的系数与结构矩阵，从中我们可以看出，所有变量均在判别分析中使用。

图 9-31 给出了组质心处的判别函数值。图 9-32 给出了两个组的先验概率。预测的分组结果作为新的变量被保存，从中我们可以看出这 12 个网点是否为精品网点的分组，并可以看出 SPSS 对未分类观测进行的分类，分类被保存在"Dis-1"变量中，"1"表示该网点为精品网点，"0"表示该网点不是精品网点，这与我们在建立变量时的设置是一致的，如图 9-33 所示。

标准化典则判别函数系数	
	函数 1
资产规模（万元）	.630
营业收入（万元）	.273
经营利润（万元）	.460
员工人数（人）	-.221

结构矩阵	
	函数 1
经营利润（万元）	.842
资产规模（万元）	.769
营业收入（万元）	.326
员工人数（人）	-.178
判别变量与标准化典则判别函数之间的汇聚组内相关性 变量按函数内相关性的绝对大小排序。	

图 9-30 判别函数系数与结构矩阵

组质心处的函数	
	函数 1
精品网点	
非精品网点	-.709
是精品网点	.993
按组平均值进行求值的未标准化典则判别函数	

图 9-31 组质心处的函数

组的先验概率			
		在分析中使用的个案	
精品网点	先验	未加权	加权
非精品网点	.500	21	21.000
是精品网点	.500	15	15.000
总计	1.000	36	36.000

图 9-32 组的先验概率

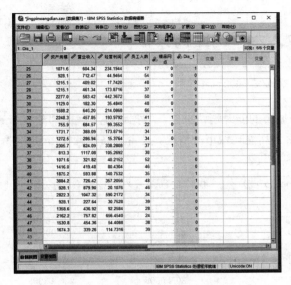

图 9-33　对未分类观测进行的分组

上 机 练 习

练习 9-1　运动员等级的判别分析

素材文件：sample/Chap09/yundongyuandengji.xls

多媒体教学文件：视频/练习 9-1.mp4

　　数据 yundongyuandengji.xls 中 Sheet1 是 28 名一级、25 名健将级标枪运动员测验的 6 项影响标枪成绩的项目成绩，据此求出判别运动员等级的判别函数并给出错判率。图 9-34 给出了部分数据，完整的数据文件可见本书附赠资源 Chap09 文件夹下的 yundongyuandengji.xls 文件。另外，Sheet2 是 14 名未知级别的运动员，运用上面得到的判别函数对这些数据进行判别分析。

图 9-34　数据集 yundongyuandengji.xls 的部分数据

练习 9-2　地区收入水平的距离分析

 多媒体教学文件：视频/练习 9-2.mp4

图 9-35 是我国部分城市的能源消费报告，数据统计了我国部分城市的燃料油消费量、煤炭消费量、电力消费量及是否为高能耗城市的情况。是否为高能耗城市分两种，即高能耗城市和非高能耗城市，分别用数字 1 和 0 代表。

燃料油消费量（万吨）	煤炭消费量（吨）	电力消费量（万千万小时）	高能耗城市
2939.04	808.3192	573.53972	1
1182.6	350.3448	4.61292	0
1527	291.3976	10.76348	0
2009.16	232.4504	36.90336	0
1733.64	844.5944	212.19432	1
1285.92	468.2392	109.17244	0
1079.28	345.8104	44.59156	0
2697.96	305.0008	226.03308	1
1044.84	431.964	81.49492	0
1561.44	350.3448	23.0646	0
2801.28	450.1016	63.04324	1
1251.48	640.5464	103.02188	0
9000.48	513.5832	656.57228	1
1079.28	1207.3464	290.61396	0
1492.56	690.4248	261.3988	0
1285.92	785.6472	304.45272	0
1113.72	926.2136	58.43032	0
1458.12	531.7208	23.0646	0
1458.12	599.7368	226.03308	0
2732.4	758.4408	575.07736	1
4661.04	944.3512	464.36728	
1113.72	1143.8648	26.13988	
3386.76	1361.516	767.28236	
1113.72	295.932	39.97864	
1630.32	567.996	119.93592	
2594.64	985.1608	853.3902	
1836.96	590.668	70.73144	
2009.16	441.0328	149.15108	

图 9-35　我国部分城市的能源消费报告

现在统计数据中又增加了部分城市的数据，但是缺少对这些城市分类的数据，我们希望对这几个城市归入上述两类，请应用一般判别分析的方法对这些城市进行分类。

第 10 章

信度分析和尺度分析

　　信度又称可靠性，是指测验的可信程度，它主要表现测验结果的一贯性、一致性，再现性和稳定性。一个好的测量工具，对同一事物反复多次测量，其结果应该始终保持不变才可信，比如，我们用同一把尺子测量一批物品，如果今天测量的结果与明天测量的结果不同，那么我们就会对这把尺子的可信性产生怀疑。信度分析是检验测量工作可靠性和稳定性的主要方法，一般在心理学中应用较多，另外在学生考试试卷、社会问卷调查的有效性分析中也会涉及。信度只受随机误差影响，随机误差越大，测验的信度越低。尺度分析是市场调查、分析数据的统计方法之一，通过尺度分析，可以将消费者对商品相似性的判断生成一张能够看出这些商品间相关性的图形。例如有若干个百货商场，让消费者排列出对这些百货商场两两间相似的感知程度，根据这些数据，用多维尺度分析，可以判断消费者认为哪些商场是相似的，从而可以判断竞争对手。

实验 10-1　信度分析

素材文件：sample/Chap10/xinliceshi.sav
多媒体教学文件：视频/实验 10-1.mp4

▶ 实验基本原理

　　在测量学中，信度被定义为一组测量分数的真变异数与总变异数（实得变异数）的比率。即：

$$r_{xx} = \frac{S_r^{\ 2}}{S_x^{\ 2}}$$

　　式中的 r_{xx} 称作信度系数，S_r 为真变异数，S_x 为总变异数。在实际测量中，因为真值是未知的，故信度系数不能由以上公式直接求出，而只能根据一组实得分数（测得值）做出估计。信度系数是衡量测验好坏的一个重要技术指标，测验的信度系数达到多高才可以接受呢？最理想的情况是 r=1，但这是不可能的。大多数学者认为：任何测验或量表的信度系数如果在 0.9 以上，则该测验或量表的信度极佳（信度系数在 0.8 以上都是可以接受的）；如果信度系数在 0.7 以上，则该量表应进行较大修订，但仍不失其价值；如果信度系数低于 0.7，则量表将需要重新设计。在心理学中通常可以用已有的同类测验作为比较的标准。一般能力与成就测验的信度系数常在 0.90 以上，性格、兴趣、态度等人格测验的信度系数通常在 0.80~0.85 之间。

需要说明的是，在 SPSS 官方网站的帮助文档《IBM_SPSS_Statistics_Base》中，对于信度分析的应用条件和相关过程还进行了特别指导。数据方面，用于信度分析的数据可以是二分数据、有序数据或区间数据，但数据应是用数值编码的。假设条件方面，用于信度分析的观察值应是独立的，且项与项之间的误差应是不相关的，每对项应具有二元正态分布。标度应是可加的，以便每一项都与总得分线性相关。相关过程方面，如果想要探索标度项的维数（以查明是否需要多个结构来代表项得分的模式），那么用户可以使用因子分析或多维标度。如果用户要标识同类变量组，那么用户可使用系统聚类分析以使变量聚类。

⊛ 实验目的与要求

实验目的：通过本次实验了解信度分析的基本思想和意义，理解问卷或量表信度的含义。能够运用信度分析的方法对一份问卷进行信度分析，并根据分析结果对问卷进行详细评价，为下一步的改进提供指导。

实验要求：熟练使用 SPSS 中的信度分析过程对调查分析中使用的问卷进行信度分析，熟悉信度系数的范围和信度的高低的对应关系。能根据信度分析的输出结果对问卷信度的高低进行判断，理解常用的几种信度系数，熟悉 Alpha 系数的含义和使用方法。

⊛ 实验内容及数据来源

本次实验使用的数据是心理学中研究运动员意志品质的调查问卷数据。问卷中有 50 个题目，即 50 个项目，对 312 人进行了问卷调查。根据数据资料进行项目分析（对问卷做因子分析，有关因子分析的内容请参见第 12 章）后，删除第 7、8、14、28、29、35、36、37、38、40、43、48 题，并将剩余的 38 个项目根据项目分析的结果分为 5 个维度。5 个维度所包括的项目是：

自觉性维度——x1、x2、x4、xl0、x13、x39、x41、x45，共 8 题。

果断性维度——x25、x30、x32、x34、x42、42、x44、x47、x49、x50，共 9 题。

自制力维度——x3、x6、x15、x17、x18、x21，共 6 题。

坚韧性维度——x5、x9、xll、x12、x16、x20、x23、x24、x25、x30、x46，共 11 题。

主动性维度——x19、x22、x27、x33，共 4 题。

本次实验要检验的是问卷的内部一致性如何，即进行信度分析。使用 SPSS 中的信度分析功能就能说明该问卷中 38 个变量的内部一致性结构如何，即本次实验的实验内容。图 10-1 给出了问卷调查的部分数据，完整的数据文件见本书附赠资源 Chap10 文件夹下的 xinliceshi.sav 文件。

⊛ 实验操作指导

本次实验由 5 个部分组成，分别处理自觉性维度、果断性维度、自制力维度、坚韧性维度、主动性维度 5 个维度的变量，每个部分的操作方法都是一样的，我们只详细介绍第一个部分，即自觉性维度的分析，最后给出整个实验的结果。实验的操作步骤如下：

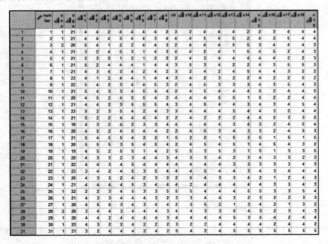

图 10-1 数据集 xinliceshi.sav 中的部分数据

01 选择"文件｜打开｜数据"命令，打开 xinliceshi.sav 数据表。

02 选择"分析｜标度｜可靠性分析"命令，弹出"可靠性分析"对话框，如图 10-2 所示。

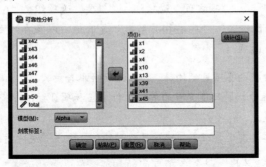

图 10-2 "可靠性分析"对话框

对话框选项设置/说明

在左侧变量框中分别选择 x1、x2、x4、x10、x13、x39、x41、x45，单击 按钮将其选入右侧的"项目"列表框中。在左侧变量框下有一个"模型"下拉列表，用来选择估计信度系数的方法，有 5 种信度估计方法以供选择。

- Alpha：是内部一致性估计的方法，适用于项目多重记分的测验（主观题）。
- 折半：将测验题分成对等的两半，计算这两半的分数的相关系数。
- 格特曼：适用于测验全由二值（1 和 0）方式记分的项目。
- 平行：平行测验信度估计的方法，条件是各个项目的方差具有齐次性。
- 严格平行：该方法除了要求各项目方差具有齐次性外，还要求各个项目的均值相等。这里我们采用默认的 Alpha 系数估计方法。

03 单击"统计"按钮，弹出"可靠性分析：统计"对话框，如图 10-3 所示。

图 10-3 "可靠性分析：统计"对话框

对话框选项设置/说明

本对话框主要设置可靠性分析的输出结果，或者说除了"可靠性分析"主对话框输出的可靠性系数外，输出结果中的其他内容。

对话框中包括"描述"选项组、"项之间"选项组、"摘要"选项组、"ANOVA 表"选项组及"霍特林 T 平方""图基可加性检验""同类相关系数"复选框，以及在此之下的模型设置。

"描述"选项组中有 3 个选项。

- 项：计算参与可靠性分析的各项目的均数、标准差和样本含量。
- 标度：计算参与可靠性分析的尺度变量的均值、标准差和项目数，即将各观测量的各项目分数汇总后求其均值、标准差。
- 删除项后的标度：计算尺度变量减去当前项目后的均值、方差等统计量。

"项之间"选项组中的"相关性"计算各项目间的相关系数；"协方差"计算各项目间的协方差。

"摘要"选项组用于计算各项目指标的描述统计量（量表统计量），包括平均值、方差、相关性和协方差。

- 平均值：此次的平均值选项不仅是输出平均值，而是针对项目均值计算统计量，包括项目均值的平均值、最小值、最大值、极差、最大值与最小值之比和项目均值的方差。
- 方差：此次的方差选项不仅是输出方差，而是针对项目方差计算统计量，包括项目方差的平均值、最小值、最大值、极差、最大值与最小值之比和项目方差的方差。
- 协方差：此次的协方差选项不仅是输出协方差，而是针对项目协方差计算统计量，包括项目协方差的平均值、最小值、最大值、极差、最大值与最小值之比和项目协方差的方差。
- 相关性：此次的协方差选项不仅是输出相关性，而是针对项目相关系数计算统计量，包括项目相关系数的平均值、最小值、最大值、极差、最大值与最小值之比和项目相关系数的方差。

在"ANOVA 表"选项组中可以选择方差分析的方法。

- "无"：不产生方差分析表，这是系统默认选项。

- "F 检验"：产生重复测量方差分析表。
- "傅莱德曼卡方"：计算 Friedman（弗里德曼）卡方值和 Kendall（肯德尔）系数，适用于等级数据，除了计算 Friedman 谐和系数外，还可以做方差分析，Friedman 的卡方检验可取代通用的 F 检验。
- "柯克兰卡方"：显示 Cochran's Q 值。如果项目都是二分变量，则选择 Cochran，这时在 ANOVA 表中使用 Q 统计量取代常用的 F 统计量。

其他选项。

- "霍特林 T 平方"：使所有项目在同一尺度上均值相等的多元零检验。
- "图基可加性检验"：给出量表提高可加性的功效估计值，检验假设是项目间没有相加作用的交互作用。
- "同类相关系数"：产生单相关系数和平均相关系数，同时给出置信区间、F 统计量和显著性检验值，选中此项，将激活下面的选项。
- 模型：选择计算相关系数的模型，单击 ▼ 按钮，有 3 种选择，分别是双向混合（组内效应随机而且项目效应固定）、双向随机（组内效应和项目效应都是随机的）、单向随机（组内效应是随机的）。
- 类型：指定相关系数是如何被定义的。"一致性"测量方差为分母除以 n-1 的方差；"绝对一致"测量方差是分母除以 n 的方差。
- 置信区间：指定置信区间，系统默认值为 95%。
- 检验值：在此输入组内相关系数的一个估计值，此值用于进行比较，要求 0~1 之间，系统默认值是 0。

本次实验中对于该对话框，我们全部采用默认设置。读者在实际操作中可以根据需要和上面的详细介绍自行设置各个选项。

---

04 单击"继续"按钮回到"可靠性分析"对话框。单击"确定"按钮，进入计算分析，得到计算结果后将其结果（主要是 α 系数）记录下来。

05 单击"重置"按钮，重复上面步骤（2）、（3）和（4），分别对果断性维度、自制力维度、坚韧性维度、主动性维度的变量进行分析，把最后的计算结果总结在一起，得到表 10-1。

表 10-1 信度系数表

项目	Reliabilities Coefficients		
	N of Cases	N of Items	Alpha
自觉性维度的信度系数	312	8	0.144
果断性维度的信度系数	312	9	0.353
自制力维度的信度系数	312	6	0.271
坚韧性维度的信度系数	312	11	0.460
主动性维度的信度系数	312	4	0.042
38 个项目的信度系数	312	38	0.636

⊳ 实验结论

表 10-1 给出了 5 个维度信度系数的总结，我们看到 5 个维度的信度系数分别为 0.144、0.353、0.271、

0.460、0.042，而总量表的信度系数是 0.636，5 个维度的信度系数都偏低，需要进行问卷的修改。此外，总量表的信度系数是 0.6381，代表该量表的信度一般。如果要提高信度系数，则可以对 5 个维度中的项目问题的内容或词句进行修饰、修改。如果时间允许，则可增删并改进各个项目，再让这 312 名受试者测试一次；如果时间不许可，则应加以说明，可作为问卷或者量表今后改进的方向。

实验 10-2　尺度分析

素材文件：sample/Chap10/yinliaopinggu.sav
多媒体教学文件：视频/实验 10-2.mp4

🔘 实验基本原理

尺度分析用来分析样本数据间的相似性，如果数据为不相似性数据，则它们必须为数值型数据或是使用相同计量单位计量的数据。如果数据为多元变量，则数据可以是等间隔数据、二分数据或计数数据。注意应该保持数据量度单位的一致性，否则将会影响到分析结果。如果不能避免这种情况的出现，则必须对数据进行标准化（在此分析过程中可以自动解决）。多维尺度分析没有严格的假设要求，但在选择测量水平时应该十分小心。在相似数据的情况下，用较大数值表示非常相似，用较小的数值表示非常不相似，比如用 7 表示非常相似，1 表示两个商场非常不相似。如果用较大的数值表示非常不相似，较小的数值表示非常相似，则数据为不相似数据，也称距离数据。比如用 7 表示非常不相似，用 1 表示两个商场非常相似。

在 SPSS 官方网站的帮助文档《*IBM_SPSS_Statistics_Base*》中，对于尺度分析的应用条件和相关过程还进行了特别指导。数据方面，如果数据是非相似性数据，那么所有的非相似性都应该是定量的，应该用相同的标度进行度量。如果数据是多变量数据，则变量可以为定量数据、二分类数据或计数数据。变量标度是一个重要问题，标度之间的差异可能会影响解。如果变量在标度上有很大差异（如一个变量以美元为单位度量，而另一个以年数为单位度量），那么应该考虑对它们进行标准化（这可以通过多维标度过程来自动完成）。假设条件方面，相对来讲，多维标度过程没有分布假定，用户需要确保在"多维标度:选项"对话框中选择适当的测量级别（有序、定距或定比）以确保正确计算结果。相关过程方面，如果用户的目标是减少数据，特别当变量为定量时，就可以考虑使用另一种方法，即因子分析。如果用户要确定相似个案的组，则考虑使用分层聚类或 k-means 聚类分析补充多维标度分析。

🔘 实验目的与要求

实验目的：通过本次实验了解尺度分析的基本思想和意义，理解相似数据和不相似数据的确切含义。能够根据统计量数值的大小判断数据之间的相似性，掌握尺度分析的过程和方法，能够对实际数据进行比较完整的尺度分析。

实验要求：熟练运用 SPSS 中的尺度分析过程，熟悉各个选项和参数的含义和设置方法。能够根据输出结果解释数据间的相似性关系，了解尺度分析与信度分析的区别与联系，能够在恰当的时候运用尺度分析的方法对实际数据进行分析。

实验内容及数据来源

本次实验使用的数据是某一次市场调查的数据，该数据是假设 7 名受试者按照 1~7 的尺度（1 表示非常相近，7 表示非常的不同）排列出一些饮料间两两相似的感知程度，这些饮料作为变量包括 milk（牛奶）、coffee（咖啡）、tea（茶）、soda（苏打水）、juice（果汁）、botwater（矿泉水）、beer（啤酒）和 wine（葡萄酒），要求受试者给出这些饮料的两两相似的感知程度，共有 28 种可能（n(n-1)/2）。由于本例题的数据矩阵是对称的，例如牛奶与咖啡间的距离和咖啡与牛奶间的距离一样，所以可以做成三角矩阵，sub 变量为受试者编号。每个受试者对 7 种饮料两两比较，根据它们之间的相似度打分，采用 7 分制，分值越小相似程度越大，所以是不相似数据。例如第一个受试者认为牛奶与牛奶非常相似，给两者的相似度打分为 1，咖啡与牛奶不相似，认为两者的相似度为 6，依次类推，其数据结构见图 10-4 所示，完整的数据见本书附赠资源 Chap10 文件夹下的 yinliaopinggu.sav 文件。本次实验的内容是用此数据分析哪些饮料消费者认为是相似的，该分析可以使用 SPSS 中多维尺度分析的方法完成。

	sub	sort	milk	coffee	tea	soda	juice	botwater	beer	wine
1	sub1	milk	1	6	6	7	7	7	7	7
2	sub1	coffee	6	1	1	7	7	7	7	6
3	sub1	tea	6	1	1	7	5	4	7	5
4	sub1	soda	7	7	7	1	4	3	5	4
5	sub1	juice	7	7	5	5	1	5	3	2
6	sub1	botwater	7	7	4	3	5	1	6	6
7	sub1	beer	7	7	7	5	3	6	1	1
8	sub1	wine	7	6	5	4	2	6	1	1
9	sub2	milk	1	5	7	7	7	7	3	7
10	sub2	coffee	5	1	6	7	7	6	7	7
11	sub2	tea	7	6	1	6	7	4	7	4
12	sub2	soda	7	7	6	1	7	7	7	4
13	sub2	juice	7	7	4	7	1	4	6	4
14	sub2	botwater	7	6	7	7	4	1	7	7
15	sub2	beer	3	7	3	7	6	7	1	5
16	sub2	wine	7	7	7	4	4	7	5	1
17	sub3	milk	1	6	6	6	6	6	6	6
18	sub3	coffee	6	1	5	6	6	6	5	6
19	sub3	tea	6	5	1	6	6	6	6	6
20	sub3	soda	6	6	6	1	6	5	6	6
21	sub3	juice	6	6	6	6	1	5	6	6
22	sub3	botwater	6	5	5	5	5	1	6	6

图 10-4　数据集 yinliaopinggu.sav 中的部分数据

实验操作指导

实验的操作步骤如下：

01 选择"文件｜打开｜数据"命令，打开 yinliaopinggu.sav 数据表。

02 选择"分析｜标度｜多维标度 (ALSCAL)"命令，弹出"多维标度"对话框，如图 10-5 所示。

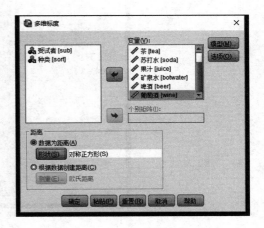

图 10-5　"多维标度"对话框

对话框选项设置/说明

在左侧变量框中分别选择 milk（牛奶）、coffee（咖啡）、tea（茶）、soda（苏打）、juice（果汁）、botwater（矿泉水）、beer（啤酒）、wine（葡萄酒），单击 ➡ 按钮将其选入右侧的"变量"列表框中。

"距离"选项组中有两个选项。

- 数据为距离：数据是不相似数据矩阵时选择此项，矩阵中的元素应该是显示行和列配对之间的不相似性的程度。在"形状"按钮旁边显示的是当前选项，单击"形状"按钮，打开"多维标度：数据形状"对话框，如图 10-6 所示。对话框中有 3 个选项。

  - 对称正方形：用于处理方形对称数据，行、列代表相同的项目，且在上部和下部三角形中相应的值相等。

  - 不对称正方形：用于处理方形不对称数据，行、列代表相同的项目，但在上部和下部三角形中相应的值不相等。

  - 矩形：用于处理矩形数据，在"行数"文本框中输入行数，在矩阵中行、列数据代表不同的项目。SPSS 把有序排列的数据文件当作矩形矩阵，如果数据文件中包含两个以上的矩形矩阵，则一定要设定每个矩阵的行数，此数值必须大于等于 4，并且能够将矩阵中的行数整除。

- 根据数据创建距离：创建对称矩阵，在"测量"按钮之后显示的是当前选项。这里我们选中"数据为距离"单选按钮，并且由于我们的数据是不相似数据，且列与行相同，上三角与下三角值相同，因此我们在如图 10-6 所示的"多维标度：数据形状"对话框中选中"对称正方形"单选按钮。

图 10-6 "多维标度：数据形状"
对话框

03 单击"模型"按钮，弹出"多维标度：模型"对话框，如图 10-7 所示。

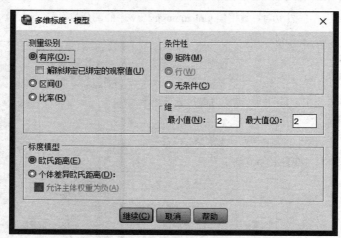

图 10-7 "多维标度：模型"对话框

对话框选项设置/说明

在该对话框中，可以确定数据和模型的类型，因为多维标度分析的正确估计依赖于数据和模型。"测量级别"选项组可以指定测度水平，其中有 3 个选项。

- 有序：数据为有序测量，选中"解除绑定已绑定的观察值"复选框表示不限制观测值。
- 区间：要求数据为间隔测量或定量数据。
- 比率：要求数据为比例测量或定量数据。

在"条件性"选项组中可以指定模型类型。

- 矩阵：表示只有一个矩阵或每个矩阵代表不同受试者数据时，矩阵内的数值比较才是正确的。
- 行：只有在指定"矩阵"时，此项才有效。
- 无条件：矩阵内所有数值的比较都有意义。

"维"选项组用来指定多维标度分析的维度，默认产生二维解决方案。在"最小值"文本框中输入最少维度数；在"最大值"文本框中输入最多维度数，一般可选择 1~6 维度的解决方案。如果在两个文本框中输入相同的数值，则只获得一个解决方案。对于加权模型，"最小值"文本框中的最小值为 2。这里由于我们的数据中每一个矩阵代表一个被试者的答案，因此在"最大值"和"最小值"文本框中都输入 2。

在"标度模型"选项组中可以指定标度模型，有两个选项。

- 欧氏距离：可以应用于任何类型的矩阵分析中。如果数据中只包含一个矩阵，那么将进行 CMDS 典型多维尺标分析；如果包含两个以上的矩阵，则进行 RMDS 重复多维标度分析。
- 个体差异欧氏距离：利用个体差异欧氏距离模型对数据进行测量，这个模型需要两个以上的矩阵。

这里我们采用默认的"欧氏距离"选项。读者在实际操作中可以根据需要和上面的详细介绍自行选择和设置各选项。

---

04 单击"继续"按钮回到"多维标度"对话框。单击"选项"按钮，进入"多维标度：选项"对话框，如图 10-8 所示。

图 10-8 "多维标度：选项"对话框

对话框选项设置/说明

在"显示"选项组中可以选择输出项。

- 组图：这个图在多维标度分析中非常重要，可以利用这个图对每一维寻找散点间相关性的合理的解释。
- 个别主体图：对有序分类数据或模型中指定矩阵的数据显示每一个受试者的图形，而对模型中指定行的数据无效。
- 数据矩阵：显示每一个受试者的数据矩阵。
- 模型和选项摘要：显示数据、模型、输出结果和在分析过程中的算法。

这里我们为了使分析结果重点更加突出，只选择显示"组图"。

在"条件"选项组中可以设置迭代停止的判据。

- S 应力收敛：系统默认当单调收敛从一个迭代到下一个迭代差值等于或小于 0.001 时，迭代停止。为了增加解决方案的精度，可以输入一个比以前设置值小的正值。如果输入零，则只进行 30 步的迭代。
- 最小 S 应力值：系统默认收敛值为 0.005 时迭代停止。如果需要继续进行迭代，则输入一个比默认值更小的数值。如果输入的数值比默认值大，则迭代次数会减少，该值要大于 0，小于或等于 1。
- 最大迭代次数：系统默认值是 30，可输入另一个正值作为最大迭代次数。如果输入值比默认值大，则增加分析的精度，但计算时间也会增加。

在"将小于的距离视为缺失"中可以设置被认为是缺失值的最下界限，这里我们采用默认选项。

05 单击"继续"按钮回到"多维标度"对话框，然后单击"确定"按钮，进入计算分析。

计算机运行完成后得到的结果如图 10-9~图 10-12 所示。

▷ 实验结论

图 10-9 给出了二维结果的迭代的过程，在"标准"栏指定的迭代最大次数为 30，但当迭代的改进值（Improvement 值）小于 0.001 时迭代终止。本次实验中迭代到第 4 步时改进值为 0.00062，其值小于 0.001，迭代过程结束。

图 10-10 给出了 S 应力值和平方相关系数（RSQ 值），这两个值是多维尺度分析的信度和效度的估计值，S 应力值是拟合量度值，值越大说明拟合度越好，本次实验的 S 应力值为 0.30437，说明拟合度差。平方相关系数越大越理想，一般在 0.60 是可接受的，这里的平方相关系数是 0.37281，此值是偏低的，需要方法上的改进。解决方法有两种：一种是用多维尺度分析 PROXSCAL 方法；另一种是增加受试者的人数。

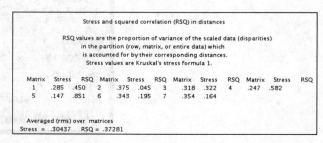

图 10-9　二维解决方案的迭代过程　　　　　　　图 10-10　S 应力值和平方相关系数

图 10-11 给出了二维导出结构，图中的数值是用在多维尺度分析图的数值。图 10-12 为多维尺度分析图，该图是我们进行多维尺度分析最关注的结果，从中可解释的内容包括对图形的每一维寻找散点间相关性的合理解释。从图中可看出，包括三组聚焦点，这意味着消费者认为彼此相似的这些产品：咖啡和茶是相似的，果汁和牛奶是相似的，啤酒和葡萄酒是相似的。说明这些相似饮料在市场占有率上彼此有竞争。另外，从垂直维看，可将 7 种饮料分为两类，牛奶、果汁、苏打和矿泉水属于营养型饮料，啤酒、葡萄酒、咖啡和茶属于提神型饮料。

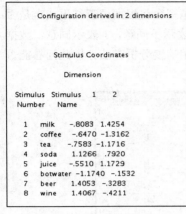

图 10-11 二维导出结构

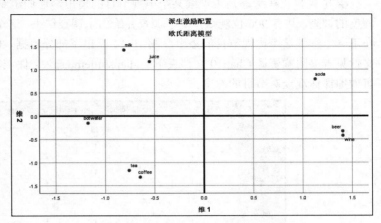

图 10-12 多维尺度分析图

上 机 练 习

练习 10-1 产品评价的尺度分析

| 素材文件：sample/Chap10/yagao.sav |
| 多媒体教学文件：视频/练习 10-1.mp4 |

数据文件 yagao.sav 记录的是某种牙膏的受试者对这种牙膏产品的评价，试对这个数据进行不相似数据的尺度分析。图 10-13 给出了其中的部分数据，完整的数据文件可见本书附赠资源的 Chap10 文件夹下的 yagao.sav 文件。

	sub	name	AquaFresh	Grest	Colgate	Aim	Gleem	Macleans	UltraBrite	CloseUp	Pepsodent	Dentagard
1	1	AquaFres	0	.	.	.	.	.	.	.	.	.
2	1	Grest	3	0	.	.	.	.	.	.	.	.
3	1	Colgate	2	1	0	.	.	.	.	.	.	.
4	1	Aim	4	2	2	0	.	.	.	.	.	.
5	1	Gleem	6	5	4	3	0	.	.	.	.	.
6	1	Macleans	5	5	4	4	3	0	.	.	.	.
7	1	UltraBri	6	6	6	5	3	3	0	.	.	.
8	1	CloseUp	6	6	6	6	2	3	2	0	.	.
9	1	Pepsoden	6	6	6	6	2	2	1	2	0	.
10	1	dentagar	7	6	4	6	4	5	5	4	5	0

图 10-13 数据文件 yagao.sav 中的部分数据

练习 10-2　对问卷调查结果进行信度分析

| 素材文件：sample/Chap10/dianshijiemu.sav |
| 多媒体教学文件：视频/练习 10-2.mp4 |

　　某电视台正在考虑是否继续某个电视节目的播出，他们组织了一次观众对这个电视节目喜爱程度的调查，共有 906 位观众接受了调查并给出了调查结果，这个电视台将根据调查结果决定是否在下一年继续这个电视节目的播出，图 10-14 给出了部分数据，0 表示不同意，1 表示同意，数据文件见本书附赠资源 Chap10 文件夹下的 dianshijiemu.sav 文件。试用信度分析方法分析此问卷能否有效地评估观众对节目的态度。

	any	bored	critics	peers	writers	director	cast
1	0	0	0	0	1	1	1
2	1	1	0	1	1	1	1
3	1	1	1	1	1	1	1
4	1	1	1	1	1	1	1
5	1	1	1	1	1	1	1
6	1	1	1	1	1	1	1
7	0	0	1	1	1	1	1
8	1	1	1	1	1	1	1
9	1	1	1	1	1	1	1
10	0	1	1	1	1	1	1

图 10-14　数据集 dianshijiemu.sav 中的部分数据

第 11 章

时间序列分析

时间序列分析是统计学的重要组成部分，其实例遍布经济学、工程学等各个领域。时间序列是指依时间顺序取得的观察资料的集合，在一个时间序列中，离散样本序列可以按相等时间间隔或不相等时间间隔获取，更多的是采用前者来实现。时间序列的特点是数据资料的先后顺序不能随意地改变，逐次的观测值通常是不独立的，而且分析时必须考虑观测资料的时间顺序，这同以前所介绍的观测资料有很大的区别。本章主要介绍时间序列分析研究中最常用的指数平滑、自回归、自回归集成移动平均及季节分解等时间序列分析方法。

实验 11-1　指数平滑模型

素材文件：sample/Chap11/wendujilu.sav、jiqixiaoshouliang.sav

多媒体教学文件：视频/实验 11-1.mp4

▶ 实验基本原理

指数平滑预测方法最早只应用于无趋势，非季节作为基本形式的时间序列的分析，经过深入研究和发展，指数平滑涉及的数据内部构成更丰富，相应的数据处理方法也更多。指数平滑法的估计是非线性的，其目标是使预测值和实测值间的均方差（MSE）为最小，其中主要有三种方法，分别是简单、Holt 线性趋势和 Winters，这些模型在其趋势和季节构成方面是不同的，根据对趋势和季节的不同假设，可从中任选一个相应的模型对不规则构成的时间序列进行平滑处理。简单法是在移动平均法基础上发展而来的一次指数平滑法，它假定所研究的时间序列数据集无趋势和季节变化。Holt 双参数线性指数平滑法适用于有线性趋势、无季节变化的时间序列的预测；Winters 线性和季节性指数平滑法适用于对含有季节性因素的时间序列的预测。在不同的模型中，有不同的参数，参数的取值范围在 0~1 之间。当参数取值为 1 时，预测值等于最近的观测值，调节参数值的大小可得到不同的预测结果，判断预测结果的好坏标准可看输出结果中方差（SSE）的大小，方差越小，预测值同实测值拟合度越高。

实验目的与要求

实验目的：通过本次实验了解时间序列数据平滑的含义及指数平滑方法的基本思想。

实验要求：熟悉 SPSS 中指数平滑过程的操作方法和过程，掌握各个选项的确切含义并能够恰当地根据实际情况进行选项设置。了解每种平滑模型所适用的情况，能够对特定的问题使用恰当的模型和方法。

实验内容及数据来源

本次实验将介绍简单法和 Holt 线性趋势两种方法在 SPSS 中的实现，把 Winter 方法的实现留在习题中。我们将使用两个不同的数据集，第一个数据记录的是某化工厂化工生产过程中每分钟的温度读数，图 11-1 给出了部分数据，变量 temperam 代表的是温度的测量值，变量 minute 代表测量的时间，完整的数据可见本书附赠资源 Chap11 文件夹下的 wendujilu.sav 文件。第二个数据记录的是某工厂从 1977 年~2000 年生产机器的销售量，图 11-2 给出了部分数据，变量 sales 表示的是机器销售量，变量 YEAR 代表的是年份，完整的数据见可本书附赠资源 Chap11 文件夹下的 jiqixiaoshouliang.sav 文件。我们的实验内容是对第一个数据做简单指数平滑，对第二个数据做 Holt 指数平滑。

	temperam	minute	date_
1	26.60	1	1
2	27.00	2	2
3	27.10	3	3
4	27.10	4	4
5	27.10	5	5
6	27.10	6	6
7	26.90	7	7
8	26.80	8	8
9	26.70	9	9
10	26.40	10	10
11	26.00	11	11
12	25.80	12	12
13	25.60	13	13
14	25.20	14	14
15	25.00	15	15
16	24.60	16	16
17	24.20	17	17
18	24.00	18	18
19	23.70	19	19
20	23.40	20	20
21	23.10	21	21
22	22.90	22	22
23	22.80	23	23
24	22.70	24	24

	sales	YEAR_	DATE_
1	143.00	1977	1977
2	152.00	1978	1978
3	161.00	1979	1979
4	139.00	1980	1980
5	137.00	1981	1981
6	174.00	1982	1982
7	142.00	1983	1983
8	141.00	1984	1984
9	162.00	1985	1985
10	180.00	1986	1986
11	164.00	1987	1987
12	171.00	1988	1988
13	206.00	1989	1989
14	193.00	1990	1990
15	207.00	1991	1991
16	218.00	1992	1992
17	229.00	1993	1993
18	225.00	1994	1994
19	204.00	1995	1995
20	227.00	1996	1996
21	223.00	1997	1997

图 11-1　数据集 wendujilu.sav 中的部分数据　　　图 11-2　数据集 jiqixiaoshouliang.sav 中的部分数据

实验操作指导一

该实验分为两部分。第一部分的操作步骤如下：

01 选择"文件｜打开｜数据"命令，打开 wendujilu.sav 数据表。

02 选择"分析｜时间序列预测｜创建传统模型"命令，弹出"时间序列建模器"对话框，如图 11-3 所示。在左侧变量框中选择 temperam（温度），单击 ➡ 按钮将其选入右侧的"因变量"列表框中。

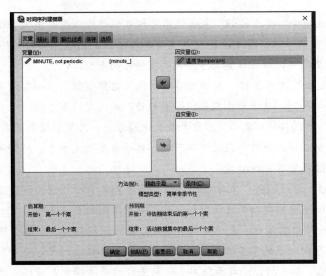

图 11-3　"时间序列建模器"对话框

在"方法"下拉列表中选择要使用的模型，这里我们选择"指数平滑"选项。单击"条件"按钮，弹出"时间序列建模器：指数平滑条件"对话框，在"模型类型"选项组中选中"非季节性"下的"简单"单选按钮，如图 11-4 所示。

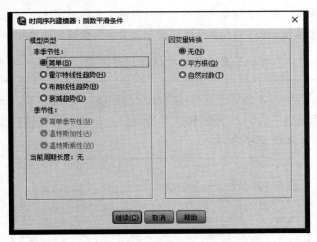

图 11-4　"时间序列建模器：指数平滑条件"对话框

对话框选项设置/说明

"时间序列建模器：指数平滑条件"对话框用于设定指数平滑模型的类型和因变量的形式。这也是指数平滑法的精髓之所在，具体内容包括：

"模型类型"选项组用于设定指数平滑模型的类型，包括"非季节性"和"季节性"两大类模型。

● 非季节性的指数平滑模型有 4 种形式。

◆ "简单"单选按钮：表示使用简单指数平滑模型，该模型适用于没有趋势或季节性的序列，其唯一的平滑参数是水平，且与 ARIMA 模型极为相似。

◆ "霍尔特线性趋势"单选按钮：表示使用霍特线性趋势模型，该模型适用于具有线性趋势并没有季节性的序列，其平滑参数是水平和趋势，不受相互之间值的约束。Holt 模型比 Brown 模型更通用，但在计算大序列时要花的时间更长。

◆ "布朗线性趋势"单选按钮：表示使用布朗线性趋势模型，该模型适用于具有线性趋势并没有季节性的序列，其平滑参数是水平和趋势，并假定二者等同。

◆ "衰减趋势"单选按钮：表示使用阻尼指数平滑方法，此模型适用于具有线性趋势的序列，且该线性趋势正逐渐消失并且没有季节性，其平滑参数是水平、趋势和阻尼趋势。

● 季节性的指数平滑模型有三种形式。

◆ "简单季节性"单选按钮：表示使用简单季节性指数平滑模型，该模型适用于没有趋势并且季节性影响随时间变动保持恒定的序列，其平滑参数是水平和季节。

◆ "温特斯加性"单选按钮：表示使用冬季加法指数平滑模型，该模型适用于具有线性趋势且不依赖于序列水平的季节性效应的序列，其平滑参数是水平、趋势和季节。

◆ "温特斯乘性"单选按钮：表示使用冬季乘法指数平滑模型，该模型适用于具有线性趋势和依赖于序列水平的季节性效应的序列，其平滑参数是水平、趋势和季节。

"因变量转换"选项组用于对因变量进行转换设置。

● "无"单选按钮：表示在指数平滑模型中使用因变量的原始数据。

● "平方根"单选按钮：表示在指数平滑模型中使用因变量的平方根。

● "自然对数"单选按钮：表示在指数平滑模型中使用因变量的自然对数。

其中，"平方根"和"自然对数"要求原始数据必须为正数。

---

03 打开"统计"选项卡，选中"按模型显示拟合测量、杨-博克斯统计和离群值数目"复选框，在"拟合测量"选项组中选中"平稳 R 方"复选框，在"用于比较模型的统计"选项组中选中"拟合优度"复选框，如图 11-5 所示。

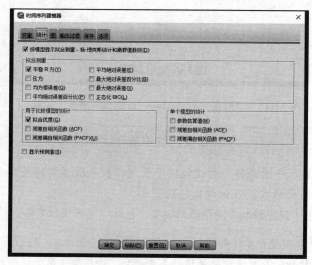

图 11-5 "时间序列建模器"对话框"统计"选项卡

对话框选项设置/说明

"时间序列建模器"对话框的"统计"选项卡主要用于设定时间序列建模器输出的统计量。

"按模型显示拟合测量、杨-博克斯统计和离群值数目"复选框用于设定时间序列建模器输出模型的拟合度量、Ljung-Box 统计量和离群值的数量，且只有选中该复选框，"拟合测量"选项组才能被激活。

"拟合测量"选项组用于时间序列建模器指定输出拟合度量的统计量表，具体包括"平稳 R 方""R 方""均方根误差""平均绝对误差百分比""平均绝对误差""最大绝对误差百分比""最大绝对误差"和"正态化 BIC" 8 种统计量。

- "平稳 R 方"：表示输出平稳的 R 方统计量。该统计量用于比较模型中的固定成分和简单均值模型的差别，取正值时表示模型要优于简单均值模型。
- "R 方"：表示输出模型的 R 方统计量。该统计量表示模型所能解释的数据变异占总变异的比例，其中当时间序列含有趋势或季节成分时，平稳的 R 方统计量要优于 R 方统计量。
- "均方根误差"：表示输出模型的均方误差统计量。该统计量衡量模型预测值与原始值的差异大小，即残差的标准差，度量单位与原数据一致。
- "平均绝对误差百分比"：表示输出平均绝对误差百分比统计量。该统计量类似于均方误差统计量，但该统计量无度量单位，可用于比较不同模型的拟合情况。
- "平均绝对误差"：表示输出模型的平均绝对误差统计量。
- "最大绝对误差百分比"：表示输出模型的最大绝对误差百分比统计量，即以比例形式显示最大的预测误差。
- "最大绝对误差"：表示输出模型的最大绝对误差统计量。
- "正态化 BIC"：表示输出标准的 BIC 统计量。该统计量基于均方误差统计量，并考虑了模型的参数个数和序列数据个数。

"用于比较模型的统计"选项组用于设定输出比较模型的统计量。

- "拟合优度"复选框：表示将每个模型拟合优度的统计量显示到一张表格中进行比较。
- "残差自相关函数"复选框：表示输出模型的残差序列的自相关函数及百分位点。
- "残差偏自相关函数"复选框：表示输出模型的残差序列的偏相关函数及百分位点。

"单个模型的统计"选项组用于对个别模型设定输出统计量。

- "参数估算值"复选框：表示出模型的参数估算值。
- "残差自相关函数"复选框：表示输出模型的残差序列的自相关函数及置信区间。
- "残差偏自相关函数"复选框：表示输出模型的残差序列的偏相关函数及置信区间。

"显示预测值"复选框表示显示模型的预测值及其置信区间。

---

04 打开"图"选项卡，在"单个模型的图"选项组中选中"序列"复选框，在"每个图显示的内容"选项组中选中"实测值"和"预测值"复选框，如图 11-6 所示。

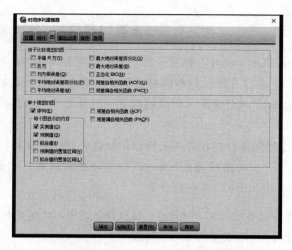

图 11-6 "时间序列建模器"对话框"图"选项卡

对话框选项设置/说明

"时间序列建模器"对话框的"图表"选项卡主要用于设定输出模型拟合统计量、自相关函数及序列值（包括预测值）的图。包括"用于比较模型的图"组和"单个模型的图"选项组。

"用于比较模型的图"选项组用于设定输出所有模型的拟合统计量和自相关函数的图，每个选项分别生成单独 的图。

SPSS 25.0 可输出图表的统计量有平稳 R 方、R 方、均方根误差、平均绝对误差百分比、平均绝对误差、最大绝对误差百分比、最大绝对误差、正态化 BIC、残差自相关函数及残差偏自相关函数。

"单个模型的图"选项组用于设定输出单个模型的拟合统计量和自相关函数的图。只有选中"序列"复选框，才可获取每个模型的预测值的图，包括实测值、预测值、拟合值、预测值的置信区间、拟合值的置信区间、残差自相关函数及残差偏自相关函数。

05 打开"输出过滤"选项卡，选中"在输出中包括所有模型"单选按钮，如图 11-7 所示。

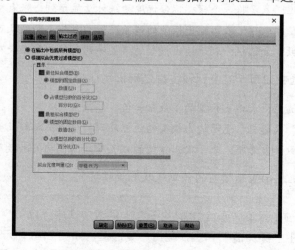

图 11-7 "时间序列建模器"对话框"输出过滤"选项卡

对话框选项设置/说明

"时间序列建模器"对话框中的"输出过滤"选项卡主要用于设定输出的模型。

"在输出中包括所有模型"单选按钮表示输出结果中包含所有设定的模型。

"根据拟合优度过滤模型"单选按钮表示仅输出满足设定的拟合优度条件的模型。只有选中该单选按钮的情况下,"显示"选项组才会被激活。

"显示"选项组用于设定输出模型所满足的拟合优度条件。

- "最佳拟合模型"复选框:表示输出拟合优度最好的模型,可以设定满足条件的模型的数量或百分比。选中"模型的固定数目"单选按钮,表示输出固定数量的拟合优度最好的模型,并在"数值"文本框中指定模型的数目;选中"占模型总数的百分比"单选按钮,表示输出一定比例于总数的拟合优度最好的模型,并在"百分比"文本框中指定输出的百分比。

- "最差拟合模型"复选框:表示输出拟合优度最差的模型,可以设定满足条件的模型的数量或百分比。选中"模型的固定数目"单选按钮,表示输出固定数量的拟合优度最差的模型,并在"数值"文本框中指定模型的数目;选中"占模型总数的百分比"单选按钮,表示输出一定比例于总数的拟合优度最差的模型,并在"百分比"文本框中指定输出的百分比。

- "拟合优度测量"下拉列表:用于指定衡量模型拟合优度的具体统计量,含有平稳 R 方、R 方、均方根误差、平均绝对误差百分比、平均绝对误差、最大绝对误差百分比、最大绝对误差及正态化 BIC 统计。

---

06 打开"保存"选项卡,在"保存变量"选项组中选中"预测值""置信区间下限""置信区间上限"和"噪声残值"4 个复选框,如图 11-8 所示。

图 11-8 "时间序列建模器"对话框"保存"选项卡

对话框选项设置/说明

"时间序列建模器"对话框的"保存"选项卡主要用于将模型预测值另存为活动数据文件中的新变量,也可以将模型规格以 XML 格式保存到外部文件中。

"保存变量"选项组用于将模型预测值、置信区间上下限和残差另存为活动数据集中的新变量。在"描述"列表中有四类保存对象：预测值、置信区间的上限、置信区间的下限和噪声残值。选中每一类保存对象后面的"保存"复选框就可以保存新变量。只有选择"保存"复选框后，"变量名前缀"方可被激活以供更改。

设定"保存"后，每个因变量都会保存的一组新变量，每个新变量都包含估计期和预测期的值。另外，如果预测期超出了该相依变量序列的长度，则增加新个案。

"导出模型文件"选项组用于将所有估计模型的模型规格以 XML 格式导出到指定的文件中。可以在"XML 文件"文本框中输入框中指定文件路径，或者单击"浏览"按钮打开指定文件路径保存文件。

07 单击"继续"按钮，返回"时间序列建模器"对话框。打开"选项"选项卡，在"预测期"选项组中选中"评估期结束后的第一个个案到指定日期之间的个案"单选按钮，并在"分钟"文本框中输入"121"，如图 11-9 所示。

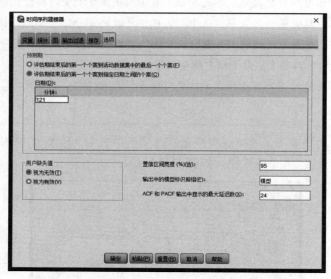

图 11-9　"时间序列建模器"对话框"选项"选项卡

对话框选项设置/说明

"时间序列建模器"对话框的"选项"选项卡主要用于设置预测期、指定缺失值的处理方法、设置置信区间宽度、指定模型标识前缀以及设置为自相关显示的延迟最大阶数，包括：

"预测期"选项组用于设定预测期间。

- "评估期结束后的第一个个案到活动数据集中的最后一个个案"单选按钮：表示预测范围从模型估计期所用的最后一个数据开始到活动数据集中的最后一个个案为止。一般当估计模型所用的数据并非全部数据时选择此项，以便将模型预测值与实际值进行比较，进而评估模型的拟合情况。

- "评估期结束后的第一个个案到指定日期之间的个案"单选按钮：表示预测范围从模型估计期所用的最后一个数据开始到用户指定的预测期为止，常用来预测超过当前数据集的时间范围的个案。在"日期"列表框中指定预测范围的最终日期。如果已经定义了时间变量，则"日期"列表框中会显示定义的日期格式；如果没有定义时间变量，则"日期"列表框中仅显示"观测"文本框，只需要在"观测值"中输入相应的记录号。本例中在"预测期"选项组中选中"评估期结束后的第一个个案到指定日期之间的个案"单选按钮，并在"分钟"文本框中输入"121"。

"用户缺失值"选项组用于指定缺失值的处理方法。

- "视为无效"单选按钮：表示把缺失值当作系统缺失值处理，视为无效数据。
- "视为有效"单选按钮：表示把缺失值视为有效数据。

"置信区间宽度"文本框用于指定模型预测值和残差自相关的置信区间，输入范围为 0～99 的任何正数，系统默认 95% 的置信区间。

"输出中的模型标识前缀"文本框用于指定模型标识前缀。"变量"选项卡中指定的每个因变量都可带来一个单独的估计模型，且模型都用唯一名称区别，名称由可定制的前缀和整数后缀组成。

"ACF 和 PACF 输出中显示的最大延迟数"文本框用于指定自相关函数和偏相关函数的最大延迟阶数。

计算机运行完成后得到的结果如图 11-10 所示。

▶ 实验结论一

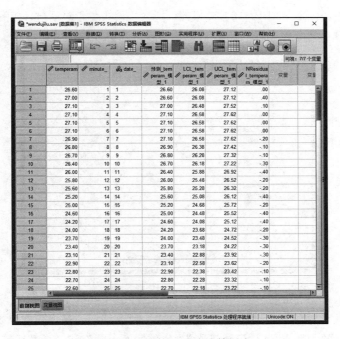

图 11-10 指数平滑结果数据表

▶ 实验操作指导二

实验的第二部分的操作步骤如下：

01 选择"文件 | 打开 | 数据"命令，打开 jiqixiaoshouliang.sav 数据表。

02 选择"分析｜时间序列预测｜创建传统模型"命令，弹出"时间序列建模器"对话框，如图 11-11 所示。在左侧变量框中选择"sales（销售量）"，单击 按钮将其选入右侧的"因变量"列表框中。在"方法"下拉列表中选择要使用的模型，这里我们仍然选择"指数平滑"选项。

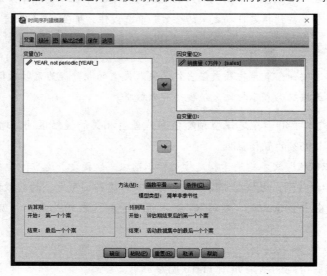

图 11-11 "时间序列建模器"对话框

单击"条件"按钮，弹出"时间序列建模器：指数平滑条件"对话框，如图 11-12 所示，在"模型类型"选项组中选中"非季节性"下的"霍尔特线性趋势"单选按钮。

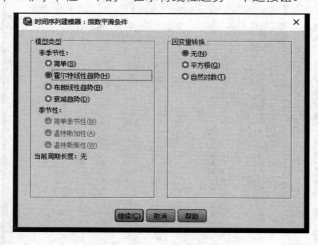

图 11-12 "时间序列建模器：指数平滑条件"对话框

03 单击"继续"按钮返回"时间序列建模器"对话框。打开"保存"选项卡，在"保存变量"选项组中选中"预测量""置信区间下限""置信区间上限"和"噪声残值"4 个复选框，可以参照图 11-8，这里就不再赘述了。

04 这里我们采用系统的默认设置，读者在实际操作中可以更加灵活一些，尝试不同的设置方式。单击"确定"按钮进入计算分析。

计算机运行完成后得到的结果如图 11-13 所示。

实验结论二

图 11-13　指数平滑结果数据表

　　需要注意的是，本次实验所做的只是一般时间序列的初步工作，仅把原来随时间波动的数据中的波动部分尽量平滑，这里得到的平滑后的时间序列数据将被用来进行下一步的分析，后面几个实验我们将介绍几种更加精细的时间序列分析方法。

实验 11-2　自回归集成移动平均模型

素材文件：sample/Chap11/taiyangheizi.sav

多媒体教学文件：视频/实验 11-2.mp4

实验基本原理

　　自回归集成移动平均（ARIMA）模型也称为 Box-Jenkins 模型，是广泛应用于时间序列分析的常见模型，它可以用来处理包含季节趋势的时间序列。根据对时间序列特征的预先研究，可以指定三个参数用来分析时间序列，即自回归阶数（p）、差分次数（d）和移动平均阶数（q），通常模型被写作 ARIMA(p, d, q)。该方法的第一步是对数据求差分直到它是平稳的，这可以通过检查各种差分序列的相关图（包括偏相关图）直到找出一个"急速"下降于零，并且从此任何季节效应已经大大消除的序列来完成分析时间序列的随机性、平稳性及季节性。对于非季节数据，通常求一阶差分就足够了。第二步是选定一个特定的模型拟合所分析的时间序列数据，模型识别是 Box-Jenkins 方法中很重要的一环，是否合适的比较标准是对一般 ARMA 模型中的一些特征，分析其理论特征，把这种特定模型的理论特征作为鉴别实际模型的标准，观测实际资料与理论特征的接近程度，最后根据这种分类比较分析的结果来判定实际模型的类型。第三步是用时间序列的数据估计模型的参数并进行检验，以判定该模型是否恰当，如果不恰当，则返回第二步，重新选定模型。

实验目的与要求

实验目的：通过本次实验了解 ARIMA 模型的基本思想和基本特点，对比其与 ARMA 模型的区别。理解 ARIMA 模型为什么能够刻画时间序列的长期记忆性特征，以及模型中三个主要参数的含义，并能够对分析结果中的参数进行合理地解释。

实验要求：熟悉 SPSS 中 ARIMA 过程的操作步骤，熟练应用此过程对时间序列数据进行分析和处理。掌握模型设置过程中自回归阶数、差分次数及移动平均阶数三个主要参数的设置方法，对于一个特定的实际时间序列数据，能够给出正确的设置参数，从而建立正确的模型，最终应用模型做出合理的预测。

实验内容及数据来源

本次实验所用的数据来自天文观测，在 1770 年~1869 年的 100 年中，各年的太阳黑子数被记录在数据集 taiyangheizi.sav 中。图 11-14 给出了部分数据，变量 Year 表示的是年份，变量 Sunspot 表示的是观测到的太阳黑子的数目，完整的数据文件可见本书附赠资源 Chap11 文件夹下的 taiyangheizi.sav 文件。本次实验的内容是建立自回归集成移动平均模型，预测 1870 年的太阳黑子数。

	Year	Sunspot	DAY_	HOUR_	DATE_
1	1770	101	1	19	1 19
2	1771	82	1	20	1 20
3	1772	66	1	21	1 21
4	1773	35	1	22	1 22
5	1774	31	1	23	1 23
6	1775	7	2	0	2 0
7	1776	20	2	1	2 1
8	1777	92	2	2	2 2
9	1778	154	2	3	2 3
10	1779	125	2	4	2 4
11	1780	85	2	5	2 5
12	1781	68	2	6	2 6
13	1782	38	2	7	2 7
14	1783	23	2	8	2 8
15	1784	10	2	9	2 9
16	1785	24	2	10	2 10
17	1786	83	2	11	2 11
18	1787	132	2	12	2 12
19	1788	131	2	13	2 13
20	1789	118	2	14	2 14
21	1790	90	2	15	2 15
22	1791	67	2	16	2 16

图 11-14　数据集 taiyangheizi.sav 中的部分数据

实验操作指导

实验的操作步骤和操作方法如下：

01 选择"文件｜打开｜数据"命令，打开 taiyangheizi.sav 数据表。

02 选择"分析｜时间序列预测｜创建传统模型"命令，弹出"时间序列建模器"对话框，如图 11-15 所示。在左侧的变量框中选择"Sunsport"变量，单击 按钮将其选入"因变量"列表框中。

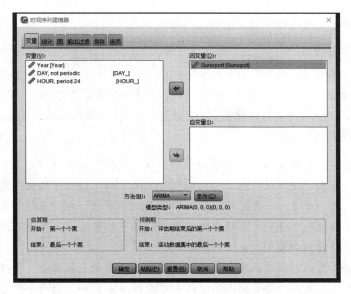

图 11-15　"时间序列建模器"对话框

在"方法"下拉列表中选择 ARIMA 选项，并单击"条件"按钮，弹出"时间序列建模器：ARIMA 条件"对话框，如图 11-16 所示。

图 11-16　"时间序列建模器：ARIMA 条件"对话框

对话框选项设置/说明

在"ARIMA 阶"选项组中允许选定自回归综合移动平均（ARIMA）模型的三个参数：自回归、差值和移动平均值，它们分别是 p、d、q 的值。如果已有一个季节模型和已在"数据"菜单的"定义日期和时间"命令中定义了数据的季节，则还可以定义相应的季节参数，以此来选定一个预测方法。默认状态下，这三个参数均为 0。但在执行程序时，这三个参数不能同时都为 0，否则运行将被终止，并出现警告信息。

在"转换"选项组中可以选择对因变量数据的转换方式。

- 无：对数据不作转换。
- 平方根：将数据转换成以原数据的平方根。
- 自然对数：将数据转换成以 e 为底的自然对数。如果指定对数转换，残差（误差）时间序列按对数结果显示，不做逆转换，则观察值减去预测值将不等于显示出的残差值，新的残差变量值可用观察值减去预测值来计算。

这里我们选择"无"，也就是不做任何转换。如果在"数据"菜单的"定义日期"命令中已经定义了周期，则还能在"季节性"的"自回归""差值"和"移动平均值"文本框中输入指定的相应季节参数。在"自回归"文本框中输入季节自回归阶数；在"差值"文本框中输入季节差异的阶数；在"移动平均值"文本框中输入季节移动平均阶数。如果没有定义周期，则不能指定这些参数。当前的周期显示在对话框的底部。

如果在回归方程中不需要包括常数项，则可不选中"在模型中包括常量"复选框。这里我们按照如图 11-16 所示进行设置，读者在实际操作中可以根据需要和上面的介绍自行设置模型的各个参数。

03 打开"统计"选项卡，选中"按模型显示拟合测量、杨-博克斯统计和离群值数目"复选框，在"拟合测量"选项组中选中"平稳 R 方"复选框，在"用于比较模型的统计"选项组中选中"拟合优度"复选框，选中"显示预测值"复选框，如图 11-17 所示。关于该选项卡中各个指标的含义在"指数平滑模型"一节中已经深入讲解，为节省篇幅，在此不再重复赘述。

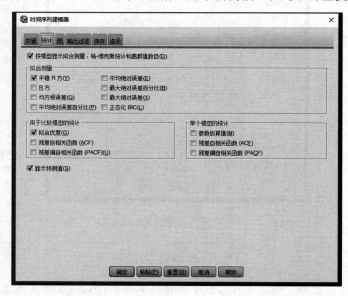

图 11-17 "时间序列建模器"对话框"统计"选项卡

04 打开"图"选项卡，在"单个模型的图"选项组中选中"序列"复选框，在"每个图显示的内容"选项组中选中"实测值"和"预测值"复选框，如图 11-18 所示。关于该选项卡中各个指标的含义在"指数平滑模型"一节中已经深入讲解，为节省篇幅，在此不再重复赘述。

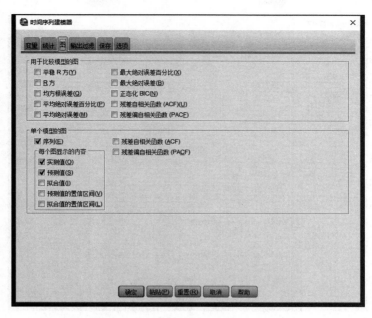

图 11-18　"时间序列建模器"对话框"图"选项卡

05 打开"输出过滤"选项卡，选中"在输出中包括所有模型"单选按钮，如图 11-19 所示。关于该选项卡中各个指标的含义在"指数平滑模型"一节中已经深入讲解，为节省篇幅，在此不再重复赘述。

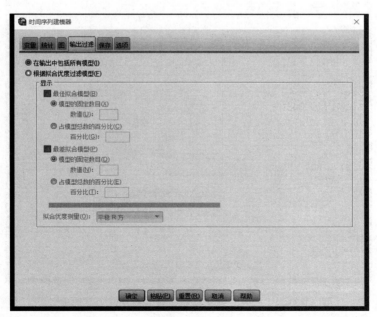

图 11-19　"时间序列建模器"对话框"输出过滤"选项卡

06 打开"保存"选项卡，在"保存变量"选项组中选中"预测量""置信区间下限""置信区间上限"和"噪声残值"4 个复选框，如图 11-20 所示。关于该选项卡中各个指标的含义在"指数平滑模型"一节中已经深入讲解，为节省篇幅，在此不再重复赘述。

图 11-20 "时间序列建模器"对话框"保存"选项卡

07 单击"继续"按钮返回"时间序列建模器"对话框。打开"选项"选项卡，如图 11-21 所示。

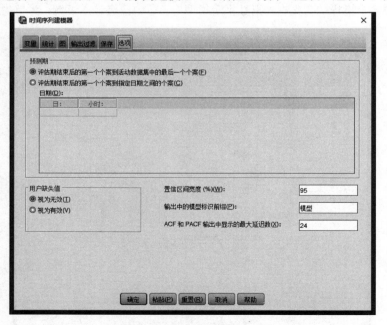

图 11-21 "时间序列建模器"对话框"选项"选项卡

在"预测期"选项组中选中"评估期结束后的第一个个案到指定日期之间的个案"单选按钮，并在"分钟"文本框中输入"121"。关于该选项卡中各个指标的含义在"指数平滑模型"一节中已经深入讲解，为节省篇幅，在此不再重复赘述。

计算机运行完成后得到的结果如图 11-22～图 11-26 所示。

⊙ 实验结论

图 11-22 是对我们在本次实验中所使用 ARIMA 模型的描述。本例中我们针对 Sunsport 变量使用的模型类型是非季节性的自回归阶数（p）、差分次数（d）和移动平均阶数（q）分别设定为1、1、0；季节性的自回归阶数（p）、差分次数（d）和移动平均阶数（q）分别设定为0、1、1。

为图 11-23 给出了模型统计量，可以看到平稳的 R 方为 0.323，杨-博克斯 Q 统计量为 33.407，自由度（DF）为 16，显著性为 0.007，离群值数为 0。

模型描述		
		模型类型
模型 ID　Sunsport　模型_1		ARIMA(1,1,0)(0,1,1)

图 11-22　模型描述

图 11-24 给出了模型拟合度情况，从中我们可以看到，平稳的 R 方是 0.323，R 方是 0.570。但从模型拟合度来看，模型的解释能力非常一般，需要对自回归阶数（p）、差分次数（d）和移动平均阶数（q）重新进行设定。

			模型统计				
		模型拟合度统计	杨-博克斯 Q(18)				
模型	预测变量数	平稳 R 方	统计	DF	显著性	离群值数
Sunsport-模型_1	0	.323	33.407	16	.007	0

图 11-23　模型统计量

模型摘要										
				模型拟合度						
						百分位数				
拟合统计	平均值	标准误差	最小值	最大值	5	10	25	50	75	90	95
平稳 R 方	.323	.	.323	.323	.323	.323	.323	.323	.323	.323	.323
R 方	.570	.	.570	.570	.570	.570	.570	.570	.570	.570	.570
RMSE	21.817	.	21.817	21.817	21.817	21.817	21.817	21.817	21.817	21.817	21.817
MAPE	112.440	.	112.440	112.440	112.440	112.440	112.440	112.440	112.440	112.440	112.440
MaxAPE	1750.662	.	1750.662	1750.662	1750.662	1750.662	1750.662	1750.662	1750.662	1750.662	1750.662
MAE	16.782	.	16.782	16.782	16.782	16.782	16.782	16.782	16.782	16.782	16.782
MaxAE	55.553	.	55.553	55.553	55.553	55.553	55.553	55.553	55.553	55.553	55.553
正态化 BIC	6.338	.	6.338	6.338	6.338	6.338	6.338	6.338	6.338	6.338	6.338

图 11-24　模型拟合度

图 11-25 给出了最终的预测，我们看到1870年的太阳黑子的预测值为101，置信区间为[59,144]。

图 11-26 给出了单个模型的图，里面包括时间序列、实测值和预测值等信息，可以更加直观地看出太阳黑子的预测情况。

预测		
模型		5 23
Sunsport-模型_1	预测	101
	UCL	144
	LCL	59

对于每个模型，预测从所请求估算期范围内的最后一个非缺失值之后开始，并结束于最后一个所有预测变量都有可用的非缺失值的周期，或者在所请求预测期的结束日期结束，以较早者为准。

图 11-25　预测

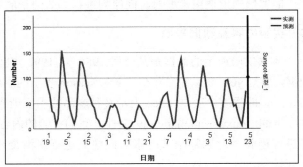

图 11-26　单个模型的图

实验 11-3　季节分解方法

| 素材文件：sample/Chap11/jiduxiaoshouliang.sav |
| 多媒体教学文件：视频/实验 11-3.mp4 |

▶ **实验基本原理**

时间序列的变化受多种因素的影响，一般可将这些因素分为以下 4 种。

- 长期趋势因素（T）：反映了某种现象在一个较长时间内的发展方向，可以在一个相当长的时间内表现出一种近似直线的持续向上、持续向下或平稳的趋势，长期趋势一旦形成，便会延续很长时间，因此对其进行预测研究具有特别重要的现实意义。
- 季节变动因素（S）：某种现象受季节变动影响所形成的一种长度和幅度固定的周期波动，许多时间序列如销售量及温度等都显示出年周期的变化。
- 周期变动因素（C）：是由于某些其他物理原因或经济原因的影响而显示出有固定周期的变化。
- 不规则变动因素（I）：是受各种偶然因素的影响所形成的不规则波动。

当将时间序列分解成长期趋势、季节变动、周期变动和不规则变动 4 个因素后，可以将时间序列 Y 看成是这 4 个因素的函数，即 $Y_t = f(T_t, S_t, C_t, I_t)$。常用的时间序列季节分解的模型有加法模型和乘法模型，加法模型为 $Y_t = T_t + S_t + C_t + I_t$，乘法模型为 $Y_t = T_t \times S_t \times C_t \times I_t$。相对而言，乘法模型比加法模型用得更多，在乘法模型中，时间序列值和长期趋势用绝对值表示，季节变动、周期变动和不规则变动用相对值（百分数）表示。

▶ **实验目的与要求**

实验目的：通过本次实验了解时间序列中季节因素的含义和出现的特征，理解季节分解的基本思想和重要意义。掌握季节分解的方法和序列平滑的方法，认真体会两种季节分解模型（加法模型和乘法模型）的区别和联系。

实验要求：熟悉 SPSS 中时间序列季节分解过程的操作步骤，熟练应用此过程对含有季节因素的时间序列数据进行季节分解并能够对季节因素进行剔除。熟练掌握加法和乘法两种季节分解模型，能够恰当地选用模型对时间序列进行季节因素的剔除并且进行平滑处理。

▶ **实验内容及数据来源**

本次实验所用的数据是某公司 1986 年~1997 年间某种产品季度销售量，图 11-27 给出了部分数据，变量 year 表示的是年份，变量 season 表示的季度，只取 1、2、3、4 四个值，分别表示第一、二、三、四季度，变量 sales 表示某种产品的季度销售量，完整的数据见本书附赠资源 Chap11 文件夹下的 jiduxiaoshouliang.sav 文件。我们实验的内容是用季节分解的方法将时间序列中的季节因素进行剔除并对剔除季节因素后的序列进行平滑处理，最终得到只包含趋势和周期因素的时间序列。

	year	season	sales	year_	quarter_	date_
1	1986	1	3017.60	1986	1	Q1 1986
2	1986	2	3043.54	1986	2	Q2 1986
3	1986	3	2094.35	1986	3	Q3 1986
4	1986	4	2809.84	1986	4	Q4 1986
5	1987	1	3274.80	1987	1	Q1 1987
6	1987	2	3163.28	1987	2	Q2 1987
7	1987	3	2114.31	1987	3	Q3 1987
8	1987	4	3024.57	1987	4	Q4 1987
9	1988	1	3327.48	1988	1	Q1 1988
10	1988	2	3493.48	1988	2	Q2 1988
11	1988	3	2439.93	1988	3	Q3 1988
12	1988	4	3490.79	1988	4	Q4 1988
13	1989	1	3685.08	1989	1	Q1 1989
14	1989	2	3661.23	1989	2	Q2 1989
15	1989	3	2378.43	1989	3	Q3 1989
16	1989	4	3459.55	1989	4	Q4 1989
17	1990	1	3849.63	1990	1	Q1 1990
18	1990	2	3701.18	1990	2	Q2 1990
19	1990	3	2642.38	1990	3	Q3 1990
20	1990	4	3585.52	1990	4	Q4 1990
21	1991	1	4078.66	1991	1	Q1 1991
22	1991	2	3907.06	1991	2	Q2 1991

图 11-27　数据集 jiduxiaoshouliang.sav 中的部分数据

实验操作指导

实验的操作步骤如下：

01 选择"文件｜打开｜数据"命令，打开 jiduxiaoshouliang.sav 数据表。

02 选择"分析｜时间序列预测｜季节性分解"命令，弹出"季节性分解"对话框，如图 11-28 所示。在左侧的变量框中选择"sales"变量，单击 按钮将其选入"变量"列表框中。

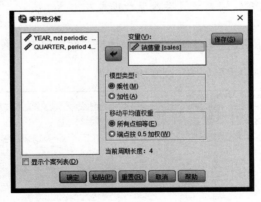

图 11-28　"季节性分解"对话框

对话框选项设置/说明

"模型类型"选项组可以根据时间序列构成的特点选用两种模型，即"乘性"（乘法模型）和 "加性"（加法模型）。在"移动平均值权重"选项组中可以指定在计算移动平均时如何对待 时间序列，有两个选项。

- 所有点相等：是计算周期跨度相等和所有点权重相等时的移动平均，常用于周期是奇数的情形。
- 端点按 0.5 加权：用相同跨度（周期+1）和端点权重乘 0.5 计算移动平均。这个选项仅当时间序 列的周期是偶数时有效。

最下面的"显示个案列表"复选框是在运算过程中对每个变量生成一行 4 个新序列值。这里我们采用系统默认选项即可，读者也可以选择其他选项，一般情况下这几个选项得到的分析结果都是十分接近的，因此选择其他选项并不影响我们的分析结果。

03 单击"保存"按钮，弹出"季节：保存"对话框，如图 11-29 所示。

图 11-29 "季节：保存"对话框

对话框选项设置/说明

在"创建变量"选项组中有 3 个选项。

- 添加到文件：将新建变量存放在原数据文件中，是系统默认的。
- 替换现有项：用新建变量数据替代数据文件中原先存在的计算结果。
- 不创建：在原数据文件中不建立新变量。

在这里我们选择第一个选项，将新变量存入原数据文件。

---

04 单击"继续"按钮回到"季节性分解"对话框，然后单击"确定"按钮，进入计算分析。计算机运行完成后得到的结果如图 11-30 所示。

	year	season	sales	year_	quarter_	date_	ERR_1	SAS_1	SAF_1	STC_1
1	1986	1	3017.60	1986	1	Q1 1986	.98512	2698.66383	1.11818	2739.42113
2	1986	2	3043.54	1986	2	Q2 1986	1.01355	2787.17429	1.09198	2749.92652
3	1986	3	2094.35	1986	3	Q3 1986	.99748	2763.94146	.75774	2770.93731
4	1986	4	2809.84	1986	4	Q4 1986	.97090	2722.45957	1.03210	2804.06932
5	1987	1	3274.80	1987	1	Q1 1987	1.03047	2928.67985	1.11818	2842.09329
6	1987	2	3163.28	1987	2	Q2 1987	1.01125	2896.82826	1.09198	2864.59798
7	1987	3	2114.31	1987	3	Q3 1987	.96847	2790.28293	.75774	2881.11122
8	1987	4	3024.57	1987	4	Q4 1987	.99829	2930.51190	1.03210	2935.52638
9	1988	1	3327.48	1988	1	Q1 1988	.98474	2975.79199	1.11818	3021.90221
10	1988	2	3493.48	1988	2	Q2 1988	1.01735	3199.21461	1.09198	3144.66545
11	1988	3	2439.93	1988	3	Q3 1988	.99607	3220.00796	.75774	3232.70093
12	1988	4	3490.79	1988	4	Q4 1988	1.02389	3382.23338	1.03210	3303.32870
13	1989	1	3685.08	1989	1	Q1 1989	.99814	3295.59663	1.11818	3301.75323
14	1989	2	3661.23	1989	2	Q2 1989	1.01733	3352.83457	1.09198	3295.73180
15	1989	3	2378.43	1989	3	Q3 1989	.95553	3138.84560	.75774	3284.94302
16	1989	4	3459.55	1989	4	Q4 1989	1.00689	3351.96488	1.03210	3329.03886
17	1990	1	3849.63	1990	1	Q1 1990	1.01800	3442.75492	1.11818	3381.89589
18	1990	2	3701.18	1990	2	Q2 1990	.98868	3389.41947	1.09198	3428.23538
19	1990	3	2642.38	1990	3	Q3 1990	1.00339	3487.18391	.75774	3475.41764
20	1990	4	3585.52	1990	4	Q4 1990	.98759	3474.01747	1.03210	3517.66154
21	1991	1	4078.66	1991	1	Q1 1991	1.01740	3647.57828	1.11818	3585.18057
22	1991	2	3907.05	1991	2	Q2 1991	.97785	3577.95764	1.09198	3658.98710
23	1991	3	2828.46	1991	3	Q3 1991	.99371	3732.75615	.75774	3756.73326
24	1991	4	4089.50	1991	4	Q4 1991	1.03390	3962.32469	1.03210	3832.38800
25	1992	1	4339.61	1992	1	Q1 1992	1.00521	3880.94795	1.11818	3860.82569
26	1992	2	4148.60	1992	2	Q2 1992	.98319	3799.15206	1.09198	3864.11645

图 11-30 季节性分解数据表

⊙ **实验结论**

图 11-30 给出了季节分解后得到的结果，我们看到在原数据的基础上增加了 4 列数据，分别是 ERR_1、SAS_1、SAF_1 和 STC_1，表示的是序列的残差因子、经过季节调整后的序列（Seasonally Adjusted Series）、季节调整因子（Seasonal Adjustment Factors）和平滑后的趋势与周期成分（Smoothed Trend-Cycle Component）。比如，对于 1986 年第一季度的销售量 3017.60，经过排除季节因素的季节调整后的销售量为 2698.66383。季节调整因子为 1.11818，需要注意的是此值越接近 1，说明季节因素越小，需要调整的幅度也越小。平滑后的趋势与周期成分为 2732.41367，这是将 SAS_1 序列又进行平滑后得到的，是最终的经过季节调整并且平滑后的时间序列，仅包含了趋势和周期的成分，这就是我们需要的最终的时间序列数据。

上 机 练 习

练习 11-1   Winters 线性平滑方法应用

| 素材文件：sample/Chap11/yingguochanzhi.sav |
| 多媒体教学文件：视频/练习 11-1.mp4 |

从实验 11-1 中我们知道，Winters 线性和季节性指数平滑方法适用于含有季节性因素的时间序列的预测。数据 yingguochanzhi.sav 中记录了按千人计的英国 1955 年~1969 年间的季度失业人数及国内生产总值，图 11-31 给出了部分数据，变量 un 代表失业人数，变量 gdp 代表国内生产总值，完整的数据见本书附赠资源 Chap11 文件夹下的 yingguochanzhi.sav 文件。试用 Winters 方法对数据进行指数平滑并预测 1970 年第 4 季度的失业人数和国内生产总值。

	year	season	un	gdp	year_	quarter_	date_
1	1955	1	225.00	81.37	1955	1	Q1 1955
2	1955	2	208.00	82.60	1955	2	Q2 1955
3	1955	3	201.00	82.30	1955	3	Q3 1955
4	1955	4	199.00	83.00	1955	4	Q4 1955
5	1956	1	207.00	82.87	1956	1	Q1 1956
6	1956	2	215.00	83.60	1956	2	Q2 1956
7	1956	3	240.00	83.33	1956	3	Q3 1956
8	1956	4	245.00	83.53	1956	4	Q4 1956
9	1957	1	295.00	84.27	1957	1	Q1 1957
10	1957	2	293.00	85.50	1957	2	Q2 1957

图 11-31   数据集 yingguochanzhi.sav 中的部分数据

练习 11-2   ARIMA 模型应用

| 素材文件：sample/Chap11/chukouzonge.sav |
| 多媒体教学文件：视频/练习 11-2.mp4 |

我国 90 年代以来出口额增长迅速，数据 chukouzonge.sav 给出了我国 1993 年~2002 年的出口

总额的月度数据，图 11-32 给出了部分数据，变量 sum 代表的就是出口总额。试使用 ARIMA 模型分析 1993~2002 年的出口总额数据，并对 2003 年的出口总额做出预测，完整的数据见本书附赠资源 Chap11 文件夹下的 chukouzonge.sav 文件。

	year_	month_	sum
1	1993	1	3356681911.00
2	1993	2	5823356915.00
3	1993	3	6906624609.00
4	1993	4	6894716276.00
5	1993	5	7212988498.00
6	1993	6	6950400462.00
7	1993	7	7624961784.00
8	1993	8	7636361607.00
9	1993	9	8832488965.00
10	1993	10	8045989551.00
11	1993	11	8944075629.00
12	1993	12	13515358927.00
13	1994	1	4880779280.00
14	1994	2	5733204408.00
15	1994	3	8488327400.00

图 11-32　数据集 chukouzonge.sav 中的部分数据

练习 11-3　对季度数据进行分析

 多媒体教学文件：视频/练习 11-3.mp4

运用上一题（练习 11-2）的数据，首先将月度数据转换成季度数据，然后运用季节分解方法对季度数据进行分析，最后输出经过季节调整并且平滑后的时间序列数据。

第12章

生 存 分 析

生存分析最早可追溯至 19 世纪的死亡寿命表,但现代的生存分析则开始于 20 世纪 30 年代工业科学中的相关应用。第二次世界大战极大地提高了人们对武器装备可靠性的研究兴趣,这一研究兴趣延续到战后对武器装备及商品的可靠性研究。此时生存分析的大多数研究工作都集中在参数模型,直至 20 世纪 60~70 年代,随着医学研究中大量临床试验的出现,对于生存分析的研究开始转向非参数统计方法。现在,生存分析方法在各个领域得到了广泛的应用,而这一方法本身也得到了飞速的发展。生存分析广泛应用于生物医学、工业、社会科学、商业等领域,如肿瘤患者经过治疗后生存的时间、电子设备的寿命、罪犯假释的时间、婚姻的持续时间、保险人的索赔等。这类问题的数据特点是在研究期结束时,所要研究的事件还没有发生,或过早终止,使得要收集的数据发生缺失,这样的数据即称为生存数据。生存分析就是要处理、分析生存数据。

实验 12-1　生命表分析

素材文件:sample/Chap12/yinshiyuzhongliu.sav
多媒体教学文件:视频/实验 12-1.mp4

▶ 实验基本原理

生命表反映的是一代人在整个生命历程中的死亡过程,即在某个特定的年龄段内有多少人死亡,通过计算可以得知人群在该时点的死亡概率为多少、预期寿命为多少等。生命表的基本思想是将整个观测时间划分为很多小的时间段,对于每个时间段,计算所有活到某时间段起点的病例在该时间段内死亡(出现结局)的概率。因此,当资料是按照固定的时间间隔收集(如一个月随访一次)时,随访结果只有该年或该月期间的若干观察人数、发生失效事件人数(出现预期观察结果的人数)和截尾人数(删失人数),每位患者的确切生存时间无法知道,就需要构造生命表进行分析。生命表用于大样本，并且对生存时间的分布不限，是目前广泛应用的一种非参数分析方法。

生命表中最重要的概念是生存时间，通常用下面三种函数来描述。

- 生存函数：在线性刻度上显示累积生存函数，指的是个体生存时间长于某时间 t 的概率。
- 概率密度函数：指的是生存函数的概率密度函数。
- 危险度函数：在线性刻度上显示累积风险函数，又称为风险函数、危险率函数等，指的是年龄为 t 的个体在 t 时刻死亡这个事件的概率密度函数。

这三个函数在数学上是等价的，给出一个就能推出另外两个。

在 SPSS 官方网站的简体中文帮助文档《*IBM_SPSS_Advanced_Statistics*》中，对于寿命表分析的应用条件和相关过程还进行了特别指导。数据方面，寿命表分析要求时间变量是定量的，状态变量是以整数编码的二分变量或分类变量，事件编码为单值或一段连续值范围，因子变量是以整数编码的分类变量。假设条件方面，用户所关心事件的概率只取决于初始事件之后的时间（假设绝对时间下的概率不变），即从不同时间开始研究的个案（如从不同时间开始接受治疗的患者）应有相似的行为。已审查的个案和未审查的个案之间也不应存在系统性差别。例如，如果许多已审查的个案都是情况更为严重的患者，则得到的结果可能会存在偏差。相关过程方面，"寿命表"过程对此类分析（通常称为"生存分析"）使用保险精算方法。"Kaplan-Meier 生存分析"过程使用略有不同的方法计算寿命表，此方法不依赖于将观察期划分为较小的时间区间。如果用户获得的观察值数量较少，则建议使用此方法，这样每个生存时间区间内将只有较少数量的观察值。如果用户怀疑变量与要控制的生存时间或变量（协变量）相关，则应使用"Cox 回归"过程。如果同一个个案中协变量在不同的时间点可以具有不同的值，则应使用带有"依时协变量"的"Cox 回归"。

▶ 实验目的与要求

实验目的：通过本次实验了解生存分析的基本概念和生命表的构造方法，理解生命表中的生存时间的确切含义。掌握三种度量生存时间函数的计算原理和计算方法，能够对生命表中的各项分析结果给出合理的解释。

实验要求：熟悉 SPSS 中生命表分析的过程和方法，能够熟练应用此过程对实际医学中的生存数据或工业中的原件寿命数据等建立生命表。掌握比较生命表中个体生存时间是否有显著性差异的检验方法，能够对生存时间进行假设检验，从而挖掘出生存数据中的有效信息。

▶ 实验内容及数据来源

本次实验的数据来自医学实验，有位科学工作者研究了饮食与肿瘤之间的关系，他将同种同龄的 90 只老鼠分成 3 组，在环境相同的情况下，分别给予低脂饮食（Low-fat）、饱和饮食（Saturated）和不饱和饮食（Unsaturated），并对每只老鼠的脚趾注射等量的肿瘤细胞。观测这些老鼠 200 天，在这段时间内，有些老鼠偶然死亡并且没有发现肿瘤，还有一些老鼠在观测结束时仍然没有肿瘤。图 12-1 给出了部分数据，其中的变量有 id（实验鼠编号），food（有三种不同的喂养方式，1 表示 Low-fat（低脂饮食）、2 表示 saturated（饱和饮食）、3 表示 unsaturated（不饱和饮食）），status（观测量状态，0 表示 died（已死亡）、1 表示 censored（删失数据）），time（生存的时间（天））。完整的数据可见本书附赠资源 Chap12 文件夹下的"yinshiyuzhongliu.sav"文件。我们实验的内容是做出不同喂养方式下的生存时间表，比较不同喂养方式下生存的时间是否有显著差异。

	id	food	status	time
1	1	1	0	140
2	2	1	0	177
3	3	1	0	50
4	4	1	0	65
5	5	1	0	86
6	6	1	0	153
7	7	1	0	181
8	8	1	0	191
9	9	1	0	77
10	10	1	0	84
11	11	1	0	87
12	12	1	0	56
13	13	1	0	66
14	14	1	0	73
15	15	1	0	119
16	16	1	1	140
17	17	1	1	200
18	18	1	1	200
19	19	1	1	200
20	20	1	1	200
21	21	1	1	200
22	22	1	1	200

图 12-1 数据集 yinshiyuzhongliu.sav 中的部分数据

实验操作指导

实验的操作步骤如下：

01 选择"文件｜打开｜数据"命令，打开 yinshiyuzhongliu.sav 数据表。

02 选择"分析｜生存分析｜寿命表"命令，弹出"寿命表"对话框，如图 12-2 所示。

图 12-2 "寿命表"对话框

对话框选项设置/说明

在左侧的变量框中选择生存时间 time 变量，单击 ➡ 按钮将其选入右侧的"时间"列表框中，作为生存时间变量。需要注意的是，生存的时间可以是任何时间单位，如果在生存变量中有负数，则在分析过程中会自动将其排除。

在"显示时间间隔"选项组中确定时间的区间。在生命表中，SPSS 系统用 0 作为第一个时间区间的开始点，用户"0 到"文本框中输入所需要的最后一个时间区间的开始点，在"按"文本框中输入确定区间跨度的数值。例如，"0 到"文本框中输入 1000，在"按"文本框中输入

30，就表明最后一个区间的开始点为 1000 个时间单位，从 0~1000 每 30 个时间单位为一个区间。这里我们把最后一个区间开始点设为 200，并把 20 个时间单位设为一个区间。

在左侧的变量框中选择 status 变量，单击 ![按钮] 按钮将其选入右侧的"状态"列表框中，作为状态变量，状态变量用来标定删失和非删失状态。然后在左侧的变量框中选择 food 变量，单击 ![按钮] 按钮将其选入右侧的"因子"列表框中，作为因素变量，这也是我们实验中的控制变量。

03 单击"定义事件"按钮，弹出"寿命表：为状态变量定义事件"对话框，如图 12-3 所示。

对话框选项设置/说明

该对话框中有两个选项。

- 单值：在状态变量中选择某个变量值，SPSS 系统只对该变量值的生存时间进行分析，其他未选变量值的生存时间按删失值处理。例如，在状态变量中有 0、1、2、3 共 4 种变量值，如果在该文本框中输入 2，就只对为 2 的生存时间分析，而忽略其他 3 种变量值的生存时间分析。
- 值的范围：在状态变量中选择一个变量值范围，系统只对该变量值的生存时间进行分析，其他未选变量值的生存时间按缺失值处理。例如，在状态变量中有 0、1、2、3 共 4 种变量值，如果在该文本框中输入 1 和 2，就只分析为 1 和 2 的生存时间，而忽略其他两种变量值的生存时间分析。这里我们按照图 12-3 进行设置。

---

04 单击"继续"按钮回到"寿命表"对话框。不同处理方案导致不同的结果，选择第一控制变量进入"因子"列表框中将不同的方案结果分别显示。单击"定义范围"按钮，弹出"寿命表：定义因子范围"对话框，如图 12-4 所示。

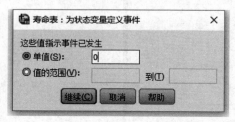

图 12-3 "寿命表：为状态变量定义事件"对话框　　图 12-4 "寿命表：定义因子范围"对话框

对话框选项设置/说明

在"最小值"和"最大值"文本框中输入数值为该变量选定值的范围。不同的变量值代表不同的分层，其他未选变量值的生存时间按缺失值处理。如果变量中有负值，则在分析过程中将被剔除。这里将"最小值"设为 1，"最大值"设为 3，是因为控制变量"food"有 1、2、3 三个取值。

---

05 单击"继续"按钮回到"寿命表"对话框。单击"选项"按钮，弹出"寿命表：选项"对话框，如图 12-5 所示。

图 12-5 "寿命表：选项"对话框

对话框选项设置/说明

"寿命表"复选框允许生成寿命表。如果不选择该项，则不生成寿命表。

在"图"选项组中可以选择生成的函数图形。

- 生存分析：以线性刻度生成累积生存函数图。
- 生存分析对数：以对数刻度生成累积生存函数图。
- 风险：以线性刻度生成累积危险函数图。
- 密度：生成密度函数图。
- 一减生存分析函数：生成一减累积生存函数图。

"比较第一个因子的级别"选项组可以选择比较控制变量中各层间的显著性差异的方式，系统使用威尔科克森（吉亨）检验。

- 无：不进行各分层的比较。
- 总体：同列比较控制变量中各分层的差异。
- 成对：配对比较控制变量中各分层的差异。

06 按照图 12-5 进行设置，用户在实际操作中读者可以根据需要自行设置。单击"继续"按钮回到"寿命表"对话框，然后单击"确定"按钮，进入计算分析。

计算机运行完成后得到的结果如图 12-6～图 12-13 所示。

实验结论

图 12-6 给出了生存分析最终的寿命表，本数据文件有 90 个观测量，表中按控制变量取值 1、2 和 3，分为三部分，每一部分表示一个生命表，分别是 low-fat（低脂饮食）、saturated（饱和饮食）、unsaturated（不饱和饮食）三种不同食物喂养情况。比如第一部分表示的是喂养低脂肪（low-fat）食物的鼠的寿命表，寿命表按照行来看，各个变量分别表示时间区间、进入区间的例数、活着退出的例数（剔除例数）、处于危险中的个数、死亡例数、死亡率、生存率、累积生存率、累积生存率标准误、危险率函数、危险率标准误。从寿命表中我们可以看出，60 天~100 天内喂养低脂肪食物的患肿瘤死亡率较高。

生存分析变量：生存时间

寿命表

一阶控制		时间间隔开始时间	进入时间间隔的数目	时间间隔内撤销的数目	有风险的数目	终端事件数	终止比例	生存分析比例	期末累积生存分析比例	期末累积生存分析比例的标准误差	概率密度	概率密度的标准误差	风险率	风险率的标准误差
食物分类	low-fat	0	30	0	30.000	0	.00	1.00	1.00	.00	.000	.000	.00	.00
		20	30	0	30.000	0	.00	1.00	1.00	.00	.000	.000	.00	.00
		40	30	0	30.000	2	.07	.93	.93	.05	.003	.002	.00	.00
		60	28	0	28.000	4	.14	.86	.80	.07	.007	.003	.01	.00
		80	24	0	24.000	3	.13	.88	.70	.08	.005	.003	.01	.00
		100	21	0	21.000	1	.05	.95	.67	.09	.002	.002	.00	.00
		120	20	0	20.000	0	.00	1.00	.67	.09	.000	.000	.00	.00
		140	20	1	19.500	2	.10	.90	.60	.09	.003	.002	.01	.00
		160	17	0	17.000	1	.06	.94	.56	.09	.002	.002	.00	.00
		180	16	0	16.000	2	.13	.88	.49	.09	.004	.003	.01	.00
		200	14	14	7.000	0	.00	1.00	.49	.09	.000	.000	.00	.00
	saturated	0	30	0	30.000	0	.00	1.00	1.00					
		20	30	0	30.000	0	.00	1.00	1.00					
		40	30	0	30.000	4	.13	.87	.87	.06	.007	.003	.01	.00
		60	26	0	26.000	3	.12	.88	.77	.08	.005	.003	.01	.00
		80	23	0	23.000	6	.26	.74	.57	.09	.010	.004	.01	.01
		100	17	0	17.000	4	.24	.76	.43	.09	.007	.004	.01	.01
		120	13	0	13.000	3	.23	.77	.33	.09	.005	.003	.01	.01
		140	10	0	10.000	2	.20	.80	.27	.08	.003	.002	.01	.01
		160	8	1	7.500	1	.13	.87	.23	.08	.002	.002	.01	.01
		180	6	0	6.000	0	.00	1.00	.23	.08	.000	.000	.00	.00
		200	6	6	3.000	0	.00	1.00	.23	.08	.000	.000	.00	.00
	unsaturated	0	30	0	30.000	0	.00	1.00	1.00					
		20	30	0	30.000	0	.00	1.00	1.00					
		40	30	0	30.000	0	.00	1.00	1.00					
		60	30	0	30.000	12	.40	.60	.60	.09	.020	.004	.03	.01
		80	18	0	18.000	5	.28	.72	.43	.09	.008	.003	.02	.01
		100	13	0	13.000	7	.54	.46	.20	.07	.012	.004	.04	.01
		120	6	0	6.000	1	.17	.83	.17	.07	.002	.002	.02	.02
		140	5	0	5.000	2	.40	.60	.10	.05	.003	.002	.03	.02
		160	3	0	3.000	3	1.00	.00	.00	.00	.005	.003	.10	.02

图 12-6　生命表

图 12-7 给出了用威尔科克森（吉亨）统计方法比较不同食物喂养老鼠导致癌症的生存时间，比较控制变量中不同水平的检验统计量为 12.058，自由度（df）为 2，显著性（p）为 0.002（远小于 0.05）。从这个检验结果来看，low-fat（低脂饮食）、saturated（饱和饮食）、unsaturated（不饱和饮食）三种不同食物喂养，患癌症后所生存的时间存在显著差异。

图 12-8 给出了 low-fat（低脂饮食）、saturated（饱和饮食）、unsaturated（不饱和饮食）三种不同食物喂养鼠的寿命表生存分析时间中位数，可以发现在 low-fat（低脂饮食）条件下鼠的生存分析时间最长，中位数达到了 197.93，在 saturated（饱和饮食）条件下鼠的生存分析时间中位数达到了 110.00，在 unsaturated（不饱和饮食）条件下鼠的生存分析时间最短，中位数仅为 92。

针对控制变量的比较：food

总体比较[a]

威尔科克森（吉亨）统计	自由度	显著性
12.058	2	.002

a. 执行的是精确比较。

图 12-7　总体比较

生存分析时间中位数

一阶控制		时间中位数
食物分类	low-fat	197.93
	saturated	110.00
	unsaturated	92.00

图 12-8　生成分析时间中位数

图 12-9 给出了 low-fat（低脂饮食）、saturated（饱和饮食）、unsaturated（不饱和饮食）三种不同食物喂养鼠的寿命表生存分析函数的对数图。从图中可以非常直观地看出，low-fat（低脂饮食）生存分析函数的对数在最上方，然后是 saturated（饱和饮食）生存分析函数的对数，最下面的是 unsaturated（不饱和饮食）生存分析函数的对数，这一结论与寿命表生存分析时间中位数的结果一致。

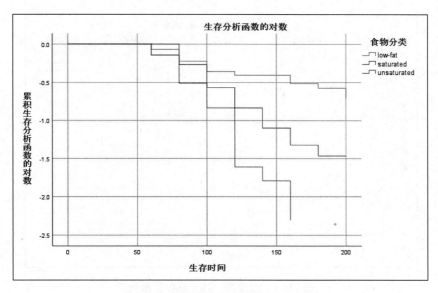

图 12-9　寿命表生存分析函数的对数

图 12-10 给出了 low-fat（低脂饮食）、saturated（饱和饮食）、unsaturated（不饱和饮食）三种不同食物喂养鼠的寿命表生存分析函数。从图中可以非常直观地看出，low-fat（低脂饮食）生存分析函数在最上方，然后是 saturated（饱和饮食）生存分析函数，最下面的是 unsaturated（不饱和饮食）生存分析函数，与寿命表生存分析函数的对数中的表现结果一致。

图 12-11 给出了 low-fat（低脂饮食）、saturated（饱和饮食）、unsaturated（不饱和饮食）三种不同食物喂养鼠的寿命表一减生存分析函数。该图是对寿命表生存分析函数进行的一减函数处理，展现的方向恰好相反。从图中可以非常直观地看出，low-fat（低脂饮食）一减生存分析函数在最下方，然后是 saturated（饱和饮食）一减生存分析函数，最上面的是 unsaturated（不饱和饮食）一减生存分析函数，与寿命表生存分析函数及生存分析函数对数中的表现结果一致。

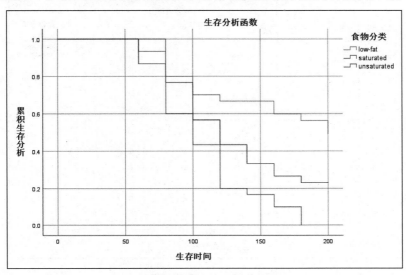

图 12-10　寿命表生存分析函数

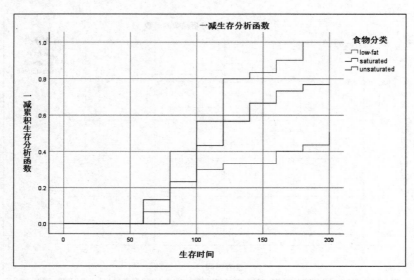

图 12-11　寿命表一减生存分析函数

　　图 12-12 给出了 low-fat（低脂饮食）、saturated（饱和饮食）、unsaturated（不饱和饮食）三种不同食物喂养鼠的寿命表密度函数。从图中可以非常直观地看出，low-fat（低脂饮食）密度函数主要在生存时间较长的区域，然后是 saturated（饱和饮食）密度函数，unsaturated（不饱和饮食）密度函数主要在生存时间较短的区域，与寿命表生存分析函数及生存分析函数对数中的表现结果一致。

　　图 12-13 给出了 low-fat（低脂饮食）、saturated（饱和饮食）、unsaturated（不饱和饮食）三种不同食物喂养鼠的寿命表风险函数图。从图中可以非常直观地看出，low-fat（低脂饮食）风险函数主要在风险系数较低的区域，然后是 saturated（饱和饮食）风险度函数，unsaturated（不饱和饮食）风险函数主要在风险系数较高的区域，与寿命表生存分析函数、生存分析函数对数及密度函数中的表现结果一致。

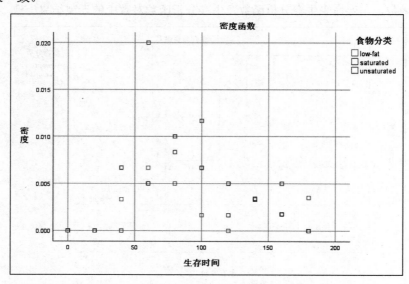

图 12-12　寿命表密度函数

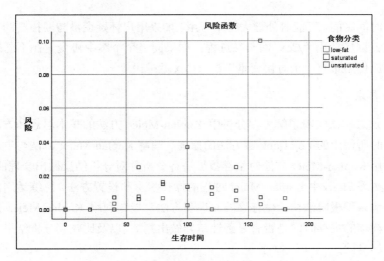

图 12-13 寿命表风险函数

实验 12-2 Kaplan-Meier 分析

| 素材文件：sample/Chap12/ shenzangzhongliu.sav |
| 多媒体教学文件：视频/实验 12-2.mp4 |

▶ **实验基本原理**

Kaplan-Meier 方法采用乘积极限法（Product-Limit Estimates）来估计生存率，同时可以对一个影响因素进行检验。它适用于以个体为单位来收集信息的未分组生存资料，是最为基本的一种生存分析方法。由于 Kaplan-Meier 过程用于样本含量较小并且不能给出特定时间点的生存率的情况，因此不用担心每个时间段内只有很少的几个观测的情况。将生存时间由小到大依次排列，在每个死亡点上计算其最初人数、死亡人数、死亡概率、生存概率和生存率。上一节的生命表方法是将生命时间分成许多小的时间段，计算该段内生存率的变化情况，分析的重点是研究总体的生存规律，而 Kaplan-Meier 过程则是计算每一"结果"事件发生时点的生存率，分析的重点除了研究总体生存规律外，往往更加热心于寻找相关影响因素。Kaplan-Meier 过程使用的检验方法包括 Log Rank 法、Breslow 法、Tarone-Ware 法等。

在 SPSS 官方网站的简体中文帮助文档《*IBM_SPSS_Advanced_Statistics*》中，对于 Kaplan-Meier 分析的应用条件和相关过程还进行了特别指导。数据方面，Kaplan-Meier 分析要求时间变量应为连续变量，状态变量可以是分类变量或连续变量，因子和层次变量应为分类变量。假设条件方面，用户所关心事件的概率应只取决于初始事件之后的时间（假设绝对时间下的概率不变），即从不同时间开始研究的个案（如从不同时间开始接受治疗的患者）应有相似的行为。已审查的个案和未审查的个案之间也不应存在系统性差别。例如，如果许多已审查的个案都是情况更为严重的患者，则得到的结果可能会存在偏差。相关过程方面，Kaplan-Meier 过程使用的计算寿命表的方法估计每个事件发生时的生存或风险函数。"寿命表"使用保险精算方法进行生存分析，该方法依赖于将观察期划分为较小的时间区间，可能对处理大样本有用。如果用户怀疑变量与要控制的生存时间或变量（协变量）相关，则应使用"Cox 回归"过程。如果同一个个案中协变量在不同的时间点可以具有不同的值，则应使用带有"依时协变量"的"Cox 回归"。

⊙ 实验目的与要求

实验目的：通过本次实验了解生存分析中 Kaplan-Meier 方法的基本思想和方法，了解这种方法在做假设检验时所使用的 Log Rank 等方法的原理。理解 Kaplan-Meier 方法与生命表方法的区别和联系，能够使用 Kaplan-Meier 方法对生存数据进行分析并对分析结果做出合理的解释。

实验要求：熟悉 SPSS 中 Kaplan-Meier 过程的操作步骤和设置方法，熟练运用此过程对生存数据进行分析。理解乘积极限法估计生存率的原理和方法，能够利用 Kaplan-Meier 过程输出的检验结果对不同组的样本的生存时间是否有显著性差异做出判断，以及比较其分析结果与用生存表分析得到的结果之间的异同。

⊙ 实验内容及数据来源

本次实验使用的数据是某医院对在不同的治疗方法下 58 例肾上腺肿瘤患者的病情资料，图 12-14 给出了部分数据。变量 id 是病人的编号；sex 是性别，1 表示男，2 表示女；age 是年龄；k 是肾脏切除情况，0 表示未切，1 表示切除；tre 表示治疗方案，1 表示化学与免疫治疗结合，2 表示其他方法；time 是生存时间；sta 是观测量的状态，0 表示缺失的数据，1 表示已经死亡。本次实验的内容是运用 Kaplan-Meier 方法对数据进行分析，求出生存时间的均值和中位数，以及 25%分位数、50%分位数和 75%分位数，检验在切除肾脏条件下两种治疗方案的结果是否有显著性 差异。

	id	sex	age	k	tre	time	st
1	1	2	53	1	1	77	0
2	2	1	69	1	1	18	1
3	3	1	61	0	1	8	1
4	4	2	52	1	1	68	1
5	5	1	46	1	1	35	1
6	6	1	55	1	1	8	1
7	7	2	62	1	1	26	1
8	8	1	53	1	1	84	1
9	9	1	70	0	1	17	1
10	10	1	48	1	1	52	1
11	11	1	58	1	1	26	1
12	12	1	61	1	1	108	0
13	13	1	77	1	1	18	1
14	14	1	56	1	1	72	1
15	15	1	55	1	1	38	1
16	16	1	50	1	1	-99	9
17	17	1	75	1	1	9	1
18	18	1	43	1	1	56	1
19	19	1	69	1	1	36	1
20	20	2	59	1	1	108	1
21	21	2	71	1	1	10	1
22	22	1	56	1	1	36	1

图 12-14　数据集"shenzangzhongliu.sav"中的部分数据

⊙ 实验操作指导

实验的操作步骤如下：

01 选择"文件｜打开｜数据"命令，打开 shenzangzhongliu.sav 数据表。

02 选择"分析｜生存分析｜Kaplan-Meier…"命令，弹出 Kaplan-Meier 对话框，如图 12-15 所示。在左侧的变量框中选择 time 变量，单击 ➡ 按钮将其选入右侧的"时间"列表框中，作为时间变量。再分别在左侧变量框中选择 st、tre、k 变量,单击 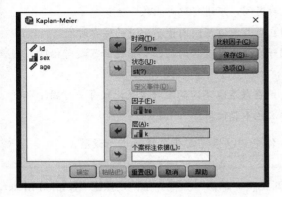 按钮将它们分别选入右侧的"状态""因子""层"列表框中,作为状态变量、控制变量、分层变量。

03 单击"定义事件"按钮,弹出"Kaplan-Meier:为状态变量定义事件"对话框,如图 12-16 所示。

图 12-15 "Kaplan-Meier"对话框 　　图 12-16 "Kaplan-Meier:为状态变量定义事件"对话框

对话框选项设置/说明

该对话框中有 3 个单选按钮,其含义如下。

- 单值:例如,在状态变量中有 0、1、2、3 共 4 种变量值,如果在该文本框中输入 2,则只对状态值为 2 的生存时间进行分析。
- 值的范围:例如,在状态变量中有 0、1、2、3 共 4 种变量值,如果在该文本框中输入 1 和 3,则只对状态值为 1、2、3 的生存时间进行分析。
- 值的列表:例如,在状态变量中有 0、1、2、3 共 4 种变量值,如果在该文本框中输入 1 和 3,则只分析状态值为 1 和 3 的生存时间。

这里我们选中"单值"单选按钮,并在右侧的文本框中输入 1,即只分析状态值为 1(已经死亡)的变量,因为我们要考察的是治疗后的生存时间。

---

04 单击"继续"按钮回到"Kaplan-Meier"对话框。单击"比较因子"按钮,弹出"Kaplan-Meier:比较因子级别"对话框,如图 12-17 所示。

对话框选项设置/说明

在"检验统计"选项组中可以选择统计方法。

- 秩的对数:Mantel-Haenszel 检验,又称时序检验,对所有的死亡时间赋予相等的权重,比较生存分布是否相同,它对于后期差别较为敏感。
- 布雷斯洛:早死亡时间赋予较大的权重,对早期差别较为敏感。
- 塔罗内-韦尔:比较生存分布是否相同,当两个危险率函数曲线或生存曲线有交叉时,可以考虑使用 Tarone-Ware 检验。

下面几个选项可以选择比较的方式。

- 因子级别的线性趋势：如果因子水平有自然顺序（如病情的早期、中期、晚期）时，则选中该复选框做趋势检验。
- 在层之间汇聚：合并比较所有因子水平下的生存时间，不进行配对比较。
- 在层之间成对比较：如果选择了分层变量，则在每层比较不同因子水平下的生存时间。
- 针对每个层：以不同的配对方式比较每一对因子水平下的生存时间。如果选择了趋势检验，则这种方法不能使用。
- 针对每个层成对比较：如果选择了分层变量，则在每层以不同的配对方式比较每一对因子水平下的生存时间，若选择了趋势检验，则这种方法也不能使用。

这里我们按照图 12-17 进行设置。读者在实际操作中可以根据需要灵活地进行设置。

05 单击"继续"按钮回到"Kaplan-Meier"对话框。单击"保存"按钮，弹出"Kaplan-Meier：保存新变量"对话框，如图 12-18 所示。

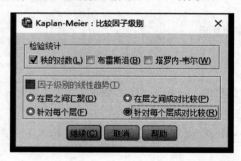
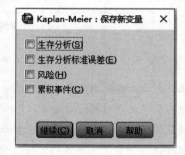

图 12-17　"Kaplan-Meier：比较因子级别"对话框　　图 12-18　"Kaplan-Meier：保存新变量"对话框

对话框选项设置/说明

该对话框中包括以下选项。

- 生存分析：表示保存累积生存概率估测值。如果没有指定变量名，则自动生成前缀带有 sur 的变量名，如 sur_1、sur_2 等。
- 生存分析标准误差：表示保存累积生存概率的标准误。如果没有指定变量名，则自动生成前缀带有 se 的变量名，如 se_1、se_2 等。
- 风险：表示保存累积危险函数估测值。如果没有指定变量名，则自动生成前缀带有 haz 的变量名，如 haz_1、haz_2 等。
- 累积事件：表示保存发生事件的累积频率。如果没有指定变量名，则自动生成前缀带有 cum 的变量名，如 cum_1、cum_2 等。

这里我们不选择任何选项，即不在数据文件中保存任何新变量。如果读者需要保存新变量，则可以自行选择选项。

06 单击"继续"按钮回到"Kaplan-Meier"对话框。单击"选项"按钮，弹出"Kaplan-Meier：选项"对话框，如图 12-19 所示。

图 12-19　"Kaplan-Meier：选项"对话框

对话框选项设置/说明

"统计"选项组中包括以下选项。

- **生存分析表**：选中该复选框，将生成一个简化的生命表，它只包括乘积限生命表、标准误、累积频数、风险例数。如果撤选该复选框，则不生成生命表，这样可以压缩输出的篇幅。

- **平均值和中位数生存分析函数**：选中该复选框，将计算生存时间的均值和中位数及其标准误和置信区间。

- **四分位数**：选中该复选框，将在输出结果时显示生存时间的 25%、50%和 75%分位数，以及它们的标准误。

在"图"选项组中可以选择生成的函数图形。

- **生存分析函数**：选中该复选框，将生成以线性刻度生成的累积生存函数图。
- **一减生存分析函数**：选中该复选框，将生成 1 减累积生存函数图。
- **风险**：选中该复选框，将生成以线性刻度生成的累积危险函数图。
- **生存分析函数的对数**：选中该复选框，将生成以对数刻度生成的累积生存函数图。

07 这里我们按照图 12-19 进行设置，然后单击"继续"按钮回到"Kaplan-Meier"对话框，单击"确定"按钮，进入计算分析。

计算机运行完成后得到的结果如图 12-20~图 12-32 所示。

⊘ 实验结论

图 12-20 展示的是个案处理摘要，可以看到我们本次参与 Kaplan-Meier 生存分析的样本个数总共为 56 个，其中 K 为 0 的样本个数为 10 个，K 为 1 的样本个数为 46 个。而在 K 为 0 的全部样本中，tre 为 1 的样本个数为 7 个，tre 为 2 的样本个数为 3 个；在 K 为 1 的全部样本中，tre 为 1 的样本个数为 29 个，tre 为 2 的样本个数为 17 个。

个案处理摘要

k	tre	总数	事件数	检剔后	
				个案数	百分比
0	1	7	7	0	0.0%
	2	3	3	0	0.0%
	总体	10	10	0	0.0%
1	1	29	25	4	13.8%
	2	17	12	5	29.4%
	总体	46	37	9	19.6%
总体	总体	56	47	9	16.1%

图 12-20　个案处理摘要

图 12-21 展示的是每一个参与 Kaplan-Meier 生存分析的相关情况，包括生存时间、状态、当前累积生存分析比例、累积事件数、其余个案数等。该生存分析表同样也是分 k 为 0 和 k 为 1 列示，同样也是在 K 为 0 的内部又分 tre 为 1 和 tre 为 2，在 k 为 1 的内部又分 tre 为 1 和 tre 为 2 分别进行列示。

生存分析表

k	tre	时间	状态	当前累积生存分析比例		累积事件数	其余个案数
				估算	标准错误		
0	1	1	6.000	1	0.857	0.132	1	6
		2	8.000	1	0.714	0.171	2	5
		3	9.000	1	0.571	0.187	3	4
		4	12.000	1	0.429	0.187	4	3
		5	15.000	1	0.286	0.171	5	2
		6	17.000	1	0.143	0.132	6	1
		7	21.000	1	0.000	0.000	7	0
	2	1	8.000	1	.	.	1	2
		2	8.000	1	.	.	2	1
		3	8.000	1	0.000	0.000	3	0
1	1	1	5.000	1	0.966	0.034	1	28
		2	5.000	0	.	.	1	27
		3	6.000	1	0.930	0.048	2	26
		4	8.000	1	0.894	0.058	3	25
		5	9.000	1	.	.	4	24
		6	9.000	1	.	.	5	23
		7	9.000	1	0.787	0.077	6	22
		8	10.000	1	0.751	0.082	7	21
		9	14.000	1	0.715	0.085	8	20
		10	18.000	1	.	.	9	19
		11	18.000	1	0.644	0.090	10	18
		12	26.000	1	.	.	11	17
		13	26.000	1	0.572	0.093	12	16

（续表）

k	tre	时间	状态	当前累积生存分析比例		累积事件数	其余个案数
				估算	标准错误		
		14	35.000	1	0.536	0.094	13	15
		15	36.000	1	.	.	14	14
		16	36.000	1	0.465	0.094	15	13
		17	38.000	1	0.429	0.094	16	12
		18	48.000	1	0.393	0.092	17	11
		19	52.000	1	.	.	18	10
		20	52.000	1	0.322	0.088	19	9
		21	56.000	1	0.286	0.085	20	8
		22	68.000	1	0.250	0.082	21	7
		23	72.000	1	0.215	0.078	22	6
		24	77.000	0	.	.	22	5
		25	84.000	1	0.172	0.073	23	4
		26	104.000	0	.	.	23	3
		27	108.000	1	0.114	.067	24	2
		28	108.000	0	.	.	24	1
		29	115.000	1	0.000	0.000	25	0
	2	1	6.000	1	0.941	0.057	1	16
		2	12.000	1	.	.	2	15
		3	12.000	1	0.824	0.092	3	14
		4	14.000	1	0.765	0.103	4	13
		5	16.000	1	.	.	5	12
		6	16.000	1	0.647	0.116	6	11
		7	20.000	1	.	.	7	10
		8	20.000	1	.	.	8	9
		9	20.000	1	0.471	0.121	9	8
		10	25.000	0	.	.	9	7
		11	25.000	0	.	.	9	6
		12	26.000	1	0.392	0.124	10	5
		13	28.000	0	.	.	10	4
		14	30.000	1	0.294	0.126	11	3
		15	40.000	1	0.196	0.116	12	2
		16	70.000	0	.	.	12	1
		17	181.000	0	.	.	12	0

图 12-21 生存分析表

图 12-22 给出了生存时间的均值和中位数的估计值、置信区间等。我们可以看到，k 为 0（表示肾脏已切除）、tre 为 1（表示采用化学与免疫治疗结合）时，均值的估计值是 12.571，95%的置

信区间为（8.585,16.558）；中位数为 12，95%的置信区间为（4.301,19.699）。相比之下，k 为 0
（肾脏没有切除）、tre 为 1 时，均值估计值为 46.217，中位数估计值为 36，均明显高于肾脏切除
者的生存时间。读者可以将其他各个情况进行比较，可以从直观上判断一下肾脏切除和不同治疗方
法对病人生存时间的影响。

| | | 平均值[a] | | | | 中位数 | | | |
k	tre	估算	标准 错误	95% 置信区间 下限	95% 置信区间 上限	估算	标准 错误	95% 置信区间 下限	95% 置信区间 上限
0	1	12.571	2.034	8.585	16.558	12.000	3.928	4.301	19.699
	2	8.000	.000	8.000	8.000	8.000			
	总体	11.200	1.555	8.152	14.248	8.000	.949	6.141	9.859
1	1	46.217	7.154	32.194	60.240	36.000	7.908	20.500	51.500
	2	52.392	18.232	16.657	88.128	20.000	4.749	10.692	29.308
	总体	47.414	7.698	32.326	62.503	30.000	6.982	16.316	43.684
总体	总体	40.825	6.579	27.929	53.720	20.000	3.606	12.932	27.068

生存分析时间的平均值和中位数

a. 如果已对生存分析时间进行检剔，那么估算将限于最大生存分析时间。

图 12-22　生存分析时间的平均值和中位数

图 12-23 给出了生存变量的 25%、50%和 75%的分位数，从中我们可以看到更详细的病人不同
状态和不同治疗方法对生存时间的影响。

百分位数

| | | 25.0% | | 50.0% | | 75.0% | |
k	tre	估算	标准 错误	估算	标准 错误	估算	标准 错误
0	1	17.000	2.315	12.000	3.928	8.000	1.793
	2	8.000	.	8.000	.	8.000	.
	总体	15.000	3.795	8.000	.949	8.000	.791
1	1	72.000	16.537	36.000	7.908	14.000	3.404
	2	40.000	8.277	20.000	4.749	16.000	2.627
	总体	68.000	12.163	30.000	6.982	14.000	2.962
总体	总体	52.000	14.250	20.000	3.606	10.000	1.614

图 12-23　百分位数

图 12-24 给出了成对比较结果，我们可以看到，在病人肾脏切除（k 的值为 1）情况下，两种
治疗方法的 Log Rank 检验统计量的值为 0.110，显著性水平的 p 值为 0.741（>0.05），我们可以认
为两种治疗方法下的病人的生存时间存在显著性差异。同样地，在病人肾脏不切除的情况下，两种
治疗方法下的病人生存时间也存在显著性差异。

因此，我们可以得出结论，两种治疗方法对于病人生存时间的影响的差异是显著的。

成对比较

| | | | 1 | | 2 | |
	k	tre	卡方	显著性	卡方	显著性
Log Rank (Mantel-Cox)	0	1			2.440	.118
		2	2.440	.118		
	1	1			.110	.741
		2	.110	.741		

图 12-24　成对比较结果

图 12-25 给出了 k 为 0 时，也就是说肾脏切除情况为未切时，治疗方案 1 化学与免疫治疗结合及治疗方案 2 其他方法的生存分析函数。从图中可以非常直观地看出，在时间刚开始的时候，治疗方案 1 化学与免疫治疗结合以及治疗方案 2 其他方法的生存分析函数走势都是呈横向直线不变趋势，但是在发生一段时间后，治疗方案 2 其他方法的生存分析函数迅速直线下降至 0，而治疗方案 1 化学与免疫治疗结合的生存分析函数则呈阶梯式缓慢下滑趋势，直至在发生较长时间后下降至 0。

图 12-26 给出了 k 为 0 时，也就是说肾脏切除情况为未切时，治疗方案 1 化学与免疫治疗结合以及治疗方案 2 其他方法的一减生存分析函数。从图中可以非常直观地看出，在时间刚开始的时候，治疗方案 1 化学与免疫治疗结合以及治疗方案 2 其他方法的一减生存分析函数走势都是呈横向直线不变趋势，但是在发生一段时间后，治疗方案 2 其他方法的一减生存分析函数迅速直线上升至 1，而治疗方案 1 化学与免疫治疗结合的一减生存分析函数则呈阶梯式缓慢上升趋势，直至在发生较长时间后上升至 1。

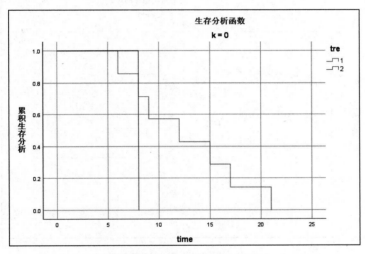

图 12-25　k 为 0 时生存分析函数

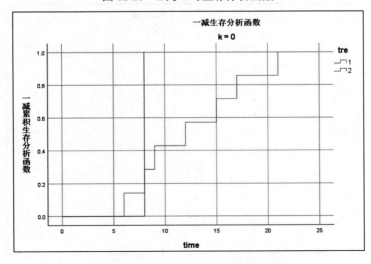

图 12-26　k 为 0 时一减生存分析函数

　　图 12-27 给出了 k 为 0 时，也就是说肾脏切除情况为未切时，治疗方案 1 化学与免疫治疗结合以及治疗方案 2 其他方法的生存分析函数的对数。从图中可以非常直观地看出，在时间刚开始的时候，治疗方案 1 化学与免疫治疗结合以及治疗方案 2 其他方法的生存分析函数的对数走势都是呈横向直线不变趋势，但是在发生一段时间后，治疗方案 2 其他方法的生存分析函数的对数还是维持为 0，而治疗方案 1 化学与免疫治疗结合的生存分析函数的对数则呈阶梯式缓慢下滑趋势。

　　图 12-28 给出了 k 为 0 时，也就是说肾脏切除情况为未切时，治疗方案 1 化学与免疫治疗结合以及治疗方案 2 其他方法的累积风险函数。从图中可以非常直观地看出，在时间刚开始的时候，治疗方案1化学与免疫治疗结合以及治疗方案 2 其他方法的累积风险函数走势都是呈横向直线不变趋势，但是在发生一段时间后，治疗方案 2 其他方法的累积风险函数还是维持为 0，而治疗方案 1 化学与免疫治疗结合的累积风险函数则呈阶梯式缓慢上升趋势。

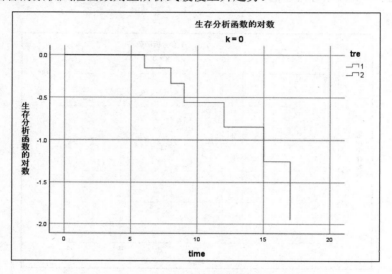

图 12-27　k 为 0 时生存分析函数的对数

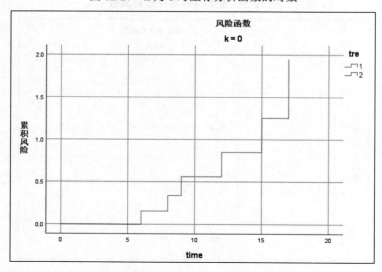

图 12-28　k 为 0 时生存分析风险函数

图 12-29 给出了 k 为 1 时，也就是说肾脏切除情况为切除时，治疗方案 1 化学与免疫治疗结合以及治疗方案 2 其他方法的生存分析函数。从图中可以非常直观地看出，在时间刚开始的时候，治疗方案 1 化学与免疫治疗结合以及治疗方案 2 其他方法的生存分析函数走势都是呈阶梯下滑趋势，但是在发生一段时间后，治疗方案 2 其他方法的生存分析函数则维持在 0.2 不再变化，而治疗方案 1 化学与免疫治疗结合的生存分析函数则继续呈阶梯式缓慢下滑趋势，直至在发生较长时间后下降至 0。

图 12-30 给出了 k 为 1 时，也就是说肾脏切除情况为切除时，治疗方案 1 化学与免疫治疗结合以及治疗方案 2 其他方法的一减生存分析函数。从图中可以非常直观地看出，在时间刚开始的时候，治疗方案 1 化学与免疫治疗结合以及治疗方案 2 其他方法的一减生存分析函数走势都是呈解体上升趋势，但是在发生一段时间后，治疗方案 2 其他方法的一减生存分析函数维持在 0.8 不再变化，而治疗方案 1 化学与免疫治疗结合的一减生存分析函数则继续呈阶梯式缓慢上升趋势。

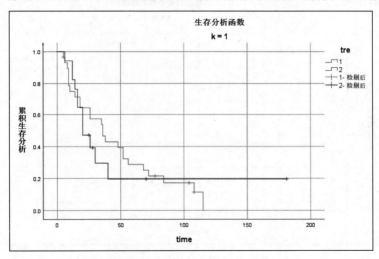

图 12-29 k 为 1 时生存分析函数

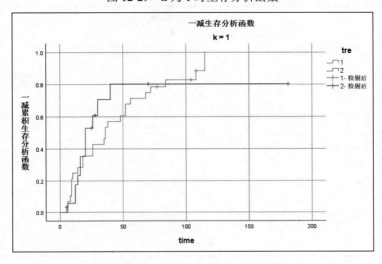

图 12-30 k 为 1 时一减生存分析函数

　　图 12-31 给出了 k 为 1 时，也就是说肾脏切除情况为切除时，治疗方案 1 化学与免疫治疗结合以及治疗方案 2 其他方法的生存分析函数的对数。从图中可以非常直观地看出，在时间刚开始的时候，治疗方案 1 化学与免疫治疗结合以及治疗方案 2 其他方法的生存分析函数的对数走势都是呈阶梯下降趋势，但是在发生一段时间后，治疗方案 2 其他方法的生存分析函数的对数维持横向直线不变，而治疗方案 1 化学与免疫治疗结合的生存分析函数的对数则继续呈阶梯式缓慢下滑趋势。

　　图 12-32 给出了 k 为 1 时，也就是说肾脏切除情况为切除时，治疗方案 1 化学与免疫治疗结合以及治疗方案 2 其他方法的累积风险函数。从图中可以非常直观地看出，在时间刚开始的时候，治疗方案 1 化学与免疫治疗结合以及治疗方案 2 其他方法的累积风险函数走势都是呈阶梯上升趋势，但是在发生一段时间后，治疗方案 2 其他方法的累积风险函数维持横向直线不变，而治疗方案 1 化学与免疫治疗结合的累积风险函数则继续呈阶梯式缓慢上升趋势。

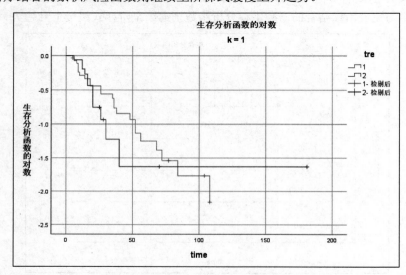

图 12-31　K 为 1 时生存分析函数的对数

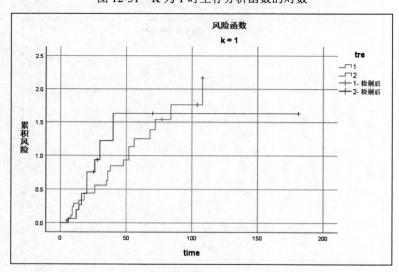

图 12-32　k 为 1 时生存分析风险函数

实验 12-3 风险比例模型

| 素材文件: sample/Chap12/feiaihuanzhe.sav |
| 多媒体教学文件: 视频/实验 12-3.mp4 |

▶ 实验基本原理

多因素的生存分析方法是 20 世纪 60~70 年代发展起来的,最初为参数模型(Parametric Model),它可以估计出影响因素对风险率的影响及各时点的生存率,但对生存时间分布有一定的要求,要求其服从某一特定的分布类型,如大家熟悉的 Weibull 分布、指数分布等。1972 年,英国统计学家 D. R. Cox 提出了一个半参数模型,与参数模型相比,该模型不能给出各时点的风险率,但对生存时间分布无要求,可估计出各研究因素对风险率的影响,因而应用范围更广,这种模型现在被称为比例风险模型或 Cox 回归模型。

在比例风险模型中,假设在时点 t 个体出现观察结局的风险大小可以分解为两个部分,除了有一个基本风险量 $h_0(t)$ 外,第 i 个影响因素使得该风险量从 $h_0(t)$ 增至 $e^{\beta_i X_i}$ 倍而成为 $h_0(t)e^{\beta_i X_i}$。如果在 k 个因素同时影响生存过程的情况下,则在时点 t 的风险量(风险率或风险函数)为:

$$h(t) = h_0(t)e^{\beta_1 X_1}e^{\beta_2 X_2}...e^{\beta_k X_k}$$

比例风险模型的基本结构如下:

$$h(t, X) = h_0(t)e^{\beta_1 X_1 + \beta_2 X_2 + ... + \beta_k X_k}$$

将基础风险移至公式左侧,两边同取对数,得到:

$$Log[Rh(t)] = Log[h(t, X) / h_0(t)] = \beta_1 X_1 + \beta_2 X_2 + ...\beta_k X_k$$

从上式可见的实际含义是:当变量 X 改变一个单位时,引起的死亡风险改变倍数的自然对数值,这就是风险比例模型,也称为 Cox 回归模型。

在 SPSS 官方网站的简体中文帮助文档《*IBM_SPSS_Advanced_Statistics*》中,对于 Cox 回归模型分析的应用条件和相关过程还进行了特别指导。数据方面,Cox 回归模型分析要求时间变量应是定量变量,但状态变量可以是分类或连续变量,自变量(协变量)可以是连续或分类变量。如果是分类变量,则它们应经过哑元编码或指示符编码(该过程中有一个自动对分类变量进行编码的选项)。层次变量应是分类变量,编码为整数或短字符串。假设条件方面,Cox 回归模型假设观察值应是独立的,风险比应是时间恒定值,即各个个案风险的比率不应随时间变化。相关过程方面,如果比例风险假设不成立,也就是说,风险比率随时间变化在不同的时间点一个(或多个)协变量的值会不同,这时候就可能需要使用带依时协变量的 Cox 过程。有两种情况:如果用户想要针对特定协变量检验比例风险假设或者估计允许不成比例的风险的扩展"Cox 回归"模型,则可以通过将依时协变量定义为时间变量 T_ 和有问题的协变量的函数来达到此目的;有些变量在不同的时间段内可能具有不同的值,但其值与时间并不具有系统相关性。在这样的情况下,用户需要定义一个分段依时协变量,可以通过使用逻辑表达式完成。

如果没有协变量或者只有一个分类协变量，则用户可以使用寿命表或 Kaplan-Meier 过程检查样本的生存或风险函数。如果样本中没有已审查的数据（每个个案都出现终端事件），则可以使用线性回归过程对预测变量和时间事件之间的关系进行建模。

实验目的与要求

实验目的：通过本次实验了解风险比例模型的基本思想，理解多因素生存分析与半参数模型的含义。理解风险比例模型中度量风险的方法与前面生命表方法中风险度量的不同，掌握风险比例模型（Cox 回归模型）的实现过程和操作方法。

实验要求：熟悉 SPSS 中 Cox 回归模型过程的操作步骤和方法，熟练应用此过程对实际的生存数据进行有效的生存分析。理解各个风险度量的统计量以及检验差异性的统计量的确切含义，能够对实际问题中风险比例模型输出的分析结果给予合理地解释。

实验内容及数据来源

本次实验使用的数据是 137 位肺癌患者的病情和治疗数据，图 12-33 给出了部分数据。变量 id 是患者编号；therapy 是治疗方案，1 表示标准方法，2 表示试验方法；cell 是肺癌细胞组织学分类，1 表示鳞癌，2 表示小细胞肺癌，3 表示腺癌，4 表示大细胞癌；time 是生存时间；status 是病人状态，0 表示死亡，1 表示缺失数据；kps 是判断标准，小于 30 表示的是住院治疗，30~60 之间表示住院和家庭治疗结合，大于 60 表示家庭治疗；diagtime 是诊断到治疗的时间；age 是年龄；prior 是治疗前的处理状态，0 表示经过处理，1 表示未经处理。完整的数据可见本书附赠资源 Chap12 文件夹下的 feiaihuanzhe.sav 文件，本次实验的内容是用比例风险模型分析数据，并比较不同类型的癌症患者生存时间的长短。

	id	therapy	cell	time	status	kps	diagtime	age	prior
1	1	1	1	72	0	60	7	69	0
2	2	1	1	126	0	60	9	63	1
3	3	1	1	82	0	40	10	69	1
4	4	1	1	100	1	70	6	70	0
5	5	1	1	144	0	30	4	63	0
6	6	1	1	411	0	70	5	64	1
7	7	1	1	118	0	70	11	65	1
8	8	1	1	110	0	80	29	68	0
9	9	1	1	42	0	60	4	81	0
10	10	1	1	25	1	80	9	52	1
11	11	1	1	228	0	60	3	38	0
12	12	1	1	10	0	20	5	49	0
13	13	1	1	314	0	50	18	43	0
14	14	1	1	8	0	40	58	63	0
15	15	1	1	11	0	70	11	48	1
16	16	1	2	30	0	60	3	61	0
17	17	1	2	54	0	80	4	63	1
18	18	1	2	97	1	60	5	67	0
19	19	1	2	117	0	80	3	46	0
20	20	1	2	22	0	60	4	68	0
21	21	1	2	18	0	20	15	42	0
22	22	1	2	31	0	75	3	65	0

图 12-33　数据集 fiaihuanzhe.sav 中的部分数据

实验操作指导

实验的操作步骤如下：

01 选择 "文件｜打开｜数据" 命令，打开 fiaihuanzhe.sav 数据表。

02 选择"分析｜生存分析｜Cox 回归…"命令，弹出"Cox 回归"对话框，如图 12-34 所示。在左侧的变量框中分别选择 time 和 status 变量，单击 ➡ 按钮将其选入右侧的"时间"和"状态"列表框中，分别作为时间和状态变量。再在左侧变量框中选择 therapy、cell、kps、diagtime、age、prior 变量，单击 ➡ 按钮将其选入右侧的"协变量"列表框中。

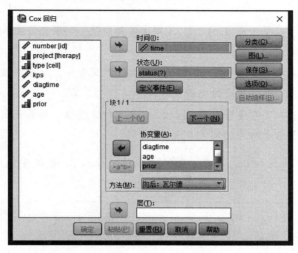

图 12-34　"Cox 回归"对话框

对话框选项设置/说明

通过单击"上一个"与"下一个"按钮，可以指定不同的协变量组。如果考虑协变量间的交互作用，则可在变量列表框中选择有交互作用的变量，单击"a*b"按钮，形成交互作用项进入"协变量"列表框。

在"方法"下拉列表中可以选择协变量进入回归模型的方式，共有 7 种。

- 输入：指的是同一组中的协变量，一次性地全部进入回归方程。
- 向前：有条件，指变量经过条件似然检验确定是否进入回归方程的向前选择法。
- 向前：LR，指变量经过似然比检验确定是否进入回归方程的向前选择法。
- 向前：瓦尔德，指变量经过瓦尔德检验确定是否进入回归方程的向前选择法。
- 向后：有条件，指变量经过条件似然检验确定是否从回归方程消去的向后选择法。
- 向后：LR，指变量经过似然比检验确定是否从回归方程消去的向后消去法。
- 向后：瓦尔德，指变量经过瓦尔德检验确定是否从回归方程消去的向后消去法。

一般来说，使用向后消去法可以减少漏掉潜在的有价值的预测因子。如果至少有一个协变量进入模型，则可以使用向前选择法，这里我们选择"向后：瓦尔德"。在实际应用中，选择任何一种方法得到的结论都是十分接近的，因为从理论上来说这些方法在样本比较大的情况下是基本等价的，因此读者也可以尝试别的方法，对结论不会有很大的影响。

可以选定分层变量进入"层"列表框。SPSS 根据分层变量将数据分组，然后在每个分组数据的基础上生成各自的风险函数，分层变量应是分类变量。

03 单击"定义事件"按钮，弹出"Cox 回归：为状态变量定义事件"对话框，如图 12-35 所示。

对话框选项设置/说明

该对话框中有 3 个选项。

- 单值：例如，在状态变量中有 0、1、2、3 共 4 种变量值，如果在该文本框中输入 2，则只对状态值为 2 的生存时间进行分析。
- 值的范围：例如，在状态变量中有 0、1、2、3 共 4 种变量值，如果在该文本框中输入 1 和 3，则只对状态值为 1、2、3 的生存时间进行分析。
- 值的列表：例如，在状态变量中有 0、1，2、3 共 4 种变量值，如果在该文本框中输入 1 和 3，只分析状态值为 1 和 3 的生存时间。

这里我们选中"单值"单选按钮，并在右侧的文本框中输入 0，也就是说只分析状态值为 0（已经死亡）的变量，因为我们要考察的是治疗后的生存时间。

---

04 单击"继续"按钮回到"Cox 回归"对话框。单击"分类"按钮，弹出"Cox 回归：定义分类协变量"对话框，如图 12-36 所示。

图 12-35　"Cox 回归：为状态变量定义事件"对话框　　图 12-36　"Cox 回归：定义分类协变量"对话框

对话框选项设置/说明

在默认状态下，SPSS 将字符串变量认定为分类变量，而对于数值型的分类变量则需要在本对话框中认定，认定分类变量后，变量名后标注 Cat。"协变量"列表框包括所有在"Cox 回归"对话框中选定的变量，"分类协变量"列表框包括从"协变量"列表框中选定的要转变为分类协变量的连续变量。这里我们在左侧的"协变量"列表框中选择 therapy、cell、prior 变量，单击 ⬅ 按钮将其选入右侧的"分类协变量"列表框中。

在"更改对比"选项组的"对比"下拉列表中可以选择下列对比类型。

- 指示符：指明类代表信息的有无，可选择"最后一个"或"第一个"作为参考类。
- 简单：预测变量的每类与参照类比较，可选择"最后一个"或"第一个"作为参考类。

- 差值：除第一类外，预测变量的每一类都与该类前面各类的平均效应相比较，又称为反赫尔默特对比。
- 赫尔默特：Helmert 对比，除最后一类外，预测变量的每类与后面各类的平均效应相比较。
- 重复：除第一类外，预测变量的每个分类都与其前面的分类比较。
- 多项式：只能用于数值型分类变量，且假定各类间有相等的空间。
- 偏差：预测变量中每个分类效应与总效应比较。

在简单对比和指示对比中，用户可以通过下面的"参考类别"去除默认的参照分类，而选择"第一个"或"最后一个"作为默认分类。这里我们先选择 cell 变量，然后在"参照类别"选项中选中"第一个"单选按钮，单击"变化量"按钮，设置就完成了。

05 单击"继续"按钮回到"Cox 回归"对话框。单击"图"按钮，弹出"Cox 回归：图"对话框，如图 12-37 所示。

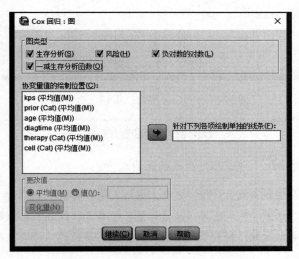

图 12-37 "Cox 回归：图"对话框

对话框选项设置/说明

"图类型"选项组中包括以下选项。

- 生存分析：生成线性刻度的累积生存函数图形。
- 风险：生成线性刻度的累积危险函数图形。
- 负对数的对数：生成经过 ln(-ln)转换之后的累积生存估计值的图形。
- 一减生存分析函数：生成 1 减累积生存函数图。

在默认状态下是以模型中对比变量和协变量的均值绘制函数图形，也就是在该对话框中单击"平均值"单选按钮，再单击"变化量"按钮，如果以对比变量和协变量的其他数值绘制函数图形，选中"协变量值的绘制位置"列表框中的一个或多个协变量，然后在"更改值"选项组中的"值"选项的文本框中输入数值，最后单击"变化量"按钮即可。SPSS 会根据用户指定的协变量值，绘制其危险函数和生存函数。选择一个分类协变量进入"针对下列各项绘制单独的线条"列表框中，SPSS 将按其变量值将数据分成两个或多个分组，对各分组分别绘制函数图，如果指定了层变量，则每层绘制一个图。本例中我们选中生存分析、风险、负对数的对数、一减生存分析函数等复选框，依次输出生存分析函数图、风险函数图、负对数的对数函数图、一减生存分析函数图等。用户在实际操作中可以选择自己输出的图形的类型和性质。

06 单击"继续"按钮回到"Cox 回归"对话框。单击"保存"按钮，弹出"Cox 回归：保存"对话框，如图 12-38 所示。

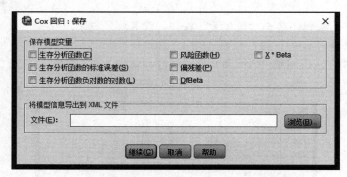

图 12-38　"Cox 回归：保存"对话框

对话框选项设置/说明

在"保存模型变量"选项组中可以指定生成的生存变量。

- 生存分析函数：保存生成函数估计值，自动生成的变量名前缀为 sur，如 sur_1、sur_2 等。
- 生存分析函数的标准误差：生成生存函数估计值的标准误，自动生成的变量名前缀为 se。
- 生存分析函数负对数的对数：经对数减对数转换的生存函数的估计值，自动生成的变量名前缀为 lml。
- 风险函数：是累积危险函数估计值，自动生成的变量名前缀为 haz。
- 偏残差：生成对生存时间的偏残差，用以检验比例危险的假设，SPSS 为最终模型中的每一个协变量保存一个偏残差变量，在模型中至少含有一个协变量才能生成偏残差，自动生成的变量名前缀为 pr，如 pr1_1、pr1_2、pr2_1 等。
- DfBeta：选择该项，如果一个观测量从模型中被剔除，估计参数将发生变化，SPSS 为最终模型的每个协变量保存一个不同参数变量，在模型中至少含有一个协变量才能生成不同参数，自动生成的变量名前缀为 dfb。
- X*Beta：该选项是线性预测因素得分，它是平均中心协变量值与其相对应的每个观测值参数估计值的乘积之和，SPSS 自动生成的变量名前缀为 xbe，如 xbe_1、xbe_2 等。这里不将新变量保存在原数据文件中，因此不选择任何选项。

07 单击"继续"按钮回到"Cox 回归"对话框。单击"选项"按钮，弹出"Cox 回归：选项"对话框，如图 12-39 所示。

图 12-39　"Cox 回归：选项"对话框

对话框选项设置/说明

"模型统计"选项组中有以下选项。

- Exp(B)的置信区间：确定相对危险估计值的置信区间。常用的置信区间为 90%、95%和 99%。
- 估算值的相关性：显示回归系数估计值的相关系数矩阵。
- 显示模型信息：对当前模型显示对数似然统计量，似然比统计量和总体卡方值，对模型中的变量，显示参数估计值及其标准误，Wald 统计量，对已剔除出模型的变量，显示记分检验统计量和残差卡方值，显示时，有两种选择。
  - 在每个步骤：指在每一步逐步回归过程，将显示上述全部统计量。
  - 在最后一个步骤：显示最后逐步回归过程的统计量，即有关进入模型的协变量和最后模型的统计量。

"步进概率"选项组中可设置每一步的概率。如果选择了逐步回归法，还应该在"进入"和"除去"框中指定协变量进入或剔除出模型的概率，进入、剔除出模型的默认统计量概率分别为 0.05 和 0.10。需要注意的是，进入概率值应该小于剔出概率，否则模型中将没有变量。

"最大迭代次数"为模型指定最大迭代数，用 Newton-Raphson 方法计算参数估计值时，如果达到最大迭代数，迭代过程将停止。

选择"显示基线函数"将生成基准危险函数、协变量均值生存和危险函数表。如果选择分层变量，则为每层生成独立的表格，如果指定了时间相依性协变量，则不能激活该项。这里我们按照图 12-23 进行设置，读者在实际操作中可以根据需要和上面的介绍自行选择和设置各个选项。

08 单击"继续"按钮回到"Cox 回归"对话框，然后单击"确定"按钮，进入计算分析。

计算机运行完成后得到的结果如图 12-40~图 12-50 所示。

实验结论

图 12-40 是对观测量的处理说明，即读入观测量总数、带有缺失值的观测量、带有负生存时间变量的观测量、在分层中缺失观测量、去除的观测量总数、用于统计分析的观测量。本例中因变量为 time，样本总数为 137 个，全部参与了风险比例模型分析，没有个案因为缺失值、负时间或层中最早发生的事件之前检剔后的个案等原因被删除，所有样本中事件个案数 128 个，检剔后的个案数 9 个。

图 12-41 是对个变量值进行编码分类，project(therapy)、type(cell)、prior 均为类别变量。编码之前，针对 project(therapy)分类变量，1 表示使用标准方法，2 表示使用试验方法。针对 type(cell)分类变量，1 表示鳞癌，2 表示小细胞肺癌，3 表示腺癌，4 表示大细胞肺癌。针对 prior 分类变量，0 表示经过处理，1 表示未经处理。编码以后，针对 project(therapy)分类变量，1 表示使用标准方法，针对 type(cell)分类变量，1 表示小细胞肺癌，2 表示腺癌，3 表示大细胞肺癌。针对 prior 分类变量，1 表示经过处理。在 therapy 治疗方案分类中，使用标准方法分类的样本个数是 69 个，使用试验方法分类的样本个数是 68 个；在 cell 肺癌细胞组织学分类中，鳞癌样本个数是 35 个，小细胞肺癌样本个数是 48 个，腺癌样本个数是 27 个，大细胞肺癌样本个数是 27 个；在 prior 治疗前的处理状态分类中，经过处理样本个数是 97 个，未经处理样本个数是 40 个。

个案处理摘要

		个案数	百分比
可以在分析中使用的个案	事件[a]	128	93.4%
	检剔后	9	6.6%
	总计	137	100.0%
已删除的个案	具有缺失值的个案	0	0.0%
	具有负时间的个案	0	0.0%
	层中最早发生的事件之前检剔后的个案	0	0.0%
	总计	0	0.0%
总计		137	100.0%

a. 因变量：time

图 12-40　个案处理摘要

分类变量编码[a,c,d]

		频率	(1)[e]	(2)	(3)
project[b]	1=standard	69	1		
	2=test	68	0		
type[b]	1=squamous	35	0	0	0
	2=small	48	1	0	0
	3=adeno	27	0	1	0
	4=large	27	0	0	1
prior[b]	0=treat	97	1		
	1=untreat	40	0		

a. 类别变量：project (therapy)
b. 指示符参数编码
c. 类别变量：type (cell)
d. 类别变量：prior
e. 由于 (0,1) 变量已重新编码，因此其系数不会与指示符 (0,1) 编码的系数相同

图 12-41　分类变量编码

图 12-42 和图 12-43 给出了模型系数的检验结果。图 12-42 给出了模型系数的 Omnibus 检验原始的对数似然值 1011.768。

对于图 12-43，模型系数的 Omnibus 检验，其中因变量为 time，128 个未剔除观测量，9 个剔除观测量，使用向后消去回归和沃德检验，显示每步的变化和每步的协变量组的变化。第一步进入模型的变量，第二步 cell 变量进入模型，没有其他变量进入或剔除模型，这时对数似然值为 950.359，总体记分检验为 65.917，与上协变量组的对数似然值之差为 61.409（=1011.768-950.359）。

图 12-42　模型系数混合检验 1

块 1：方法 = 向后步进（瓦尔德）

模型系数的 Omnibus 检验[b]

步长	-2 对数似然	总体（得分）			从上一步进行更改			从上一块进行更改		
		卡方	自由度	显著性	卡方	自由度	显著性	卡方	自由度	显著性
1[a]	950.359	65.917	8	.000	61.409	8	.000	61.409	8	.000
5	952.997	63.219	4	.000				58.771	4	.000

a. 在步骤号 1：project type kps diagtime age prior 处输入的变量
b. 起始块号 1。方法 = 向后步进（瓦尔德）

图 12-43　模型系数混合检验 2

  图 12-44 给出了进入模型方程的统计量，从左至右分别为变量名、回归系数、回归系数标准误、Wald 统计量、自由度、显著性水平、相关系数、相对危险度。该图共分为两个部分，步骤 1 说明的是把所有变量全部纳入模型方程进行分析得出的结果，但是其中很多变量的显著性 P 值远远大于 0.05，不满足统计意义上的显著性。然后 SPSS 经过一系列处理后，也就是图中下半部分的步骤 5，得到了最终模型方程。

		B	SE	瓦尔德	自由度	显著性	Exp(B)
步骤 1	project	-.290	.207	1.958	1	.162	.748
	type			17.916	3	.000	
	type(1)	.856	.275	9.687	1	.002	2.355
	type(2)	1.188	.301	15.610	1	.000	3.281
	type(3)	.400	.283	1.999	1	.157	1.491
	kps	-.033	.006	35.112	1	.000	.968
	diagtime	.000	.009	.000	1	.992	1.000
	age	-.009	.009	.844	1	.358	.991
	prior	-.072	.232	.097	1	.755	.930
步骤 5	type			17.080	3	.001	
	type(1)	.712	.253	7.939	1	.005	2.038
	type(2)	1.151	.293	15.441	1	.000	3.161
	type(3)	.325	.277	1.381	1	.240	1.384
	kps	-.031	.005	35.612	1	.000	.970

图 12-44 方程中的变量

  图 12-45 给出了未进入模型变量的变量，残差卡方值为 2.675，自由度为 4，显著性水平为 0.614。图 12-46 给出了所有协变量的平均值。

未包括在方程中的变量[a]

		得分	自由度	显著性
步骤 5	project	1.650	1	.199
	diagtime	.165	1	.684
	age	.424	1	.515
	prior	.248	1	.618

a. 残差卡方 = 2.675，自由度为 4，显著性 = .614

图 12-45 未包括在方程中的变量

协变量平均值

	平均值
project	.504
type(1)	.350
type(2)	.197
type(3)	.197
kps	58.569
diagtime	8.774
age	58.307
prior	.708

图 12-46 协变量平均值

  从图 12-44 进入方程的变量的统计量可以看出，kps 和 cell 变量具有显著性意义，kps 变量相对危险度为 0.970，回归系数为-0.031，说明 kps 变量取值越大，生存时间越长。在 cell 变量中，adeno 和 small 分类与 squamous 分类相比具有显著差异，而 large 与 squamous 相比不具有显著性差异。adeno 的回归系数为 1.151，相对危险度为 3.161；small 回归系数为 0.712，相对危险度为 2.038；large 回归系数为 0.325，相对危险度为 1.384。所以鳞癌细胞肺癌患者生存时间最长，其次是大细胞肺癌患者，再次是小细胞肺癌患者，腺癌细胞肺癌患者生存时间最短。

  图 12-47 给出了按协变量平均值的生存分析函数图，可以看出随着时间的流逝，累积生存比率会从 1 缓慢下降至 0。其中需要注意的是，该生存分析函数图呈现先快速下降后缓慢下降的趋势，说明患者度过前期的生存期至关重要。

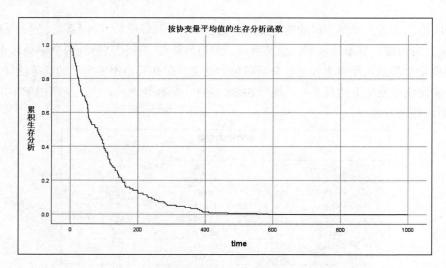

图 12-47　按协变量平均值的生存分析函数

　　图 12-48 给出了按协变量平均值的一减生存分析函数图，该图与按协变量平均值的生存分析函数图走势恰好相反。可以看出随着时间的流逝，一减累积生存比率会从 0 缓慢上升至 1。其中需要注意的是，该生存分析函数图呈现先快速上升后缓慢上升的趋势，与按协变量平均值的生存分析函数图中展示的结论一致。

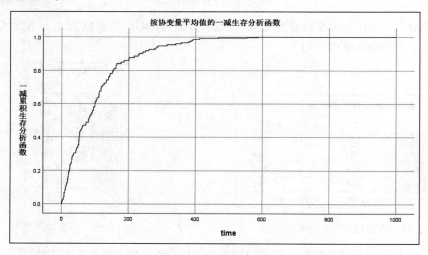

图 12-48　按协变量平均值的一减生存分析函数

　　图 12-49 给出了按协变量平均值的风险函数图，可以看出累计风险是一直上升的，在 time 小于 400 时，累计风险按照一定的斜率呈现直线上升趋势；在 time 处于 400～600 之间时，累计风险呈现阶梯上升趋势；在 time 处于 600～1000 之间时，累计风险保持不变；在 time 到达 1000 时，累计风险直线上升。

　　图 12-50 给出了按协变量平均值的 LML 函数图，即生成经过 ln(-ln)转换之后的累积生存估计图，可以看出是一直上升的，在 time 小于 200 时，快速上升；在 time 处于 200～600 之间时，平缓上升；在 time 处于 600～1000 之间时，保持不变；在 time 到达 1000 时，直线上升。

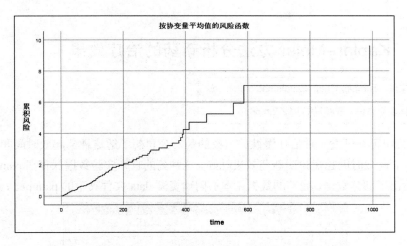

图 12-49　按协变量平均值的风险函数

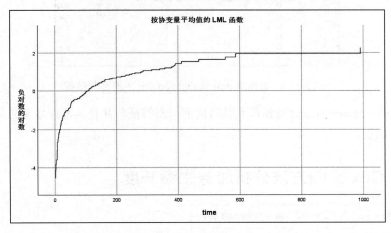

图 12-50　按协变量平均值的 LML 函数

上 机 练 习

练习 12-1　用生命表方法计算生产率

 多媒体教学文件：视频/练习 12-1.mp4

　　某临床实验对 20 名第 III 或第 IV 期黑色素瘤患者进行随访研究，截至研究期结束，记录的生存资料见表 12-1，试使用生命表方法计算 100 周的生存率。

表 12-1　黑色素瘤患者的生存数据

12.8	15.6	24.0	26.4	29.2	30.8	39.2	42.0	58.4	72.0
77.2	82.4	87.2	94.4	97.2	106.0	114.8	117.2	140.0	168.0

练习 12-2　Kaplan-Meier 方法分析新药的治疗效果

| 素材文件：sample/Chap12/painmedication.sav |
| 多媒体教学文件：视频/练习 12-2.mp4 |

一家医药公司正在开发一种治疗慢性关节炎的药，公司想了解这种药起效时间和治疗效果（与现有的药相比），起效时间越短说明新药效果越好。这种药的临床实验数据保存在 painmedication.sav 中，图 12-51 给出了部分数据，完整的数据见本书附赠资源 data 文件夹下的 painmedication.sav 文件。

	age	gender	health	treatment	dosage	status	time
1	54	0	2	0	1	1	1.20
2	54	0	1	0	1	1	4.00
3	64	0	3	0	1	1	7.40
4	63	0	3	1	1	1	7.30
5	43	0	3	1	1	0	7.40
6	67	1	1	0	1	1	.60
7	45	1	2	0	0	1	1.90
8	49	1	3	1	0	1	2.70
9	59	1	3	0	0	1	1.10
10	56	0	1	1	0	1	1.30

图 12-51　数据集 painmedication.sav 中的部分数据

试使用 Kaplan-Meier 方法分析新药起效时间的分布特征，并将其治疗效果与其他两种治疗方法下的效果进行比较。

练习 12-3　Cox 回归方法分析服务生命长度

| 素材文件：sample/Chap12/dianxindiaocha.sav |
| 多媒体教学文件：视频/练习 12-3.mp4 |

某电信公司为了解决定客户消费特征的因素，对客户进行调查，随机抽取了 1000 名客户，对这些客户接受电信服务的特征进行问卷访问，数据记录在数据集 dianxindiaocha.sav 中。图 12-52 给出了部分数据，完整的数据见本书附赠资源 Chap12 文件夹下的 dianxindiaocha.sav 文件。

	region	tenure	age	marital	address	income	ed	employ	retire
1	2	13	44	1	9	64.00	4	5	.00
2	3	11	33	1	7	136.00	5	5	.00
3	3	68	52	1	24	116.00	1	29	.00
4	2	33	33	0	12	33.00	2	0	.00
5	2	23	30	1	9	30.00	1	2	.00
6	2	41	39	0	17	78.00	2	16	.00
7	3	45	22	1	2	19.00	2	4	.00
8	2	38	35	0	5	76.00	2	10	.00
9	3	45	59	1	7	166.00	4	31	.00
10	1	68	41	1	21	72.00	1	22	.00

图 12-52　数据集 dianxindiaocha.sav 中的部分数据

试用 Cox 回归（风险比例模型）方法分析客户使用某种服务 churn（变量 churn）的时间长度（可以看作是此种服务的生命长度），并与服务 custcat 的使用时间进行比较，判断两者是否有显著性差异。

第 13 章

非参数检验方法

统计中的检验方法分为两大类：参数检验和非参数检验。第 2 章中介绍的检验方法是参数检验，需要预先假设总体的分布，在这个严格假设基础上才能推导各个统计量从而对原假设（H_0）进行检验。SPSS 软件中还提供了多种非参数检验的方法，如 x^2 检验、二项分布检验、单样本的 Kolmogorov-Smirnov 检验、两个独立样本的检验、两个相关样本的检验、多个独立及相关样本的检验等。非参数检验方法不需要预先假设总体的分布特征，直接从样本计算所需要的统计量进而对原假设进行检验。本章将对 SPSS 中几种主要的非参数检验方法进行介绍。

实验 13-1   单样本的 Kolmogorov-Smirnov 检验

素材文件：sample/Chap13/autoaccidents.sav	
多媒体教学文件：视频/实验 13-1.mp4	

⟫ 实验基本原理

单样本的 Kolmogorov-Smirnov 检验（柯尔莫戈洛夫-斯米诺夫检验）的原理是将观察到的样本的累积分布函数与一个严格服从某一理论分布的累积分布函数进行比较，这个理论分布可以是正态分布、均匀分布、泊松分布或指数分布。这个检验中使用的统计量 Z 度量的是观察到的累积分布函数与理论上的累积分布函数之间最大的差值（注意这里是绝对值）。另外，Kolmogorov-Smirnov 检验中的拟合优度检验提供了某一样本是否来自于某一特定分布总体的检验方法。

在很多参数检验中，我们要求所分析变量是正态分布的，而要检验一个变量是否确实服从正态分布就要用到本节介绍的 Kolmogorov-Smirnov 正态性检验了，如果一个变量通过了非参数的正态性检验，那么下一步就可以进行参数检验的分析了。Kolmogorov-Smirnov 检验过程要求使用区间或者比例测度的数值型变量。SPSS 中提供了 4 种分布形式的 Kolmogorov-Smirnov 检验。

- Normal: 正态分布（系统默认的检验分布形式）。
- Poisson: 泊松分布。
- Uniform: 均匀分布。
- Exponential: 指数分布。

关于这种检验方法的详细理论，读者可以参考相关的数理统计书籍。

实验目的与要求

实验目的：通过本次实验熟悉 SPSS 中的单样本 Komlmogorov-Smirnov 检验过程，掌握单样本 Komlmogorov-Smirnov 检验的实际操作流程，能够熟练使用这种方法对实际数据来自于某一特定分布的假设进行检验。

实验要求：能理解单样本 Komlmogorov-Smirnov 检验的统计学含义，并了解相关统计量计算的原理，在实际操作中能熟练并灵活运用单样本 Komlmogorov-Smirnov 检验对变量进行特定的分布检验。

实验内容及数据来源

本次试验使用的数据来自某保险公司。一位保险行业分析师在分析每个机动车驾驶员的事故发生率时，在特定的地区随机抽取了 500 名驾驶员进行调查并得到了 autoaccidents.sav 数据集，图 13-1 给出了部分数据，完整的数据见本书附赠资源的 Chap13 文件夹下的 autoaccidents.sav 文件。这个数据共有三个属性变量：gender（性别）、age（年龄）、accident（过去 5 年内发生的事故次数）。

本次实验的内容主要是判断数据集 autoaccidents.sav 中"过去 5 年内发生的事故次数（accident）"这个变量是否服从泊松分布。

	gender	age	accident
1	1	23	2
2	1	35	1
3	1	26	1
4	1	25	0
5	1	28	2
6	1	31	1
7	1	23	1
8	1	31	3
9	1	31	5
10	1	27	1
11	1	26	3
12	1	33	3
13	1	27	3
14	1	30	5
15	1	34	0
16	1	29	2
17	1	24	1
18	1	26	2
19	1	25	3
20	1	27	3
21	1	27	1

图 13-1 autoaccident.sav 数据集的部分数据

实验操作指导

实验的操作步骤如下：

01 选择"文件｜打开｜数据"命令，打开 autoaccidents.sav 文件，数据表就展现在我们当前的工作窗口中了。

02 选择"分析｜非参数检验｜旧对话框｜单样本 K-S"命令，弹出"单样本柯尔莫戈洛夫-斯米诺夫检验"对话框。选择左侧的变量框中的变量 Number of accidents past 5 years（过去 5 年发生事故次数），单击 ➡ 按钮将其选入右侧的"检验变量列表"列表框中，作为我们要分析的变量。在"检验分布"选项组中选中"正态""泊松""均匀""指数"复选框，如图 13-2 所示。

对话框选项设置/说明

从源变量列表框中选择要进行单样本柯尔莫戈洛夫-斯米诺夫检验的变量，单击 ➡ 按钮使之进入检验变量列表框中。

"检验分布"选项组用于设置指定检验的分别类型的标准，系统可以检验正态分布、均匀分布、泊松分布和指数分布。

本例中，为了更好地展示"单样本柯尔莫戈洛夫-斯米诺夫检验"的相关功能，我们在"检验分布"选项组中把"正态""泊松""均匀""指数"4个复选框都选中上。

03 单击"精确"按钮，弹出"精确检验"对话框，如图13-3所示。

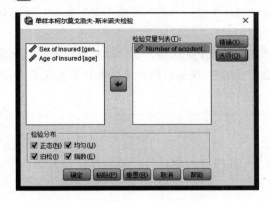 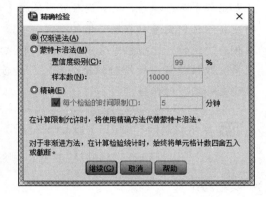

图13-2　"单样本柯尔莫戈洛夫-斯米诺夫检验"对话框　　　　图13-3　"精确检验"对话框

对话框选项设置/说明

该对话框用于设置计算显著性水平的方法，其中包含3个单选按钮。

- "仅渐进法"单选按钮：表示显著性水平的计算基于渐进分布假设。渐进方法要求足够大的样本容量，如果样本容量偏小，该方法将会失效。
- "蒙特卡洛法"单选按钮：表示使用 Monte Carlo 模拟方法计算显著性水平。一般应用于不满足渐进分布假设的巨量数据。使用时，在该单选按钮后的输入框中输入相应的置信水平和样本数。
- "精确"单选按钮：该方法可以得到精确的显著性水平，但是其缺点是计算量过大。用户可以设置相应的计算时间，如果超过该时间，SPSS将自动停止计算并输出结果。

本例中选择系统默认设置，只选中"仅渐进法"单选按钮，然后单击"继续"按钮回到"单样本柯尔莫戈洛夫-斯米诺夫检验"对话框。

04 单击"选项"按钮，弹出"单样本 K-S：选项"对话框，如图13-4所示。

图13-4　"单样本 K-S：选项"对话框

对话框选项设置/说明

"单样本 K-S：选项"对话框包含"统计"和"缺失值"两个选项组。

"统计"选项组：用于设置输出的统计量，包括"描述"和"四分位数"两个复选框，分别用于输出描述性统计量和四分位数。

"缺失值"选项组：用于设置缺失值的处理方式，包括两个单选按钮。"按检验排除个案"表示如果指定多个检验，将分别独立计算每个检验中的缺失值；"成列排除个案"表示从所有分析中排除任何变量具有缺失值的个案。

本例在"统计"选项组中选中"描述"和"四分位数"两个复选框，在"缺失值"选项组中采用系统默认设置"按检验排除个案"，然后单击"继续"按钮回到"单样本柯尔莫戈洛夫-斯米诺夫检验"对话框。

---

05 单击"确定"按钮，进入计算分析。

计算机运行完成后出现分析结果表，如图 13-5～图 13-9 所示。

实验结论

图 13-5 展示了变量 Number of accidents past 5 years（过去 5 年发生事故次数）的描述统计量相关信息，由于我们在前面"单样本 K-S：选项"对话框设置中选中了"描述"和"四分位数"两个复选框，所以描述统计量相关信息中展示的内容比较全面。可以非常明显地看出参与分析的样本个数共有 500 个，样本的平均值为 1.72，标准偏差为 1.533，样本的最小值为 0，最大值为 7。四分位数方面，25%、50% 和 75% 的三个百分位数均为 1。

描述统计

	个案数	平均值	标准 偏差	最小值	最大值	第 25 个	第 50 个（中位数）	第 75 个
Number of accidents past 5 years	500	1.72	1.533	0	7	1.00	1.00	3.00

图 13-5　描述统计量相关信息

图 13-6 展示了使用单样本柯尔莫戈洛夫-斯米诺夫检验方法对变量 Number of accidents past 5 years（过去 5 年发生事故次数）进行正态分布检验的相关情况。

- N：观测量总数为 500。
- 正态参数：平均值为 1.72，标准偏差为 1.533。
- 最极端差值：绝对值为 0.203、正为 0.203、负为 -0.131。
- Kolmogorov-Smirnov Z：K-S 检验统计量 Z 值为 0.203。
- 渐近显著性（双尾）：双尾渐近显著性水平为 0.000°。

单样本柯尔莫戈洛夫-斯米诺夫检验的原假设是变量服从待检验分布。可以发现，本例中变量的渐近显著性（双尾）为 0.000，非常显著的拒绝了原假设，说明变量 Number of accidents past 5 years（过去 5 年发生事故次数）不服从正态分布。

图 13-7 展示了使用单样本柯尔莫戈洛夫-斯米诺夫检验方法对变量 Number of accidents past 5 years（过去 5 年发生事故次数）进行均匀分布检验的相关情况。

单样本柯尔莫戈洛夫-斯米诺夫检验		Number of accidents past 5 years
个案数		500
正态参数[a,b]	平均值	1.72
	标准 偏差	1.533
最极端差值	绝对	.203
	正	.203
	负	-.131
检验统计		.203
渐近显著性（双尾）		.000[c]

a. 检验分布为正态分布。
b. 根据数据计算。
c. 里利氏显著性修正。

图 13-6　正态分布检验

单样本柯尔莫戈洛夫-斯米诺夫检验 2		Number of accidents past 5 years
个案数		500
均匀参数[a,b]	最小值	0
	最大值	7
最极端差值	绝对	.450
	正	.450
	负	-.004
柯尔莫戈洛夫-斯米诺夫 Z		10.069
渐近显著性（双尾）		.000

a. 检验分布为均匀分布。
b. 根据数据计算。

图 13-7　均匀分布检验

- N：观测量总数为 500。
- 均匀参数：最小为 0，最大值为 7。
- 最极端差别：绝对值为 0.450、正 0.450、负为-0.004。
- Kolmogorov-Smirnov Z：K-S 检验统计量 Z 值为 10.069
- 渐近显著性（双尾）：双尾渐近显著性水平为 0.000。

单样本柯尔莫戈洛夫-斯米诺夫检验的原假设是变量服从待检验分布。可以发现，本例中变量的渐近显著性（双尾）为 0.000，非常显著的拒绝了原假设，说明变量 Number of accidents past 5 years（过去 5 年发生事故次数）不服从均匀分布。

图 13-8 展示了使用单样本柯尔莫戈洛夫-斯米诺夫检验方法对变量 Number of accidents past 5 years（过去 5 年发生事故次数）进行泊松分布检验的相关情况。

- N：观测量总数为 500。
- 泊松参数：均值为 1.72。
- 最极端差别：绝对值为 0.065、正为 0.065、负为-0.041。
- Kolmogorov-Smirnov Z：K-S 检验统计量 Z 值为 1.460。
- 渐近显著性（双尾）：双尾渐近显著性水平为 0.028。

单样本柯尔莫戈洛夫-斯米诺夫检验的原假设是变量服从待检验分布。可以发现，本例中变量的渐近显著性（双尾）为 0.028，非常显著的拒绝了原假设，说明变量 Number of accidents past 5 years（过去 5 年发生事故次数）不服从泊松分布。

图 13-9 展示了使用单样本柯尔莫戈洛夫-斯米诺夫检验方法对变量 Number of accidents past 5 years（过去 5 年发生事故次数）进行指数分布检验的相关情况。

单样本柯尔莫戈洛夫-斯米诺夫检验 3		
		Number of accidents past 5 years
个案数		500
泊松参数[a,b]	平均值	1.72
最极端差值	绝对	.065
	正	.065
	负	-.041
柯尔莫戈洛夫-斯米诺夫 Z		1.460
渐近显著性（双尾）		.028

a. 检验分布为泊松分布。
b. 根据数据计算。

图 13-8　泊松分布检验

单样本柯尔莫戈洛夫-斯米诺夫检验 4		
		Number of accidents past 5 years
个案数		500[c]
指数参数[a,b]	平均值	2.28
最极端差值	绝对	.416
	正	.416
	负	-.033
柯尔莫戈洛夫-斯米诺夫 Z		8.090
渐近显著性（双尾）		.000

a. 检验分布为指数分布。
b. 根据数据计算。
c. 共有 122 个值超出指定的分布范围。将跳过这些值。

图 13-9　指数分布检验

- N：观测量总数为 500。
- 指数参数：均值为 2.28。
- 最极端差别：绝对值为 0.416、正为 0.416、负为-0.033。
- Kolmogorov-Smirnov Z：K-S 检验统计量 Z 值，为 8.090。
- 渐近显著性（双尾）：双尾渐近显著性水平为 0.000。

单样本柯尔莫戈洛夫-斯米诺夫检验的原假设是变量服从待检验分布。可以发现，本例中变量的渐近显著性（双尾）为 0.028，非常显著的拒绝了原假设，说明变量 Number of accidents past 5 years（过去 5 年发生事故次数）不服从指数分布。

综上所述，变量 Number of accidents past 5 years（过去 5 年发生事故次数）不服从"正态分布""泊松分布""均匀分布"和"指数分布"。

实验 13-2　两个独立样本的检验

素材文件：sample/Chap13/adl.sav
多媒体教学文件：视频/实验 13-2.mp4

▷ 实验基本原理

在均值比较的两个独立样本的 T 检验过程中，必须假设两个样本都来自于正态总体。然而，在实际工作中我们往往不知道总体的分布形式，因此也就不能武断地加上正态性假设。这个时候我们就必须用非参数检验中的两个独立样本检验来比较两个独立样本是否来自于相同分布，或者说两个总体是否具有相同的概率分布。SPSS 中提供了 4 个两个独立样本的检验过程。

在 SPSS 官方网站的帮助文档《*IBM_SPSS_Statistics_Base*》中，对这几种检验方法都进行了权威解释：

- Mann-Whitney U：曼-惠特尼 U 检验法，是最常用的两个独立样本检验。它等同于对两个组进行的 Wilcoxon 等级和检验和 Kruskal-Wallis 检验。Mann-Whitney 检验被抽样的两个总体处于等同的位置。对来自两个组的观察值进行组合和等级排序，在同数的情况下分配平均等级。同数的数目相对于观察值总要小一些。如果两个总体的位置相同，那么在两个样本之间随机混合等级。该检验计算组 1 分数领先于组 2 分数的次数，以及组 2 分数领先于组 1 分数的次数。Mann-Whitney U 统计是这两个数字中较小的一个。同时显示 Wilcoxon 等级和 W 统计。W 是具有较小等级平均值的组的等级之和，除非组具有相同等级平均值，那么它将是在"两个独立样本定义 组"对话框中最后命名组的等级之和。
- Moses 极限反应：莫斯检验，这种检验法需用 Ordinal 测度水平的数据。它适用于期望实验变量在一个方向上影响某些受验者，在相反方向上影响另一些受验者而设计的假设的非参数检验方法。Moses 极端反应检验假定实验变量在一个方向影响某些主体，而在相反方向影响其他主体。它检验与控制组相比的极端响应。当与控制组结合时，此检验主要检查控制组的跨度，是对实验组中的极值对该跨度的影响程度的测量。控制组由"两个独立样本：定义组"对话框中的组 1 值定义。来自两个组的观察值都进行了组合和等级 排序。控制组的跨度通过控制组的最大值和最小值的等级差加上 1 来计算。因为意外的离群值可能轻易使跨度范围变形，所以将自动从各端修剪 5% 的控制个案。
- Kolmogorov-Smirnov Z：双样本柯尔莫戈洛夫-斯米诺夫检验，用于检验两个独立样本是否来自于同一分布的总体。该方法基于对两个累积分布的最大差异的检验。Kolmogorov-Smirnov 检验是以两个样本的观察累积分布函数之间的最大绝对差为基础的。当这个差很大时，就将这两个分布视为不同的分布。
- Wald-Wolfowitz 游程：瓦尔德-沃尔福威茨检验，也是一种检验两个样本是否来自于同一总体的非参数检验法。它需要 Ordinal 测度水平的数据，两个样本观测值组合后，按从小到大的次序排序，然后计算同组的游程。检验法是基于如下事实，即如果两个样本来自于同一总体，两组中的游程应该在排列中是随机游走的。Wald-Wolfowitz 游程检验对来自两个组的观察值进行组合和等级排序。如果两个样本来自同一总体，那么两个组应随机散布在整个等级中。

关于这些检验方法的理论阐述可以参考数理统计或者非参数统计的教材和专著。

▶ 实验目的与要求

实验目的：通过本次试验了解两个独立样本的非参数检验过程，进而能熟练运用 SPSS 中的两个独立样本检验过程来检验实际工作中遇到的两个样本数据是否来自同一总体或者是否服从统一分布。

实验要求：学习两个独立样本检验的统计学原理，掌握相关统计量计算的方法，熟悉 SPSS 中的检验两个独立样本的各种方法，包括 Mann-Whitney U（曼-惠特尼检验）、Moses 极限反应（莫斯检验）、Kolmogorov-Smirnov Z（双样本柯尔莫戈洛夫-斯米诺夫检验）、Wald-Wolfowitz 游程（瓦尔德-沃尔福威茨检验）。

▶ 实验内容及数据来源

本次实验使用的数据是 adl.sav，这个数据集是美国某医学统计数据，图 13-10 给出了部分数据，完整的数据见本书附赠资源中 Chap13 文件夹下的 adl.sav 文件。这个数据集共有 100 个观测样本和

14 个变量，记录了 100 个接受不同治疗方法的病人的康复情况。注意变量 group 表示的是病人所属的治疗组别，group 的值取 1 表示的是这个病人是作为治疗组，接受了新的治疗方法，这样的病人共有 54 个；group 的值取 0 表示的是这个病人是作为对照组，接受传统的治疗方法，这样的病人共有 46 个。其他的变量刻画了病人的主要属性特征，比如：gender（性别）、age（年龄）等。另外，需要注意的是最后三个变量刻画的是病人接受治疗后的康复情况，是我们主要的分析对象：变量 Travel ADL 代表的是病人接受治疗后经常旅行（Travel）的能力，取值范围从 0 到 4，0 代表的是治疗后的旅行能力跟没生病时一样，4 代表接受治疗后卧病在床（已经不能进行旅行）；另外两个变量 Cooking ADL（做饭的能力）和 Housekeeping ADL（做日常家务的能力）的取值含义跟第一个变量类似，就不再赘述了，我们后面主要分析的是这三个变量在两组病人中（治疗组和对照组）有没有显著性的差异。

本次实验的内容是使用多种两个独立样本的检验方法来检验这两组病人的康复情况（由最后三个变量刻画）是否有显著性差异，然后把检验的结论相互进行对比印证，从而判断新的治疗方法对病人的作用是否明显。

	id	group	gender	age	los	diabetic	hypertns	afib	priorstr
1	1	1	1	67	18	0	0	0	0
2	2	1	1	75	17	1	1	0	0
3	3	1	1	66	17	0	0	0	0
4	4	1	1	67	15	0	0	0	0
5	5	0	1	75	21	0	0	0	0
6	6	1	1	74	17	0	0	0	0
7	7	1	1	69	18	0	0	0	0
8	8	0	1	74	18	1	1	0	0
9	9	1	1	66	18	0	0	0	0
10	10	1	1	68	16	0	0	0	0
11	11	0	1	71	16	0	0	0	0
12	12	1	1	66	17	0	0	0	0
13	13	0	1	73	15	0	1	0	0
14	14	1	1	71	17	0	0	0	0
15	15	1	1	75	20	0	0	0	0
16	16	1	1	69	17	0	1	0	0
17	17	0	1	72	15	0	0	0	0
18	18	1	1	73	19	0	0	0	0
19	19	1	1	68	18	0	0	0	0
20	20	1	1	70	17	0	0	0	0
21	21	0	1	70	17	0	0	0	0
22	22	1	1	73	16	0	0	1	0

图 13-10　adl.sav 数据集的部分数据

> **实验操作指导**

实验的操作步骤如下：

01 选择"文件｜打开｜数据"命令，打开 adl.sav 文件。

02 选择"分析｜非参数检验｜旧对话框｜2 个独立样本"命令，弹出"双独立样本检验"对话框。从对话框中，选择 Travel ADL（旅行）、Cooking ADL（做饭）和 Housekeeping ADL（日常家务）作为检验的变量，单击 ➡ 按钮，将这三个变量移到"检验变量列表"列表框中，如图 13-11 所示。

03 在左侧的变量框中选择 Treatment group（治疗分组），单击 ➡ 按钮将其选入"分组变量"列表框中，如图 13-12 所示。

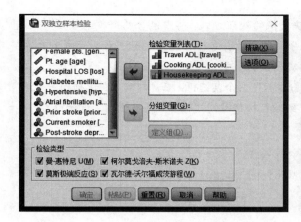

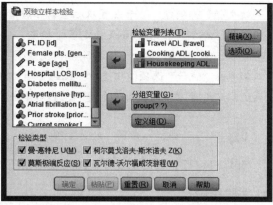

图 13-11　"双独立样本检验"对话框　　　　图 13-12　"双独立样本检验"对话框

04 然后单击"定义组",弹出"双独立样本:定义组"对话框,如图 13-13 所示。此对话框用于设置分组的标准,在"组 1"输入 0,在"组 2"输入 1,这表示如果分组变量取值为 0 那么就把此样本归为第一组,如果分组变量取值为 1 那么就把此样本归为第二组。单击"继续"按钮回到"双独立样本检验"对话框,然后单击"确定"按钮进入计算分析。

图 13-13　"双独立样本:定义组"对话框

05 单击"精确"按钮,弹出"精确检验"对话框,如图 13-14 所示。该对话框中相关选项的设置/说明与前面"单样本的 Kolmogorov-Smirnov 检验"一节中图 13-3 所示的"精确检验"对话框中所展示的内容完全一致,在此不再赘述。本例中选择默认选项,即"仅渐进法"。

06 单击"继续"按钮,弹出"双独立样本:选项"对话框,如图 13-15 所示。

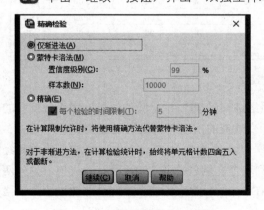

图 13-14　"精确检验"对话框　　　　　图 13-15　"双独立样本:选项"对话框

对话框选项设置/说明

"统计"选项组:用于设置双独立样本检验结果输出的统计量,其包含"描述"和"四分位数"两个复选框,分别用于输出描述性统计量和四分位数。"描述"显示平均值、标准差、最小值、最大值和非缺失个案数。"四分位数"显示对应于第 25 个、第 50 个和第 75 个百分位数的值。

"缺失值"选项组：用于设置双独立样本检验缺失值的处理方式，其中包含两个单选按钮："按检验排除个案"，表示如果指定多个检验，将分别独立计算每个检验中的缺失值；"成列排除个案"，表示从所有分析中排除任何变量具有缺失值的个案。

本例中在"统计"选项组中选中"描述"和"四分位数"两个复选框，在"缺失值"选项组中采用系统默认设置"按检验排除个案"，然后单击"继续"按钮回到"双独立样本检验"对话框。

07 单击"确定"按钮，进入计算分析。

计算机运行完成后出现分析结果表，如图 13-16～图 13-20 所示。

实验结论

图 13-16 展示了描述统计量相关信息，由于我们在前面"两个独立样本：选项"对话框设置中选中了"描述"和"四分位数"两个复选框，所以描述统计量相关信息中展示的内容比较全面。可以非常明显地看出针对每一个变量参与分析的样本个数都有 100 个，Travel ADL（旅行）的平均值为 2.62，标准偏差为 1.099，最小值为 0，最大值为 4，25%的百分位数为 2，50%的百分位数为 3，75%的百分位数为 3；Cooking ADL（做饭）的平均值为 2.31，标准偏差为 1.134，最小值为 0，最大值为 4，25%的百分位数为 2，50%的百分位数为 2，75%的百分位数为 3；Housekeeping ADL（日常家务）的平均值为 2.43，标准偏差为 1.191，最小值为 0，最大值为 4，25%的百分位数为 2，50%的百分位数为 3，75%的百分位数为 3。

描述统计

	个案数	平均值	标准 偏差	最小值	最大值	第 25 个	第 50 个（中位数）	第 75 个
Travel ADL	100	2.62	1.099	0	4	2.00	3.00	3.00
Cooking ADL	100	2.31	1.134	0	4	2.00	2.00	3.00
Housekeeping ADL	100	2.43	1.191	0	4	2.00	3.00	3.00
Treatment group	100	.54	.501	0	1	.00	1.00	1.00

图 13-16 描述统计

图 13-17 与图 13-18 展示了针对治疗组和对照组进行曼-惠特尼检验的结果。由于被检验的变量被设为序数变量，曼-惠特尼 U 检验就是基于原始变量值的次序而不是原始变量值本身。图 13-17 按行分为三部分，每一部分代表一个被检验的变量。第一个变量是 Travel ADL，它代表的是经常旅行（Travel）的能力，取值范围从 0~4，可以看到这个变量总数是 100，没有缺失值。另外两个变量 Cooking ADL（做饭能力）和 Housekeeping ADL（做日常家务能力）有一些缺失值。表格的最后两列总结了平均秩次与总秩次。

图 13-18 总结了检验统计量计算结果和检验的显著性水平。可以看出 Travel ADL（旅行）、Cooking ADL（做饭能力）和 Housekeeping ADL（做日常家务能力）的曼-惠特尼 U 值分别为 1004、940、837；威尔科克森 W 值分别为 2489、2425、2322；Z 值分别为-1.711、-2.165、-2.914。

曼-惠特尼检验

秩

	Treatment group	个案数	秩平均值	秩的总和
Travel ADL	Control	46	55.67	2561.00
	Treatment	54	46.09	2489.00
	总计	100		
Cooking ADL	Control	46	57.07	2625.00
	Treatment	54	44.91	2425.00
	总计	100		
Housekeeping ADL	Control	46	59.30	2728.00
	Treatment	54	43.00	2322.00
	总计	100		

图 13-17　Mann-Whitney U（曼-惠特尼检验）秩统计量汇总

检验统计[a]

	Travel ADL	Cooking ADL	Housekeeping ADL
曼-惠特尼 U	1004.000	940.000	837.000
威尔科克森 W	2489.000	2425.000	2322.000
Z	-1.711	-2.165	-2.914
渐近显著性（双尾）	.087	.030	.004

a. 分组变量：Treatment group

图 13-18　Mann-Whitney U（曼-惠特尼检验）统计量与显著性水平

　　显著性水平方面，原假设是变量在两组病人中（治疗组和对照组）没有显著性的差异。分变量来看，Travel ADL（旅行）的渐近显著性（双尾）水平为 0.087，大于统计学上通用显著性水平 0.05，这说明不够显著，需要接受原假设，得到的结论是 Travel ADL（旅行）变量在两组病人中（治疗组和对照组）没有显著性的差异。Cooking ADL（做饭能力）的渐近显著性（双尾）水平为 0.030，小于统计学上通用显著性水平 0.05，这说明够显著，需要拒绝原假设，得到的结论是 Cooking ADL（做饭能力）变量在两组病人中（治疗组和对照组）有显著性的差异。Housekeeping ADL（做日常家务能力）的渐近显著性（双尾）水平为 0.004，小于统计学上通用显著性水平 0.05，这说明够显著，需要拒绝原假设，得到的结论是 Housekeeping ADL（做日常家务能力）变量在两组病人中（治疗组和对照组）有显著性的差异。

　　图 13-19 展示了针对治疗组和对照组进行 Moses 极限反应（莫斯检验）的结果。上半部分为描述性统计信息，下半部分为检验统计信息。可以发现，在排除极端值后，Travel ADL（旅行）的渐近显著性（单尾）水平为 0.000，小于统计学上通用显著性水平 0.05，这说明够显著，需要拒绝原假设，得到的结论是 Travel ADL（旅行）变量在两组病人中（治疗组和对照组）有显著性的差异。Cooking ADL（做饭能力）的渐近显著性（单尾）水平为 0.011，小于统计学上通用显著性水平 0.05，这说明够显著，需要拒绝原假设，得到的结论是 Cooking ADL（做饭能力）变量在两组病人中（治疗组和对照组）有显著性的差异。Housekeeping ADL（做日常家务能力）的渐近显著性（单尾）水平为 0.007，小于统计学上通用显著性水平 0.05，这说明够显著，需要拒绝原假设，得到的结论是 Housekeeping ADL（做日常家务能力）变量在两组病人中（治疗组和对照组）有显著性的差异。

莫斯检验

频率

	Treatment group	个案数
Travel ADL	Control（控制）	46
	Treatment（实验）	54
	总计	100
Cooking ADL	Control（控制）	46
	Treatment（实验）	54
	总计	100
Housekeeping ADL	Control（控制）	46
	Treatment（实验）	54
	总计	100

检验统计[a,b]

		Travel ADL	Cooking ADL	Housekeeping ADL
实测控制组范围		87	90	87
	Sig.（单尾）	.001	.008	.001
剪除后控制组跨度		61	79	78
	Sig.（单尾）	.000	.011	.007
在两端剪除了离群值		2	2	2

a. 莫斯检验

b. 分组变量：Treatment group

图 13-19　Moses 极限反应（莫斯检验）结果

图 13-20 展示了针对治疗组和对照组进行 Kolmogorov-Smirnov Z（双样本柯尔莫戈洛夫-斯米诺夫检验）的结果。显著性水平方面，原假设是变量在两组病人中（治疗组和对照组）没有显著性的差异。分变量来看，Travel ADL（旅行）的渐近显著性（双尾）水平为 0.405，大于统计学上通用显著性水平 0.05，这说明不够显著，需要接受原假设，得到的结论是 Travel ADL（旅行）变量在两组病人中（治疗组和对照组）没有显著性的差异。Cooking ADL（做饭能力）的渐近显著性（双尾）水平为 0.302，大于统计学上通用显著性水平 0.05，这说明不够显著，需要接受原假设，得到的结论是 Cooking ADL（做饭能力）变量在两组病人中（治疗组和对照组）没有显著性的差异。Housekeeping ADL（做日常家务能力）的渐近显著性（双尾）水平为 0.032，小于统计学上通用显著性水平 0.05，这说明够显著，需要拒绝原假设，得到的结论是 Housekeeping ADL（做日常家务能力）变量在两组病人中（治疗组和对照组）有显著性的差异。

从前面的结果中可以看出，Mann-Whitney U（曼-惠特尼检验）、Moses 极限反应（莫斯检验）、Kolmogorov-Smirnov Z（双样本柯尔莫戈洛夫-斯米诺夫检验）三种不同的检验方法得到的结论并不完全一致。这一点也是非常正常的，非参数检验的方法，来自于总体的可利用的信息较少，检验效率一般较参数的检验低一些，很有可能两种方法对于同一个问题得到的结论不同。因此，对使用一种方法所得到的检验结果应该审慎对待，必要的时候可以选择别的方法做进一步的检验。通常来说，"Mann-Whitney U"检验法常用于判别两独立样本所属的总体是否具有相同的分布，"Moses 极限反应"检验和"Kolmogorov-Smirnov Z"检验主要用于检验两个样本是否来自于相同总体的假设。读者可以根据具体应用场景的不同，选择最为适合的检验方法，也可以同时使用多种检验方法，进行比较印证，得出恰当的研究结论。

双样本柯尔莫戈洛夫-斯米诺夫检验

频率

	Treatment group	个案数
Travel ADL	Control	46
	Treatment	54
	总计	100
Cooking ADL	Control	46
	Treatment	54
	总计	100
Housekeeping ADL	Control	46
	Treatment	54
	总计	100

检验统计^a

		Travel ADL	Cooking ADL	Housekeeping ADL
最极端差值	绝对	.179	.195	.288
	正	.179	.195	.288
	负	.000	.000	.000
柯尔莫戈洛夫-斯米诺夫 Z		.891	.971	1.437
渐近显著性（双尾）		.405	.302	.032

a. 分组变量：Treatment group

图 13-20　Kolmogorov-Smirnov Z（双样本柯尔莫戈洛夫-斯米诺夫检验）结果

实验 13-3　多个独立样本的检验

素材文件：sample/Chap13/salesperformance.sav
多媒体教学文件：视频/实验 13-3.mp4

▶ 实验基本原理

上一次实验中，我们介绍了两个独立样本的检验过程，而在实际工作中我们常常需要比较多个独立样本是否来自与具有相同分布总体的样本。而当这些样本都是来自于同方差的正态总体时，可以使用方差分析过程进行检验，如果正态的假定不满足时，便可以使用多个独立样本的检验过程来进行检验。

多独立样本检验用于在总体分布未知的情况下判断多个独立的样本是否来自相同分布的总体。SPSS 25.0 版本提供了 Kruskal-Wallis H 方法（克鲁斯卡尔-沃利斯检验）、Jonckheere-Terpstra 检验法（约克海尔-塔帕斯特拉检验）和推广的中位数检验法（中位数检验）三种方法进行多独立样本检验。在 SPSS 官方网站的帮助文档《*IBM_SPSS_Statistics_Base*》中，对这几种检验方法都进行了权威解释。

1. Kruskal-Wallis H 检验

Kruskal-Wallis H 检验又称克鲁斯卡尔-沃利斯检验，该检验方法从基本思想上来说，是 Mann-Whitney U 检验法的扩展，是一种推广的评价值检验。其基本思路是，首先对所有样本合并并按升序排列得出每个数据的秩，然后对这各组样本求平均秩。如果通过计算后得到的平均秩相差很大，则可以有足够的理由认为两组样本所属的总体有显著差异。

2. Jonckheere-Terpstra 检验法

Jonckheere-Terpstra 检验法，也就是约克海尔-塔帕斯特拉检验，该检验方法在总体具有先验的排序的前提下具有较高的检验效率，其检验思路与两独立样本下的 Mann-Whitney U 检验法相似，计算某组样本的每个秩优于其他组样本的每个秩的个数。如果通过计算后得到的这些数据差距过大，则认为两组样本所属的总体有显著差异。

3. 推广的中位数检验法

推广的中位数检验法，在 SPSS 软件中标记为中位数检验，该检验方法的基本思路和核心理念是，首先将参与分析的所有样本合并并计算中位数，然后计算各组样本中大于或小于这个中位数的样本的个数。如果通过计算后得到的这些数据差距过大，则认为两组样本所属的总体有显著差异。

关于 Kruskal-Wallis H 方法（克鲁斯卡尔-沃利斯检验）、Jonckheere-Terpstra 检验法（约克海尔-塔帕斯特拉检验）和推广的中位数检验法（中位数检验）等检验方法的更加具体的理论阐述可以参考数理统计或者非参数统计的教材和专著。

多个独立样本的检验过程需使用经过排序的数据，检验过程使用的样本必须是相互独立的随机样本。在使用 Kruskal-Wallis H（克鲁斯卡尔-沃利斯检验）检验时，还要求被检验的样本形状相似。

▶ 实验目的与要求

实验目的：通过本次实验熟悉 SPSS 中的多个独立样本的检验过程，包括 Kruskal-Wallis H 方法（克鲁斯卡尔-沃利斯检验）、Jonckheere-Terpstra 检验法（约克海尔-塔帕斯特拉检验）和推广的中位数检验法（中位数检验）等检验方法，理解每一种方法的统计学意义，能够对多个样本检验的输出结果进行统计学解释，进而能够使用此过程对多个独立样本是否来自于同一总体进行检验。

实验要求：能理解多个独立样本检验的统计学含义，并了解相关统计量计算的原理，在实际操作中能熟练并灵活运用多个独立样本的检验对多个样本是否来自同一样本进行检验，实验中要注意对比多个样本的检验与单样本以及两个样本检验的情况进行对比，思考它们的相同点与不同点以及适用的不同情况。

▶ 实验内容及数据来源

本次实验使用的数据集是 salesperformance.sav，这是一位销售经理评估两个新的培训项目时的调查数据。数据中共有 60 个样本观测值，代表了 60 个接受不同培训项目的员工在培训结束后参加测试的成绩。数据中有两个属性变量，变量 group 表示的是员工所属的组别，group 等于 1 表示的是员工属于第一组，只接受标准的培训；group 等于 2 表示员工属于第二组，除了接受标准的培训以外再接受一个技术培训；group 等于 3 表示员工属于第三组，除了接受标准的培训以外再接受一个实际操作的训练。变量 perform 表示的是各个员工参加培训后的测试的成绩。图 13-21 给出了 salesperformance.sav 数据集的部分数据，完整的数据见本书附赠资源的 Chap13 文件夹下的 salesperformance.sav 文件。试验的内容是用中位数检验法来检验这三组员工的测试成绩是否有显著性差异。

	group	perform
1	1	63.33
2	1	68.32
3	1	86.66
4	1	52.82
5	1	75.01
6	1	57.99
7	1	69.48
8	1	32.68
9	1	60.88
10	1	58.24
11	1	45.54
12	1	44.92
13	1	67.04
14	1	62.99
15	1	66.63
16	1	65.53
17	1	59.58
18	1	85.65
19	1	64.55
20	1	83.74
21	2	72.85
22	2	88.17

图 13-21 salesperformance.sav 的部分数据

实验操作指导

实验的操作步骤如下：

01 选择"文件｜打开｜数据"命令，打开 salesperformance.sav 文件。

02 选择"分析｜非参数检验｜旧对话框｜K 个独立样本"，弹出"针对多个独立样本的检验"对话框，在左侧的变量框中选择 Score on training exam（培训测试得分），单击 ➡ 按钮，将其选入右侧的"检验变量列表"列表框中，作为被检验的变量。在"检验类型"选项组中选中"克鲁斯卡尔-沃利斯""中位数""约克海尔-塔帕斯特拉"复选框，如图 13-22 所示。

03 从左侧变量框中选择变量 Sales training group（销售培训组别），单击 ➡ 按钮，将其选入右侧的"分组变量"列表框中，如图 13-23 所示，然后单击"定义范围"按钮。

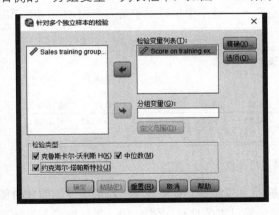

图 13-22 "针对多个独立样本的检验"对话框

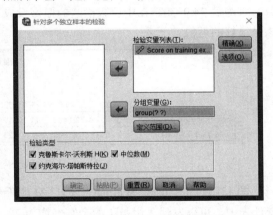

图 13-23 "针对多个独立样本的检验"对话框

04 弹出"多个独立样本：定义范围"对话框，如图 13-24 所示，在"最小值"处输入 1，在"最大值"处输入 3。定义这个区间是为了把我们要分析变量的范围确定，比如一个样本的这个变量值是 4，在我们定义的区间之外，那么这个样本就被排除在我们后面的分析之外了，换句话说，定义这个区间是为了让我们把注意力放在满足要求的那些样本上。在本次实验数据中，所有的样本观测值都是属于这个范围内的。单击"继续"按钮回到"针对多个独立样本的检验"对话框。

05 在"针对多个独立样本检验"对话框中单击"选项"按钮，进入"多个独立样本：选项"对话框（见图 13-25）。在对话框上方的"统计"选项组中选中"描述""四分位数"复选框，这样我们在最后的结果中就能看到关于样本分位数的信息，另外，由于本次实验所用的数据集没有缺失值，所以"缺失值"选项中的选项是不起作用的。

06 单击"继续"按钮，然后在"针对多个独立样本的检验"对话框中单击"确定"按钮，进入计算分析。

计算机运行完成后得到结果如图 13-26~图 13-29 所示。

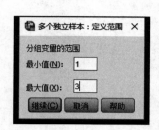

图 13-24 "多个独立样本：定义范围"对话框

图 13-25 "多个独立样本：选项"对话框

⯈ **实验结论**

图 13-26 展示了描述统计量相关信息，由于我们在前面"多个独立样本：选项"对话框设置中选中了"描述"和"四分位数"两个复选框，所以描述统计量相关信息中展示的内容比较全面。可以非常明显地看出针对每一个变量参与分析的样本个数都有 60 个，从图 13-26 中可以看到，60 个员工的成绩的平均值为 72.1422，最小值为 32.68，最大值为 89.69，50% 的百分位数（也即是中位数）大约是 74.9330。在中位数检验的原假设成立条件下，这个中位数对于每一个组的中间值都应该是很好的近似。

描述统计

	个案数	平均值	标准 偏差	最小值	最大值	第 25 个	百分位数 第 50 个（中位数）	第 75 个
Score on training exam	60	72.1422	12.00312	32.68	89.69	64.6322	74.9330	81.3159
Sales training group	60	2.00	.823	1	3	1.00	2.00	3.00

图 13-26 描述统计量

图 13-27 为 Kruskal-Wallis H 方法（克鲁斯卡尔-沃利斯检验）检验结果。在该图上半部分的秩统计表中，可以发现 3 组员工的个案书均为 20，第一组员工的秩平均值为 19，第二组员工的秩平均值为 31.65，第三组员工的秩平均值为 40.85。但从秩平均值来看，三组员工的测试成绩存在着较为显著的差异。在该图下半部分的检验统计中，可以非常明显地看出克鲁斯卡尔-沃利斯检验 H 值为 15.783，自由度为 2，渐近显著性 P 值为 0.000。Kruskal-Wallis H 方法（克鲁斯卡尔-沃利斯检验）的原假设是变量不存在显著的差异。本例中得到的渐近显著性 P 值为 0.000 远远小于统计上常用的显著性水平 0.05，所以非常显著的拒绝了原假设，也就是说通过 Kruskal-Wallis H 方法（克鲁斯卡尔-沃利斯检验）得到的研究结论是这三组员工的测试成绩有显著性差异。

图 13-28 为中位数检验结果。在该图上半部分所示的频率统计表中，每一个组都被分为两部分：一部分大于中位数；另一部分小于或等于中位数。从中可以看出，第一组为只接受标准的培训，这组中在中位数以上的人数明显小于在中位数以下的人数；而对于第二组和第三组，这种情况得到了

很大的改变,在中位数以上的人数占了绝大多数,所以从直观来看至少可以判断,两种新的培训项目效果是很明显的。在该图下半部分的检验统计中,可以非常明显地看出中位数检验卡方统计量的值为 12.4,自由度是 2,渐近显著性 P 值为 0.002。中位数检验方法的原假设是变量不存在显著的差异。本例中得到的渐近显著性 P 值为 0.002 远远小于统计上常用的显著性水平 0.05,所以非常显著的拒绝了原假设,也就是说通过中位数检验方法得到的研究结论是这三组员工的测试成绩有显著性差异。结合该图上半部分所示的频率统计表,得到的结论是第三组员工的培训效果最好,第二组员工培训效果稍逊一些,第一组也就是只接受标准培训的员工培训效果最差。

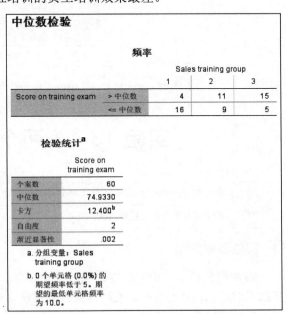

图 13-27 Kruskal-Wallis H 方法(克鲁斯卡尔-沃利斯检验)检验结果

图 13-28 中位数检验结果

图 13-29 为 Jonckheere-Terpstra 检验法(约克海尔-塔帕斯特拉检验)检验结果。Sales training group 中的级别数为 3,说明我们把样本分为了 3 组进行比较;参与分析的个案数量为 60,没有缺失值;实测 J-T 统计为 898.000,平均值 J-T 统计为 600.000,J-T 统计的标准差为 73.711,标准 J-T 统计为 4.043;渐近显著性(双尾)为 0.000。Jonckheere-Terpstra 检验法(约克海尔-塔帕斯特拉检验)的原假设是变量不存在显著的差异。本例中得到的渐近显著性 P 值为 0.000 远远小于统计上常用的显著性水平 0.05,所以非常显著的拒绝了原假设,也就是说通过 Jonckheere-Terpstra 检验法(约克海尔-塔帕斯特拉检验)得到的研究结论是这三组员工的测试成绩有显著性差异。

综上所述,Kruskal-Wallis H 方法(克鲁斯卡尔-沃利斯检验)、Jonckheere-Terpstra 检验法(约克海尔-塔帕斯特拉检验)和推广的中位数检验法(中位数检验)三种检验方法一致检验认为这三组员工的测试成绩有显著性差异。

约克海尔-塔帕斯特拉检验[a]	
	Score on training exam
Sales training group 中的级别数	3
个案数	60
实测 J-T 统计	898.000
平均值 J-T 统计	600.000
J-T 统计的标准差	73.711
标准 J-T 统计	4.043
渐近显著性（双尾）	.000

a. 分组变量：Sales training group

图 13-29　Jonckheere-Terpstra 检验法（约克海尔-塔帕斯特拉检验）检验结果

实验 13-4　两个相关样本的检验

素材文件：sample/Chap13/mutualfund.sav
多媒体教学文件：视频/实验 13-4.mp4

实验基本原理

两个相关样本的检验过程也是用于比较两个总体分布的非参数检验方法。当两个样本取自相互独立的正态总体时，可以使用均值比较过程进行检验；当两个总体分布类型未知，而抽出的两个样本为独立样本时，可使用实验 13-2 中介绍的方法进行检验。而当两个样本相关时，就可以使用本过程来检验。两个相关样本检验过程要求数值型变量是可排序的，对两个总体服从的分布不做要求，但必须是成对数据，通过比较对应样本观测值之间的差异来检验总体的差异，检验假定这些差异是对称分布的。在 SPSS 中，有 4 种关于两个相关样本的检验方法。

在 SPSS 官方网站的帮助文档《*IBM_SPSS_Statistics_Base*》中，对这几种检验方法都进行了权威解释：

- Wilcoxon：威尔科克森符号秩检验法，这是系统默认的。如果数据是连续的，可使用符号检验或 Wilcoxon 带符号等级检验。符号检验计算所有个案的两个变量之间的　差，并将差分类为正、负或平。如果两个变量分布相似，那么正差和负差的数目不会有很大的差别。Wilcoxon 带符号等级检验考虑关于各对之间的差的符号和差的量级的信息。由于 Wilcoxon 带符号等级检验纳入了有关数据的更多信息，因此它比符号检验更为强大。
- 符号检验法：此种方法也是针对连续性变量的。由于威尔柯森符号秩检验法比符号检验法更多的利用了数据信息，因此前者比后者更为有效。
- McNemar：麦克尼马尔检验法，如果数据为二值数据，那么使用 McNemar 检验。这个检验方法用的是卡方统计量，通常当显著性水平小于 0.05 时，认为检验的两个样本所在的总体有显著性差异。此检验通常用于重复测量情况，在此情况中，每个主体的反应将被引出两次，一次在

指定事件发生之前，一次在之后。McNemar 检验确定初始响应率（事件前）是否等于最终响
应率（事件后）。此检验对于在前后对比设计中检测由实验干预引起的响应变化很有用。

- Marginal homogeneity：即边际齐性检验。如果数据为分类数据，那么使用边际同质性检验。此
  检验是 McNemar 检验从二值响应到多项式响应的扩展。它检验响应中的变化（使用卡方分
  布），对于在前后对比设计中检测因实验干预所导致的响应变化很有用。只有安装了 Exact Tests
  后，才可用边际同质性检验。

实验目的与要求

实验目的：通过本次实验熟悉 SPSS 中的两个相关样本的检验过程，理解相关样本与独立样本
的不同含义，掌握 Wilcoxon（威尔科克森符号秩检验）、符号检验、McNemar（麦克尼马尔）和
Marginal homogeneity（边际齐性检验）4 种检验方法，进而能够熟练使用各种方法对两个相关样本
是否来自同一总体进行检验。

实验要求：能理解两个相关样本检验中 3 种常用方法的统计学含义，并了解相关统计量计算
的原理，通过与两个独立样本检验方法的对比理解相关样本检验的意义，在实际操作中能熟练并恰
当运用两个相关样本的检验这种非参数方法。

实验内容及数据来源

本次实验使用的数据集是 mutualfund.sav，这是一个金融数据集，包括 13 个样本，分别代表
13 只科技板块的股票，如 Apple Computer（苹果电脑）、Compaq Computer（康柏电脑）等。另外，
这个数据集中包含 16 个属性变量，包括 Name（名称）、Ticker（股票交易代码）、open00（2000
年开盘价）等。2000 年的 S&P 500 指数的收益要明显好于前一年，我们想了解的是这个收益的增
长是否来自科技股板块，于是需要当年检验科技股板块的整体表现是否好于大盘，这就引出了本
次实验的主要内容：检验当年科技股收益率的中位数是否与总体 S&P 500 指数收益率的中位数有
显著性差异。需要注意的是这里使用的是 Wilcoxon（威尔柯森符号秩检验）方法，因为我们要检
验的变量是连续性变量。图 13-30 给出了数据集 mutualfund.sav 的部分数据，完整的数据见本书附
赠资源的 Chap13 文件夹下的 mutualfund.sav 文件。

	name	ticker	open00	high00	low00	close00	pctgain0
1	Apple Computer, Inc	AAPL	45.55	46.96	44.12	45.41	-.45
2	Compaq Computer Corp	CPQ	26.97	27.64	26.35	27.00	.14
3	Dell Computer Corp	DELL	35.79	36.66	34.74	35.67	-.28
4	EMC Corp	EMC	87.37	89.57	85.02	87.42	.14
5	Gateway Inc	GTW	50.17	51.34	48.69	49.99	-.40
6	Hewlett-Packard	HWP	91.90	93.84	89.71	91.63	-.32
7	International Business Machines	IBM	109.14	111.16	107.32	109.20	.06
8	Lexmark International Group, In	LXK	52.06	53.66	50.56	52.12	.29
9	Ncr Corp New	NCR	41.08	41.80	40.42	41.20	.31
10	Network Appliance Inc	NTAP	93.47	97.74	89.16	93.38	.06
11	Palm Inc	PALM	45.47	47.60	43.55	45.61	.50
12	Sun Microsystems Inc	SUNW	94.36	97.03	91.73	94.32	-.16
13	Unisys Corp	UIS	14.93	15.31	14.49	14.90	-.06

图 13-30　mutualfund.sav 数据集的部分数据

实验操作指导

实验的操作步骤如下：

01 选择"文件 | 打开 | 数据"命令，打开 mutualfund.sav 文件。

02 选择"分析 | 非参数检验 | 旧对话框 | 2 个相关样本"命令，弹出"双关联样本检验"对话框，在左侧变量框中选择 Fund avg % gain 2000 [pctgain0]（2000 年该股票的收益率中位数）和 S&P median change 2000 [spmdn00]（2000 年 S&P 的收益率中位数），单击 按钮，将其列为要检验的第一对变量；把 Fund avg % gain 2001 [pctgain1]（2001 年该股票的收益率中位数）和 S&P median change 2001 [spmdn01]（2001 年 S&P 的收益率中位数）选为要检验的第二对变量，如图 13-31 所示。在"检验类型"选项组中我们选择"威尔科克森"和"符号"两个复选框。之所以没有选择麦克尼马尔检验，是因为由于两个变量并非按相同的值进行二分，所以无法对 Fund avg % gain 2000 和 S&P median change 2000 以及 Fund avg % gain 2001 和 S&P median change 2001 执行麦克尼马尔检验。之所以没有选择边际齐性检验，是因为我们参与此次分析的有效个案数量不足，无法对 Fund avg % gain 2000 和 S&P median change 2000 以及 Fund avg % gain 2001 和 S&P median change 2001 执行边际齐性检验。

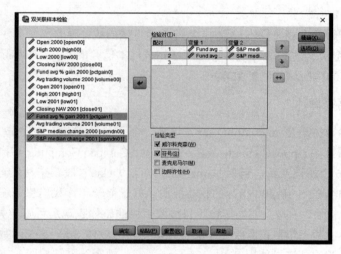

图 13-31 "双关联样本检验"对话框

03 单击"确定"按钮，开始计算分析。

计算机运行后得到图 13-32 和图 13-33 所示的结果。

▶ **实验结论**

图 13-32 给出了威尔科克森符号秩检验方法的检验结果。从该图的上半部分可以非常明显地看出，Fund avg % gain 2000 和 S&P median change 2000 相比，Fund avg % gain 2000（2000 年该股票的收益率中位数）大于 S&P median change 2000（2000 年 S&P 的收益率中位数）的次数有 5 次，对应的秩和是 31；而 Fund avg % gain 2000（2000 年该股票的收益率中位数）小于 S&P median change 2000（2000 年 S&P 的收益率中位数）的次数有 8 次，对应的秩和为 60。同理，关于 Fund avg % gain 2001（2001 年该股票的收益率中位数）和 S&P median change 2001（2001 年 S&P 的收益率中位数）的比较信息也可以从图中很明显地看出。从该图的下半部分可以非常明显地看出检验结果，第一对检验变量的 Z 值（注意这里的 Z 值是以标准正态分布来求的近似值）为-1.013，渐进的双尾显著性水平概率为 0.311>0.05，所以应该接受原假设，即认为 Fund avg % gain 2000（2000 年该股票的收益率中位数）和 S&P median change 2000（2000 年 S&P 的收益率中位数）两个变量的中位数并没

有显著性差异，对于 Fund avg % gain 2001（2001 年该股票的收益率中位数）和 S&P median change 2001（2001 年 S&P 的收益率中位数）结果也是一样的，因此我们可以得出结论：对于 2000 和 2001 两个年度来说，科技股的整体表现跟 S&P 500 指数差异不大，也就是说科技股并没有比整体大盘表现更好，因此我们不能说 2000 年大盘指数的上涨来自于科技股的表现。

图 13-33 给出了符号检验方法的检验结果。从该图的上半部分可以非常明显地看出，Fund avg % gain 2000 和 S&P median change 2000 相比，Fund avg % gain 2000（2000 年该股票的收益率中位数）大于 S&P median change 2000（2000 年 S&P 的收益率中位数）的次数有 5 次；而 Fund avg % gain 2000（2000 年该股票的收益率中位数）小于 S&P median change 2000（2000 年 S&P 的收益率中位数）的次数有 8 次。同理，关于 Fund avg % gain 2001（2001 年该股票的收益率中位数）和 S&P median change 2001（2001 年 S&P 的收益率中位数）的比较信息也可以从图中很明显地看出。从该图的下半部分可以非常明显地看出检验结果，Fund avg % gain 2000（2000 年该股票的收益率中位数）和 S&P median change 2000（2000 年 S&P 的收益率中位数）渐进的双尾显著性水平概率为 0.581>0.05，所以应该接受原假设，即认为 Fund avg % gain 2000（2000 年该股票的收益率中位数）和 S&P median change 2000（2000 年设 S&P 的收益率中位数）两个变量的中位数并没有显著性差异，对于 Fund avg % gain 2001（2001 年该股票的收益率中位数）和 S&P median change 2001（2001 年 S&P 的收益率中位数）结果也是一样的，因此我们可以得出结论：对于 2000 和 2001 两个年度来说，科技股的整体表现跟 S&P 500 指数差异不大，也就是说科技股并没有比整体大盘表现更好，因此我们不能说 2000 年大盘指数的上涨来自于科技股的表现。

威尔科克森符号秩检验

秩

		个案数	秩平均值	秩的总和
S&P median change 2000 - Fund avg % gain 2000	负秩	5[a]	6.20	31.00
	正秩	8[b]	7.50	60.00
	绑定值	0[c]		
	总计	13		
S&P median change 2001 - Fund avg % gain 2001	负秩	6[d]	7.00	42.00
	正秩	7[e]	7.00	49.00
	绑定值	0[f]		
	总计	13		

a. S&P median change 2000 < Fund avg % gain 2000
b. S&P median change 2000 > Fund avg % gain 2000
c. S&P median change 2000 = Fund avg % gain 2000
d. S&P median change 2001 < Fund avg % gain 2001
e. S&P median change 2001 > Fund avg % gain 2001
f. S&P median change 2001 = Fund avg % gain 2001

检验统计[a]

	S&P median change 2000 - Fund avg % gain 2000	S&P median change 2001 - Fund avg % gain 2001
Z	-1.013[b]	-.245[b]
渐近显著性（双尾）	.311	.807

a. 威尔科克森符号秩检验
b. 基于负秩

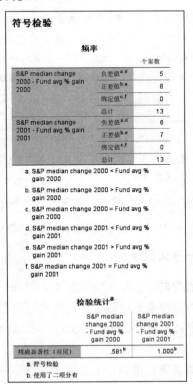

符号检验

频率

		个案数
S&P median change 2000 - Fund avg % gain 2000	负差值[a,d]	5
	正差值[b,e]	8
	绑定值[c,f]	0
	总计	13
S&P median change 2001 - Fund avg % gain 2001	负差值[a,d]	6
	正差值[b,e]	7
	绑定值[c,f]	0
	总计	13

a. S&P median change 2000 < Fund avg % gain 2000
b. S&P median change 2000 > Fund avg % gain 2000
c. S&P median change 2000 = Fund avg % gain 2000
d. S&P median change 2001 < Fund avg % gain 2001
e. S&P median change 2001 > Fund avg % gain 2001
f. S&P median change 2001 = Fund avg % gain 2001

检验统计[a]

	S&P median change 2000 - Fund avg % gain 2000	S&P median change 2001 - Fund avg % gain 2001
精确显著性（双尾）	.581[b]	1.000[b]

a. 符号检验
b. 使用了二项分布

图 13-32 威尔科克森符号秩检验方法的检验结果　　　图 13-33 符号检验方法的检验结果

实验 13-5　多个相关样本的检验

素材文件：sample/Chap13/webusability.sav
多媒体教学文件：视频/实验 13-5.mp4

▶ 实验基本原理

　　多个相关样本检验是用来比较多个总体分布是否相同的非参数检验方法。这种检验过程实质上是方差分析中所讨论的无重复无交互作用的双因素试验的方差分析，只不过在这里舍弃了总体服从等方差的正态分布和不存在交互作用的基本假设，即总体可以是具有相关关系的。因此，所处理问题的条件是相当宽松的。所用检验方法基本上属于秩和检验。本过程使用的数据必须是可排序的数值型变量，假设检验并不要求总体的具体分布形式，可以使用独立的或者相关的随机样本。SPSS中提供了三种检验方法。

　　在 SPSS 官方网站的帮助文档《*IBM_SPSS_Statistics_Base*》中，对这几种检验方法都进行了权威解释：

- Friedman: 傅莱德曼检验法。Friedman 检验是以下两项的非参数等同检验：单样本重复测量设计，或者每个单元格一个观察值的二阶方差分析。Friedman 检验 k 个相关变量来自同一总体的原假设。对于每个个案，k 个变量的等级从 1 到 k。检验统计基于这些等级。该方法是对每一个变量的观测值，赋予 1-k 的秩，基于这些秩确定检验的傅莱德曼统计量，这是系统默认的检验方法。
- Kendall's W: 肯德尔检验法，肯德尔的 W 检验统计量是对傅莱德曼统计量的正态化，其取值范围为 0~1。Kendall 的 W 可解释为协调系数，它是评分者之间一致程度的测量。每个个案是一名裁判员或评分者，每个变量是被裁判的一项或一个人。对于每个变量，要计算等级之和。Kendall 的 W 的范围从 0（完全不一致）到 1（完全一致）。
- Cochran's Q: 柯克兰检验法，是一种检验二元变量总体均值是否相等的非参数检验方法，它是麦克奈梅尔检验法在 K 个相关的二元总体检验中的推广。Cochrans Q 等于 Friedman 检验，但它适用于所有响应都是二元响应的情况。该检验是 McNemar 检验对 k 样本情况的扩展。Cochrans Q 检验多个相关二分变量具有相同平均值的假设。对相同的个体或匹配的个体测量变量。

　　关于这些方法更详细的理论阐述可以参考数理统计学或非参数统计学的教材和专著。

▶ 实验目的与要求

　　实验目的：通过实验理解多个相关样本检验的优势，即假设宽松，适用范围广。熟悉 SPSS 中的多个相关样本的检验过程，能熟练使用 Friedman（傅莱德曼检验）方法、Kendall's W（肯德尔检验）方法以及 Cochran's Q（柯克兰检验）方法对实际问题中的多个相关样本是否来自于同一总体进行检验。

　　实验要求：能认识到进行多个相关样本检验的意义，理解这种方法与前面讲的各种检验之间的关系和适用范围。了解多个相关样本检验的统计学含义，实际操作中能熟练并灵活运用多种方法对多个相关样本进行检验。

⊛ 实验内容及数据来源

本次实验使用的数据集是 webusablility.sav，这是一个关于网站使用便利性的调查数据。一个网上零售商新建立了一个网上商店，这个新的网上商店的使用便利性对于这个零售商来说是至关重要的，如果很容易使用而且容易被客户接受，那么对于他的事业发展是很有利的。于是这位零售商邀请了 5 位客户，让他们每个人都用新的网上商店完成 6 个特定的任务，这些任务难度相同，而最后这些任务的完成情况被记录在数据集 webusablility.sav 中。数据共有 5 个样本观测值，分别描述了 5 位接受测试的客户，另外有 6 个属性变量，分别是 task1~task6，表示的是客户被要求完成的 6 项任务。图 13-34 给出了 webusablility.sav 的数据，数据文件 webusablility.sav 见本书附赠资源的 Chap13 文件夹。本次实验的内容是要用柯克兰检验法（Cochran's Q）来检验原假设，即这 6 个任务应该被完成的情况相同。

	🔗 task1	🔗 task2	🔗 task3	🔗 task4	🔗 task5	🔗 task6
1	1	0	1	0	1	1
2	1	1	0	0	1	0
3	1	0	0	0	1	1
4	1	0	0	0	0	1
5	1	1	1	0	1	1

图 13-34　webusablility.sav 数据集

⊛ 实验操作指导

实验的操作步骤如下：

01 选择"文件 | 打开 | 数据"命令，打开 webusablility.sav 文件。

02 选择"分析 | 非参数检验 | 旧对话框 | K 个相关样本"，弹出"针对多个相关样本的检验"对话框，在左侧变量框中选择所有 6 个变量，单击 ➡ 按钮，将其选入右侧的"检验变量"列表框中，然后在"检验类型"选项组中撤选"傅莱德曼"复选框，选中"柯克兰 Q"复选框，这是因为我们分析的 6 个变量全部都是二元变量，因此更适合使用柯克兰检验法，如图 13-35 所示。

03 单击"统计"按钮，进入检验统计量设置的界面如图 13-36 所示。选中"描述"复选框，然后单击"继续"按钮。最后在"针对多个相关样本的检验"对话框中单击"确定"按钮，进入计算分析。

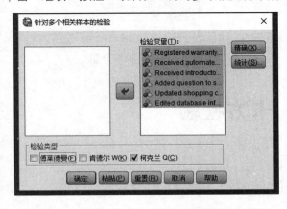

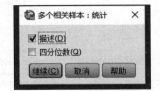

图 13-35　"针对多个相关样本的检验"对话框　　　图 13-36　"多个相关样本：统计"对话框

计算机运行完成后得到图 13-37~图 13-39 所示的结果。

实验结论

图 13-37 总结了所有的描述统计量，包括 5 个人完成各个任务程度的平均水平、标准差、最大值、最小值。注意，这里 1 表示完成任务，0 表示没有完成，所以 0 和 1 之间的数字可以认为是表示完成任务的程度。

描述统计					
	个案数	平均值	标准 偏差	最小值	最大值
Registered warranty data	5	1.00	.000	1	1
Received automated fax information	5	.40	.548	0	1
Received introductory newsletter	5	.40	.548	0	1
Added question to support list	5	.00	.000	0	0
Updated shopping cart	5	.80	.447	0	1
Edited database information	5	.80	.447	0	1

图 13-37　描述统计量

图 13-38 总结了每个任务完成或者是失败的次数，从这里可以直观看出 6 个任务被完成程度相同的原假设不能被有效支持。

图 13-39 给出了统计检验的结果，检验统计量的自由度为 5，柯克兰检验（Cochran's Q）统计量的值为 12.949，渐近显著性水平为 0.024，小于 0.05，于是我们拒绝原假设。也就是说，这 6 个任务被完成程度不相同，说明客户们在使用新的网上商店时在某些方面遇到困难，这就要求网络零售商要进一步改进网上商店的使用便利性。

频率		
	值	
	0	1
Registered warranty data	0	5
Received automated fax information	3	2
Received introductory newsletter	3	2
Added question to support list	5	0
Updated shopping cart	1	4
Edited database information	1	4

图 13-38　频数统计结果

检验统计	
个案数	5
柯克兰 Q	12.949[a]
自由度	5
渐近显著性	.024

a. 1 被视为成功。

图 13-39　检验统计量

实验 13-6　卡方检验

素材文件：sample/Chap13/zhiyeyishi.sav
多媒体教学文件：视频/实验 13-6.mp4

实验基本原理

卡方检验是一种根据样本数据来推断总体分布与期望分布或某一理论分布是否存在显著差异

的检验，通常适于对有多项分类值的总体分布的分析，是一种吻合性检验。卡方检验过程可将一个变量以表格形式列在不同的类别中，并计算卡方统计。卡方拟合优度检验比较每个类别中的观察的和期望的频率，以检验所有类别是否包含相同比例的值，或检验每个类别是否包含用户指定比例的值。举一个非常通俗易懂的例子，卡方检验可用于确定一盒玻璃球是否包含相等比例的红色、蓝色、黑色、绿色、黄色和白色玻璃球，也可以检验一盒玻璃球是否包含 10%红色、20%蓝色、30%黑色、10%绿色、5%黄色和 25%白色玻璃球。

　　卡方检验的原假设为：样本所属的总体的分布与期望分布或者某一理论分布无显著差异。卡方检验的检验统计量如公式所示：

$$\chi^2 = \sum_{i=1}^{k} \frac{(N_{oi} - N_{ei})^2}{N_{ei}}$$

　　其中 N_{oi} 表示观测频数，N_{ei} 表示理论频数。x^2 值越小，表示观测频数与理论频数越接近，该 x^2 统计量在大样本条件下渐进服从于自由度为 k-1 的卡方分布。如果该 x^2 统计量小于由显著性水平和自由度确定的临界值，则认为样本所属的总体的分布与理论分布无显著差异。

　　需要特别说明和强调的是，并不是所有的数据都适合卡方检验过程，即便数据适合，也不是在所有情况下都适宜采用卡方检验过程。在 SPSS 官方网站的帮助文档《*IBM_SPSS_Statistics_Base*》中，对"卡方检验"检验方法的应用条件进行了特别指导：数据方面，用户需要使用排序的或未排序的数值分类变量（有序或名义测量级别），要将字符串变量转换为数值变量，需要使用"自动重新编码"过程（在"转换"菜单上提供）。在假设条件方面，非参数检验不要求假定基础分布的形状，数据均假定为随机样本，每个类别的期望频率应至少为 1，应有不超过 20%的类别具有小于 5 的期望频率。

⊙ 实验目的与要求

　　实验目的：通过实验理解卡方检验的本质，即将一个变量以表格形式列在不同的类别中，并根据观察的和期望的频率之间的差来计算卡方统计。熟悉 SPSS 中的卡方检验的检验过程，能熟练使用卡方检验方法对实际问题进行卡方检验。

　　实验要求：能认识到进行卡方检验的意义，理解这种方法与前面讲的各种检验之间的关系和适用范围。了解卡方检验的统计学含义，实际操作中能熟练并灵活运用卡方检验方法对适合的样本进行检验。

⊙ 实验内容及数据来源

　　本次实验使用的数据集是 zhiyeyishi.sav，部分数据如图 13-40 所示，给出了随机抽取的 94 名某医院执业医师的性别情况。试用卡方检验方法研究该医院执业医师的男女比例是否存在明显的差别。数据文件 zhiyeyishi.sav 见本书附赠资源的 Chap13 文件夹。本次实验的内容是要用卡方检验法来检验原假设，即该医院执业医师的男女比例不存在明显的差别。

	编号	性别
1	001	1
2	002	1
3	003	1
4	004	1
5	005	1
6	006	2
7	007	1
8	008	2
9	009	1
10	010	2
11	011	1
12	012	2
13	013	1
14	014	2
15	015	1
16	016	2
17	017	2
18	018	2
19	019	1
20	020	2
21	021	1
22	022	1

图 13-40　zhiyeyishi.sav 数据集

实验操作指导

实验的操作步骤如下：

01 选择"文件 | 打开 | 数据"命令，打开 **zhiyeyishi.sav** 文件。

02 选择"分析 | 非参数检验 | 旧对话框 | 卡方"，弹出"卡方检验"对话框，从源变量列表框中选择"性别"变量，单击 ➡ 按钮将其选入右侧的"检验变量列表"列表框，如图 13-41 所示。

对话框选项设置/说明

从源变量列表框中选择要进行卡方检验的变量，单击 ➡ 按钮将其选入右侧的"检验变量列表"列表框。检验变量可以选择多个，SPSS 会分别对各个变量进行卡方检验。

- "期望范围"选项组：用于确定进行卡方检验的数据范围，其中包含两个单选按钮："从数据中获取"和"使用指定范围"。如选择"从数据中获取"SPSS 将使用数据中的最大值和最小值作为检验范围，此外用户也可选择"使用指定范围"并在"上限"和"下限"文本框中输入设定的范围。

- "期望值"选项组：用于设置总体中各分类所占的比例，包括"所用类别相等"和"值"两个单选按钮。系统默认选择"所有类别相等"，即检验总体是否服从均匀分布；此外用户也可以选择"值"选项并在其后的输入框中输入指定分组的期望概率值。注意，值输入的顺序要与检验变量递增的顺序相同。

---

03 单击"精确"按钮，弹出"精确检验"对话框，如图 13-42 所示。

图 13-41 "卡方检验"对话框

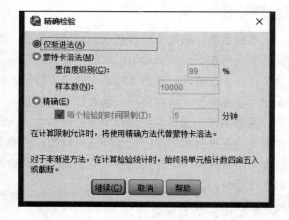

图 13-42 "精确检验"对话框

对话框选项设置/说明

精确检验用于设置计算显著性水平的方法，其包含三个单选按钮。

- "仅渐进法"单选按钮：此为 SPSS 默认设置，表示显著性水平的计算基于渐进分布假设。渐进方法要求足够大的样本容量，如果样本容量偏小，该方法将会失效。

- "蒙特卡洛法"单选按钮：该选项表示使用 Monte Carlo 模拟方法计算显著性水平。一般应用于不满足渐进分布假设的巨量数据。使用时，在该单选按钮后的输入框中输入相应的置信水平和样本数。
- "精确"单选按钮：该方法可以得到精确的显著性水平，但是其缺点是计算量过大。用户可以设置相应的计算时间，如果超过该时间，SPSS 将自动停止计算并输出结果。

本例中选择系统默认设置为"仅渐进法"单选按钮，然后单击"继续"按钮回到"卡方检验"对话框。

04 单击"选项"按钮，弹出"卡方检验：选项"对话框，如图 13-43 所示。

图 13-43　"卡方检验：选项"对话框

对话框选项设置/说明

"卡方检验：选项"对话框包含"统计"和"缺失值"两个选项组。

- "统计"选项组用于设置输出的统计量，其中包含"描述"和"四分位数"两个复选框，分别用于输出描述性统计量和四分位数。
- "缺失值"选项组用于设置缺失值的处理方式，其中包含两个单选按钮，"按检验排除个案"，表示如果指定多个检验，将分别独立计算每个检验中的缺失值；"成列排除个案"，表示从所有分析中排除任何变量具有缺失值的个案。

本例中在"统计"选项组中选中"描述"和"四分位数"两个复选框，在"缺失值"选项组中采用系统默认设置"按检验排除个案"，然后单击"继续"按钮回到"卡方检验"对话框。

05 单击"确定"按钮，进入计算分析。

计算机运行完成后得到图 13-44~图 13-46 所示的结果。

实验结论

图 13-44 给出了"个案数""平均值""标准偏差""最小值"和"最大值"等描述性统计量。

描述统计

	个案数	平均值	标准 偏差	最小值	最大值	第25个	第50个（中位数）	第75个
性别	94	1.47	.502	1	2	1.00	1.00	2.00

图 13-44　描述统计量

图 13-45 给出了各种结果的实测个案数、期望个案数和残差。

图 13-46 给出了相关的检验统计量。从图中可以发现：卡方值是 0.383，自由度是 1，渐近显著性水平为 0.536，远大于 5%。所以该医院执业医师的男女比例不存在明显的差别。

图 13-45　卡方检验频数　　　　　　　图 13-46　检验统计量

实验 13-7　二项检验

| 素材文件：sample/Chap13/yinliaopianhao.sav |
| 多媒体教学文件：视频/实验 13-7.mp4 |

▶ 实验基本原理

二项检验的基本功能是通过样本的频数分布来推断总体是否服从特定二项分布，它适用于对二分类变量的拟合优度检验。这种检验过程也是通过分析实际的频数与理论的频数之间的差别或者说吻合程度来完成的。

二项检验的零假设为：样本所属总体的与所指定的某个二项分布无显著差异。二项检验的检验统计量如下所示：

$$p_1 = \frac{n_1 - np}{\sqrt{np(1-p)}}$$

其中 n_1 表示第一个类别的样本个数，p 表示指定二项分布中第一个类别个体在总体中所占的比重。统计量在大样本条件下渐进服从于正态分布。如果该统计量小于临界值，则认为样本所属的总体的分布与所指定的某个二项分布无显著差异。

需要特别说明是，并不是所有的数据都适合二项检验过程，即便数据适合，也不是在所有情况下都适宜采用二项检验过程。在 SPSS 官方网站的帮助文档《IBM_SPSS_Statistics_Base》中，对"二项检验"检验方法的应用条件进行了特别指导：数据方面，检验的变量应为数值二分变量，用户要将字符串变量转换为数值变量，需要使用"自动重新编码"过程（在"转换"菜单上提供）。二分变量是只能取两个可能值的变量：yes 或 no，true 或 false，0 或 1，等等。在数据集中遇到的第一个值定义第一个组，其他值定义第二个组。如果变量不是二分变量，那么必须指定分割点。分割点将具有小于或等于分割点的值的个案指派到第一个组，并将其余个案指派到第二个组。假设条件方面，二项检验这种非参数检验不要求假定基础分布的形状。数据均假定为随机样本。

实验目的与要求

实验目的：通过实验理解二项检验的本质，即比较二分变量的两个类别的观察频率与指定概率参数的二项式分布下的期望频率。熟悉 SPSS 中的二项检验的检验过程，能熟练使用二项检验方法对实际问题进行二项检验。

实验要求：能认识到进行二项检验的意义，理解这种方法与前面讲的各种检验之间的关系和适用范围。了解二项检验的统计学含义,实际操作中能熟练并灵活运用二项检验方法对适合的样本进行检验。

实验内容及数据来源

本次实验使用的数据集是 yinliaopianhao.sav，部分数据如图 13-47 所示。某饮料公司新开发了一种新饮料产品并准备上市，根据市场研究专家的预测，如果消费者的偏好比例达到 15%，该饮料上市即可盈利。yinliaopianhao.sav 给出了该公司在新饮料上市之前随机抽取的 203 名参与试验的消费者对该饮料的偏好情况。试用二项分布检验方法研究消费者对该饮料的偏好比例是否超过盈利所需的最低比例。数据文件 yinliaopianhao.sav 见本书附赠资源的 Chap13 文件夹。本次实验的内容是要用二项分布检验法来检验原假设。

	编号	偏好情况
1	001	0
2	002	1
3	003	1
4	004	1
5	005	1
6	006	0
7	007	0
8	008	1
9	009	0
10	010	0
11	011	0
12	012	1
13	013	1
14	014	0
15	015	0
16	016	0
17	017	0
18	018	0
19	019	0
20	020	0
21	021	0
22	022	0

图 13-47　yinliaopianhao.sav 数据集

实验操作指导

实验的操作步骤如下：

01 选择"文件｜打开｜数据"命令，打开 yinliaopianhao.sav 文件。

02 选择"分析｜非参数检验｜旧对话框｜二项"，弹出"二项检验"对话框，从源变量列表框中选择"偏好情况"变量，单击 ➡ 按钮将其选入右侧的"检验变量列表"列表框，在"检验比例"文本框中输入"0.85"，如图 13-48 所示。

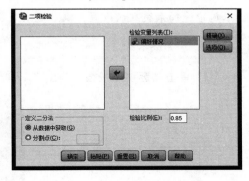

图 13-48　"二项检验"对话框

对话框选项设置/说明

- "定义二分法"选项组：用于设定将数据分类的方式，系统默认选择是"从数据中获取"单选按钮，此种方式适用于按照二分类方式录入的数据；"分割点"按钮用于设置分类临界值，大于此值的数据将作为第一组，小于此值的作为第二组。
- "检验比例"输入框：用于设置检验概率，系统默认为 0.5，即均匀分布。

03 单击"精确"按钮，弹出"精确检验"对话框，如图 13-49 所示。

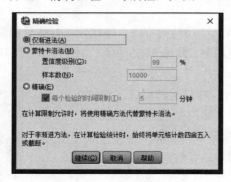

图 13-49 "精确检验"对话框

对话框选项设置/说明

精确检验用于设置计算显著性水平的方法，其包含 3 个单选按钮。

- "仅渐进法"单选按钮：此为 SPSS 默认设置，表示显著性水平的计算基于渐进分布假设。渐进方法要求足够大的样本容量，如果样本容量偏小，该方法将会失效。

- "蒙特卡洛法"单选按钮：该选项表示使用 Monte Carlo 模拟方法计算显著性水平。一般应用于不满足渐进分布假设的巨量数据。使用时，在该单选按钮后的输入框中输入相应的置信水平和样本数。

- "精确"单选按钮：该方法可以得到精确的显著性水平，但是其缺点是计算量过大。用户可以设置相应的计算时间，如果超过该时间，SPSS 将自动停止计算并输出结果。

本例中选择系统默认设置"仅渐进法"单选按钮，然后单击"继续"按钮回到"二项检验"对话框。

---

04 单击"选项"按钮，弹出"二项检验：选项"对话框，如图 13-50 所示。

图 13-50 "二项检验：选项"对话框

对话框选项设置/说明

"二项检验：选项"对话框包含"统计"和"缺失值"两个选项组。

- "统计"选项组：用于设置输出的统计量，其中包含"描述"和"四分位数"两个复选框，分别用于输出描述性统计量和四分位数。

- "缺失值"选项组：用于设置缺失值的处理方式，其中包含两个单选按钮："按检验排除个案"，表示如果指定多个检验，将分别独立计算每个检验中的缺失值；"成列排除个案"，表示从所有分析中排除任何变量具有缺失值的个案。

本例中在"统计"选项组中选中"描述"和"四分位数"两个复选框，在"缺失值"选项组中采用系统默认设置"按检验排除个案"，然后单击"继续"按钮回到"二项检验"对话框。

05 单击"确定"按钮，进入计算分析。

计算机运行完成后得到图 13-51~图 13-52 所示的结果。

实验结论

图 13-51 给出了"个案数""平均值""标准偏差""最小值"和"最大值"等描述性统计量。

描述统计

	个案数	平均值	标准 偏差	最小值	最大值	第 25 个	百分位数 第 50 个（中位数）	第 75 个
偏好情况	203	.23	.420	0	1	.00	.00	.00

图 13-51　描述统计量

图 13-52 给出了相关的检验统计量。从图中可以发现，喜欢组的样本个数是 46，观测的概率值是 0.23，期望概率值是 0.15，不喜欢组的样本个数是 157，观测的概率值是 0.77，渐近显著性水平单侧检验结果为 0.002，所以接受备择假设，不喜欢的消费者占比小于 85%，所以消费者对该饮料的偏好比例超过了盈利所需的最低比例。

二项检验

		类别	个案数	实测比例	检验比例	精确显著性（单尾）
偏好情况	组 1	不喜欢	157	.77	.85	.002[a]
	组 2	喜欢	46	.23		
	总计		203	1.00		
a. 备用假设指出第一个组中的个案比例 < .85。						

图 13-52　二项检验结果

实验 13-8　游程检验

素材文件：sample/Chap13/gujiabodong.sav
多媒体教学文件：视频/实验 13-8.mp4

实验基本原理

游程检验用于检验样本的随机性和两个总体的分布是否相同。游程检验的思路是将连续的相同取值的记录作为一个游程。如果序列是随机序列，那么游程的总数应当不太多也不太少，过多或过少的游程的出现均以外这相应的变量值的出现并不是随机的。

需要特别说明和强调的是，并不是所有的数据都适合游程检验过程，即便数据适合，也不是在所有情况下都适宜采用游程检验过程。在 SPSS 官方网站的帮助文档《*IBM_SPSS_Statistics_Base*》中，对"游程检验"检验方法的应用条件进行了特别指导：数据方面，变量必须是数值，用户如果要将字符串变量转换为数值变量，需要使用"自动重新编码"过程（在"转换"菜单上提供）。在假设条件方面，游程检验不要求假定基础分布的形状。而是使用来自连续概率分布的样本。

▶ 实验目的与要求

实验目的：通过实验理解游程检验的本质，即检验某一变量的两个值的出现顺序是否随机，游程是相似的观察值的一个序列。熟悉 SPSS 中的游程检验的检验过程，能熟练使用游程检验方法对实际问题进行游程检验。

实验要求：能认识到进行游程检验的意义，理解这种方法与前面讲的各种检验之间的关系和适用范围。了解游程检验的统计学含义，实际操作中能熟练并灵活运用游程检验方法对适合的样本进行检验。

▶ 实验内容及数据来源

本次实验使用的数据集是 gujiabodong.sav，部分数据如图 13-53 所示。某资深股票研究专家看好一支股票。gujiabodong.sav 给出了这只股票连续 31 天股价波动率的相关数据。试用游程检验方法研究该支股票的股价波动情况，判断其波动是否随机。数据文件 gujiabodong.sav 见本书附赠资源的 Chap13 文件夹。本次实验的内容是要用游程检验法来检验原假设。

	🎲 日期编号	🖉 股价波动率
1	001	-.230
2	002	.120
3	003	.040
4	004	-.040
5	005	.120
6	006	-.310
7	007	.258
8	008	.134
9	009	-.045
10	010	.045
11	011	.134
12	012	.347
13	013	.289
14	014	.151
15	015	-.050
16	016	.209
17	017	.109
18	018	.036
19	019	.036
20	020	.109
21	021	-.282
22	022	.234

图 13-53 gujiabodong.sav 数据集

▶ 实验操作指导

实验的操作步骤如下：

01 选择"文件｜打开｜数据"命令，打开 gujiabodong.sav 文件。

02 选择"分析｜非参数检验｜旧对话框｜游程"，弹出"游程检验"对话框，从源变量列表框中选择"股价波动率"变量，单击 ➡ 按钮将其选入右侧的"检验变量列表"列表框，在"分割点"选项组中，选中"平均值"复选框，如图 13-54 所示。

对话框选项设置/说明

"分割点"选项组：用于设置分类的标准。"中位数""众数"和"平均值"三个复选框分别表示使用变量的中位数、众数和平均值作为分类的标准，此外用户也可以通过"定制"复选框和其后的输入框来自定义分类标准。

---

03 单击"精确"按钮，弹出"精确检验"对话框，如图 13-55 所示。

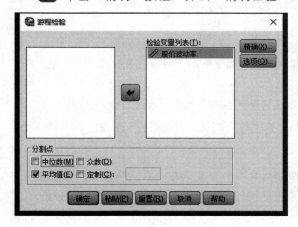

图 13-54　"游程检验"对话框

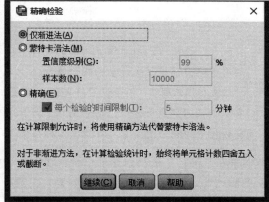

图 13-55　"精确检验"对话框

对话框选项设置/说明

精确检验用于设置计算显著性水平的方法，其中包含三个单选按钮。

- "仅渐进法"单选按钮：此为 SPSS 默认设置，表示显著性水平的计算基于渐进分布假设。渐进方法要求足够大的样本容量，如果样本容量偏小，该方法将会失效。
- "蒙特卡洛法"单选按钮：该选项表示使用 Monte Carlo 模拟方法计算显著性水平。一般应用于不满足渐进分布假设的巨量数据。使用时，在该单选按钮后的输入框中输入相应的置信水平和样本数。
- "精确"单选按钮：该方法可以得到精确的显著性水平，但是其缺点是计算量过大。用户可以设置相应的计算时间，如果超过该时间，SPSS 将自动停止计算并输出结果。

本例中选择系统默认设置"仅渐进法"单选按钮，然后单击"继续"按钮回到"游程检验"对话框。

04 单击"选项"按钮，弹出"游程检验：选项"对话框，如图 13-56 所示。

图 13-56　"游程检验：选项"对话框

对话框选项设置/说明

"游程检验：选项"对话框中包含"统计"和"缺失值"两个选项组。

- "统计"选项组：用于设置输出的统计量，其中包含"描述"和"四分位数"两个复选框，分别用于输出描述性统计量和四分位数。
- "缺失值"选项组：用于设置缺失值的处理方式，其中包含两个单选按钮："按检验排除个案"，表示如果指定多个检验，将分别独立计算每个检验中的缺失值；"成列排除个案"，表示从所有分析中排除任何变量具有缺失值的个案。

本例中在"统计"选项组中选中"描述"和"四分位数"两个复选框，在"缺失值"选项组中采用系统默认设置"按检验排除个案"，然后单击"继续"按钮回到"游程检验"对话框。

---

05 单击"确定"按钮，进入计算分析。

计算机运行完成后得到图 13-57~图 13-58 所示的结果。

实验结论

图 13-57 给出了变量"股价波动率"的"个案数""平均值""标准偏差""最小值"和"最大值"等描述统计量。

描述统计

	个案数	平均值	标准 偏差	最小值	最大值	第 25 个	百分位数 第 50 个（中位数）	第 75 个
股价波动率	31	.05816	.170765	-.316	.347	-.04100	.10900	.15100

图 13-57 描述统计量

图 13-58 给出了相关的检验统计量。从表中可以看出渐近显著性水平为 0.246 远大于 0.05。

游程检验

	股价波动率
检验值[a]	.05816
个案数 < 检验值	14
个案数 >= 检验值	17
总个案数	31
游程数	20
Z	1.160
渐近显著性（双尾）	.246

a. 平均值

图 13-58 检验统计量

所以，接受样本随机性假设，该股票的股价波动率为随机，并无显著的优势。

上 机 练 习

练习 13-1　检验两种材料的硬度有无显著差异

 多媒体教学文件：视频/练习 13-1.mp4

　　表 13-1 中所列的数据是对 A、B 两种材料独立测量所得到的布氏硬度值，测量的目的是为了观察研究两种材料硬度之间的差异情况。试用两个独立样本检验过程检验这两种材料的布氏硬度值是否有显著性差异。

表 13-1　对 A、B 两种材料独立测量所得到的布氏硬度值

样本序号	1	2	3	4	5	6	7	8	9	10	11	12	13	14	15	16
材料 A	160	160	162	162	165	165	165	166	168	168	170	170	171	171	171	-
材料 B	163	167	168	168	168	169	170	170	171	171	172	172	173	174	175

练习 13-2　检验不同操作方法对产品检验的影响

 多媒体教学文件：视频/练习 13-2.mp4

　　从某车间使用的 4 种不同操作方法下生产的产品中，分别抽查若干批进行检验，测得被抽查的各批产品的优等品率（%）数据资料，列于表 13-2 中。试用多个独立样本检验过程检验不同的操作方法对产品优等品率有无明显的影响。

表 13-2　使用不同方法检验某车间产品的优等品率所得的数据

编号	操作方法			
	1	2	3	4
1	12.10	18.30	12.70	7.30
2	14.80	49.60	25.10	1.90
3	15.30	10.10	47.00	5.80
4	11.40	35.60	16.30	10.10
5	10.80	25.20	30.40	9.40
6	-	8.90	-	-

练习 13-3　用 McNemar 方法检验商场促销活动效果

| 素材文件：sample/Chap13/storebrand.sav |
| 多媒体教学文件：视频/练习 13-3.mp4 |

　　一位商场的销售经理为了评估一次商场内某种商品促销活动的效果，对 197 位顾客进行了跟踪调查，分别在顾客接受促销活动前后询问他们对此商品品牌的认可程度，这些数据记录在 storebrand.sav 文件中（数据集 storebrand.sav 文件可见本书附赠资源的 chap13 文件夹）。试用 McNemar（麦克奈梅尔检验）方法检验顾客在接受促销前后对商品品牌的认可程度有没有显著性差异，即检验商场的促销活动效果如何。

练习 13-4　用 Friedman 方法检验计划受偏好程度

| 素材文件：sample/Chap13/healthplans.sav |
| 多媒体教学文件：视频/练习 13-4.mp4 |

　　一个保险公司希望了解自己提供的 4 种健康保险计划受欢迎的程度，于是调查了 12 位各个行业的雇主对这 4 种健康保险计划的偏好程度，调查的结果数据保存在 healthplans.sav 中（数据文件 healthplans.sav 可见本书附赠资源的 Chap13 文件夹）。试用 Friedman（弗里德曼检验）方法来检验这 4 种保险计划的受偏好程度是否有显著性差异。